Success Factor Modeling
Band III

Next Generation Leadership

Mach Dich fit für die Zukunft mit Innovation und Resilienz

von
Robert B. Dilts

Design und Illustrationen von Antonio Meza

Übersetzung von Dr. Gudrun Reinschmidt

In Zusammenarbeit mit:

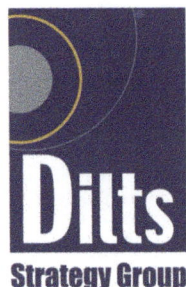

Dilts Strategy Group
P. O. Box 67448
Scotts Valley CA 95067, USA
Phone: (831) 438-8314
E-Mail: info@diltsstrategygroup.com

Homepage: www.diltsstrategygroup.com

Copyright © 2019 der deutschsprachigen Ausgabe Castle Mount Media GmbH Alle Rechte vorbehalten.
1. Auflage
Copyright © 2017 der Originalausgabe Robert Dilts und Dilts Strategy Group. Alle Rechte vorbehalten.
Originaltitel: Conscious Leadership und Resilienz – Orchestrating Innovation und Fitness for the Future
Library of Congress Control Number: 2016908590
Übersetzung aus dem Amerikanischen von Dr. Gudrun Reinschmidt

Bibliografische Information der Deutschen Nationalbibliothek unter https://dnb.d-nb.de

Printed in Germany. Alle Rechte vorbehalten. Nachdruck oder Vervielfältigung des Buches oder von Teilen daraus nur mit ausdrücklicher, schriftlicher Genehmigung des Verlages.
Layout und graphische Gestaltung Antonio Meza
Layout der deutschen Ausgabe: Dr. Gudrun Reinschmidt
Illustrationen von Antonio Meza

Gesamtdeutsche Rechte bei Castle Mount Media GmbH, Erlangen

www.castlemountmedia.de

I.S.B.N. 978-3-9818472-8-4

Success Factor Modeling

Band III

Next Generation Leadership

Mach Dich fit für die Zukunft mit Innovation und Resilienz

von

Robert B. Dilts

Design und Illustrationen von Antonio Meza

Übersetzung von Dr. Gudrun Reinschmidt

Castle Mount
Media
2019

Inhaltsverzeichnis

Inhaltsverzeichnis

Inhaltsverzeichnis

Inhaltsverzeichnis

Widmung

Dieses Buch ist meinen Lehrern und Mentoren gewidmet

Gregory Bateson und *Milton Erickson.*

Sie demonstrierten durch ihre eigene Lebensweise die Qualität von Bewusstheit und Engagement für einen höheren Sinn, die für Conscious Leadership und Resilienz notwendig ist.

Robert Dilts

In Dankbarkeit widme ich dieses Buch meinen Eltern

Antonio Meza und *Amparo Andrade,*

die besten Beispiele für Conscious Leadership und Resilienz, die ich mir jemals hätte wünschen können

Antonio Meza

Danksagungen

Genau wie bei den beiden ersten Bänden der *Success Factor Modeling* Reihe gilt mein besonderer Dank Antonio Meza für seine Arbeit an der Layoutgestaltung des Buches und für seine kreativen, brillanten Illustrationen. Antonio war mir auch sonst ein geschätzter Berater und Partner bei der Publikation dieses Buches.

Natürlich kam der Hauptbeitrag zu diesem Buch von all den Menschen, Gruppen und Organisationen, die in den Erfolgsfaktor-Fallbeispielen und den anderen Beispielen dargestellt werden, um die Schlüsselprinzipien und Erfolgsfaktoren zu veranschaulichen. Mit Dank möchte ich Elon Musk (SpaceX, Tesla, SolarCity), Steve Jobs (Apple, NeXt, Pixar), Richard Branson (The Virgin Group), Barak Obama (US President), Phil Jackson (Chicago Bulls, LA Lakers), Chesley Sullenberger (US Airways), Jeff Bezos (Amazon.com), Anita Roddick (The Body Shop), Muhammed Yunus (Grameen Bank), Howard Schultz (Starbucks), John Yokoyama (Pike Place Fish Market), William McKnight (3M) und Walt Disney (Walt Disney Productions) ehren und würdigen.

Besonders möchte ich mich bei Tom Chi (GoogleX), Dr. Lim Suet Wun (Tan Tock Seng Hospital, Singapore), Charles Matthews (Rolls Royce Motors), David Guo (Display Research Laboratories), Jan E. Smith (The Disney Store, Disney Interactive), Vahé Torossian (Microsoft) und Steig Westerberg (Stream Theory) bedanken, die mit ihrer Teilnahme an persönlichen Interviews und weiterem Austausch ihre Erfahrungen und ihr Wissen großzügig direkt mit mir geteilt haben.

Alle diese Menschen sind hervorragende Beispiele für Next Generation Entrepreneurship, Conscious Leadership und Resilienz.

Es gibt viele weitere Führungspersönlichkeiten und Unternehmer, zu zahlreich, um sie alle hier zu erwähnen, deren Erfahrungen, Überlegungen und Rat sich über das ganze Buch in Form von Zitaten und Quellenangaben verteilen. Ich bin Ihnen für ihre Inspirationen und Weisheit zutiefst dankbar.

Des weiteren möchte ich meine Dankbarkeit und Wertschätzung gegenüber den vielen Kollegen ausdrücken, deren Kollaboration mit mir zu wichtigen Beiträgen in diesem Buch und den vorherigen Bänden geführt haben: Miklos (Mickey) Fehrer und seine Arbeit mit mir an der SFM *Success Mindset Map*; Mitchell und Olga Stevko, meine Mitbegründer der *Successful Genius und Conscious Leadership Mastermind-Gruppen*; Stephen Gilligan und unsere Entwicklungen an den Prinzipien und Praktiken des *Generative Change*; sowie Ian McDermott und unsere Arbeit über *Intentional Fellowship*.

Ebenso möchte ich mich bei Glenn Bacon, Michael Dilts und Benoit Sarazin für ihre Zeit und Mühen beim Lesen des ersten Entwurfs des Buches, ihr Feedback und ihre Vorschläge bedanken. Vielen Dank auch an Amanda Frost für ihr Fachlektorat aller drei Bände.

Schließlich möchte ich meinem Bruder John Dilts zutiefst danken, dessen Faszination von Win-Win-Verhandlungen und Meta-Leadership genau wie seine Liebe für generative Kollaboration und seine Leidenschaft zur Schaffung einer Welt voller visionärer Entrepreneure die Grundlage waren und der richtungsweisende Geist des Success Factor Modeling bleiben werden.

Robert Dilts

Vorwort

Diese drei Bände umfassende Buchreihe über *Success Factor Modeling*™ (SFM™) ist der Höhepunkt eines Traumes, der 1999 begann, als mein verstorbener Bruder John Dilts (porträtiert in Kapitel 4 in *SFM Bd. II*, S. 236-246) und ich die *Dilts Strategy Group* gründeten und unsere ersten Untersuchungen mit dem Success Factor Modeling™ Prozess begannen.

Die Fragen, die wir beantworten wollten, waren: „Was ist der Unterschied, der den Unterschied zwischen erfolgreichen, durchschnittlichen und schlechten Unternehmen, Teams, Führungskräften und Unternehmern ausmacht?" und „Was sind die entscheidenden Erfolgsfaktoren, um ein erfolgreiches und nachhaltiges Geschäft zu gründen oder auszubauen?"

Viele unserer Entdeckungen wurden in den ersten beiden Bänden dieser Arbeit beschrieben, *Next Generation Entrepreneurs: Lebe Deinen Traum und schaffe eine bessere Welt durch Dein Unternehmen* und *Next Generation Collaboration: Befreie die kreative Kraft Kollektiver Intelligenz.* Darin enthalten sind die Bestimmung von Leidenschaft (Passion), Vision, Mission, Ambition und Rolle und die Bildung des „Erfolgszirkels", wenn man innovativ und gemeinsam mit anderen zusammenarbeitet. So geht *SFM Band I* beispielsweise auf den Geist und das Hochgefühl (genau wie auf die Einsatzbereitschaft und das Können) bei der Gründung eines auf Leidenschaft und Vision basierenden Unternehmens ein. *SFM Band II* erkundet den Prozess, den John und ich „Generative Kollaboration" genannt haben. Er beschreibt, wie solche Bedingungen geschaffen werden, damit Menschen kreativ und produktiv miteinander arbeiten können, um ihre Träume und Visionen zu verwirklichen.

In diesem Buch, *SFM Band III*, geht es um *Conscious Leadership – Führung mit Bewusstheit – und Resilienz.* Dabei handelt es sich um die Fähigkeiten, andere zu sinnvollem Handeln inspirieren, bei Herausforderungen standhalten und nach Rückschlägen wieder aufstehen zu können. Der Untertitel des Buches, *Fit für die Zukunft mit Innovation und Resilienz,* weist auf die Bedeutung der Kreativität und Nachhaltigkeit als Haupterfolgsfaktoren hin, um ein florierendes und langlebiges Unternehmen zu gründen, das sich positiv auf das Leben anderer auswirkt. Dieses Buch wird Ihnen bei der Steuerung des dynamischen Zusammenspiels zwischen Leadership, Bewusstheit, Resilienz, Innovation, Beteiligung und nachhaltigem Erfolg helfen.

Ein weiteres Thema in diesem Buch, wie auch im gesamten Success Factor Modeling Ansatz, handelt von der engen Beziehung zwischen persönlichem und beruflichem Wachstum. Die entscheidende Entdeckung – und die fundamentale Voraussetzung – des Success Factor Modeling ist, dass wir für unsere berufliche Karriere oder unser Unternehmenswachstum auch persönlich wachsen und uns entwickeln müssen. Je mehr wir etwas beitragen wollen, desto mehr müssen wir uns entwickeln.

Mit anderen Worten, wenn wir unsere Arbeit, unser Unternehmen oder unser Leben auf die nächste Stufe bringen wollen, müssen wir uns erheblich verändern und unser Mindset, also unsere Denkweise, weiterentwickeln. Das Denken, das uns bis heute hierher gebracht hat, wird uns nicht auf die nächste Stufe heben. Auf den vorliegenden Seiten werden Ihnen Ressourcen angeboten, um Ihr Mindset zu bewerten und zu erweitern. Sie bekommen Pläne und Instrumente an die Hand, um nach Rückschlägen wieder aufzustehen, „Innovationen zu orchestrieren", sich selbst und andere zu ermächtigen (empowern), von der Vision zur Durchführung zu kommen und andere in positiver Weise durch prinzipientreue Überzeugungskraft zum Handeln zu bewegen.

Als John und ich begannen, über unsere Arbeit mit SFM zu sprechen, hielten wir es für mehr als nur das Wissen über effektive Geschäftspraktiken, sondern eher für eine Bewegung, die das Leben von Menschen bereichern und zu einer besseren Welt beitragen würde. Nun sind es fast zwei Jahrzehnte, in denen ich diese Grundsätze, Kompetenzen und Modelle anwende, die durch den Success Factor Modeling Ansatz erkannt wurden. Neben meinen eigenen Unternehmen, haben ich (und viel andere) die SFM-Instrumente genutzt, um unterschiedliche Firmen und Organisationen zu unterstützen, angefangen mit Start-ups bis hin zu multinationalen Konzernen mit einer langen Firmengeschichte. Es ist sehr erfreulich mitzuerleben, wie diese Bewegung mehr und mehr Fahrt aufnimmt.

Ich hoffe, sie finden es genauso spannend und lohnenswert, diese Welt des Success Factor Modeling und des Conscious Leadership zu erkunden, wie John und ich. Möge es Ihnen viel Erfolg und Erfüllung bringen, während Sie Ihre Innovationen orchestrieren und Ihre Fitness für die Zukunft verbessern.

Robert Dilts
Juni, 2017
Santa Cruz, Kalifornien

01
Leadership, Bewusstheit und Fitness für die Zukunft

Leadership heißt, Menschen für eine gemeinsame Sache zusammenzubringen, einen Plan dafür zu entwickeln und sich daran zu halten, bis das Ziel erreicht ist … Leadership verlangt außerdem, auf unvorhergesehene Probleme und Chancen reagieren zu können, wenn sie auftreten [Eine Führungskraft muss] klar ihre Vision, wo es hingehen soll, artikulieren können, eine realistische Strategie dazu entwickeln und talentierte, engagierte Menschen anziehen, die mit einem breiten Wissen, und aus verschiedenen Blickwinkeln kompetent das umsetzen, was zu tun ist. Ich glaube, heutzutage treten anhaltend positive Ergebnisse eher auf, wenn Führungskräfte andere einbeziehen und kooperieren anstatt einen autoritären Alleingang hinzulegen. Sogar diejenigen, die die Richtung weisen, haben nicht alle Antworten.

Bill Clinton

ANTONIO MEZA

Überblick zum Success Factor Modeling™

Next Generation Leadership ist der dritte Band der Success Factor Modeling™-Trilogie. *Success Factor Modeling™* (SFM) wurde ursprünglich von mir und meinem verstorbenen Bruder John Dilts (s. SFM Bd. II, S. 236-246) als Methode entwickelt, um die entscheidenden Erfolgsfaktoren, die außergewöhnliche Menschen, Gruppen und Organisationen antreiben und unterstützen, zu ermitteln, zu verstehen und anzuwenden. Success Factor Modeling™ basiert auf einer Reihe von Prinzipien und Besonderheiten, die sich sehr gut für die Analyse und Bestimmung wesentlicher Muster bei Geschäftspraktiken und Verhaltensweisen eignen, die effektive Personen, Teams oder Firmen zur Zielerreichung einsetzen. Der SFM™-Prozess wird angewandt, um die wichtigsten gemeinsamen Merkmale herausragender Unternehmer, Teams und Geschäftsführer herauszufinden, um daraus konkrete Modelle, Instrumente und Fähigkeiten festzulegen, die andere nutzen können, um ihre Chancen auf Einflussnahme und Erfolg zu verbessern.

Success Factor Modeling™ gibt eine *instrumentelle Übersicht*, unterstützt durch verschiedene Übungen, Formate und Instrumente, die es Menschen ermöglichen, die modellierten Faktoren auf ihre eigenen Kontexte anzuwenden, um hier entscheidende Ergebnisse zu erzielen. Dafür wendet SFM das folgende Schema an.

MINDSET
(Wie wir denken)

erzeugt

AKTIONEN
(Was wir tun)

schaffen

Ergebnisse
(Was wir erreichen)

Die Grundlage des Success Factor Modeling

Unser *Mindset* – gebildet aus unserem inneren Zustand, unserer Einstellung und Denkprozessen – erzeugt außen sichtbare *Aktionen*. Unsere Denkweise bestimmt also, was wir tun und wie wir in bestimmten Situationen handeln. Diese Handlungen bringen wiederum Ergebnisse im Außen hervor. Um gewünschte Ergebnisse in unserem Umfeld zu erreichen, brauchen wir also das passende Mindset, um die erforderlichen oder geeigneten Maßnahmen zu ergreifen.

In dem ersten Band dieser Buchreihe, *Next Generation Entrepreneurs: Lebe Deinen Traum und schaffe eine bessere Welt durch dein Unternehmen,* habe ich den Success Factor Modeling Prozess angewandt, um die notwendigen Kompetenzen und Schritte für die Bildung eines „Erfolgszirkels" festzulegen, wodurch ein profitables Unternehmen in Übereinstimmung mit Ihrer Lebensbestimmung aufgebaut werden kann. Band II, *Next Generation Collaboration: Befreie die kreative Kraft kollektiver Intelligenz,* untersucht die Haltung und das notwendige Verhalten, damit Menschen Teams besser moderieren oder mit ihnen arbeiten können, um die Fähigkeit zur kreativen Zusammenarbeit mit anderen effektiv zu verbessern.

Anwendung von Success Factor Modeling auf Leadership und Resilienz

Dieses Buch konzentriert sich auf Leadership, Innovation und Resilienz. Diese drei sind die wichtigsten Fähigkeiten, um bei jedem Projekt oder Unternehmen soliden und nachhaltigen Erfolg zu erzielen. *Resilienz* ist die Fähigkeit von Personen, Teams und Organisationen, *Schwierigkeiten auszuhalten oder sich schnell davon zu erholen* und sowohl bei Erfolgen als auch bei Rückschlägen im Gleichgewicht zu bleiben. Wenn Menschen herausgefordert werden, können sie manchmal über sich hinauswachsen. Erscheint die Herausforderung jedoch als zu groß, brechen sie vielleicht zusammen oder brennen aus.

Dann wird die Leadership-Kompetenz zu einer wichtigen Ressource. Leadership bedeutet, sicherzustellen, dass die Menschen (einschließlich seiner selbst) gut vorbereitet sind, ihr Bestes zu geben, Herausforderungen zu meistern, Hindernisse zu überwinden und entscheidende Ziele zu erreichen. *Leadership oder Führung* wird normalerweise als Leitung von Vorgängen, Maßnahmen oder Durchführungen (wie die Leitung eines Orchesters) beschrieben oder als „etwas zum Abschluss zu bringen" (z. B. „zu einem bestimmten Ziel hinführen").

Tatsächlich leitet sich das Wort „Leadership" von dem altenglischen Wort *lithan* ab, was „gehen" oder „reisen" bedeutet (im Gegensatz zu „die Macht oder die Kontrolle haben). *Lædan* bedeute im Altenglischen wörtlich „veranlassen zu gehen". Laut Merriam-Webster's Wörterbuch bedeutet Leadership „den Weg zu zeigen, in dem man vorangeht". Somit heißt Leadership „als erster zu gehen" und andere nicht nur durch Worte sondern durch Taten zu beeinflussen.

Offensichtlich ist Leadership eng damit verbunden, andere zum Handeln zu bewegen und auf sie einzuwirken. Bei Firmen und Organisationen wird „Leadership" häufig als Gegensatz zu „Management" betrachtet. *Management* wird normalerweise als „Dinge durch andere umsetzen lassen" beschrieben. Im Vergleich dazu ist *Leadership* so definiert, dass „andere dazu gebracht werden, Dinge umsetzen zu wollen". Für gewöhnlich ist Management mit verbesserter Produktivität, Ordnung und Stabilität verbunden, sodass die Dinge effizient und glatt ablaufen. „Leadership" ist erforderlich, um in ungewissen und turbulenten Zeiten der sozialen Transformation und des Wandels weiter voranzugehen.

Success Factor Modeling™ untersucht die Frage: **"Was ist der Unterschied, der den Unterschied ausmacht?"** Es geht um die Erfolgsfaktoren, die zwischen schlechter, durchschnittlicher und bemerkenswerter Leistung unterscheiden.

Leadership, Innovation und Resilienz sind für den Erfolg in jedem Unternehmen wesentlich.

Leadership ist erforderlich, um immer weiter voranzuschreiten, insbesondere in Zeiten des Wandels und der Ungewissheit.

Innovation ist notwendig, um sich kontinuierlich auf wechselnde Bedingungen einzustellen und neue Möglichkeiten zu erschaffen.

Resilienz wird gebraucht, um Schwierigkeiten auszuhalten oder sich schnell davon zu erholen und um im Gleichgewicht zu bleiben.

Grundlagen des Leadership

Leadership bedeutet, Menschen zu helfen, anderswo (meist zu etwas Neuem) hinzugehen, indem man die Richtung und die Energie vorgibt; d. h. eine Vision zu äußern und Menschen zu motivieren.

Um irgendwo „hinzugehen", brauchen wir mindestens zwei Dinge: 1.) eine *Richtung* und 2.) *Energie*. Ohne Richtung irren wir ziellos umher. Ohne Energie sind wir in Tatenlosigkeit und Handlungsunfähigkeit gefangen. Um leichter irgendwo hinzukommen, hilft ein *Vehikel*, das uns trägt und wenn möglich einen Pfad, dem wir folgen können. Im Falle des Unternehmertums ist das Vehikel das Unternehmen. Der Pfad ist der Plan, die Strategie oder das „Storyboard". In vielen Fällen ist es notwendig, sich sowohl das Vehikel zu beschaffen als auch den Pfad zu entdecken, nachdem die Reise begonnen wurde.

Somit ist der Kern des Leaderships, die Richtung zu weisen und Energie einzubringen; d. h. eine Vision zu äußern und Menschen zu motivieren. Wie wir schon in den vorangegangenen Bänden dieser Reihe beschrieben haben, bieten Zukunftsvisionen Führung und Ausrichtung für unser Leben und unsere Arbeit. Sie nähren die Idee und den Ansporn zu Wachstum und Veränderung. Visionen, die mit anderen geteilt werden, bilden die Grundlage für effektive Teamarbeit und die Basis für unsere Unternehmungen. Visionen, die mit Vielen geteilt werden, bilden die Basis für Organisationen, Gemeinden, Kulturen und schließlich für den Fortschritt der Zivilisation.

Im weitesten Sinne ist Leadership das Vermögen, andere in die Zielerreichung innerhalb eines größeren System einzubinden.

Leadership, genau wie das Unternehmertum, waren viele Jahre lang eine Leidenschaft von mir. Seit den 1980er Jahren hatte ich die Gelegenheit, effektive Führungskräfte und Geschäftsführer aus aller Welt zu beobachten und zu interviewen. In meinem Buch *Von der Vision zu Aktion* (1998) wies ich darauf hin, dass Leadership im weitesten Sinne als Vermögen betrachtet werden kann, *andere in die Erreichung eines Zieles innerhalb eines größeren Systems* oder Umfeldes *einzubinden*. Deshalb dient eine Führungskraft als Vorbild und wirkt auf ihre Mitarbeiter ein, um etwas in dem Kontext eines größeren Systems erreichen zu wollen. Aus dieser Perspektive besteht Leadership aus folgenden Fähigkeiten:

1. Eine *Vision* zum Ausdruck bringen
2. *Andere inspirieren*, Ergebnisse zu erzielen
3. Zur *Kooperation im Team* ermuntern
4. *Vorbild* sein

Auf der folgenden Seite können wir in dem Diagramm die Beziehung zwischen diesen Fähigkeiten zeigen.

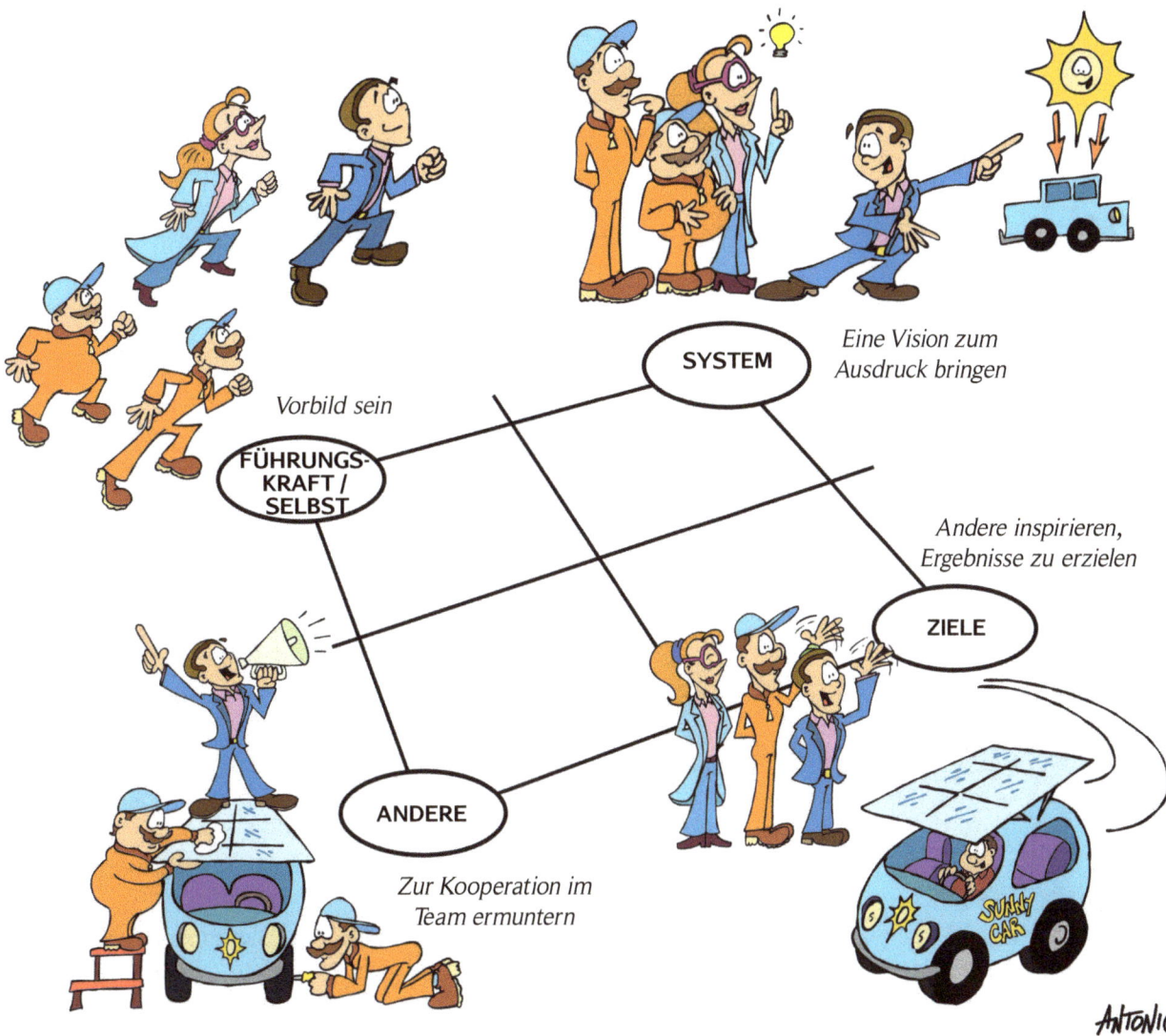

SYSTEM

Eine Vision zum
Ausdruck bringen

Vorbild sein

FÜHRUNGS-
KRAFT /
SELBST

Andere inspirieren,
Ergebnisse zu erzielen

ZIELE

ANDERE

Zur Kooperation im
Team ermuntern

ANTONIO MEZA

Die Führungskraft zeigt die Richtung, fungiert als Vorbild und involviert andere, um Ziele innerhalb des Systems zu erreichen.

Mit unserem Bio-Apfelsaft tragen wir zu einer Welt bei, in der Jugendliche fröhlich und gesund aufwachsen.

Eine grundlegende Leadershipkompetenz ist, seine Vision äußern zu können.

Eine weitere wichtige Leadershipkompetenz ist zur Kooperation im Team und "generativer Kollaboration" zu ermuntern.

In den vorangegangenen Bänden habe ich einige Schlüsselprinzipien und Methoden beschrieben, um diese Fähigkeiten in der Praxis umzusetzen:

1. Bildung und Ausdruck einer Vision zur Erschaffung der Zukunft und Gründung von Unternehmen (s. *SFM Bd. I*, S. 193-213).

2. Selbsterkenntnis und Klärung der eigenen Mission, Ambitionen und Motivationen, um ein inspirierendes Vorbild zu sein (s. *SFM Bd. I*, S. 172-188 und 213-235).

3. Durch Kollaborations-Katalysatoren zur Kooperation im Team ermuntern und Bedingungen schaffen, damit Kollektive Intelligenz entstehen kann (s. *SFM Bd. II*, S. 116-127).

4. Motivation und Einbindung anderer, um miteinander Win-Win-Kollaborationen zu bilden, und ihre Beteiligung an dem Erfolg unserer Unternehmen (s. *SFM Bd. II*, S. 168-175).

Jede dieser Fähigkeiten ist gleich wichtig, um nach Rückschlägen wieder neu anzufangen und die Innovations- und Widerstandskraft unseres Unternehmens zu steigern. In diesem Band werde ich Übungen und Praktiken präsentieren, um jede dieser Fähigkeiten zu vertiefen und auszuweiten, so dass Sie lernen können, wie Sie das Innovations- und Resilienz-Potenzial Ihres Unternehmens insbesondere in Zeiten der Herausforderungen und des Wandels maximieren.

Herausforderungen des Wandels meistern

Es heißt, dass sich die Dinge ständig ändern, aber nicht immer zum Besseren. In schwierigen Zeiten werden sich viele Herausforderungen zeigen, wie die Überwindung der Furcht vor dem Unbekannten oder Ungewohntem, der Umgang mit Verlust und ein allgemeines Gefühl der Verletzlichkeit. Dies kann uns auf wenig hilfreiche Überlebensstrategien zurückwerfen – Angriff, Flucht oder Erstarren (fight, flight, freeze) – und kann in einer Art Regression, Tatenlosigkeit, Ambivalenz, Konfusion oder Konflikt resultieren.

Um durch Veränderung voranzukommen, ist es wichtig, Eigenschaften wie Fokus, Flexibilität und Stabilität, Balance, Verbindung mit unseren Ressourcen und Loslassen-Können zu kultivieren. Wenn im Leben alles glatt läuft, ist es einfach ausgeglichen zu bleiben, doch um auch in turbulenten Zeiten im Gleichgewicht zu bleiben, muss man diese Eigenschaften „in die Muskeln" bringen. Die Vorbereitung für den Wandel erfordert Praxis.

In diesem Buch lernen Sie Strategien und Praktiken kennen und entwickeln Ressourcen und Instrumente, die Sie bei verschiedenen Schwierigkeiten oder bei vollkommenen Veränderungen effektiv unterstützen.

Resilienz und Fitness für die Zukunft

Fitness bezieht sich auf den allgemeinen Gesundheitszustand eines Systems und die Bereitschaft auf sein Umfeld zu reagieren. Fitness ist eng mit Langlebigkeit verbunden. Tatsächlich wird *Fitness für die Zukunft* (s. *Organizations in Action*, J. Thompson, 1967) als eines der wichtigsten Kriterien für den langfristigen Erfolg und das Überleben eines jeden Systems oder Unternehmens angesehen – sie ist viel bedeutender als die vergangenen Erfolge. Dies gilt vor allem in einem dynamischen und sich verändernden Umfeld, wo das, was in der Vergangenheit funktionierte, vielleicht veraltet ist.

Systemisch gesehen bezieht sich „Fitness" auf das *Gesetz der erforderlichen Vielfalt* des Systemtheoretikers Ross Ashby, das besagt, dass *ein System ein ausreichendes Maß an Variabilität braucht, um sich effektiv an die auftretenden Veränderungen in seiner Umwelt anzupassen.* Aus dieser Perspektive wird ein System „fitter", wenn es seine Wahlmöglichkeiten und Ressourcen ausweitet. Normalerweise geschieht dies durch Zunahme unterschiedlicher Verhaltensweisen, Feedback-Mechanismen und Bewältigungsstrategien, die das System zur Verfügung hat. Deshalb ist Innovationskraft eine Hauptanforderung für die Zukunftsfähigkeit.

Sowohl physische als auch mentale Fitness erfordern ein gewisses Maß an Flexibilität und Stehvermögen. Diese werden eher durch ständiges Üben und Praxiserfahrungen erreicht als durch Techniken oder einmalige Interventionen. Somit ist die Fitness eher mit dauerhaften Verhaltensmustern oder dem „Lebensstil" einer Person oder einer Organisationskultur verbunden als mit bestimmten Ereignissen oder Maßnahmen.

Fitness für die Zukunft bedeutet, sich an Veränderungen anpassen und Gelegenheiten zu seinem Vorteil nutzen zu können, auch wenn sie unerwartet und spontan auftreten, während eine Person, Gruppe oder ein Unternehmen auf die Zukunft zusteuert. Der Science-Fiction Autor Arthur C. Clarke weist sehr elegant darauf hin, wenn er schreibt: *„Die Zukunft ist nicht mehr das, was sie einmal war."*

Es gibt ein altes, weises Sprichwort, das besagt: „Vorbeugen ist besser als heilen." Wenn Ressourcen rechtzeitig entwickelt und eingesetzt werden, kann eine Person oder Organisation sich der Herausforderung stellen, anstatt sich mit unnötigen Problemen zu beschäftigen. Fitness für die Zukunft bedeutet, auf Probleme, Ziele und kommende Situationen vorbereitet zu sein, auch wenn wir sie weder geahnt noch uns vorgestellt haben. Sind die Ressourcen vorhanden, wird die Notwendigkeit für ein „Krisenmanagement" reduziert.

Fitness für die Zukunft ist wichtig für den langfristigen Erfolg und das Überleben eines jeden Systems oder Unternehmens – besonders in einem dynamischen und sich verändernden Umfeld.

Zukunftsfähigkeit erfordert Innovationskraft, um die notwendige Flexibilität zu haben, sich als Antwort auf Veränderungen in unserer Umwelt schnell und effektiv anzupassen oder wieder aufzustehen.

Nachhaltige Entwicklung ist eine Grundsatzfrage für Next Generation Entrepreneure und "Zentrepreneurs".

Nachhaltige Entwicklung beinhaltet die Kapazität „den aktuellen Bedarf zu decken, ohne zukünftige Generationen zu beeinträchtigen, ihren eigenen Bedürfnissen gerecht werden zu können."

Die Integration des notwendigen Mindsets, um Fitness für die Zukunft zu pflegen und nachhaltige Entwicklung zu fördern, mit Leadership-Kompetenzen schafft eine neue Art der Führung, die „Conscious Leadership" genannt wird.

Nachhaltige Entwicklung

Fitness für die Zukunft ist eng mit nachhaltiger Entwicklung verbunden. Die nachhaltige Entwicklung ist eine der wichtigsten Grundsatzfragen für derzeitige Unternehmergenerationen und Organisationen. Als *nachhaltig* wird eine *Entwicklung* definiert, *„die versucht, ein nachhaltiges, ökonomisches Wachstum zu erzeugen, und gleichzeitig für die zukünftige Generation sicherstellt, das Gleiche tun zu können, indem man die Regenerationskraft der Natur nicht überschreitet".* Mit anderen Worten, es geht darum „eine Entwicklung zu ermöglichen, die den aktuellen Bedarf deckt, ohne zukünftige Generationen zu beeinträchtigen, ihren eigenen Bedürfnissen gerecht werden zu können". Allgemein geht es um das Prinzip der Verantwortung und Verantwortlichkeit beim Gebrauch und Management der Ressourcen sowie um die Balance zwischen ökonomischem Wachstum und den Umweltbedingungen. Erfolgreiche, nachhaltige Entwicklung ist die Hauptsorge der Next Generation Entrepreneure und der „Zentrepreneurs" (s. *SFM Bd. I*, S. 66-73).

Wirklich nachhaltige Entwicklung bedeutet, sich über das bloße Überleben hinaus vollkommen dafür einzusetzen, als Person, Team oder Organisation gedeihen zu können. *Überleben* heißt „trotz eines Unfalls oder Qualen weiterzuleben oder zu existieren" oder „bei schwierigen Umständen alles am Laufen zu halten" Die Folge ist, dass wir im Überlebensmodus damit kämpfen, den normalen Geschäftsbetrieb aufrecht zu erhalten, was aber nicht heißt, dass wir wachsen oder darauf vorbereitet sind zu wachsen. *Gedeihen* bedeutet „zu wachsen oder sich gut und kräftig zu entwickeln; im Wohlstand zu leben und sich zu entfalten". Deshalb müssen wir uns dynamisch an unser Umfeld anpassen, indem Ressourcen weise genutzt werden und wir uns fit für die Zukunft machen. Dann können wir gedeihen.

Um vom Überlebensmodus in einen Modus zu gelangen, in dem wir gedeihen, muss unsere mentale Landkarte über das, wer wir sind und was in der Welt möglich ist, weiter werden. Wir müssen alte Begrenzungen in ganz neuem Licht betrachten. Dies erfordert, dass wir unsere alte Denkweise durchbrechen und „über den Tellerrand hinaus" sehen. Diese Ebene des Lernens wird von dem Anthropologen Gregory Bateson als *Lernen 4. Ordnung bezeichnet* – die Schaffung von etwas „vollkommen Neuem". Ein solch generativer Zustand schließt unser bisheriges Wissen und Bewusstsein ein und transzendiert es. Es ist der Schlüssel zu unserer Fähigkeit, resilient zu sein und fit für die Zukunft zu bleiben. Integriert man diesen neuartigen Denkansatz mit Leadershipkompetenzen, wird Führung auf eine ganz neue Ebene angehoben, was wir als „Conscious Leadership" oder „Führung mit Bewusstheit" bezeichnen.

Conscious Leadership oder Führung mit Bewusstheit

Conscious Leadership bedeutet, dass man ein nachhaltiges Unternehmen aufbaut und sich selbst und sein Team aus einem Zustand zentrierter Präsenz heraus mit einem Zugang zu verschiedenen Intelligenzen leitet und seine höchsten Werte im Dienst einer höheren Bestimmung zum Nutzen aller Stakeholder verwirklicht. Neben den Grundkompetenzen in der Führung erfordert Conscious Leadership

- Authentizität
- Emotionale Intelligenz
- Zweckmäßigkeit
- Verantwortungsbewusstsein

Im weiteren Verlauf des Buches werden wir wichtige Praktiken untersuchen, um die Kompetenz des Conscious Leadership zu erlangen:

1. Die Formulierung und Kommunikation einer bedeutungsvollen und integrierenden Vision für alle Stakeholder.
2. Fokus auf die höhere Bestimmung.
3. Einflussnahme durch Inspiration.
4. Ausgleich von Eigennutz und Gemeinwohl, bei sich selbst und anderen.
5. Respekt und Integration verschiedener Sichtweisen.
6. Mit gutem Beispiel vorangehen. (Den Worten Taten folgen lassen).
7. Achtsame persönliche Lebensführung und Reflexion über gewonnene Lehren aus bisherigen Erfahrungen.

| authentisch | emotional intelligent | zweckmäßig | verantwortungsbewusst |

Eigenschaften des Conscious Leadership

Erfolgsfaktor-Fallbeispiel: Elon Musk:
Gründer von PayPal, SolarCity, Tesla Motors und SpaceX

„Denke laufend darüber nach, wie du die Dinge besser machen kannst und hinterfrage Dich ständig."

Elon Musk

Elon Musks Idee von einer „Relevanz-Optimierung" sorgt für einen Ausgleich zwischen dem Beitrag für die Mensch-heit, dem Finanzertrag und der Wirt-schaftlichkeit.

Ein gutes Beispiel für Conscious Leadership, Innovationskraft und Resilienz in der heutigen Geschäftswelt ist der Unternehmer Elon Musk. Musk gründete seine erste Firma (**Zip2** – eine Website, die eine Publishing Software für Online-Content für verschiedene Nachrichtenorganisationen anbot) im Alter von 23 Jahren und verkaufte diese 1999 für $300 Millionen. Seine nächste Firma war die Online-Bezahl-Plattform **PayPal**, die es Usern ermöglicht, sicher online einzukaufen und zu verkaufen. PayPal wurde 2002 von eBay für $1.5 Milliarden in Aktien gekauft. Davon erhielt Musk $165 Million. Seitdem hat Musk den Schwerpunkt seiner Vision auf bezahlbare Solarenergie für alle durch seine Firma **SolarCity** (2006 gegründet) verlagert. Und er hat mit **Tesla Motors** (2003 eingetragen) den Traum von einem Elektroauto möglich und kostengünstig gemacht. Darüber hinaus hat sein Reiseunternehmen **SpaceX** (2002 gegründet) das erste privat finanzierte, mit Flüssig-Brennstoffen betriebene Fahrzeug entwickelt, das Satelliten in die Erdumlaufbahn ausbringt. Sie wurde zum ersten kommerziellen Unternehmen das Raumschiffe zu der Internationalen Raumstation schickt.

Musk macht seine Entschlossenheit deutlich, dass er die Art, wie die Menschen heutzutage leben, transformieren will. Ganz eindeutig konzentriert er seine Vision auf Unternehmen, die „Fitness für die Zukunft" und „nachhaltige Entwicklung" unterstützen. Sehr bewusst und absichtlich wählte er solche Dinge aus, die seiner Meinung nach am ehesten die Zukunft der Menschheit positiv beeinflussen: das Internet; saubere Energie; und die Weltraumforschung. Danach würde er versuchen zu verstehen, wie er daraus florierende Geschäfte machen könnte:

Es ist wirklich eine Art Relevanzoptimierung: Was wird meiner Meinung nach den größten Unterschied in der Zukunft der Menschheit machen – und dann versuche ich herauszufinden, ob ich den Wert des Ertrags größer gestalten kann als die Kosten der erforderlichen Einlage, um die Firma am Laufen zu halten. Auf jeden Fall geht es mir nicht um die beste Rendite oder irgend so etwas. Wenn man eine Rangliste für die Rendite und den erforderlichen Aufwand aufstellen würde, glaube ich, wären die Raumfahrt und Autos sehr weit unten ... So geht es nur um den Standpunkt, ob ich an Dingen arbeite, von denen ich glaube, dass sie den größten Einfluss auf die Zukunft haben. Danach ist es wichtig, dass die Ökonomie stimmt, denn wenn es nicht wirt-schaftlich ist, wirst Du gar keinen Einfluss auf die Zukunft haben.

Es ist bezeichnend, dass Musks Leidenschaft für die Gestaltung des positiven Wandels aus einer existenziellen Krise als Teenager hervorging. Musk wuchs während der Apartheid in Südafrika auf. Er bekam nicht nur aus nächster Nähe die Auswirkungen der Vorurteile und Diskriminierungen einer Bevölkerung gegenüber einer anderen mit, sondern er wurde selbst häufig rücksichtslos schikaniert, weil er „sonderbar" und anders war. Er war aufgrund dieser Erfahrungen samt einer schwierigen Scheidung seiner Eltern zutiefst deprimiert, denn er fand keine Antworten auf die großen Fragen des Lebens, wie den Sinn der Existenz. Anstatt zynisch zu werden oder einem Suchtverhalten zu erliegen, wie es viele andere getan hätten, transformierte Musk seine Depression in eine tiefe Verpflichtung zur globalen Bewusstseinserweiterung und Erlangung „kollektiver Erleuchtung". Er war davon überzeugt, dass, wenn das globale Bewusstsein erweitert werden könne, die Menschheit vielleicht in der Zukunft in der Lage wäre, die richtigen Fragen zu stellen. Er sagt dazu:

> Ich kam zu dem Schluss, dass wir danach streben sollten, den Umfang und das Ausmaß des menschlichen Bewusstseins zu steigern, um besser zu verstehen, welche Fragen wir stellen sollten. Wirklich, das Einzige, was Sinn macht, ist größere kollektive Erleuchtung anzustreben.

Musks Leidenschaft für die Gestaltung des positiven Wandels durch Streben nach kollektiver Erleuchtung entstand aus seiner Erfahrung, in Südafrika während der Apartheid aufgewachsen und als Kind gemobbt worden zu sein.

Solche Bestrebungen, „den Umfang und das Ausmaß des menschlichen Bewusstseins zu steigern" und der Wunsch „einen positiven Unterschied in der Zukunft der Menschheit zu bewirken" befinden sich im Kern des Conscious Leadership. Die Visionen bewusster Führungspersönlichkeiten für ihre Unternehmen dienen immer einem höheren Zweck, der einer maximalen Anzahl an Stakeholdern nutzt.

Anstatt einfach nur Autos zu bauen, ist Teslas tiefere Mission zum Beispiel zu helfen, „die Einführung des nachhaltigen Transports zu beschleunigen", indem sie die besten Elektroautos, die sie herstellen können, auf den Markt bringen. Damit zeigen sie, dass Elektroautos machbar, profitabel und wünschenswert sind – und sie helfen anderen Fahrzeugherstellern, schneller auf Elektrofahrzeuge umzustellen. In der Tat unternahm die Firma 2014 den ungewöhnlichen Schritt, seine Technologie als „Open Source" zu veröffentlichen. Sie setzten damit die Vollstreckung ihrer mehr als 200 Patente aus, um die Entwicklung von Elektroautos zu fördern. „Tesla wird keinen Patentstreit gegen irgendjemanden initiieren, der in gutem Glauben unsere Technologie nutzen will", kündigte Musk an. „Als ich meine erste Firma, Zip2, gründete, dachte ich, dass Patente etwas Gutes wären, und arbeitete hart daran, sie zu erhalten. Und vielleicht waren sie es auch vor langer Zeit, doch heutzutage verhindern sie allzu oft den Fortschritt, etablieren die Positionen der Großkonzerne und bereichern die Anwälte anstatt die eigentlichen Erfinder … Tesla Motors wurde geschaffen, um die Einführung des nachhaltigen Transports zu beschleunigen. Wenn wir den Weg zur Entwicklung unwiderstehlicher Elektrofahrzeuge frei machen, dann aber Landminen des geistigen Eigentums hinter uns auslegen, um andere zu behindern, verhalten wir uns in gegensätzlicher Weise zu diesem Ziel.

Musk hat seine Rolle als „Katalysator für den Wandel" angenommen und einen beispiellosen „Open Source"-Ansatz für die bei Tesla Motors entwickelte Technologie unternommen.

Ganz ähnlich ist das letztendliche Ziel von SpaceX nicht nur der Bau von Raketenschiffen, sondern es will einem viel größeren Zweck dienen, nämlich den Weg für die Menschheit zu einer „Multi-Planeten-Spezies" zu ebnen.

In Elon Musks größerer Vision kann das Internet als globales Nervensystem dienen, durch erneuerbare Energie kann die Zeitspanne ausgedehnt werden, in der die Menschheit versuchen kann, die richtigen Fragen zu stellen, bevor sie in einen ökonomischen und ökologischen Kollaps rennt. Die Weltraumforschung kann als Backup für das Leben selbst dienen. Musk hält es für einen wichtigen Schritt in der Evolution, eine raumfahrende Zivilisation zu werden, ähnlich wie das erste Leben an Land kroch. Mit Musks Worten:

> *Meine Ziele sind, den Übergang der Welt zu nachhaltiger Energie zu beschleunigen und der Menschheit zu helfen, zu einer Multi-Planeten-Zivilisation zu werden, als Folge werden Hunderttausende von Jobs und eine inspirierendere Zukunft für alle entstehen.*

Eine Generative Vision

Es wird deutlich, dass Elon Musk seine Vision und Mission für seine Unternehmen eher aus der Perspektive eines Teils von etwas viel Größerem als er selbst verfasst hat, als aus der Sichtweise eines isolierten Einzelnen, der seinen Eigennutz im Blick hat. Seine Vision ergibt sich aus tiefer Leidenschaft, Intention und Verpflichtung, die Dinge zum Besseren zu wenden. Eine solche Vision ist von Natur aus *generativ*. Das bedeutet, dass sie immer neue konkrete Zukunftsszenarien für das Gebiet entwirft, in dem wir an Veränderungen arbeiten und uns weiterentwickeln. Sie ist nicht starr durch Details oder Inhalte eines bestimmten Kontextes oder Umstandes gebunden.

Visionen dieser Art konzentrieren sich nicht auf ein konkretes Ziel. Stattdessen sollen sie die Richtung vorgeben, aus der beliebig viele neue, konkrete Unternehmen oder Produkte entstehen. Musks Leidenschaft und Intention, „den Umfang und das Ausmaß des menschlichen Bewusstseins zu steigern", „nach größerer kollektiver Erleuchtung zu streben" und die Zukunft der Menschheit positiv zu beeinflussen, haben eine Reihe von Nachfolgeprojekten und Unternehmen hervorgebracht, und es entstehen immer neue, die sich so entwickeln, wie die Welt sich ändert.

Beispielsweise enthüllte Musk im August 2013 ein Konzept für ein „Hyperloop"-Transportsystem zwischen Los Angeles und San Francisco. In seiner Vision von einem Hochgeschwindigkeitssystem fahren in Niederdruckröhren Druckkapseln auf Luftkissen, die durch lineare Induktionsmotoren und Druckluftkompressoren angetrieben werden. Musks Design würde die Reisekosten mehr als jede andere Transportart für solch lange Distanzen senken.

Elon Musks generative Vision einer besseren und nachhaltigen Zukunft bringt immer weitere neue Produkte und Unternehmen hervor.

Im Dezember 2015 verkündete Musk den Aufbau einer gemeinnützigen Forschungsfirma für künstliche Intelligenz (KI) namens OpenAI. *OpenAI* zielt auf eine künstliche allgemeine Intelligenz ab, die für die Menschheit sicher und nützlich ist. Indem er KI für jeden verfügbar macht, will Musk „den großen Konzernen entgegenwirken, weil sie vermutlich zuviel Macht gewinnen, wenn sie die Super-Intelligenz-Systeme besitzen, die nur dem Profit dienen. Aber auch die Regierungen hat er im Visier, die KI nutzen könnten, um ihre Macht auszubauen und ihre Bürgerschaft zu unterdrücken".

Ende 2016 kündigte Musk Pläne an, „Solar-Schindeln" zu produzieren, die die herkömmlichen Dächer ersetzen und gleichzeitig Elektrizität erzeugen sollen. Musk behauptet, dass die Tesla-Schindeln haltbarer und langlebiger wären als die normalen Dachziegel und gleichzeitig Elektrizität erzeugen. Außerdem wären die neuen Solar-Schindeln eigentlich billiger als ein normales Dach. „So wird der grundlegende Vorschlag lauten: Willst du ein Dach, das besser als ein normales Dach aussieht, zweimal länger hält, weniger kostet und nebenbei Elektrizität erzeugt?", sagte Musk. „Warum solltest du etwas Anderes wollen?"

Anfang 2015 stellte Musk die Hausbatterie *Powerwall* vor, die mehr Konsumenten unabhängiger von den großen Energieversorgern machen soll. Die Batterie soll Sonnenenergie speichern, die aus Solaranlagen und Solarschindeln gewonnen wird; allerdings weist Musk darauf hin, dass sie auch Verbrauchern ohne Sonnenenergie bei Stromausfällen nutzt. „Sie bietet Sicherheit, Freiheit und innere Ruhe," sagt Musk. Die jüngste Generation der Powerwall-Batterie kann beispielsweise ein Haus mit zwei Schlafzimmern einen ganzen Tag lang versorgen. „Unser Ziel ist, die grundlegende Art, wie die Welt Energie gebraucht, zu verändern," bestätigt Musk. „Es klingt verrückt, aber wir wollen die gesamte Energie-Infrastruktur der Welt kohlenstofffrei machen." Er fügt hinzu, „wir brauchen nur" 2 Milliarden Powerwall-Batterien auf den Markt zu bringen, um den Energiebedarf der ganzen Welt zu decken, und die ärmsten Gemeinden ohne Stromkabel werden am meisten profitieren „Es scheint eine ganze verrückte Zahl zu sein," gibt Musk bezüglich der 2 Milliarden-Marke zu, „aber das entspricht der Anzahl von Autos und LKWs auf der Straße [weltweit] – und sie werden alle 20 Jahre komplett saniert.

Um die Entwicklung der Powerwall zu unterstützen und um die Batterien für die Tesla Autolinien herzustellen, baut Musk eine 46 Quadratkilometer große *Gigafactory* in Nevada. Die Multi-Milliarden-Dollar-Einrichtung wird natürlich von Solaranlagen versorgt. „Die Fabrik ist selbst ein Produkt," erklärt Musk. „Es ist eine Maschine die Maschinen baut und mehr Probleme löst, als das Produkt macht. ... Die Fabrik hat viel größeres Innovationspotenzial als das Produkt selbst."

Der Umfang von Musks Visionen reicht von erneuerbarer Energie bis zur Künstlichen Intelligenz, um nachhaltigen Transport und letztlich die Raumfahrt zu ermöglichen.

Musks Wunsch, "den Umfang und das Ausmaß des menschlichen Bewusstseins zu steigern" und einen positiven Unterschied in der Zukunft der Menschheit zu bewirken, verwandelte sich in die Vision von Elektroautos, Sonnenenergie, wiederverwendbaren Raketen und Menschen als eine "Multi-Planeten-Spezies".

Musks Pläne, den Mars von 2023 an zu besiedeln, um das Überleben unserer Spezies zu gewährleisten, ist ein ganz deutliches Beispiel zur Förderung der Fitness für die Zukunft.

Elon Musks Mission, den Übergang der Welt auf nachhaltige Energie zu beschleunigen und der Menschheit zu einer Multi-Planeten-Zivilisation zu verhelfen, machte es ihm möglich, die talentiertesten Menschen auf der ganzen Welt anzuziehen und ihre Mühen auf die Lösung der wichtigsten Probleme der menschlichen Rasse zu lenken.

Im März 2017 kündigte Musk die Gründung eines neuen Unternehmens an, das als *Neuralink* bekannt ist. Sein Zweck ist die Herstellung einer direkten Verbindung zwischen dem menschlichen Gehirn, Computern und künstlicher Intelligenz. Laut Vision der Firma sollen im Gehirn implantierbare Geräte produziert werden, womit Menschen durch einer Neuralschnur (Musk nennt sie „Neural Lace") ihre Gedanken direkt auf einen Computer hochladen oder davon herunterladen können.

Musks ambitionierteste Unternehmung ist die Besiedelung des Mars. Dafür konzipiert Musk ein mehrstufiges Start-und Transportsystem mit einer wiederverwendbaren Trägerrakete – die SpaceX schon erfolgreich getestet hat. Diese Trägerrakete mit einem „interplanetaren Modul" an der Spitze würde beinah so lang wie zwei Flugzeuge vom Typ Boeing 747 werden. Sie könnte anfangs bis zu 100 Passagiere mitnehmen. Musk hat schon gesagt, dass er die erste unbemannte Reise zum Mars vor 2018 starten will. Im Jahr 2022 will er die ersten Menschen zum Mars senden, wobei das Raumschiff 2023 landen soll. Der letztendliche Zweck für diese Mission ist, das Leben, wie wir es kennen, sicherzustellen. „Wenn wir für immer auf der Erde bleiben," versichert er, „wird es ein unausweichliches Massensterben geben … Der Grund für mein persönliches Vermögen ist, dies zu finanzieren. Ich verfolge wirklich keinen anderen Zweck, als Leben interplanetar zu ermöglichen."

Aufgabensignifikanz und Teamarbeit

Eine solche größere Vision und Bestimmung erzeugt eine große Menge an sogenannter „Aufgabensignifikanz" (s. *SFM Bd. II*, S. 56-57). *Aufgabensignifikanz* bezieht sich auf die Annahme, das die Arbeit und die Handlungen einer Person andere auf wichtige und bedeutsame Weise beeinflussen. Die Forschung zeigt, dass es sich merkbar auf die Motivation und Leistung auswirkt, wie die Bedeutung der Aufgabe wahrgenommen wird. Wenn Menschen wissen, dass ihre Arbeit einen positiven Einfluss auf andere hat, erleben sie einen signifikanten Anstieg in ihrem Energie- und Leistungsniveau. Dies fördert ein starkes Sendungsbewusstsein (*Mission*), das als „dringend empfundenes Ziel oder Berufung" definiert werden kann und etwas Über-sich-selbst-hinausgehendem dient (s. *SFM Bd. I*, S. 45-47). Das hat einen erheblichen Einfluss auf die Motivation, Kooperation im Team und die Resilienz. Wie Elon Musk es beschreibt: „Viele Stunden für eine Firma einzusetzen ist hart. Viele Stunden für einen Grund einzusetzen ist leicht."

Elon Musks Fähigkeit, ehrenwerte Herausforderungen oder Probleme zu erkennen und zu priorisieren, machte ihn zu einer Führungspersönlichkeit, der die talentiertesten Menschen auf der Welt folgen wollen. Das hohe Ausmaß an Aufgabensignifikanz in seinen Unternehmen ermöglicht Musk, sich selbst mit vielen weltweit führenden Fachleuten und Experten zu umgeben.

Er lenkt ihre Bemühungen auf die Lösung der ambitioniertesten und aufregendsten Probleme, die der menschlichen Rasse begegnen. Daraus entstehen extrem motivierte Teams, die vom Glauben angetrieben werden, dass ihre verrichtete Arbeit der wichtigste Beitrag in ihrem Leben für den Fortschritt der Menschheit sein wird. Musk weist darauf hin:

> *Wenn es gelingt, wirklich talentierte Leute in einer Gruppe zusammenzubringen, die sich um eine Herausforderung kümmern und zusammen ihr Bestes geben, dann wird diese Firma große Dinge erreichen.*

Und es ist unbestritten, dass Musk und seine Teams große Dinge erreicht haben. Zum Beispiel waren innerhalb von 10 Tagen nach der Einführung der Powerwall Anfang 2015 die Batterien bei der Firma bis Mitte 2016 ausverkauft – was einem Reservierungswert von $800 Millionen entsprach. Es wurde zu einem der wenigen Produkte, dessen Verkäufe mit denen des iPhones konkurrieren.

Musk und seine Teams waren für die größten und erfolgreichsten Markteinführungen der Geschichte verantwortlich.

Gleich nach der Ankündigung eines erschwinglicheren Vollelektromobils, des Modell 3, im April 2016 erhielt Tesla mehr als 325.000 Vorbestellungen von potenziellen Kunden – jeder von ihnen hinterlegte $1,000 für die Reservierung eines Autos – wodurch es der allergrößte Markteintritt wurde, der jemals innerhalb einer Woche für ein Produkt stattfand. Dieser Erfolg war umso bemerkenswerter, wenn man bedenkt, dass die Firma weder Werbung schaltete noch für irgendeine Fürsprache bezahlte. Stattdessen breitete sich das Interesse vollkommen organisch aus, angetrieben von der Leidenschaft derzeitiger und zukünftiger Kunden, die so sehr an das glauben, was die Firma zu erreichen versucht. Zur Zeit, weniger als fünf Jahre nach dem Verkauf des ersten Model S, wurde Tesla zu dem höchstbewerteten Automobilhersteller in Amerika.

Resilienz und Feedback

Natürlich war Elon Musks Weg nicht immer einfach. Eigentlich erforderte dieser eine unglaubliche Resilienz. Als sogenannter „Serien-Entrepreneur" (jemand, der viele verschiedene Unternehmen gegründet hat) ist Musk nicht einfach nur ein Träumer. Er ist sich der Herausforderungen sehr bewusst, die mit der Gründung eines Start-ups verbunden sind. Er sagt dazu:

Elon Musks Fokus auf den höheren Zweck ermöglichte ihm, größere Risiken als andere einzugehen und eine bemerkenswerte Fähigkeit zur Resilienz zu entwickeln.

> *Die Gründung einer Firma ist eine schwierige Sache . . . man sollte auf jeden Fall erwarten, dass es sehr schwierig wird. Es wird schwieriger, als irgendwo einen gutbezahlten Job zu bekommen, und die Chancen, dass man sein investiertes Geld oder das seiner Freunde verliert, sind sehr hoch.*

Ich meine, das sind nur die grundlegenden Fakten. Wenn es Ihnen also nichts ausmacht, dass es wirklich schwierig und risikoreich wird, dann ist die Gründung einer Firma eine gute Idee. Andernfalls ist es wohl eher unvernünftig. Sicher wird man stark beansprucht. Deshalb denke ich, dass man sehr viel Antrieb braucht, um es umzusetzen. Andernfalls macht man sich einfach nur unglücklich.

Dies unterstreicht die Bedeutung der „Aufgabensignifikanz" und der Vision als notwendige Unterstützung für seine Leidenschaft und unternehmerischen Ambitionen. Wie ich in den vorangegangenen *Success Factor Modeling* Bänden (s. *SFM Bd. I,* S. 41-44) beschrieben habe, ist eine Schlüsseleigenschaft der Vision eines erfolgreichen Next Generation Entrepreneure oder einer Führungskraft, dass sie immer auf etwas gerichtet ist, das weit über ihn selbst hinausgeht. Das heißt, es geht darum, wovon Sie mehr in der Welt sehen oder was Sie verändern wollen – es geht darum, „eine Welt zu erschaffen, der Menschen zugehören wollen". Musk rät:

Konzentrieren Sie sich auf etwas, dass einen hohen Wert für jemanden hat, seien sie wirklich gründlich bei Ihrer Beurteilung, weil wir Menschen zum Wunschdenken neigen. Deshalb ist die Herausforderung für Gründer, den Unterschied zu erkennen, ob man wirklich an seine Ideale glaubt und daran festhält oder ob man einen unrealistischen Traum verfolgt, der eigentlich nichts taugt.

Wenn unser Empfinden für die Leidenschaft und Ambition mit einem starken Erleben der Vision und Mission verbunden sind, schafft dies eine kraftvolle Motivation. Das treibt die *Next Generation Entrepreneure* und die *Conscious Leader* an, große Risiken einzugehen und zu tun, was anderen unmöglich erscheint. Musk sagt dazu: „Wenn etwas wichtig genug ist, auch wenn die Chancen gegen dich stehen, solltest du es auf jeden Fall tun."

Diese intensive Motivation wird gebraucht, um die schwierigen Phasen, die in jedem Projekt oder Unternehmen unvermeidlich sind, durchzustehen. Musk erklärt:

Wenn man zum ersten Mal eine Firma gründet, scheinen die Dinge optimistisch, rosig und aufregend zu sein. Ich denke, für die ersten sechs Monate bis zu einem Jahr sieht es sehr gut aus und dann beginnt etwas schiefzugehen … und man macht Fehler, es treten unerwartete Schwierigkeiten auf, man betritt ein Minenfeld … es ist einfach nur schwer. Die Jahre zwei bis fünf sind normalerweise sehr schwierig. Man muss gut vorbereitet sein, um alles Notwendige zu tun, lange Arbeitszeiten in Kauf nehmen. Keine Aufgabe ist zu gering. Ich denke, das ist die richtige Einstellung für einen Geschäftsführer eines Start-ups.

Laut Elon Musk ist es für Gründer lebenswichtig, „den Unterschied zu erkennen, ob man wirklich an seine Ideale glaubt und daran festhält oder ob man unrealistische Träume verfolgt, die nichts taugen."

Musk zeigte unglaubliche Resilienz nach der weltweiten Finanzkrise 2008, als alle drei Firmen gleichzeitig ins Wanken kamen.

Umgang mit Krisen und Veränderungen mit Ausdauer,
Innovationskraft und Entschlossenheit

Elon Musk ist ein authentisches Vorbild für seinen eigenen Rat. Während er drei große Unternehmen gleichzeitig führte, hatte er größte Hindernisse überwinden müssen. Und er ist dafür bekannt, dass er 80 – 100 Stunden pro Woche arbeitet.

2008, gleich nach der weltweiten Finanzkrise, stand Musk der bislang größten Herausforderung seiner Karriere gegenüber. Alle drei Firmen begannen gleichzeitig einzubrechen. Um Teslas erstes Auto, den Roadster, ans Laufen zu bringen und die SpaceX Raketen sicher in den Weltraum zu schicken, investierte Musk in beide Firmen fast sein gesamtes Privatvermögen, das er mit dem Verkauf von PayPal an EBay verdient hatte. Musk musste fast ein Drittel der Belegschaft entlassen und den Tesla-Zweig in Detroit schließen, um mit der Krise fertig zu werden. SolarCity geriet ebenfalls ins Wanken. Die Bank, die die Pachtverträge abgesichert hatte, zog sich aus den Verträgen zurück. Außerdem durchlebte Musk eine schwierige und sehr öffentliche Scheidung.

Mit einem Bankguthaben für nur eine Woche schaute es düster aus. „Ich erinnere mich, wie ich 2008 am Sonntag vor Weihnachten aufwachte und mir dachte: ‚Mann, ich hätte nie gedacht, dass ich jemand wäre, der einen Nervenzusammenbruch erleiden könnte“, sagt er. „Ich hatte das Gefühl, so nah war ich noch nie dran, weil alles sehr, sehr dunkel erschien.“

Dann, fast wie durch ein Wunder, vergab die NASA am 23. Dezember 2008 einen $1.6 Milliarden-Auftrag an SpaceX, um mindestens 20 Tonnen Fracht zu der internationalen Raumstation auf 12 geplanten Flügen zu transportieren. „Die NASA rief an und teilte uns mit, das wir einen $1.5 Milliarden-Auftrag bekommen hatten“, erinnert sich Musk. „Ich konnte nicht einmal mehr das Telefon festhalten. Es platzte nur so aus mir heraus: ‚Ich liebe Euch, Jungs!‘“ Ungefähr drei Monate zuvor war am 28. September 2008 die SpaceX Falcon 1 Rakete nach vier vergeblichen Jahren und drei vorhergehenden Misserfolgen schließlich abgehoben, um eine Dummy-Nutzlast in die Umlaufbahn zu bringen. „Wir hatten zu diesem Zeitpunkt kein Benzin mehr“, sagt Musk. „Wir hatten virtuell kein Geld mehr … nach einem vierten Fehlschlag wäre das Spiel absolut vorbei gewesen. Aus.“ Seitdem hat seine Frachtkapsel viele Male erfolgreich an der Raumstation angedockt und ist zur sicheren Landung auf die Erde zurückgekehrt.

Zwei Tage nach dem Anruf der NASA, am Weihnachtsabend, entschieden sich Tesla's Investoren mehr Geld in die Firma hineinzustecken. Musks Träume wurden innerhalb von drei Tagen gerettet, als sie kurz vor dem kompletten Scheitern standen. Wäre er zusammengebrochen oder hätte er früher aufgegeben, wäre es nie zu diesem Aufschwung gekommen.

CRASH 1

CRASH 2

CRASH 3

ICH GEBE NIE AUF!

DACHTEN SIE ANS AUFGEBEN?

Der Schlüssel zu Elon Musks bemerkenswerter Resilienz ist seine extreme Entschlossenheit und die Bereitschaft alles zu riskieren, besonders im Angesicht von mehrfachen Fehlschlägen.

Offensichtlich ist einer von Musks Haupterfolgsfaktoren seine Bereitschaft, alles zu riskieren, besonders im Angesicht von mehrfachen Fehlschlägen. Als er von einer Reporterin gefragt wurde: „Als sie den dritten Misserfolg [beim Raketenstart] in Folge hatten, haben Sie da gedacht: ‚Jetzt muss ich einpacken‘?" antwortete Musk: „Niemals … Ich gebe nie auf. Ich meine, ich müsste schon tot sein oder komplett handlungsunfähig."

Solch extreme Entschlossenheit kann von Spitzenführungskräften großer multinationaler Aktiengesellschaften, mit denen Musk konkurriert, nicht erwartet werden. Typische Unternehmensführer werden dafür bezahlt, Risiken zu minimieren und Renditen für die Aktionäre zu maximieren. Musks Mission ist essenziell, um die Welt zu verändern oder beim Versuch zu scheitern. Währenddessen zielen CEOs in Konzernen auf leicht überdurchschnittliche Renditen ab, während sie die potenzielle Kehrseite minimieren und vor allem Fehlschläge vermeiden wollen. Jedoch behauptet Musk:

> *Hierbei ist ein Scheitern möglich. Wenn Dinge nicht scheitern, haben sie zu wenig Innovationskraft … Ich denke, es hängt am Mindset. Man muss sich entscheiden: „Wir versuchen, die Dinge anders zu machen." Na ja, vorausgesetzt, dass sie dann besser sind.*

> *Man sollte nichts anders machen, nur weil es anders ist. Es muss anders oder besser sein. Aber ich denke, man muss sich entscheiden. „Lassen Sie uns über das normale Zeug hinausdenken. Nehmen Sie ein Umfeld, wo diese Art zu denken ermutigt und belohnt wird und wo es genauso okay ist zu scheitern." Denn, wenn Sie neue Dinge ausprobieren, testen Sie diese Idee oder jene Idee … na ja, eine Vielzahl davon wird nicht funktionieren und das muss okay sein. Falls es jedes Mal, wenn jemand eine Idee hat, erfolgreich sein muss, würden Sie keine Leute mehr bekommen, die mit einer Idee kommen.*

Elon Musks einzigartige Einstellung, Konsistenz und Entschlossenheit ermöglichten ihm, vom Rand des Abgrundes zurückzukommen und scheinbar unmögliches zu erreichen.

Aufgrund seiner einzigartigen Einstellung, Ausdauer und Entschlossenheit konnte Musk vom Rande des Abgrundes zurückkommen und einen riesigen Schritt nach vorn machen. Innerhalb von vier Jahren, nach der Krise von 2008, produzierte Tesla beispielsweise die Model S Limousine, welche sogar von den Skeptikern in Detroit als das möglicherweise beste Auto gefeiert wurde, das jemals gebaut wurde. SpaceX dockte eine Rakete an die Internationale Raumstation an und SolarCity ging an die Börse. Musk war am Rande einer totalen Katastrophe und brachte dann eines der größten Comebacks in der Geschichte zuwege.

Elon Musk fasst das Wesentliche seiner Einstellung mit folgendem Rat zusammen:

> *Denken Sie immer darüber nach, wie Sie Maßnahmen verbessern können und hinterfragen Sie sich immer wieder … Seien Sie mit Ihrer Selbstanalyse sehr gründlich, seien Sie auf jeden Fall extrem ausdauernd und arbeiten Sie einfach wie die Hölle, so 80-100 Stunden pro Woche. Das alles verbessert die Chancen auf Erfolg.*

Musks Empfehlung, „ständig darüber nachzudenken, wie die Maßnahmen verbessert werden können und sich immer wieder zu hinterfragen" enthalten eine sehr wichtige Praktik der Conscious Leader: Achtsame Selbstführung und gründliches Nachdenken über die aus Erfahrungen gewonnen Lehren. „Ich denke, es ist sehr wichtig eine Feedbackschleife zu haben, wobei Sie ständig über die Maßnahmen nachdenken und wie Sie sie verbessern können", sagt Musk. „Holen Sie zu jeder ihrer Ideen von möglichst vielen Leuten so viel Feedback wie möglich ein … Suchen Sie kritisches Feedback. Fragen Sie, was schief läuft. Oft muss man sehr differenziert fragen, um herauszufinden, was schief läuft."

Neben dem externen Feedback, behauptet Musk, sei es wichtig, sich selbst immer wieder zu hinterfragen und seine eigenen Überzeugungen, mentalen Landkarten und Vorannahmen durch eine akkurate Selbst-Analyse zu überprüfen. Er erklärt dazu:

> Die akkurate Selbst-Analyse ist sehr schwierig, weil man schon per Definition zu nah an sich selbst dran ist. Die Leute denken nicht kritisch genug. Die Leute halten viele Dinge für wahr, ohne eine ausreichende Grundlage für diese Überzeugung zu haben. Es ist sehr wichtig, dass die Menschen sehr genau analysieren, was sie für wahr halten, und dass sie es sich zu eigen machen, die Dinge anhand der ersten Grundsätze zu analysieren und nicht aufgrund von Analogien oder Konventionen.

Musk rät Unternehmern und Führungskräften, eine „Feedbackschleife zu haben, um ständig über seine Maßnahmen nachzudenken und wie man sie verbessern könnte", und um „so viel Feedback wie möglich von möglichst vielen Leuten einzuholen".

Dankbarkeit und Großzügigkeit

In *Success Factor Modeling Band I* (S. 131-132) wies ich darauf hin, dass wirklich erfolgreiche Menschen eine innere Erfahrung aus Dankbarkeit und Großzügigkeit erleben. Sie sind dankbar für das, was sie erhalten und erreicht haben; gleichzeitig können sie großzügig mit anderen teilen, was sie haben. Das heißt, erfolgreiche Menschen haben genug von dem, was sie brauchen und wollen etwas zurückgeben. Als erfolgreicher Unternehmer und Conscious Leader ist Elon Musk hierfür ein exzellentes Beispiel.

Musk ist nicht nur hochmotiviert und ambitioniert, sondern auch enorm großzügig. Er ist beispielsweise Vorsitzender der *Musk Foundation*, die ihre philantropischen Bestrebungen auf die wissenschaftliche Bildung, Kinderheilkunde und saubere Energie konzentriert. Außerdem ist er Treuhänder der *X Prize-Foundation*, die erneuerbare Energie-Technologien fördert. Er ist im Vorstand bei *The Space Foundation*, *The National Academies Aeronautics and Space Engineering Board*, *The Planetary Society*, und dem *Stanford Engineering Advisory Board*. Außerdem ist Musk Mitglied des Vorstandes der Treuhänder des *California Institute of Technology*.

Musks gemeinnützige Taten und philanthropische Bestrebungen zeigen ein hohes Maß an Dankbarkeit und Großzügigkeit, die für wirklich erfolgreiche Menschen charakteristisch sind.

Elon Musks Vermögen, sich trotz der vielen Herausforderungen zu erholen und zu gedeihen, veranschaulicht, wie unser Denken letztendlich die wichtigste Rolle beim Start eines Projekts oder Unternehmens und beim Erreichen von nachhaltigem Erfolg spielt.

2010 initierte er über seine Stiftung ein Spendenprogramm zur Auslieferung von Solaranlagen bei dringendem Bedarf in Katastrophen-Gebieten. Die erste Solaranlage wurde bei einem Hurricane Response Center in Alabama installiert, das von der staatlichen und der Bundesbeihilfe unbeachtet geblieben war. Dies diente ganz eindeutig nicht Musks kommerziellen Interessen. SolarCity gab bekannt, dass es keine aktuellen oder geplanten Geschäftsaktivitäten in Alabama verfolgte. Bei einem Besuch 2011 in Soma City in Fukushima, Japan, das durch einen Tsunami zerstört worden war, spendete er der Stadt ein Projekt für Solaranlagen im Wert von $250,000.

Musk trat der Vereinigung *The Giving Pledge* (s. *SFM Bd. I*, S. 129) im April 2012 bei und ging die ethische Verpflichtung ein, den Hauptanteil seines Vermögens an philantropische Zwecke zu spenden. Diese Kampagne wurde zuerst durch Warren Buffett und Bill Gates bekannt, an der sich bereits mehr als 81 der weltweit finanziell erfolgreichsten Menschen mit dem Versprechen anschlossen, mindestens die Hälfte ihres Wohlstandes an humanitäre Bestrebungen zu spenden.

Fazit

Elon Musk verkörpert viele Erfolgsfaktoren, die Conscious Leadership, Innovationskraft und Resilienz unterstützen. Musks beispiellose Erfolge trotz der vielen Herausforderungen zeigen deutlich, das letztendlich unser Denken die wichtigste Rolle sowohl beim Aufbau eines Projekts oder Unternehmens als auch beim Wechsel vom Überlebensmodus in den Wachstumsmodus spielt. Musks mentale Haltung erzeugt fortlaufende Innovationen, beharrliche Entschlossenheit und kontinuierliche Verbesserungen. Dies ermöglichte ihm und seinen Unternehmen, bedeutungsvolle Beiträge zu leisten, während sie finanzielle Stabilität, Wachstum und Resilienz erreichten.

Als Führungspersönlichkeit zeigt Elon Musk auf jeden Fall alle grundlegenden Leadership-Kompetenzen, die schon zuvor in diesem Kapitel erwähnt wurden:

1. Er drückt eine weite und kraftvolle *Vision* aus, wie die Zukunft werden könnte.

2. Er *veranlasst andere*, Ziele zu erreichen, indem er sie mit der Überzeugung inspiriert, dass ihre Arbeit gerade jetzt einen der wichtigsten Beiträge ihres Lebens für den Fortschritt der Menschheit ist.

3. Er ermuntert zur *Kooperation im Team*, indem er die Teammitglieder auf die wichtigsten Herausforderungen ausrichtet und eine Kultur schafft, die Innovation unterstützt und Raum für das Scheitern gibt.

4. Er führt als *Vorbild*, wobei er die größten Risiken eingeht und genauso viel arbeitet wie jeder andere, um seine Mission zu erfüllen.

Offensichtlich ist Musks Erfolg eine Folge seiner Ausdauer und Resilienz. Genauso deutlich wird seine Risikobereitschaft, seine Fähigkeit „auf Kurs zu bleiben" und sein Vermögen sich von potenziellen Katastrophen schnell zu erholen, angetrieben durch den Fokus auf das höhere Ziel, seinen Glaube an das, was er tut, und an die Fähigkeit, dass sein Team und er es erreichen können. Es scheint klar zu sein, dass die Betonung des höheren Ziels verbunden mit der Balance zwischen Eigennutz und Gemeinwohl, eine Vision und viele Unternehmen hervorgebracht hat, die sich bemühen, nachhaltige Entwicklungen und „Fitness für die Zukunft" zu erzeugen.

Musks Ausdauer und Risikobereitschaft werden durch seinen Fokus auf ein höheres Ziel angetrieben und durch seinen Glauben an das, was er tut, und dass es sein Team und er selbst es erreichen können.

Ein weiterer Schlüssel zu Musks Denkweise ist seine Hingabe und Entschiedenheit, „zu versuchen, die Dinge anders oder besser zu machen". Offenbar versteht Musk Ashbys Gesetz der notwendigen Vielfalt – dass ein System zum Überleben und Gedeihen ein ausreichendes Maß an Variabilität braucht, um sich effektiv an die auftretenden Veränderungen in der Umwelt anzupassen. In der Tat scheinen seine ganzen Aktionen dem Prinzip gewidmet zu sein, dass Innovationskraft die Grundlage für jedes nachhaltig erfolgreiche Unternehmen oder jede Spezies ist.

Kurz gesagt, liefert uns Elon Musks Beispiel einen kraftvollen Prototypen mit allen Schlüsseleigenschaften des zuvor beschriebenen Conscious Leadership:

1. Der Erfolg und der Einflussbereich seiner drei großen Unternehmen, zusammen mit seinen anderen Projekten zeigen, dass er eine *bedeutsame, integrative Vision zum Nutzen aller Stakeholder formulieren und kommunizieren* kann.

2. Sein Streben, „den Umfang und das Ausmaß des menschlichen Bewusstseins zu steigern" und der Wunsch „einen positiven Unterschied in der Zukunft der Menschheit zu bewirken" spiegeln einen *starken Fokus auf das höhere Ziel* wieder.

3. Seine Fähigkeit, Menschen den Glauben zu vermitteln, dass ihre Arbeit gerade jetzt der wichtigste Beitrag ihres Lebens zum Fortschritt der Menschheit sein könnte, zeigt eindrucksvoll, wie unter Anwendung der Aufgabensignifikanz *durch Inspiration beeinflusst* werden kann.

4. Musks Vermögen zur „Relevanzoptimierung", wobei er den Beitrag zur Menschheit mit finanzieller Rendite und ökonomischer Machbarkeit ausgleicht, ist ein Beispiel, wie er ständig *Eigennutz und Gemeinwohl in Balance* hält.

5. Sein Rat, „zu jeder Idee so viel Feedback wie möglich von möglichst vielen Menschen einzuholen", zeigt sein starkes Vermögen, viele *Perspektiven zu respektieren und zu integrieren.*

6. Musks gewaltige Arbeitsethik und die Bereitschaft, große Risiken für seine Unternehmen einzugehen, versinnbildlichen das *Führen als Vorbild.*

7. Seine Verpflichtung, sich immer wieder zu hinterfragen und seine Betonung auf „der akkuraten Selbstanalyse" zeigt Entschlossenheit, *achtsame Selbstführung* auszuüben und *über die aus Erfahrung gewonnen Lehren nachzudenken.*

Elon Musks Beispiel bietet einen starken Prototypen für die Schlüsseleigenschaften des Führens mit Bewusstheit – Conscious Leadership.

Elon Musks Beispiel bietet einen starken Prototypen für die Schlüsseleigenschaften des Führens mit Bewusstheit – Conscious Leadership.

Natürlich ist es wichtig zu verstehen, dass niemand immer perfekt oder vollkommen „bewusst" sein kann. Auch Elon Musk hat seine Defizite und „blinde Flecken". Die Tatsache, dass er geschieden wurde (zweimal von der gleichen Frau) ist ein Indiz, das es wichtige Bereiche gibt, in die er mehr Aufmerksamkeit und Balance bringen könnte, wie in seine persönlichen und beruflichen Beziehungen und seine Eigenfürsorge. Der Weg zur Führung mit Bewusstheit (Conscious Leadership), zu Innovationskraft und Resilienz ist eine lebenslange Reise.

In der Tat wollen wir Ihnen hauptsächlich mit diesem Buch viele Grundlagen, Instrumente, Praktiken und Disziplinen anbieten, die uns alle unterstützen, ein bewussteres und kreativeres Leben zu leben. Diese Prozesse berücksichtigen vielfältige Erfolgsfaktorebenen.

Die Schlüsselebenen der Erfolgsfaktoren

In den vorherigen Success Factor Modeling Bänden habe ich eine Reihe von unterschiedlichen Erfolgsfaktorebenen präsentiert, die mit effektiver Leistung von Einzelnen, Teams und Organisationen verbunden sind. Diese Ebenen wurden in den beiden ersten SFM-Bänden wie auch in meinen anderen Büchern vertieft (s. *Professionelles Coaching mit NLP*, 2005 und *NLP II: Die Neue Generation*, 2013).

- **Umfeldfaktoren** bestimmen die äußeren Möglichkeiten und Beschränkungen, die Personen, Teams oder Organisationen beachten sollten, da sie auf diese reagieren müssen. Umfeldfaktoren beziehen sich auf den Zustand der äußeren Bedingungen, in denen wir leben und handeln – *wo* und *wann* unsere Aktionen stattfinden. Die Ziele und Ergebnisse der Akteure werden stets im Hinblick auf umweltgerechte Produktion oder deren Einfluss festgelegt und gemessen; z. B. Herstellung eines Elektroautos, geringere Kohlenstoffemissionen, Start einer Rakete ins All usw. Das erste Feedback auf unsere Handlungen kommt aus unserem konkreten Umfeld.

  Nachhaltiger Erfolg und Fitness für die Zukunft basieren ganz eindeutig auf unserem Vermögen, unseren Einfluss auf unsere Umwelt zu verstehen und effektiv, flexibel und ökologisch auf Veränderungen und Ungewissheiten im Umfeld zu reagieren. Elon Musk gibt ein gutes Beispiel für die Fähigkeit eines *Conscious Leaders*, Umweltfaktoren als entscheidenden Teil seiner Geschäfte und Unternehmensstrategien zu berücksichtigen, indem er sowohl die kurzfristigen als auch die langfristigen Folgen seiner Handlungen kennt und versucht, seinen positiven Einfluss zu maximieren, während er sich flexibel an die Herausforderungen und Veränderungen anpasst.

Es ist wichtig, daran zu denken, dass niemand immer perfekt oder vollkommen „bewusst" sein kann und dass der Weg zu Conscious Leadership, Innovationskraft und Resilienz eine lebenslange Reise ist.

Das Beispiel von Elon Musk veranschaulicht die Schlüsselebenen der Erfolgsfaktoren, die mit effektiver Leistung von Personen, Teams und Organisationen verbunden sind.

Ähnlich wie eine Pyramide basieren die verschiedenen Erfolgsfaktorebenen auf den konkreten Aspekten Verhalten und Umfeld - wo und wann was getan wird.

Wie die Sprossen einer Leiter ermöglichen uns unsere Fähigkeiten, Überzeugungen und Werte unsere Handlungen auf eine höhere Bestimmung anzupassen, zu verfeinern und auszurichten, indem wir klären, *wie* und *warum* wir etwas machen müssen.

- **Verhaltensbezogene Faktoren** beziehen sich auf die konkreten Handlungsschritte, um effektiv auf das Umfeld zu reagieren und gewünschte Ergebnisse zu erzielen. Sie beinhalten, *was* genau getan oder durchgeführt werden muss, um Vorteile zu nutzen und auf Veränderungen im Umfeld zu reagieren. Die „Verhaltensebene" der Führung hat mit den konkreten Verhaltensmaßnahmen zu tun, die die Führungskraft, ihre Mitarbeiter und ihr Unternehmen einsetzen müssen, um sich von Rückschlägen zu erholen und ihre Ziele und Ergebnisse zu verfolgen. Die konkreten Verhaltensweisen, an denen Menschen aktiv beteiligt sind, wie Aufgaben oder zwischenmenschliche Wechselbeziehungen, entscheiden hauptsächlich über das Erreichen der Organisationsziele: Geldbeschaffung, Insolvenzverfahren usw. Sie bestimmen, was ein Unternehmer erreicht oder gerade nicht erreicht. Somit erzeugt unser Handeln die Ergebnisse, die wir erreichen. Wie Elon Musk sagte: „Wenn andere Menschen 40 Stunden in der Woche arbeiten und Sie 100, dann werden Sie in vier Monaten das erreichen, wofür die anderen ein Jahr brauchen." Jede Führung basiert letztendlich auf Handlung.

- **Fähigkeiten** beziehen sich auf die mentalen Landkarten, Pläne, Strategien und andere Methoden, die zu Innovationen, Resilienz und Erfolg führen. Sie regeln, *wie* Handlungen erzeugt, ausgewählt und kontrolliert werden. Bei der entscheidenden Frage, wie man sich von Rückschlägen erholt oder Erfolge erreicht, geht es nicht einfach darum, wie viel Maßnahmen getroffen werden, sondern *welche*. Erfolgreich zu sein, bedeutet nicht unbedingt, härter zu arbeiten sondern geschickter. Wie das Beispiel von Elon Musk gezeigt hat, bestimmt unsere Denkweise unser Handeln. Die „Fähigkeiten" haben etwas mit den mentalen Strategien und Prozessen zu tun, die Führungskräfte und ihre Mitarbeiter entwickeln und anwenden, um ihre konkreten Verhaltensweisen zu leiten und zu lenken. Die einfache Verordnung von Maßnahmen gewährleistet nicht, dass die Aufgaben erfüllt und die Ziele erreicht werden. Die Fähigkeiten-Ebene soll die erforderliche Sichtweise und Richtung bieten, um geeignete Aktionen zur Zielerreichung auszuwählen und falls nötig zu entwickeln.

Führung auf der Ebene der Fähigkeiten bedeutet im wesentlichen Vorausdenken. Es beinhaltet, Menschen in ihrem Denken zu beeinflussen. Elon Musks Rat, ständig darüber nachzudenken, was man besser machen könnte und sich zu hinterfragen, bezieht sich eindeutig auf diese Ebene. Seine „Relevanzoptimierung", wobei er den Beitrag zur Menschheit mit finanzieller Rendite und Wirtschaftlichkeit in der Waage hält, ist ein weiteres Beispiel für eine Schlüsselfähigkeit des Conscious Leadership. Es zeigt, welche Maßnahmen ausgewählt und implementiert werden sollten.

- **Überzeugungen und Werte** liefern die Motivation und die Verstärkung, die bestimmte Fähigkeiten und Verhaltensweisen unterstützen oder hemmen. Sie beziehen sich auf das ,Warum ein bestimmter Weg beschritten wird'. Sie liefern auch die tieferen Beweggründe, die Menschen veranlassen zu handeln oder auszuharren. Führung auf der Ebene der „Überzeugungen und Werte" beeinflusst Menschen auf der Ebene des Herzens und des Geistes. Eine effektive Führungskraft muss nicht nur ihre Verhaltenskompetenz und Fähigkeiten entwickeln, sondern auch die Überzeugungen und Werte ihrer Kunden, Mitarbeiter, Stakeholder und Partner berücksichtigen. Ein Produkt, eine Dienstleistung oder eine Aufgabe wird in dem Maße angenommen oder abgelehnt, in dem es oder sie in die persönlichen oder kulturellen Wertesysteme passen (oder eben nicht passen).

  Überzeugungen und Werte machen einen der wichtigsten Bereiche im Denken eines Conscious Leaders aus. Die Unternehmerin Cindana Turkatte (porträtiert in SFM Bd. I, S. 163-171) sagt, dass der Erfolg eines Unternehmens mit der „Einsatzbereitschaft und der Empathie" der Menschen für das, was sie tun, beginnt. „Man kann nicht aufgeben,"sagt sie. „man muss an das glauben, was man tut. Wenn Sie nicht an das glauben, was Sie tun, sollten Sie etwas anderes machen." Wie wir gesehen haben, konnte Elon Musk Menschen mit der Überzeugung begeistern, dass die von ihnen jetzt durchgeführte Arbeit „der wichtigste Beitrag ihres Lebens zum Fortschritt der Menschheit" sein könnte.

- **Identitätsfaktoren** beziehen sich auf die Auffassung, die Menschen von ihrer Mission, Rolle und Position in Bezug auf andere haben. Diese Faktoren hängen mit der Auffassung der Personen oder Gruppen zusammen, *wer* sie zu sein glauben. Die „Identitätsebene" hat mit den einzigartigen Unterscheidungsmerkmalen zu tun, über die sich eine Einzelperson, eine Gruppe oder Organisation definiert. Sie ist die Basis für die „Marke" und das „Image" eines Menschen, einer Gruppe oder eines Unternehmens.

  Die Identitätsebene ist in vielerlei Hinsicht eine Integration und Synthese aller anderen Ebenen: Werte, Überzeugungen, Fähigkeiten und Verhaltensweisen. Deshalb ist es so wichtig, in der Führungsrolle ein gutes Beispiel zu geben oder ein Vorbild zu sein, insbesondere bei Conscious Leadership. Auf der Identitätsebene führen wir durch unser „Sein". Gandhi sagte dazu sehr deutlich: „Du musst die Veränderung sein, die du in der Welt sehen willst." Wenn etwas die Identitätsebene erreicht, wird es zum Teil unserer „DNS". Elon Musks Erklärung: „Ich gebe niemals auf" und „Ich müsste tot sein oder komplett handlungsunfähig", sind Anzeichen, dass sich seine Ziele und Intentionen auf der Ebene der Mission und Identität befinden. Motivationen auf dieser Ebene sind noch tiefgreifender als Überzeugungen oder Werte.

Überzeugungen und Werte machen einen sehr wichtigen Bereich im Denken eines Conscious Leaders aus. Sie liefern die Motivation und die Verstärkung, die bestimmte Fähigkeiten und Verhaltensweisen unterstützen oder hemmen.

Wie der Volltreffer auf einer Zielscheibe bieten unser Identitätsgefühl und unsere Bestimmung eine klare und verlockende Richtung für unser Verhalten, in dem sie definieren, wer wir sind und für wen oder was wir unsere Handlungen *einsetzen*.

Der Sinn ergibt sich aus unserem Zugehörigkeitsgefühl und unserer Auffassung, etwas Größerem als uns selbst zu dienen.

- **Die Bestimmung** bezieht sich auf die Erfahrung der Menschen, wenn sie etwas zu dem größeren System beitragen, von dem sie ein Teil sind. Diese Faktoren betreffen *für wen* oder *für was* ein bestimmter Handlungsschritt oder Pfad eingeschlagen wurde. Die Sinnhaftigkeit ergibt sich aus unserer Wahrnehmung, Teil von immer größeren Systemen um uns herum zu sein. Sie bestimmt die allgemeine Ausrichtung und die Bedeutung hinter den Handlungen, Fähigkeiten und der Identität eines Einzelnen, eines Teams oder einer Organisation.

Die Bestimmung ist vielleicht die stärkste aller Motivationen. Deshalb hat die Aufgabensignifikanz – die Bedeutung einer Aufgabe – eine solch hohe Auswirkung auf die Anstrengungen und die Leistung. Menschen sind bereit, größere Opfer zu bringen und höhere Risiken einzugehen, wenn es um das Wohl von etwas Größerem als sie selbst geht, als wenn es um ihren Eigennutzen geht. Der Fokus und die Verpflichtung auf einen höheren Zweck kennzeichnet jedes *Conscious Leadership*. Offensichtlich ist dies der Hauptschwerpunkt von Führungspersönlichkeiten wie Elon Musk, der „den Umfang und das Ausmaß des menschlichen Bewusstseins erweitern" will und das Verlangen hat, „einen positiven Unterschied für die Zukunft der Menschheit" zu bewirken.

Holons, Holarchien und Conscious Leadership

In *SFM Bd. I* (S. 22-23) und in *SFM Bd. II* (S. 54-55) habe ich darauf hingewiesen, dass sich die Sinnhaftigkeit aus unserer Selbstwahrnehmung als Holon ergibt und wir Teil einer miteinander verbundenen Holarchie sind. Eine faszinierende Tatsache unserer Existenz ist, dass wir einerseits ganz und gar unabhängige Wesen sind, andererseits aber auch Teil von Systemen, die größer sind als wir selbst. Arthur Koestler nutzte den Begriff *Holarchie*, um die Dynamiken dieser Beziehung zu beschreiben. In *The Act of Creation* (1964, S. 287) erklärt Koestler:

> *Ein lebendiger Organismus oder ein sozialer Körper ist keine Ansammlung von Elementarteilchen oder Elementarprozessen; es handelt sich um eine integrative Hierarchie von halbautonomen Sub-Ganzheiten bestehend aus Sub-Sub-Ganzheiten und so weiter. Folglich sind die funktionalen Einheiten auf jeder Ebenen der Hierarchie sozusagen doppelseitig: nach unten gerichtet fungieren sie als Ganzes, nach oben gereichtet wie Teile.*

Also wird etwas, das Teile auf der unteren Ebene in ein größeres Ganzes integriert, selbst zu einem Teil in der darüber liegenden Ebene. Wasser ist zum Beispiel ein einzigartiges Gebilde, welches aus dem Zusammenschluss von Wasserstoff und Sauerstoff entsteht. Wasser selbst kann jedoch zum Bestandteil vieler anderer größerer Gebilde werden, angefangen vom Orangensaft über die Ozeane bis hin zum menschlichen Körper. Somit ist Wasser gleichzeitig etwas Ganzes und Teil von anderen größeren Ganzheiten.

In *Eine kurze Geschichte des Kosmos* (1996) beschreibt der Transformationslehrer und Autor Ken Wilber diese Beziehung wie folgt:

> *Arthur Koestler prägte den Begriff „Holon", um auf eine Entität zu verweisen, die selbst ein Ganzes und gleichzeitig ein Teil eines anderen Ganzen ist. Und wenn man anfängt, die Dinge und Prozesse genau zu betrachten, die tatsächlich vorhanden sind, so wird bald klar, dass diese nicht nur ein Ganzes sind, sie sind auch Teile von etwas anderem. Sie sind Ganzes/Teile, sie sind Holons.*

> *Zum Beispiel, ist ein ganzes Atom Teil eines ganzen Moleküls, das ganze Molekül ist Teil der ganzen Zelle und die ganze Zelle ist Teil eines ganzen Organismus und so weiter. Jede dieser Entitäten ist weder ein Ganzes noch ein Teil, sondern ein Ganzes/Teil, ein Holon.*

Eine faszinierende Tatsache unserer Existenz ist, dass wir einerseits ganz und gar unabhängige Wesen sind, andererseits aber auch Teil von Systemen, die größer sind als wir selbst.

Die Begriffe „Holon" und „Holarchie" beschreiben die Tatsache, dass alles, was existiert, sowohl aus aufeinanderfolgenden kleineren Ganzheiten besteht, als auch Teil von aufeinanderfolgenden größeren Ganzheiten ist.

Jede Person ist ein Ganzes, gebildet aus anderen Ganzheiten (Zellen, Organe, psychologischen Zuständen usw.) und Teil eines größeren Ganzen (z. B. einer Familie, Gruppe, Gemeinde usw.).

Das Hauptmaß für die „Bewusstheit" eines Conscious Leader ist, wie groß die größere Holarchie ist, die er oder sie bei ihren Zukunftsplänen, Entscheidungen oder Maßnahmen in sein Bewusstsein einbezieht.

Laut Wilber enthält jedes neue Ganze die Teile auf der Ebene darunter, ja transzendiert sie sogar. Es ist wichtig zu beachten, dass in einer Holarchie die oberen Ebenen nicht vollständig zum Ausdruck gebracht werden können, wenn eine untere Ebene im System fehlt. Die unteren Ebenen sind unerlässliche Bestandteile für alle höheren Ebenen.

Jeder von uns ist ein Holon. Wir bestehen aus ganzen Atomen, die ganze Moleküle bilden, die sich zu ganzen Zellen verbinden, welche sich zu ganzen Organen vereinen und ein ganzes vernetztes Nervensystem ausbilden, aus dem unser Körper geformt wird. Im Gegenzug sind wir Teil zunehmend größerer Systeme: einer Familie, einer beruflichen Gemeinschaft, das ganze System lebendiger Kreaturen auf diesem Planeten und letztlich des ganzen Universums.

Für Conscious Leader sind die Begriffe „Holon" und „Holarchie" nicht einfach nur interessante intellektuelle Konzepte, sondern organisierende Prinzipien für das Leben und die berufliche Tätigkeit. Wie der Fall von Elon Musk deutlich zeigt, nehmen sich Conscious Leader als beitragendes Mitglied einer viel größeren Holarchie wahr. Der Umfang von Musks Bewusstsein und Vision schließt den ganzen Planeten Erde ein und reicht mit seinen Plänen sogar bis zum Sonnensystem, da die Menschheit eine interplanetare Spezies werden soll.

Deshalb können wir die „Bewusstheit" eines Conscious Leader hauptsächlich daran messen, wie groß die größere Holarchie ist, die er in seinem Bewusstsein einbezieht, während er oder sie ihre Zukunftspläne macht, Entscheidungen trifft oder Maßnahmen ergreift. Je bewusster ein Mensch ist, desto größere Holarchien kann er berücksichtigen, um vielfältige Win-Win-Ergebnisse (oder wenigsten keine Win-Lose-Ergebnisse) zu erzielen. Und je größer die berücksichtigten Holarchien sind, desto mehr Stakeholder werden es sein. Dies ist die größte Herausforderung für Conscious Leadership und tatsächlich die größte Herausforderung für die Menschheit heute.

Wo legen wir die Enden einer Holarchie fest, deren Teil wir sind? Wohin setzen wir die Grenzen und Mauern? Ist das Limit der Holarchie unser Selbst, unsere Familie, das Geschäft, die Gemeinde, das Land, der Kontinent oder die Erde?

Jede Person ist ein Ganzes, gebildet aus anderen Ganzheiten (Zellen, Organe, psychologischen Zuständen usw.) und Teil eines größeren Ganzen (z. B. Familie, Gruppe, Gemeinde usw.).

Umgang mit den Beschränkungen des Bewusstseins

Wenn unser Bewusstsein für die Holarchie beschränkt ist, werden wir Maßnahmen ergreifen, die einen Gewinn für einen Teil des Systems auf Kosten eines anderen Teils schaffen. Daraus entsteht ein Ungleichgewicht, das zu großen Krisen führen kann.

In dieser Hinsicht sind die Beschränkungen unseres Bewusstseins verantwortlich für die Mehrheit der Probleme, die wir heutzutage in der Welt erleben. Wenn unser Bewusstsein beschränkt ist, wird der Gewinn für einen Teil der Holarchie auf Kosten eines anderen Teils erreicht. Am Ende könnten wir unsere Familien oder unser privates Leben für unseren beruflichen Erfolg opfern; oder die Gesundheit der Erde für den wirtschaftlichen Erfolg; oder unseren eigenen Gesundheitszustand für unsere Pflichten für die Familie oder die Gemeinschaft; oder wir opfern eine Gesellschaft, eine Kultur oder ein ganzes Land für den Erfolg eines anderen.

Ich habe beispielsweise einen Kollegen, der Gründungsmitglied einer schnell wachsenden und finanziell sehr erfolgreichen Firma in England war. Jedoch waren innerhalb von zwei Jahren nach der Gründung zwei der sieben Gründer geschieden, zwei andere hatten Krebs und mein Kollege einen Zusammenbruch. Offensichtlich war dies weder eine nachhaltige noch eine prächtige Situation.

Während meiner Arbeit als Coach und Berater bin ich unzähligen solcher Situationen und Geschichten begegnet. Der Versuch einer Person, auf einem Gebiet der Holarchie erfolgreich zu sein, führt zur Vernachlässigung und zum Zusammenbruch eines anderen.

Es liegt auf der Hand: Wenn wir nicht auf unser Herz achten, können wir einen Herzinfarkt bekommen. Wenn wir nicht auf unsere Familie oder unsere Ehe achten, können beide leiden. Wenn wir nicht auf unser Unternehmen achten, kann es in die Binsen gehen. Wenn wir nicht auf unsere Gesellschaft achten, beginnt sie zu zerfallen. Wenn wir nicht auf unsere Umwelt achten, kann sie vergiftet und instabil werden.

Nachhaltig erfolgreich zu sein, ist eine Sache des Bewusstseins und der Balance gegenüber jeden Teil des Systems – also dem Mikrokosmos und dem Makrokosmos gegenüber.

Nachhaltig erfolgreich zu sein, ist eine Sache des Bewusstseins und der Balance gegenüber jeden Teil des Systems. Es gibt ein altes Sprichwort, das uns rät, „global zu denken und regional zu handeln". Aus Sicht des Conscious Leadership ist es genauso wichtig, den Mikrokosmos wie den Makrokosmos zu beachten. Seit langem betone ich, dass das Ziel des Conscious Leadership ist, „eine Welt zu erschaffen, der Menschen zugehören wollen" – einschließlich uns selbst. Die Art, wie wir uns um uns selbst und unsere Familie kümmern, ist Ausdruck des gleichen Bewusstseins und der gleichen Werte, die wir auf unsere Teammitglieder, Kunden und die Gesellschaft anwenden. Wie mein Lehrer und Mentor Gregory Bateson (die Schlüsselfigur der modernen Systemtheorie) immer sagte: „Alles ist eine Metapher für alles andere." Authentizität, Verantwortung und Ausrichtung bedeuten Conscious Leadership auf jeder Ebene der Holarchie anzuwenden. Wie bei einem Baum, müssen die Wurzeln tief und weit reichen, während sich die Äste nach dem Himmel strecken.

Sogar ganz absichtsvolle Conscious Leader wie Elon Musk kämpfen mit der Herausforderung, nachhaltige Gewinne für alle Seiten der größeren Holarchie zu schaffen, was seine mehrfachen Scheidungen und die inkonsistente Beachtung seiner Ernährung und der physischen Gesundheit widerspiegeln.

Ausweitung des Bewusstseins

Damit kommen wir zu der Bedeutung der somatischen Intelligenz (der Weisheit des Körpers), der kollektiven Intelligenz und der Fähigkeit, sich auf das „Feld" einstimmen zu können (s. *SFM Bd. II*, S. 350-353), als Schlüsselkompetenzen für die Führung mit Bewusstheit – Conscious Leadership. Das kognitive Verstehen allein reicht nicht aus, um die notwendige Bewusstseinsebene zu erreichen, um sich aller Bereiche der Holarchie bewusst zu werden. Dies ist jedoch erforderlich, um harmonische und zukunftsfähige Entscheidungen zu treffen. Wir müssen ebenfalls in das sogenannte „kreative Unbewusste" eintreten können, das in den vorherigen *Success Factor Modeling* Bänden (s. *SFM Bd. I*, S. 44 & S. 202-205 und *SFM Bd. II*, S. 176-179 & S. 352) beschrieben wurde. Das kreative Unbewusste ist eine Form des Gewahrseins, das über die Beschränkungen unseres kognitiven Verstandes hinausgeht und unsere Kapazität für Weisheit steigert.

Kognitives Verstehen reicht allein nicht aus, um die notwendige Bewusstseinsebene zu erreichen, auf der alle Bereiche der Holarchie berücksichtigt werden, um harmonische und nachhaltige Entscheidungen zu treffen.

Steve Jobs (s. Fallbeispiel in SFM Bd. I, S. 252-280) erkannte, wie wichtig es für eine Führungskraft ist, weitere Formen des Gewahrseins zu haben, als er sagte:

> *Ich begann einzusehen, dass intuitives Verstehen und Bewusstheit wichtiger waren als abstraktes Denken und intellektuelle logische Analyse. Intuition ist eine ganz starke Sache, meiner Meinung nach viel kraftvoller als Intellekt. Sie hatte großen Einfluss auf meine Arbeit.*

Während er Menschen dazu riet, „den Mut zu haben, ihrem Herzen und ihrer Intuition zu folgen", ergriff Jobs vorsätzlich Maßnahmen, seine eigene bewusste Wahrnehmung auszudehnen, wie aus seinen Kommentaren über seine Experimente mit LSD als junger Mann hervor geht. „LSD einzunehmen, war eine tiefgehende Erfahrung, eine der wichtigsten in meinem Leben", berichtete er. „LSD zeigt dir, dass es noch eine andere Seite der Medaille gibt. Und du kannst dich nicht daran erinnern, wenn es abflaut, aber du weißt es. Es verstärkte meine Sinne für das, was wichtig ist – Dinge zu erschaffen, anstatt Geld zu machen, so viele Dinge wie möglich im Verlauf der Geschichte menschlichen Bewusstseins in Ordnung zu bringen."

Intuition und Zugang zum kreativen Unbewussten sind wesentlich für Conscious Leadership, Innovationskraft und Resilienz.

Obwohl Jobs selbst offensichtlich viele Fehler hatte, wie sein früher Tod und die „Horrorgeschichten" beweisen, die von einigen Mitarbeitern erzählt werden, demonstrierte er viele Eigenschaften des Conscious Leadership in anderen Bereichen seines privaten und beruflichen Lebens.

Die israelische Premierministerin Golda Meir behauptete, dass sie niemals eine wichtige Entscheidung traf, *"ohne zuerst den Rat von zwei Menschen einzuholen – meiner Urgroßmutter, die nicht mehr lebt und meine Urenkelin, die noch nicht geboren wurde"*.

Es ist unbestritten, dass Jobs in vielen Bereichen, wo er Conscious Leadership zeigte, besonders erfolgreich war. Er sagt dazu:

> *Wir sind hier, um eine Delle ins Universum einzuschlagen. Warum sollten wir sonst da sein? Wir schaffen ein komplett neues Bewusstsein, wie ein Künstler oder ein Dichter. So sollten Sie darüber denken. Wir schreiben die Geschichte des menschlichen Denkens neu mit dem, was wir tun …*

> *Wir versuchen mit unseren Talenten, die wir haben, unsere tiefen Gefühle auszudrücken, um unsere Wertschätzung all den Beiträgen gegenüber zu zeigen, die vor uns kamen und um etwas zu diesem Flow hinzuzufügen. Das ist, was mich antreibt.*

Jobs Kommentare über „die Dinge im Strom des menschlichen Bewusstseins in Ordnung zu bringen", „die Geschichte des menschlichen Denkens neu zu schreiben" und „Wertschätzung gegenüber allen Beiträgen, die vor uns kamen, und etwas dem Flow beizufügen" bringen die wichtige Dimension der Zeit ins Spiel des Conscious Leadership. Das größere Holon, von dem wir ein Teil sind, hat nicht nur eine räumliche Ausdehnung, sondern auch eine zeitliche. Wir sind Teil eines Vermächtnisses, das sich von unseren Vorfahren bis zu den uns nachfolgenden Generationen erstreckt. Von Golda Meir, der ersten weiblichen Premierministerin von Israel (1969-1974), wurde berichtet, dass sie zu sagen pflegte, dass sie niemals eine wichtig Entscheidung träfe, „ohne zuerst mindestens zwei Menschen um Rat gefragt zu haben – ihre Urgroßmutter, die nicht mehr lebte und ihre Urenkelin, die noch nicht geboren war".

Meirs Aussage spiegelt die Vorstellung der Ureinwohner Nordamerikas von *der Verantwortung gegenüber sieben Generationen* wider, die Menschen dazu rät, sich an sieben Generationen in der Vergangenheit zu erinnern und sieben Generationen in der Zukunft zu berücksichtigen, wenn kritische Entscheidungen zu treffen sind. Das Prinzip der Sieben-Generationen-Verantwortung" bezieht sich auf das *Große Gesetz der Irokesen*. Diesem Prinzip zufolge, ist es wichtig sieben Generationen im voraus (also circa 150 Jahre in der Zukunft) zu denken, wenn heute Entscheidungen getroffen werden, um sicherzustellen, dass diese Entscheidungen auch unseren Kindern sieben Generationen in der Zukunft nutzen.

Conscious Leadership erfordert die Ausweitung des Bewusstseins in mehreren Dimensionen. Dies ist ein herausfordernder, aber wichtiger Schritt für unsere Entwicklung, für unsere Resilienz und unser Überleben. Der Ruf nach einem größeren Bewusstsein wird wohl nirgends deutlicher ausgedrückt, als in der folgenden Aussage des großen Naturwissenschaftlers Albert Einstein.

Ein menschliches Wesen ist Teil einer Gesamtheit, die wir Universum nennen. Er erlebt sich selbst, seine Gedanken und Gefühle als etwas vom Rest Getrenntes, eine Art optische Täuschung seines Bewusstseins. Diese Täuschung ist wie ein Gefängnis für uns. Es beschränkt uns auf unser persönliches Verlangen und auf den Einfluss auf ein paar wenige Menschen, die uns am nächsten sind. Unsere Aufgabe muss es sein, uns selbst aus diesem Gefängnis zu befreien, indem wir unseren Kreis des Mitgefühls auf alle lebendigen Kreaturen und auf die Natur in ihrer Schönheit ausweiten.

Wie können wir unser Bewusstsein und unser Mitgefühls ausweiten? Was hindert uns daran? Wie können wir uns selbst aus dem Gefängnis der „Täuschung" durch unser Bewusstsein befreien, dass wir voneinander getrennt sind? Wie beeinflusst dies unsere Entscheidungen, die wir für unser Leben und unsere Unternehmen treffen?

Mit diesen Schlüsselfragen werden wir uns ganz praktisch in den folgenden Kapiteln dieses Buches beschäftigen.

Albert Einstein erklärte, dass "ein menschliches Wesen Teil einer Ganzheit ist, die wir Universum nennen", aber dass wir, weil wir "in Zeit und Raum begrenzt sind" uns selbst, unsere Gedanken und unsere Gefühle als etwas "vom Rest Getrenntes" erleben. Laut Einstein, muss es unsere Aufgabe sein, "unseren Kreis des Mitgefühls auszuweiten, um alle lebendigen Kreaturen und die ganze Natur zu umarmen".

Welche Methode, Referenzerfahrung oder welcher Auslöser verbindet Sie automatisch mit dem tief empfundenen Gefühl als höheres Selbst, das über Ihre eigene Identität als separates Individuum hinausgeht?

Tom Chi
Mitgründer von GoogleX

Finden Sie Ihre Verbindung mit der größeren „Holarchie"

Wenn wir die Verbindung mit der größeren Holarchie erfahren, von der wir ein Teil sind, können wir das Gefühl für unsere Bestimmung, unseren Fokus und unser Engagement zurückgewinnen. Es gibt gewisse natürliche Auslöser oder Referenzpunkte, die uns sofort daran erinnern oder uns damit in Verbindung bringen, dass wir Teil von etwas Größerem als wir selbst sind. Gebete, Ikonen, Rituale usw. sind Beispiele dafür. Bestimmte Personen, Stimuli und andere Phänomene können ebenso zu Ankern werden, die uns mit diesem Bewusstsein verbinden, Teil von etwas Größerem zu sein.

Ein faszinierendes Beispiel lieferte Tom Chi, der Mit-Gründer von Google's Entwicklungs-Labor Google X; eine Abteilung von Google, die für die Entwicklung von Paradigmen-verschiedenden Innovationen verantwortlich ist, wie z. B.:

- Google Glass
- Autonome Selbstfahrende Autos
- Kontaktlinsen, die mittels Tränenflüssigkeit den Blutzuckerspiegel überwachen
- Ballone in der Stratosphäre, die Internet auf der ganzen Welt anbieten

Chi, der ein Teilnehmer in meiner Silicon Valley Conscious Leaders Mastermind-Gruppe war, erzählte uns von seiner Praxis, wie er sein Bewusstsein ausweitet und sich mit der größeren Holarchie verbindet. Er wählt einfach ein Objekt aus seiner Umgebung aus und fängt an sich vorzustellen, „wie viele Hände dafür verantwortlich waren, dass dieses Teil sich an diesem Ort befindet".

Lassen Sie uns zum Beispiel annehmen, Sie schauen auf ein Glas mit Wasser auf dem Tisch in Ihrer Nähe. Es gab Hände, die das Glas auffüllten und Hände, die es auf den Tisch stellten. Es gab Hände, die das Glas aus dem Schrank nahmen, in dem es aufbewahrt wurde. Es gab Hände, die es in den Schrank stellten und Hände, die es zuvor abgewaschen haben. Hände, die das Glas zum trinken hielten, bevor es abgewaschen wurde; die Hände, die es auspackten; die Hände, die es dorthin lieferten; die Hände, die es für den Transport verpackten; die Hände, die es zu den Verpackern brachten; die Hände, die es aus der Produktionsmaschine nahmen; die Hände, die diese Maschine herstellten; die Hände, die diese Maschine konstruierten; die Hände, die das Glasdesign entwarfen; die Hände, die das Rohmaterial für das Glas einbrachten; die Hände, die den Werkstoff Glas entwickelten und so zu diesem bestimmten Glasdesign inspirierten; und so weiter.

Chi erzählte, dass der Trigger, der ihn sofort daran erinnert, dass er Teil von etwas Größerem als er selbst ist, seine Erinnerung an eine schwere Krankheit ist, die er am Anfang seiner Karriere durchlitt. Die Behandlung der Krankheit machte eine Reihe von Bluttransfusionen erforderlich, die nahezu das gesamte Blut in seinem Körper ersetzten. Als er sich erholte, realisierte Chi plötzlich: „Das meiste von mir gehört zu jemand anderem." Es dämmerte ihm, dass „ich am Leben bin aufgrund der Großzügigkeit von mindestens zehn Menschen, die ich niemals treffen werde". Er verpflichtete sich, für die „unsichtbare Großzügigkeit" (seine Worte) so vieler Menschen dankbar zu sein, „die dich hochhalten".

Das brachte ihn dazu, sich einige grundlegende Fragen zu stellen: „Wie müssen wir denken, um die Welt zu haben, die wir wollen?" Und zu der Grundsatzfrage für Googles sogenannte Moonshots (Mondflüge): „Wie können wir eine Milliarde Leben zum Guten verändern?" Es war diese Art von Fragen, die ihn zur Gründung von GoogleX bewogen.

Heute ist Chi ein Verfechter der „schnellen Prototypen-Entwicklung", die er für das Mittel hält, um Innovationen zu beschleunigen, die die Welt von morgen erschaffen.

Tom Chis Erkenntnis, dass er aufgrund der Großzügigkeit von mindestens zehn Menschen, die er niemals treffen würde, am Leben war, regten ihn zu grundlegenden Fragen an wie: Wie müssen wir denken, um eine Welt zu haben, die wir wollen? und zu der Grundsatzfrage für Googles sogenannte Moonshots: "Wie können wir eine Milliarde Leben positiv verändern?

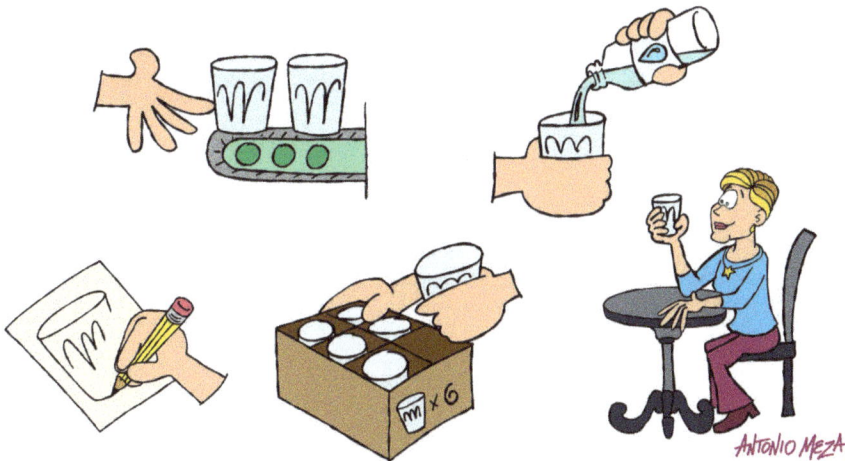

Suchen Sie sich irgendein Objekt in ihrer Nähe aus und fragen Sie sich: "Wie viele Hände waren daran beteiligt, dass sich dieser Gegenstand jetzt hier befindet."

Ego und Seele

Unser „Ego" entspricht unserem Gefühl, ein separates Selbst mit eigener Identität und ein separates Ganzes zu sein.

Unsere „Seele" entsteht aus unserer Erfahrung, Teil von etwas Größerem als wir selbst zu sein, ein integriertes Holon.

Kurz, Conscious Leadership muss den Motivationen Rechnung tragen, die sich aus den zwei komplementären Aspekten unserer Wirklichkeit ergeben: jenen, die aus unserer (1.) Existenz als separate, unabhängige Ganzheit entspringen und jenen, die aus unserer Existenz als Teil von einer größeren Ganzheit (z. B Familie, Beruf, Gesellschaft usw.) entstehen. Der Teil unserer Existenz, den wir als ein *individuelles Ganzes* erleben, bezeichnen wir normalerweise als unser *EGO*. Dem Teil unserer Existenz, den wir als ein Holon (Teil eines größeren Holons) erfahren, kann der Begriff *SEELE* zugeordnet werden.

Aus Sicht des Success Factor Modeling sind beide Aspekte, Ego und Seele, für eine gesunde und erfolgreiche Existenz notwendig. Die primären Fragen bezogen auf unser *Ego* handeln davon, was wir für uns selbst in Bezug auf unsere *Ambition* und *Rolle* erreichen wollen: „Welches Leben will ich für mich selbst erschaffen?" und „Welche Person muss ich sein, um mein gewünschtes Leben zu erschaffen?". Dabei geht es um die Realisierung unserer Träume für uns selbst. Die Hauptfragen im Hinblick auf unsere *Seele* beziehen sich auf unsere *Vision* und *Mission* für das größere System, von dem wir ein Teil sind: „Was möchte ich aus mir heraus in der Welt erschaffen, dass über mich hinausgeht?" und „Was ist mein einzigartiger Beitrag, um dieser Vision Ausdruck zu verleihen?"

Im SFM-Ansatz werden diese Differenzierungen zwischen *Ego* und *Seele* mit verschiedenen Ebenen kombiniert, auf denen Erfolgsfaktoren zu finden sind, (siehe dazu die Abbildung auf der nächsten Seite).

Unser höchstes Leistungsniveau und die größte Zufriedenheit entstehen, wenn wir die Motivationen unseres Egos und unserer Seele ausbalancieren und aufeinander ausrichten; Annehmen der dualen Realität, dass wir gleichzeitig separate Ganzheiten und integrierte Holons sind.

Die komplementären Bereiche des Egos und der Seele neigen dazu, auf jeder Erfolgsfaktorebene verschiedene Ausprägungen zu betonen. Die Ego-Seite hebt die Ambition, die Rolle, die Bedeutung der Erlaubnis, der Strategie und geeigneter Reaktionen auf Beschränkungen und mögliche Gefahren im Umfeld hervor. Die Seelen-Seite legt Wert auf Vision, Mission, innere Motivation und Aktivierung der Energie und der emotionalen Intelligenz, die erforderlich sind, um sich proaktiv die umfeldbedingten Chancen zu Nutze zu machen.

Recherchen mit Success Factor Modeling weisen darauf hin, dass die höchsten Leistungsniveaus einer Einzelperson, eines Teams oder einer Organisation dann auftreten, wenn Erfolgsfaktorebenen sowohl des Egos als auch der Seele ausbalanciert, aufeinander ausgerichtet und integriert sind. Conscious Leadership bedeutet nicht nur, Wert für die Anteilseigner (Aktionäre) zu schaffen; es geht um die Wertschöpfung für alle „Stakeholder", einschließlich derjenigen, die heute noch nicht leben.

Die Klärung und Ausrichtung der eigenen Vision, Mission, Ambition und Rolle sind wesentlich, um diese Balance und Integration zu erreichen. Diese vier Wegweiser sind die Grundlage für ein erfolgreiches unternehmerisches Mindset und bilden die Basis für die Projekte und Geschäfte, die wir als Unternehmer durchführen.

EGO
Separates Ganzes

SEELE
Integriertes Holon

Anteilseigner

Team

Kunden

Ambition
(Gewünschter Status und Leistungsebene)

BESTIMMUNG
Für wen?
Für was?

Vision
(Bahnbrechender Nutzen für Kunden)

Passion

Rolle
(Vorgeschriebene Aufgaben)

IDENTITÄT
Wer?

Mission
(Einzigartiger Beitrag)

Erlaubnis
(Bestätigung, Genehmigung)

WERTE & ÜBERZEUGUNGEN
Warum?

Motivation
(Inspiration, Begeisterung)

Strategie
(Intellektuelle Intelligenz).

FÄHIGKEITEN
Wie?

Energie
(Emotionale Intelligenz)

Re-Aktion
(Geeignete Reaktion auf das Umfeld)

VERHALTEN
Was?

Pro-Aktion
(Unternehmerische Initiative)

Einschränkungen Gefahren

UMFELD
Wo? Wann?

Möglichkeiten Optionen

Effizienter Manager

Die Ebenen der Faktoren, die sich auf das "Ego" und die "Seele" beziehen.

Unternehmerische Führungskraft

Die Entwicklung von Weisheit

Im Conscious Leadership müssen wir eine weitere Dimension zu unseren vier genannten Wegweisern hinzufügen. Zusätzlich zu Vision, Mission, Ambition und Rolle bezieht sich ein weiterer signifikanter Faktor auf das erforderliche Mindset für den Aufbau eines erfolgreichen und nachhaltigen Unternehmens, das fit für die Zukunft ist. Es handelt sich um das gewisse Maß an Weisheit. Weisheit wird im Wörterbuch als „das Vermögen" definiert, „unter Anwendung von Wissen, Erfahrung, Verständnis, gesundem Menschenverstand und Einsicht zu denken und zu handeln". Diese Aspekte des Mindsets werden zur „optimalen Bewertung" genutzt, „welche Aktionen durchgeführt werden sollen". Damit geht es bei Weisheit um eine breite und ausgewogene Sichtweise, die es einer Person oder Gruppe ermöglicht, eine bessere und ökologischere Auswahl oder Entscheidung zu treffen.

Weisheit bedeutet, eine breite und ausgewogene Sichtweise zu haben, die es einer Person oder Gruppe ermöglicht bessere und ökologischere Auswahlen und Entscheidungen zu treffen.

In seinem Artikel vom November 2013 bei LinkedIn, *How to Think like a Wise Person*, führt der Autor und Professor der Wharton Universität, Adam Grant (s. *SFM Bd. II*, S. 56-57 & S. 294) die folgenden Schritte aus, um größere Weisheit zu entwickeln:

1. Denken Sie sorgfältig über die aus Erfahrungen gewonnenen Lehren nach.
2. Sehen Sie die Welt in Abstufungen von Grautönen und nicht in schwarz oder weiß.
3. Halten Sie Eigennutz und Gemeinwohl im Gleichgewicht.
4. Fordern Sie den Status Quo heraus.
5. Versuchen Sie eher zu verstehen, als zu urteilen.
6. Konzentrieren Sie sich auf die Bestimmung anstatt auf das Vergnügen.

Diese Schritte stimmen deutlich mit den Praktiken überein, die Conscious Leadership charakterisieren. Wir können der Einfachheit halber sagen, dass Conscious Leader weise Anführer sind und umgekehrt gilt das gleiche.

Größere Weisheit ist eine natürliche Folge des Conscious Leadership.

In den folgenden Kapiteln werde ich Prinzipien, Modelle und Instrumente anbieten, die Sie dabei unterstützen, die Schlüsselkompetenzen für Conscious Leadership zu entwickeln; insbesondere dann, wenn Sie Unternehmer sind. Mit Elon Musks Worten wird es unser Ziel sein, „den Umfang und das Ausmaß des menschlichen Bewusstseins zu steigern", um „einen positiven Unterschied in der Zukunft der Menschheit zu bewirken". Vermutlich gibt es nichts Wichtigeres, das wir für uns selbst, für unsere Welt heute und für unsere Zukunft tun können.

Zusammenfassung des Kapitels

Success Factor Modeling™ ist eine Methode zur Ermittlung der entscheidenden Erfolgsfaktoren – die „Unterschiede, die den Unterschied ausmachen" – die herausragende Unternehmer, Teams und Organisationen gemeinsam haben. Daraus werden konkrete Modelle, Instrumente und Kompetenzen definiert, die andere nutzen können, um ihre Erfolgschancen und Möglichkeiten zur Einflussnahme erheblich zu steigern. Dazu untersucht SFM™ die Beziehungen zwischen dem Mindset, den Aktionen und den Ergebnissen, um nach den wichtigsten und reproduzierbaren Mustern bei *Geschäftspraktiken* und *Verhaltensweisen* zu suchen, die von effektiven Personen, Teams und Firmen genutzt werden, um ihre gesteckten Ziele zu erreichen.

Success Factor Modeling Band III, konzentriert sich auf Führung in Form von Leadership sowie auf Innovationen und Resilienz. *Resilienz* ist die Fähigkeit von Einzelnen, Teams und Organisationen, Schwierigkeiten zu widerstehen oder sich schnell davon zu erholen und sowohl bei Erfolgen als auch bei Rückschlägen in einem ausgeglichenen Zustand zu bleiben. Um dies zu erfüllen, sind Innovationskraft und Leadershipkompetenz erforderlich.

Effektives *Leadership* bedeutet, eine Richtung vorzugeben und Energie einzubringen; d. h. eine Vision zum Ausdruck zu bringen und Menschen zu motivieren. Es bedeutet genauso, zur Kooperation im Team zu ermutigen und ein Vorbild zu sein. Eine gute Führungskraft bietet eine Richtung an, handelt als gutes Beispiel und inspiriert andere, effektiv zusammenzuarbeiten, um bedeutende Ziele zu erreichen.

Gute Führungskräfte müssen dafür sorgen, dass ihre Unternehmen „fit für die Zukunft" sind. Das heißt, dass sie sich anpassen und effektiv auf Herausforderungen und den unvermeidlichen Wandel reagieren. Dies erfordert, ausreichende Flexibilität und Innovationskraft, um ihre Wahlmöglichkeiten und Ressourcen auszuweiten.

Fitness für die Zukunft geht Hand-in-Hand mit *nachhaltiger Entwicklung* einher, bei der es darum geht, „eine Entwicklung zu fördern, die heutige Bedürfnisse befriedigt ohne die Fähigkeit zukünftiger Generationen zu gefährden, ihre eigenen Bedürfnisse befriedigen zu können". Dies erfordert den kreativen und verantwortlichen Umgang mit Ressourcen und eine Balance zwischen wirtschaftlichem Wachstum, technologischen Entwicklungen und Umweltaspekten.

Um alle diese Dinge gleichzeitig zu erreichen, braucht es *Conscious Leadership* – also die Fähigkeit, „ein nachhaltiges Unternehmen aufzubauen sowie sich selbst und sein Team aus einem Zustand zentrierter Präsenz heraus mit Zugang zu mehreren Intelligenzen zu führen und seine höchsten Werte im Dienst eines höheren Zwecks zum Nutzen aller Stakeholder zu leben". Conscious Leader sind authentisch, emotional intelligent, zweckorientiert und verantwortlich.

> *Conscious Leadership bedeutet, ein nachhaltiges Unternehmen aufbauen zu können und „sich selbst und sein Team aus einem Zustand zentrierter Präsenz mit Zugang zu mehreren Intelligenzen zu führen und die höchsten Werte im Dienste eines höheren Sinns zum Nutzen aller Stakeholder zu leben".*

Elon Musk bietet ein gutes Beispiel für alle Schlüsselcharakteristiken des Conscious Leadership. Dieser visionäre Gründer von Firmen wie PayPal, SpaceX, Tesla Motors und SolarCity, Musk strebt danach, einen „positiven Unterschied in der Zukunft der Menschheit zu machen" indem er „den Umfang und das Ausmaß des menschlichen Bewusstseins steigern" will und „nach größerer kollektiver Erleuchtung strebt". Durch seine Unternehmen bestätigt er die Ziele, „den globalen Übergang zu nachhaltiger Energie zu beschleunigen und der Menschheit zu einer Multi-Planeten-Zivilisation zu verhelfen, was zu der Schaffung von mehreren hunderttausend Jobs und einer begeisternden Zukunft für alle führt".

Für die Umsetzung war eine unglaubliche Menge an Durchhaltevermögen, Entschlossenheit und Innovationskraft erforderlich. Musk musste mit zahlreichen Rückschlägen zurechtkommen und überlebte eine Krise in der drei seiner Firmen beinahe gescheitert wären. Er konnte eines der größten unternehmerischen Comebacks in der Geschichte hinlegen, weil er sich einem höheren Zweck verschrieben hat und wegen seiner Fähigkeit zur Innovation und Selbst-Reflexion. Er rät anderen Geschäftsführern und Entrepreneuren: „Denken Sie immer darüber nach, wie Sie die Dinge besser machen können und hinterfragen Sie sich ständig."

Elon Musks Beispiel enthüllt die Schlüsselelemente auf vielen verschiedenen *Erfolgsfaktorebenen*, die durch das Success Factor Modeling ermittelt wurden: Umfeld, Verhalten, Fähigkeiten, Überzeugungen und Wert, Identität und Bestimmung. Es zeigt, wie wichtig es für Conscious Leader ist, sich selbst als beitragendes Mitglied einer größeren „Holarchie" wahrzunehmen – ein integriertes System von Teilen und Ganzheiten, das sich von subatomaren Teilchen bis zum Universum ausbreitet.

Laut dem Konzept einer *Holarchie* bestehen wir alle aus ganzen Atomen, die zu ganzen Molekülen werden, aus denen ganze Zellen bestehen. Diese verbinden sich zu ganzen Organen und einem ganzen vernetzten Nervensystem, aus dem unser ganzer Körper gebildet ist. Wir sind wiederum Teil eines immer größer werdenden Ganzen: die Familie: die berufliche Gemeinschaft, das ganze System lebendiger Wesen auf der Erde. Diese ist wiederum Teil unseres Sonnensystems und letztendlich des ganzen Universums. Der primäre Maßstab für die „Bewusstheit" eines Conscious Leaders ist, wie viel dieser größeren Holarchie er oder sie in ihrem Bewusstsein einbeziehen kann, während er oder sie die Zukunft plant, Entscheidungen trifft und Maßnahmen ergreift. Je bewusster jemand ist, desto mehr kann er oder sie von der Holarchie berücksichtigen, um vielfältige Win-Win-Resultate zu erzielen.

Deshalb ist ein Ziel in diesem Band über Success Factor Modeling, Führungskräften und Unternehmern zu helfen ganz praktisch „den Umfang und das Ausmaß ihres Bewusstseins" zu erweitern. Als Ausgangspunkt dient das *Finden Ihrer eigenen Verbindung zu der größeren Holarchie*. Überlegen Sie dafür, welche Methoden, Auslöser oder Referenzerlebnisse Sie automatisch mit dem tiefen Empfinden eines höheren Selbst verbinden, das über ihre Identität als separates Wesen hinausgeht. Menschen wie Steve Jobs (Gründer von Apple), Golda Meir (erste weibliche Premierministerin von Israel) und Tom Chi (Gründer von GoogleX) geben interessante Beispiele, wie diese Verbindung eingegangen werden kann und weshalb das wichtig ist.

Wahrscheinlich ist ein sehr wichtiger Erfolgsfaktor in Bezug auf Conscious Leadership, Innovation und Resilienz der Ausgleich zwischen *Ego* (unsere Existenz als separates, unabhängiges Ganzes) und Seele (unsere Existenz als Teil eines größeren Ganzen). Das höchste Leistungsniveau erreichen Einzelne, Teams oder Organisationen, wenn verschiedene Erfolgsfaktorebenen in Bezug auf Ego und Seele ausgeglichen, aufeinander ausgerichtet und integriert sind.

Letztendlich erfordern Fitness für die Zukunft, Nachhaltige Entwicklungen, Innovation und Resilienz ein gewisses Maß an Weisheit. *Entwicklung der Weisheit* heißt, dass wir gründlich über die aus Erfahrung gewonnenen Lehren nachdenken; die Welt in Abstufungen von Grautönen anstatt nur schwarz oder weiß sehen; Eigennutz und Gemeinwohl in Balance halten; den Status Quo herausfordern; versuchen, eher zu verstehen als zu urteilen; und uns auf den Sinn anstatt auf das Vergnügen konzentrieren.

All diese Themen, Fähigkeiten und Erfolgsfaktoren werden in den folgenden Kapiteln dieses Buches weiter ausgeführt.

Referenzen und Literaturhinweise

- Bill Clinton On Leadership, Fortune Magazine, April 7, 2014.
- Elon Musk: Tesla, SpaceX and a Quest for a Fantastic Future, Vance, Ashlee, HarperCollins Publishers, New York, NY, 2015.
- http://vator.tv/news/2010-12-23-elon-musk-work-twice-as-hard-as-others
- http://www.inc.com/jana-kasperkevic/google-hangout-advice-elon-musk-richard-branson.html
- http://www.mindvalleyinsights.com/how-tom-chi-co-founder-of-google-x-innovates-like-crazy/

02
Aufstehen nach Rückschlägen
– Entwickeln Sie Resilienz

Wenn du deinen Kopf behältst, während alle anderen ihren verlieren und dir die Schuld geben; wenn du dir selbst vertrauen kannst, während alle Welt an dir zweifelt, du aber auch Zweifel zulassen kannst;

wenn du warten kannst und dabei nicht ermüdest; belogen wirst und darin dich nicht verstrickst, oder gehasst wirst und dem Hass nicht nachgibst, und dennoch weder zu gut aussiehst noch zu weise sprichst;

wenn du träumen kannst – und dich nicht darin verlierst; wenn du denken kannst – und deine Gedanken nicht zum Ziel machst; wenn du mit Sieg und Niederlage, diesen beiden Schwindlern, gleichermaßen umgehen kannst;

wenn du zu hören ertragen kannst, wie deine gesprochene Wahrheit von Schurken verdreht zu Fallen für die Narren werden oder zuschaust, wie die von dir zu Leben erweckten Dinge zerbrechen und dich beugst, um sie mit abgenutztem Werkzeug wieder aufzubauen;

wenn du all deinen Gewinn auf eine Karte setzt und ihn riskierst; und wenn du ihn verspielst, wieder von vorn beginnst und kein Wort über den Verlust verlierst;

wenn du die gnadenlose Minute mit sechzig Sekunden Wert des langen Atems füllst – ist die Erde dein und mit ihr alles, was sich darin befindet und – was noch mehr zählt – du bist ein [Conscious Leader – RD]!

Rudyard Kipling

Entwickeln Sie die Disziplin, wieder aufzustehen

Wie das Beispiel von Elon Musk deutlich zeigt, ist die Fähigkeit der Antizipation und mit Rückschlägen umgehen zu können ein entscheidender Erfolgsfaktor sowohl für Unternehmer als auch für Führungskräfte. Musk warnt: „eine Firma zu gründen ist eine schwierige Sache … man sollte auf jeden Fall erwarten, dass es sehr hart wird". Er gibt zu Bedenken, dass bei der Gründung eines neuen Unternehmens unvermeidlich „Fehler gemacht werden", „unerwartete Schwierigkeiten auftreten" und „man ein Minenfeld betritt". Er sagt: „Man muss gut vorbereitet sein, um alles Notwendige zu tun."

Erfolgreiche Unternehmer und Conscious Leader sind sich sehr wohl darüber bewusst, dass Resilienz, Fitness für die Zukunft und Nachhaltigkeit (besonders in herausfordernden Zeiten) ein hohes Maß an Disziplin erfordern. Die Disziplin hängt eher von fortwährender Übung und Praxis ab, als von kurzfristigen Lösungen oder Einzelmaßnahmen.

In seiner zukunftsweisenden Arbeit *Die fünfte Disziplin* (1990) sagt Peter Senge, dass es **fünf Disziplinen** gäbe, die jeder im Unternehmen praktizieren sollte, damit es zu einer zukunftsfähigen Einheit oder einer „Lernenden Organisation" wird. Diese fünf Disziplinen können als das Fundament für Resilienz, Fitness für die Zukunft und nachhaltiger Entwicklung angesehen werden:

1. Erlangung und Förderung von *Personal Mastery*[1]
2. Bewusstsein über mentale Modelle und Vorannahmen sowie deren Untersuchung
3. Entwicklung einer gemeinsamen Vision und Erschaffung der Zukunft
4. Förderung des Team-Lernens
5. Entwicklung des systemischen Denkens

Obwohl mehr als 25 Jahre vergangen sind, seitdem Senge zum ersten Mal diese fünf Disziplinen formuliert hat, sind sie noch genauso relevant für die Menschen, Teams und Organisationen von heute. Tatsächlich entsprechen sie in bemerkenswerter Weise den „drei Juwelen" des Zentrepreneurship aus *SFM Band I* (S. 70-71) – Dharma, Buddha und Sangha:

- Verfolgung des persönlichen Wachstums (Personal Mastery) und die Steigerung des Bewusstseins über mentale Landkarten und Vorannahmen beziehen sich auf die Arbeit, um sein höchstes Potential zu entfalten und zu der besten Version seiner selbst zu werden („Buddha").

- Die Visionsentwicklung, die Erschaffung der Zukunft und Systemisches Denken beziehen sich auf die authentische Lebensführung und Erfüllung unserer Bestimmung in Harmonie mit unserer Umwelt („Dharma").

- Die Förderung des Team-Lernens bezieht sich auf die Entwicklung einer Gemeinschaft von Gleichgesinnten, Mentoren, Sponsoren und Kollaboratoren, die dieselben Methoden verwenden und an den gleichen Zielen arbeiten ("Sangha").

Die vorherigen *Success Factor Modeling* Bände haben eine Reihe von Instrumenten, Modellen und Methoden präsentiert, die Senges fünf Disziplinen unterstützen und zu Resilienz, Fitness für die Zukunft und nachhaltige Entwicklung führen. In diesem Band werden wir die Kompetenzen, Instrumente und Praktiken weiter untersuchen, die die praktische Umsetzung dieser fünf Disziplinen unterstützen, um so die Zukunftsfähigkeit und Resilienz sowohl auf individueller Ebene wie auf Organisationsebene zu fördern.

Wir werden mit der Erkundung der emotionalen Intelligenz und Personal Mastery – des Selbstmanagements – beginnen.

---

[1]   Aus der Originalübersetzung von Peter Senge übernommen.

Die Bedeutung der Emotionalen Intelligenz

In der Definition des Conscious Leadership wurde emotionale Intelligenz als eine Schlüsselfähigkeit bezeichnet, die für einen Conscious Leader charakteristisch ist. Gewiss trägt die Entwicklung größerer emotionaler Intelligenz als wesentlicher Erfolgsfaktor zu Resilienz, nachhaltigem Erfolg und Fitness für die Zukunft bei.

Emotionale Intelligenz (EQ) wird als eine Art sozial-orientierte Intelligenz angesehen, die sich von der traditionellen, abstrakten, rationalen Intelligenz (IQ) unterscheidet. Laut dem Autoren Daniel Goleman umfasst emotionale Intelligenz „die Fähigkeit, seine eigenen Emotionen und die von anderen zu überwachen, zwischen ihnen zu unterscheiden und die Informationen zu nutzen, um sein Denken und Handeln zu steuern".

Deshalb bezieht sich emotionale Intelligenz auf unser Vermögen, die eigenen Gefühle und die von anderen zu erkennen, um uns zu motivieren und Emotionen bei uns und in unseren Beziehungen zu steuern. Diese Fähigkeit unterscheidet sich von akademischer Intelligenz oder der reinen kognitiven Kapazität, die durch den IQ gemessen wird, und ergänzt sie.

Der persönliche EQ zeigt die Fähigkeit, wie die eigenen emotionalen Reaktionen anerkannt und gesteuert werden.

Eine Reihe von Studien weisen darauf hin, dass die traditionelle Intelligenz (IQ) nur einer der Faktoren ist, die den Erfolg im Leben bestimmen. Beeindruckende Forschungsergebnisse zeigen, dass EQ (emotionale Intelligenz) *doppelt so wichtig* für herausragende Leistung ist *wie der IQ oder fachliche Kompetenzen*. Korrelationen zwischen den Testergebnissen zum IQ mit Erhebungen, wie gut die Menschen ihre Karrieren verfolgen, zeigen, dass der IQ nur circa 25% des individuellen Erfolges ausmachen. Der Rest ist EQ.

Die meisten Elemente der emotionalen Intelligenz werden als erlernbare Kompetenzen betrachtet, die wesentlich für effektive Führung, Teamarbeit und Zusammenarbeit sind. Die Entwicklung der emotionalen Intelligenz hilft uns, persönlich darauf vorbereitet zu sein, unser Bestes geben, die Herausforderungen meistern, Hindernisse überwinden und fokussiert in unserem gewünschten Zustand bleiben zu können.

Der soziale EQ schließt das Vermögen ein, Gefühle und Intentionen anderer zu verstehen und damit umzugehen.

Dieser *Success Factor Modeling* Band verfolgt das wichtige Ziel, Kompetenzen und Instrumente anzubieten, die Unternehmer und Führungskräfte unterstützen, ihre emotionale Intelligenz in zwei Dimensionen zu verbessern: 1.) den persönlichen EQ – die Fähigkeit, die eigenen Gefühle und Motivationen zu verstehen, und 2.) den sozialen EQ – die Fähigkeit die Gefühle und Motivationen der anderen zu verstehen.

Wenn man sich eine innere Situation nicht bewusst macht, erscheint sie nach außen als Schicksal.

– Carl G. Jung

Wissen ist nur ein Gerücht solang es nicht im Muskel ist.

— Sprichwort aus Neu Guinea

Die fünf Komponenten der Emotionalen Intelligenz

Laut Goleman umfasst emotionale Intelligenz fünf grundlegende Komponenten:

Selbst-Bewusstsein

- Emotionales Selbst-Bewusstsein
- Akkurate Selbsteinschätzung (Einnahme der „Meta-Position")

Selbst-Regulation

- Selbstkontrolle und innerliches Zustandsmanagement
- Verhaltensflexibilität
- Persönliche Ausrichtung

Selbst-Motivation

- Selbstdisziplin
- Ausdauer
- Verantwortlichkeit

Empathie

- Soziales Feingefühl (Bereicherung der „Zweiten Position")
- Einnehmen mehrerer Wahrnehmungspositionen

Soziale Kompetenz

- Rapport herstellen können
- Zwischenmenschliche Einflussnahme („Pacen und Leaden" können)
- Anpassung seines Kommunikationsstiles

Die folgende Tabelle fasst einige der Schlüsselfähigkeiten und Eigenschaften der emotionalen Intelligenz zusammen, die wir in diesem und den darauffolgenden Kapiteln erkunden werden.

	Definition	Eigenschaften	
Selbst-Bewusstsein	Die Fähigkeit, seine eigene Stimmung, die eigenen Gefühle und Antreiber, und wie sie sich auf andere auswirken, zu erkennen und zu verstehen.	Selbstvertrauen Realistische Selbsteinschätzung Authentizität	
Selbst-Regulation	Die Fähigkeit zerstörerische Impulse und Stimmungen steuern und umkehren zu können, die Bereitschaft, mit dem Urteil zu warten, um erst zu überlegen, bevor man handelt.	Vertrauenswürdigkeit und Integrität, Mehrdeutigkeit (Ambiguität) annehmen können, Offenheit zur Veränderung	
Selbst-Motivation	Die Leidenschaft nicht nur wegen des Geldes oder des Status zu arbeiten, die Fähigkeit, Eigennutz und Gemeinwohl im Gleichwicht zu halten.	Diszipliniert, Optimismus im Angesicht des Scheiterns, Verantwortlichkeit	
Empathie	Die Fähigkeit, die emotionale Verfassung anderer Menschen verstehen und Menschen gemäß ihrer emotionalen Reaktionen behandeln zu können.	Expertise, wie Talente gefördert und gebunden werden können, Interkulturelles Feingefühl	
Soziale Kompetenz	Das Talent, einen gemeinsamen Nenner finden und Rapport eingehen zu können und Beziehungen oder Netzwerke aufzubauen und zu erhalten.	Veränderungen werden effektiv vorangetrieben, Überzeugungskraft, Expertise im Aufbau und der Führung von Teams	

Es ist bemerkenswert, dass diese Komponenten gut mit den Ergebnissen der Google Studie zur „Kollektiven Intelligenz" übereinstimmen, die in *SFM Bd. II* (S. 300-301) zitiert wurde. In der Studie entdeckten die Google-Forscher, dass die Mitglieder des besten und effektivsten Teams in der Firma ein hohes Maß an Empathie und sozialer Kompetenz aufwiesen. Darin eingeschlossen das „soziale Feingefühl" – d. h. aufgrund ihres Tonfalls, Gesichtsausdrucks und anderer nonverbaler Hinweise wahrzunehmen, wie sich die anderen fühlen — und die *„Psychologische Sicherheit"* — d. h. das Teamklima ist gekennzeichnet durch zwischenmenschliches Vertrauen und gegenseitigen Respekt, wobei die Menschen ganz sie selbst sein können.

Offensichtlich ist EQ (emotionale Intelligenz) eine grundlegende Komponente für „kollektive Intelligenz".

Die emotionale Intelligenz ist also einer der Haupterfolgsfaktoren, die wir bei effektiven Unternehmern und Führungspersönlichkeiten entdeckt haben, besonders wenn sie mit Rückschlägen zurechtkommen und ihre Resilienz maximieren müssen. Im weiteren Verlauf des Buches werden wir Einblicke und Übungen anbieten, um Sie bei der Entwicklung einer ausgeprägteren emotionalen Intelligenz für Ihre eigenen Gefühle und die Motivationen und Gefühle anderer zu unterstützen.

Entwicklung Emotionaler Intelligenz

Im Allgemeinen wird *Intelligenz* definiert als: *Die Fähigkeit erfolgreich mit seiner Umwelt zu interagieren, insbesondere im Angesicht von Herausforderungen oder Veränderungen.* Webster's Wörterbuch definiert Intelligenz als „die Fähigkeit zu wissen oder zu verstehen" und ein „gutes Urteilsvermögen" zu haben.

Emotionale Intelligenz umfasst somit die Fähigkeit erfolgreich mit Emotionen umzugehen, indem man sie versteht, ihnen gegenüber ein gutes Urteilsvermögen aufweist und angemessen aus Ihnen auswählt. Die Entwicklung effektiver emotionaler Intelligenz bedeutet, diese Kompetenzen in Bezug auf a) *sich selbst*, b) *andere* und c) *Gruppen* anzuwenden.

Hauptbereiche, in denen Führungskräfte emotional intelligent handeln müssen:

(1) Umgang mit schwierigen emotionalen Zuständen und

(2) Anregung und Hervorlocken von ressourcenvollen emotionalen Zuständen.

Emotionale Reaktionen werden normalerweise als das „Elixier" betrachtet, das die Energie in eine bestimmte Situation oder Interaktion bringt. Emotionale Reaktionen selbst werden jedoch eher als „positiv" oder „negativ" wahrgenommen. Positive Emotionen sind mit Motivation und Begeisterung verbunden. Negative Emotionen sind mit Problemen und Begrenzungen verbunden. Für gewöhnlich sind jedoch die Emotionen an sich nicht das Problem. Es sind das durch die Emotion ausgelöste Verhalten und seine Auswirkungen auf andere, die bestimmen, ob eine bestimmte Emotion ein Problem oder eine Ressource ist.

Laut Groliers Enzyklopädie:

> *Eine Emotion ist ein Zustand, der den gesamten Organismus beeinflusst und bestimmt, wie erfolgreich er mit seiner Umgebung interagiert. Emotionen sind Reaktionen auf wichtige Lebensthemen, wenn man z. B. mit Gefahren oder Rivalen konfrontiert ist, die um Nahrung oder Jobs konkurrieren, bei der Partnersuche oder dem Verlust eines Elternteils. Solche Reaktionen helfen Menschen bei Problemen, in dem sie kämpfen, weglaufen, sich verlieben oder um Hilfe bitten. Obwohl eine Emotion die Veränderung des inneren Zustandes einer Person repräsentiert, geht es auch um eine Verhaltensänderung; vor allem wirkt sich das Verhalten auf Menschen und Ereignisse um die betroffene Person herum aus.*

Somit sind Emotionen komplexe Zustände mit inneren und äußeren Manifestationen. Der innere, subjektive Aspekt der Emotion wird mit Begriffen wie „glücklich", „traurig", „wütend", „angeekelt" usw. beschrieben. Die äußeren Erscheinungsformen werden mit verhaltenspezifischen Ausdrücken bezeichnet, wie z. B. „lächelnd", „Stirn runzelnd", „weinend", „umarmend", „schlagend", „weglaufend" usw.

Effektive Führung erfordert emotionale Intelligenz und die Fähigkeit, ressourcenvolle emotionale Zustände anzuregen und schwierigen emotionalen Zuständen bei sich selbst und anderen entgegenzuwirken.

Emotionen an sich sind weder „positiv" noch „negativ", sie können sich aber auf hilfreiche oder weniger hilfreiche Weise äußern.

Emotionen sind innere Reaktionen einer Person auf die wahrgenommenen wichtigen Lebensthemen, die Verhaltensweisen fördern, die sich auf die Menschen oder Ereignisse um die Person herum auswirken sollen.

Kompetenzen zum Umgang mit „Negativen" Emotionen

Für den emotional intelligenten Umgang mit „negativen" Emotionen sollte man a) anerkennen, dass sie für das Überleben wertvoll sind, b) nach der verdeckten positiven Absicht suchen und sie verstehen sowie c) weitere Alternativen für sein Verhalten überlegen, sobald die positive Absicht der emotionalen Reaktion und der konkrete Kontext verstanden wurden. Aus Sicht des Success Factor Modeling sollte das *Was* (also das mit der emotionalen Reaktion verbundene Verhalten) von dem *Warum* (also den Überzeugungen, Werten und der Absicht, welche Quellen der emotionalen Reaktion sind) getrennt werden. Die Absicht hinter der emotionalen Reaktion ist die eigentliche Bedeutung oder der Zweck der Emotion. Die positive Absicht von „Angst" kann zum Beispiel „Schutz" sein. Die positive Absicht von „Wut" kann die Motivation „zu handeln" oder „Grenzen zu setzen" auslösen.

Wurde die Absicht ermittelt, können geeignete Wahlmöglichkeiten für ein neues Verhalten erkundet und mit der Absicht hinter der Emotion verbunden werden. So kann eine Person zum Beispiel lernen, anstatt mit Gewalt zu reagieren, wenn sie wütend ist, andere Verhaltensweisen auszuwählen, die ebenfalls die Absicht der Wut befriedigen; d. h. über ihre Gefühle sprechen, einen Spaziergang machen, sich auf das Projekt fokussieren usw. Hierfür sind eine Reihe von Schlüsselkompetenzen zu entwickeln, die folgende einschließen:

1. Die Präsenz eines bestimmten emotionalen Zustands *erkennen (Kalibrieren)*
2. *Urteilsfrei* die Präsenz des Zustandes *anerkennen*
3. Den emotionalen Zustand mit Gelassenheit *annehmen* (ihm Raum geben)
4. Den emotionalen Zustand und seine Funktion (die positive Absicht) *verstehen*
5. Den emotionalen Zustand *mit Ressourcen versorgen*, indem er mit komplementären Emotionen und Zuständen verbunden wird
6. Den Ausdruck des emotionalen Zustandes zu einem harmonischeren und produktiveren Verhalten *transformieren* oder verfeinern, so dass die positive Absicht erfüllt wird
7. Den emotionalen Zustand als beitragenden Teil eines größeren Systems *integrieren*

In diesem Kapitel werden wir erkunden, wie Sie diese Kompetenzen entwickeln und für sich selbst und andere anwenden können, um nach Rückschlägen wieder aufzustehen und mehr Fitness für die Zukunft zu erreichen.

Für den effektiven Umgang mit Emotionen, speziell mit negativen, muss der dahinter liegende Sinn oder die Absicht des Gefühlszustandes ermittelt werden, um dann die Absicht mit einer angemessenen Reaktion zu verbinden.

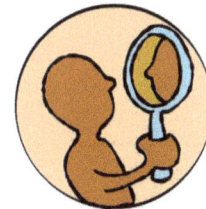

Selbst-Bewusstsein

Selbst-Regulation

Die Koordination von Kopf, Herz und Bauch

Um es deutlich zu sagen, emotionale Intelligenz erfordert, dass wir mehr als nur unseren kognitiven Verstand nutzen. EQ bezieht den Zugang zu Erkenntnissen und Informationen des Körpers ein. Wir müssen mit unserem Verstand im Bauch und im Herzen online mit dem im Kopf gehen. In der Regel wurde uns in der Schule nicht beigebracht, wie wir diese anderen Formen des Verstands nutzen können, jedoch bilden sie die Grundlage für emotionale Intelligenz.

Der Verstand im Bauch – das Bauchgefühl

Das *enterale Nervensystem* in unserem Bauch besteht aus mehr als 500 Millionen Nervenzellen – das entspricht fünfmal mehr als den einhundert Millionen Neuronen im Rückenmark des Menschen und ungefähr 2/3 des gesamten Nervensystems einer Katze. Tatsächlich wird das enterale Nervensystem häufig als „zweites Gehirn" des menschlichen Körpers oder „Darmhirn"bezeichnet.

Die Biologen glauben, dass das enterale Nervensystem bei der Entwicklung der Säugetiere zu wichtig war, als dass es seinen Sitz im Kopf eines Neugeborenen mit langen Verbindungen bis zum Bauch haben sollte. Babies müssen Nahrung von Geburt an essen und verdauen. Deshalb scheint die Evolution das enterale Nervensystem als unabhängigen Kreislauf bewahrt zu haben. Es ist nur lose mit dem Zentralnervensystem verbunden und kann weitgehend eigenständig ohne Kontrolle durch den Verstand im Kopf funktionieren.

Genau wie das Gehirn in unserem Kopf sendet und empfängt das „Bauchhirn" Impulse, speichert Erfahrungen ab und reagiert auf Emotionen durch dieselben Neurotransmitter wie die Gehirnzellen in unseren Köpfen. Das enterale Nervensystem befindet sich in den Gewebeumhüllungen entlang der Speiseröhre, des Magens, des Dünndarms und des Dickdarms. Obwohl es als Einheit betrachtet wird, handelt es sich um ein Netzwerk aus Neuronen, Neurotransmittern (Botenstoffe) und Proteinen, die Botschaften zwischen den Neuronen weiterleiten und einen komplexen Kreislauf bilden, der ihm ermöglicht, unabhängig zu handeln, zu lernen und sich zu erinnern. Dies erzeugt das „Bauchgefühl".

Wenn das Zentralnervensystem zum Beispiel einer bedrohlichen Situation ausgesetzt ist, setzt es Stresshormone frei, die den Körper auf Kampf oder Flucht vorbereiten. Die vielen Sinnesnerven im enteralen Nervensystem werden durch die chemische Woge stimuliert – und wir bezeichnen diese Erfahrung als „Schmetterlinge im Bauch".

Deshalb ist das Bauchhirn in der Regel mit Intuition und Bewertung verbunden.

Das enterale Nervensystem mit fast genauso vielen Neuronen wie das Gehirn einer Katze wird als Zweites Gehirn des menschlichen Körpers betrachtet.

Der Verstand im Herzen

Zusätzlich zu dem Verstand im Bauch belegen immer mehr Forschungsergebnisse, dass unser Herz mehr als eine mechanische Pumpe ist. Das sich entwickelnde Feld der *Neurokardiologie* demonstriert, dass das Herz wirklich ein hochkomplexes, selbst-organisiertes Informationsverarbeitungszentrum mit seinem eigenen funktionalen „Gehirn" ist, das über das Nervensystem, dem Hormonsystem und anderen Leitungsbahnen mit dem Gehirn in unserem Kopf kommuniziert und es beeinflusst. Diese Einflüsse wirken sich grundlegend auf die Gehirnfunktion und die meisten großen Körperorgane aus. Sie haben erheblichen Einfluss auf unseren inneren Zustand und unsere Lebensqualität.

Ähnlich wie das enterale Nervensystem ermöglicht der aufwendige Schaltkreis des Herzens ihm unabhängig von dem Gehirn im Schädel zu agieren – zu lernen, sich zu erinnern und sogar zu fühlen und zu spüren. Das Nervensystem des Herzens enthält ungefähr 40.000 Neuronen, die sogenannten sensorischen Neuriten, die zirkulierende Hormone und Neurochemikalien erkennen, sowie die Herzfrequenz und den Druck spüren.

Verschiedene Gruppen, allen voran das HeartMath-Institut in Boulder Creek, Kalifornien, haben an den Möglichkeiten gearbeitet, um die Intelligenz des „Herzverstandes" auszuschöpfen. Unter der Annahme, dass „das Herz der stärkste Generator von rhythmischen Informationsmustern im menschlichen Körper ist" behaupten die Forscher am HeartMath-Institut, dass „das Herz als entscheidender Knotenpunkt von vielen aufeinander einwirkenden Körperfunktionen einzigartig positioniert ist, um einen leistungsstarken Eintrittspunkt in das Kommunikationnetzwerk zwischen Köper, Verstand, Emotionen und Geist zu bilden". Es verwundert nicht, dass die Menschen das Herz der Verbundenheit und der Leidenschaft zuordnen.

Offensichtlich müssen Conscious Leader ihren Kopf und ihre kognitive Intelligenz benutzen, aber sie brauchen mehr als das. Conscious Leadership erfordert mehr als „Köpfchen und Tabellen". Conscious Leader sind ebenso emotional intelligente „Herz- und Bauch-"Menschen, die die Holarchie ihres gesamten Nervensystems nutzen – Kopf, Herz und Bauch – um andere zu inspirieren und Entscheidungen zu treffen.

Es geht darum, alle drei Verstandesformen als Schlüssel zu emotionaler Intelligenz zu nutzen und das sogenannte „Innere Spiel" zu beherrschen.

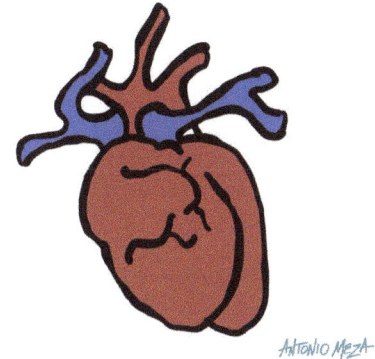

Ebenso gibt es den Verstand im Herzen, der für ein Kommunikationsnetzwerk sorgt, das Körper, Vernunft, Emotionen und Geist miteinander verbindet.

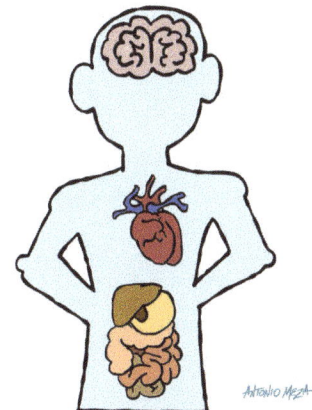

Conscious Leader richten Kopf, Herz und Bauch aufeinander aus, um andere zu inspirieren und Entscheidungen zu treffen.

Resilienz und das "Innere Spiel"

Timothy Gallwey
Autor und Erfinder des
"Inneren Spiels"

Führungskräfte und Unternehmer müssen lernen, ihr „inneres Spiel" zu meistern, um effektiv zu sein.

Das innere Spiel

Innere Ziele, Ressourcen und Hindernisse

Äußere Ziele, Ressourcen und Hindernisse

Das äußere Spiel

Der Zustand unseres inneren Spiels bestimmt, wie effektiv wir im äußeren Spiel sind.

Bei jedem menschlichen Unterfangen gibt es zwei Schauplätze: den äußeren und den inneren. Das äußere Spiel wird auf der externen Arena gespielt, wo äußere Hindernisse überwunden werden, um äußerliche Ziele zu erreichen. Das innere Spiel findet im Kopf des Spielers statt. Es wird gegen Hindernisse wie Angst, Selbstzweifel, Konzentrationsverlust und einschränkende Vorstellungen oder Einschätzungen gespielt. Das innere Spiel wird gespielt, um selbst auferlegte Hindernisse zu überwinden, die eine Person oder ein Team von ihrem Zugang zu ihrem vollen Potenzial abhalten.

—Timothy Gallwey

Der Schlüssel zu Resilienz, Fitness für die Zukunft und Conscious Leadership ist die Beherrschung unseres „inneren Spiels". Das *Innere Spiel* hat mit der Mobilisierung unserer inneren Ressourcen und der Überwindung selbst auferlegter Hindernisse zu tun, und ob wir uns in Überstimmung mit unseren Werten und dem höheren Zweck befinden. Wie jeder erfolgreiche Athlet, Anführer und Künstler weiß, müssen wir erst bei unserem inneren Spiel erfolgreich sein, um das äußere Spiel zu gewinnen. Emotionale Intelligenz ist der Schlüssel zur Beherrschung des inneren Spiels.

Wahrscheinlich ist es für die meisten von uns selbstverständlich, dass es, wenn wir bei unserem Versuch, ein äußeres Ziel zu erreichen, auf ein inneres Hindernis treffen, viel schwieriger wird, das äußere Ziel zu erfüllen. Wenn wir mit inneren Ressourcen auf ein äußeres Hindernis treffen, werden wir es als Herausforderung angehen und unser Bestes geben, um erfolgreich (wie Elon Musk) zu sein. Wenn ein inneres Hindernis eine äußere Ressource trifft, haben wir Glück und fühlen uns unterstützt. Wenn wir auf ein äußeres Hindernis mit einem inneren Hindernis treffen, haben wir uns jedoch höchstwahrscheinlich ein unlösbares Problem geschaffen. Mit anderen Worten:

- Trifft ein *äußeres Hindernis* auf ein *inneres Hindernis* haben wir ein unlösbares Problem.
- Trifft ein *äußeres Hindernis* auf eine *innere Ressource* ergibt sich eine machbare Herausforderung.
- Trifft ein *inneres Hindernis* auf eine *äußere Ressource* liegt ein Glücksfall vor.
- Trifft eine *innere Ressource* auf eine *äußere Ressource* sprechen wir von Magie!

Lernen Sie, Ihr „Inneres Spiel" zu beherrschen. Dies ist der Schlüssel, um in jedem Fall eine erfolgreiche Leistung zu erbringen und die Basis für *Personal Mastery*. Im „Äußeren Spiel" geht es bei jeder Aktivität um die Aspekte Verhalten und Umfeld. Im Sport sind das die physischen Aspekte, wie das Spiel gespielt und die Ausrüstung (z. B. der Tennisschläger) genutzt wird.

Im Business geht es darum, wie Werkzeuge eingesetzt und Prozesse implementiert werden, um die entscheidenden Aufgaben zur Erfüllung der Mission zu erledigen und am Markt wettbewerbsfähig zu sein.

Beim *Inneren Spiel* geht es um Ihre mentale und emotionale Herangehensweise. Dies umfasst Ihre Haltung, den Glauben an sich selbst und Ihr Team, Ihre Konzentrationsfähigkeit, Ihr Umgang mit Fehlern und Druck und so weiter. Das Konzept des „Inneren Spiels" wurde von Timothy Gallwey entwickelt (1974, 2000), um Menschen zu helfen, bei verschiedenen Sportarten Spitzenleistung zu erzielen (z. B. Tennis, Golf, Skifahren usw.), auch in der Musik und im Business- und Management-Training wird es angewandt. Erfolg bedeutet für jedes Leistungsgebiet, dass Sie Ihren Verstand und die Emotionen genau wie Ihren Körper nutzen. Ihre mentale und emotionale Vorbereitung, um gute Leistung zu erbringen, ist der Kern Ihres inneren Spiels.

Die Grundlage für das innere Spiel ist unser Vermögen in einem optimalen Leistungszustand zu bleiben, wenn wir mit Schwierigkeiten konfrontiert werden. In Zeiten von Rückschlägen oder Krisen haben wir eine Wahl. Entweder finden wir unsere „innere Mitte" und die „Exzellenz-Zone" und energetisieren uns selbst, indem wir uns mit der höheren Bestimmung und den inneren Ressourcen verbinden, oder wir geben auf und ergeben uns den auftretenden Herausforderungen und Hindernissen.

In der Tat warnte auch Elon Musk, dass wir in unseren Unternehmen auf viele Herausforderungen stoßen werden: Angst vor dem Unbekannten (d. h. was wird morgen geschehen?), Umgang mit Verlust (d. h. den Job, ein Teammitglied, das Zuhause usw.) und ein allgemeines Gefühl der Verletzlichkeit (d. h., wie kann ich im Angesicht von ungünstigen Umständen erfolgreich sein?). Dies kann uns in wenig hilfreiche Überlebensstrategien stürzen, wie Aggression, Flucht oder Starre.

Wenn wir uns jedoch in unserer „inneren Mitte" erden können, fließen die Handlungen in einer Art müheloser Spitzenleistung aus uns heraus, dann „spielen wir in der (Anm. d. Ü.: Komfort-)Zone". Anzeichen, dass Sie fokussiert sind und sich in der „Zone" befinden sind:

- Empfinden von „bescheidener Autorität" – Selbstvertrauen ohne Arroganz, ein Gefühl der Zuversicht und Abwesenheit von Angst oder Selbstzweifel
- Fokus auf eine schöne und hervorragende Leistung
- Der Körper ist entspannt und bereit und der Verstand fokussiert und weit.
- Mühelose Leistung, ohne darüber nachdenken zu müssen.

Das Gegenteil zu diesem Zustand – Angst, Misstrauen, niedrige Energie, Sorgen, Stress, mentale und emotionale Handlungsunfähigkeit – sind für viele Schwierigkeiten und Fehlschläge verantwortlich. Mit anderen Worten: *Begrenzungen in Menschen begrenzen ihre Leistung, die das Unternehmen begrenzt.*

Das Äußere Spiel

Das Innere Spiel

Beherrschen Sie Ihr inneres Spiel und steigern Sie Ihre Resilienz, indem Sie wichtige Selbstmanagementkompetenzen entwickeln.

Selbst-Bewusstsein

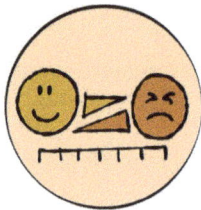

Selbst-Regulation

Kompetenzen zur Beherrschung Ihres Inneren Spiels

Emotional intelligente Unternehmer und Führungskräfte wissen, wie sie ihren „Spitzenleistungsbereich" erkennen können und wie es ist, sich außerhalb dieser Zone zu befinden. Sie wissen im Notfall auch, was zu tun ist, um zurück „in die Zone" zu gelangen. Dies erfordert sehr viel Übung.

Es ist klar, dass physische Praxis die Kompetenzen des äußeren Spiels aufbaut und sie in das „Muskelgedächtnis" bringt, so dass man im Ernstfall nicht darüber nachdenken muss. In ähnlicher Weise gibt es mentale und somatische Kompetenzen und Übungen, die helfen können, das innere Spiel zu verbessern. Entscheidende Kompetenzen für das Innere Spiel sind:

- *Selbst-Bewusstsein* – Steigern Sie Ihre Aufmerksamkeit für die kognitiven und somatischen Schlüsselelemente Ihres inneren Zustandes und Mindsets.

- *Selbst-Kalibrierung* – Bewerten Sie den aktuellen Zustand dieser Schlüsselelemente im Hinblick auf die optimalen Werte

- *Selbst-Regulation* – Stellen Sie die Schlüsselelemente so ein, dass sie einen angemesseneren und optimalen Ausdruck erzeugen, und erkunden Sie neue Möglichkeiten, wie Sie dies schaffen können.

- *Selbst-Anker* – Finden Sie Hinweise und Auslöser, die Ihnen helfen, sich an den optimalen Ausdruck ihres Mindsets und inneren Zustandes zu erinnern und diesen zu festigen.

Wenn Sie *Personal Mastery* erreichen und ein optimales Mindset behalten wollen, empfiehlt sich generell die Abfolge der folgenden Prozessschritte:

1. Bringen Sie neue *Aufmerksamkeit* auf den emotionalen Zustand oder die problematische Denkweise, die durch irgendein aktuelles Problem ausgelöst wird oder dazu beiträgt, wo Sie Ihre Verbindung zu Ihrem „inneren Spitzenleistungsbereich" verloren haben. Das bedeutet, sich über die tieferen kognitiven und somatischen Strukturen bewusst zu werden.

2. *Kalibrieren* Sie den aktuellen Zustand Ihres Mindsets in Bezug auf den Optimalzustand. So wird es möglich, die Schlüsselfaktoren zu bestimmen, die Ihr Mindset beeinflussen; dies sind die „Unterschiede, die den Unterschied ausmachen".

3. *Regulieren* Sie die derzeitige Größenordnung der Intensität oder Aktivität der Schlüsselfaktoren, um sie auf ein geeigneteres oder wirksameres Niveau zu bringen. Erkunden Sie, welche Auswirkung diese Einstellung auf die Emotionen, das Verhalten und die Situation hat, die mit dem Problemzustand verbunden sind, um neue Wahlmöglichkeiten zu entdecken. Beachten Sie, dass das Optimalniveau nicht immer dem höchsten Niveau entspricht.

4. *Ankern* Sie den bestimmten Intensitätsgrad einiger Schlüsselfaktoren, um sie besonders in sich verändernden oder herausfordernden Situationen auf dem Optimalniveau abzurufen.

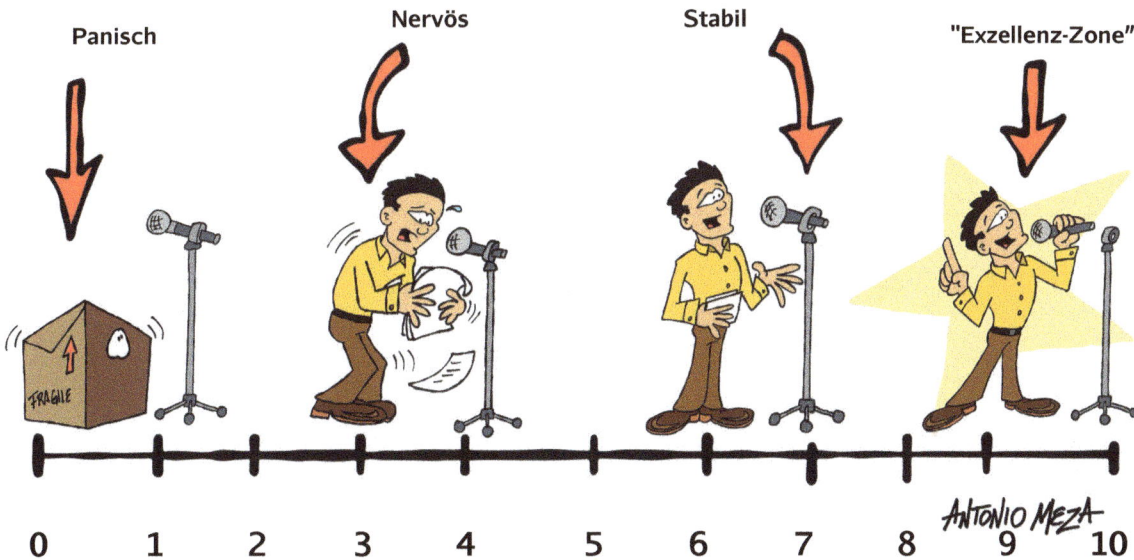

Lernen Sie als eine wichtige Kompetenz für die Selbstbeherrschung, Ihren inneren Zustand zu kalibrieren und anzupassen.

Ressourcen-Anker

Ankern bezieht sich auf den Prozess, der eine bestimmte innere Reaktion mit einem Umwelteinfluss oder einem Auslöser verbindet, damit eine Antwort schnell zugänglich ist. Beim Ankern handelt es sich um eine Methode, die der Pawlowschen „Konditionierung" ähnlich ist, wo bei Hunden eine Verbindung zwischen dem Hören einer Glocke und dem Speichelfluss hergestellt wurde. Indem er der Klang der Glocke mit der Futterausgabe an seine Hunde verband, fand Pawlow heraus, dass er schließlich nur noch die Glocke anzuschlagen brauchte, damit die Hunde anfingen zu sabbern, auch wenn es noch gar kein Futter gab.

Wenn Sie Ihr inneres Spiel beherrschen wollen, ist es eine wichtige Kompetenz, Ressourcen-Anker aufzubauen, um die Resilienz zu steigern und in Ihrem „Spitzenleistungsbereich" bleiben zu können.

Sie können die Methode des Ankerns nutzen, um sich an Ihre inneren Ressourcen zu erinnern und sich Zugang dazu zu verschaffen. Ein bestimmtes Objekt kann so zu einem Anker für einen positiven inneren Zustand werden. So kann zum Beispiel ein Kleidungsgegenstand zum Anker für das Gefühl der Selbstsicherheit werden. Ein Musikstück könnte ein Anker für den Zustand der Begeisterung oder der Entschlossenheit sein. Einige solcher Verbindungen sind spontan und natürlich. Genauso können Sie sie bewusst wählen, um positive Assoziationen zu etablieren, zu stärken oder erneut auszulösen. So wird der Anker zu einem Instrument, um Ihr inneres Spiel zu beherrschen.

Das Ankern ist eine Methode, wie Sie sich Signale und Trigger verschaffen, die Sie an Ihre Ziele und Ihre inneren Ressourcen erinnern. Menschen tragen alle notwendigen Ressourcen in sich, um positive Veränderungen zu bewirken und das zu bekommen, was sie wollen. Häufig vergessen Sie jedoch diese Ressourcen, gerade in Zeiten, wenn sie sie am meisten brauchen. Manchmal brauchen Sie einen Auslöser oder „Anker" um wieder in Kontakt mit ihnen zu kommen. Das Ankern kann ein sehr nützliches Instrument sein, das Ihnen hilft, die inneren Zustände zu etablieren und abzurufen, die mit der die Bestimmung, Kreativität, Konzentration, das Lernen oder andere wichtige innere Ressourcen verbunden sind.

Ein Ressourcen-Anker ist ein Gegenstand, ein Bild oder irgendein Reiz, der Ihnen hilft, sich an Ihre inneren Ressourcen zu erinnern und sich damit zu verbinden.

Die grundlegenden Schritte für einen Ressourcen-Anker sind:

1. Erinnern Sie sich an eine Zeit, als Sie eine sehr ressourcenvolle, starke Erfahrung erlebten. Sehen Sie, was Sie sahen, hören Sie, was Sie hörten und fühlen Sie, was Sie fühlten, so lebendig wie Sie können.

2. Finden Sie etwas, was Sie als Anker oder Auslöser (Trigger) benutzen, der Ihnen hilft, sich an die ressourcenvolle Erfahrung zu erinnern und sich damit wieder zu verbinden. (einen Gegenstand, ein Bild, ein Kleidungsstück, ein Schlüsselwort oder eine Geste usw.) ,

3. Versetzen Sie sich zurück in die ressourcenvolle Erfahrung. Sehen Sie, was Sie sahen, hören Sie, was Sie hörten und fühlen Sie, was Sie

fühlten, so lebendig wie Sie können. Verbinden Sie die Erinnerung an diese Erfahrung mit Ihrem Anker, indem Sie Ihre Aufmerksamkeit sofort auf den Hinweis oder Auslöser lenken.

4. Lassen Sie Ihre Gedanken los und ändern Sie Ihren Zustand für einen Augenblick. Lenken Sie sich mit etwas ab.

5. Lenken Sie Ihre Aufmerksamkeit nun auf Ihren Anker. Sie sollten sofort in dieses ressourcenvolle Gefühl kommen. Wenn es noch nicht gelingt, wiederholen Sie Schritte 3 und 4 noch ein paarmal bis die Assoziation automatisch erfolgt.

In meiner Conscious Leaders Mastermind-Gruppe (s. *SFM Bd. II*, S. 69-71) sagen wir im Scherz: „Derjenige, der die meisten Anker hat, gewinnt." Wobei wir mit „gewinnen" nicht meinen, dass ein anderer dadurch verliert, sondern eher, dass man, egal was passiert, sein optimales Mindset behält und in seinem Spitzenleistungsbereich bleibt. Wenn Sie viele Ressouren-Anker bei sich tragen, sind Sie sicher, dass Sie jederzeit Ihr Bestes zeigen können.

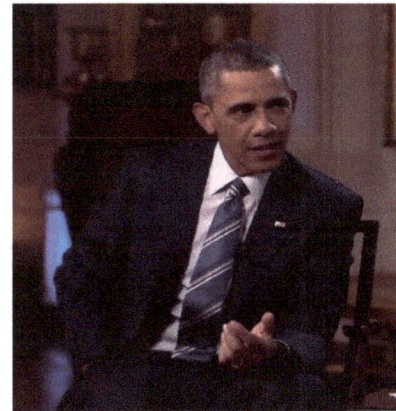

Der ehemalige US Präsident Barak Obama trägt Ressourcen-Anker in Form von Andenken bei sich, die ihn an seine höhere Bestimmung erinnern.

Ein gutes Beispiel dafür ist ein Interview vom 16. Januar 2016, in dem der ehemalige US Präsident Barak Obama verriet, dass er zur Inspiration immer einige Andenken an Menschen bei sich trug, die sie ihm seit seiner Kandidatur gegeben hatten. Er bestätigte, dass sie ihm helfen würden, mit einem schlechten Tag zurechtzukommen, weil sie ihn erinnerten, dass „mir jemand das Privileg gegeben hat, an den Dingen zu arbeiten, die sich auf ihn auswirken werden". Dies verband ihn mit seiner höheren Bestimmung, gab ihm Kraft und Motivation, „wieder an die Arbeit zu gehen".

Danach befragt, zog Obama eine beeindruckende Sammlung von Objekten aus seiner rechten Hosentasche, darunter ein Rosenkranz von Papst Franziskus, einen kleinen Buddha, einen Pokerchip aus Metall, den ihm ein kahlköpfiger Biker mit einem Schnauzbart 2007 in Iowa gegeben hatte, ein Koptisches Kreuz aus Äthiopien und eine kleine Statue von Gott Hanuman. Er bekräftigte, dass es ihm helfen würde, in seine Tasche zu fassen, wenn er sich müde oder entmutigt fühlte, um darüber hinwegzukommen. Obwohl Obama zu viele dieser Andenken hat, um alle dabei zu haben, bemerkte er: „Ich nehme mir ein paar Dinge mit … um mich an alle Menschen auf dem Weg zu erinnern und an die Geschichten, die sie mir erzählten."

Obama sagt, dass diese Anker ihm helfen, mit schwierigen Situationen umzugehen, indem sie ihn an "all die Menschen" erinnern, "die er im Leben getroffen habe und an die Geschichten, die sie ihm erzählten".

Wie Obama habe auch ich viele Ressourcen-Anker ständig im Einsatz. Manche sind bedeutsame Andenken; andere sind selbst-gezeichnete Porträts von wichtigen Mentoren, Fotografien, Postkarten, Auszeichnungen usw. Eine meiner Favoriten ist eine solarbetriebene Albert Einstein-„Action-Figur". Wenn Licht auf die Solarzelle fällt, zeigt sein rechter Arm auf die rechte Seite seines Kopfes. Das erinnert mich an die Bedeutung der fantasiereichen „rechten Hirnhälfte" als Ergänzung zu der logischen „linken Hirnhälfte".

Zu wissen, wie Sie Ihre Energie regeln können, wie Sie sie zurückgewinnen oder Ihr inneres Energieniveau neu einstellen, ist eine weitere wichtige Fähigkeit des inneren Spiels für Führungskräfte und Unternehmer.

Ermitteln Sie ihre persönlichen „Energiekatalysatoren". Ihr Einsatz kann Ihnen im Notfall helfen, schnell auf ein gutes Energieniveau zu kommen und sich zu erholen.

So regeln Sie Ihre Energie

Außer einer reichhaltigen Auswahl an Ressourcen-Ankern, der Selbstbeherrschung und dem Erfolg bei Ihrem inneren Spiel können Ihnen gewisse Praktiken helfen, Ihr inneres Energieniveau so zu regulieren, dass Sie innerhalb Ihres „inneren Spitzenleistungsbereich" bleiben. Vor einigen Jahren leitete ich zum Beispiel ein Projekt zur Leadership-Entwicklung für Top-Manager in einer international bekannten Technologie-Firma. Diese Gruppe bildete weltweit die profitabelste Abteilung der Organisation. Als wir die Unterschiede in effektiver Führung erkundeten, „die den Unterschied ausmachen", legte der Mann, der diese Abteilung leitete, darauf Wert, dass Leadership für ihn im Wesentlichen bedeute, neben einer richtungsweisenden Vision auch proaktive Energie in seine Interaktionen zu bringen. Egal um was es sich handelte, ob sein Team, seine Organisation oder eine bestimmte Besprechung, er sah seine Aufgabe darin, positive, proaktive Energie einzubringen und dazu musste er natürlich mit den unvermeidlichen Störungen oder Abfällen der Energie umgehen können.

Eine Praktik, die diese Führungspersönlichkeit jeden Morgen vor der Arbeit stets wiederholte, bestand darin, seine Aufmerksamkeit in seinen Körper zu bringen und sein inneres Energieniveau zu spüren. Danach verpflichtete er sich, am Ende des Tages mit der gleichen Energie nach Hause zu seiner Familie zurückzukehren.

Dazu musste er sich den ganzen Tag über sehr im Einklang mit seinem eigenen Energieniveau befinden. Falls es abfiel, hatte er seine Möglichkeiten, es zu steigern. Wenn es gestört wurde, hatte er Strategien zur Korrektur. Falls es blockiert war, hatte er Methoden, um es freizusetzen oder neu einzustellen. Dies waren seine sogenannten „Energiekatalysatoren".

Eine seiner Methoden, um mit gestörter oder negativer Energie umzugehen, war zum Beispiel das Singen (obwohl er von Natur aus kein begabter Sänger war). Er berichtete von einer humorvollen Begebenheit, als er von einer besonders schwierigen Besprechung zu einem anderen Termin fuhr und den Taxifahrer warnen musste, dass er während der Fahrt singen würde, weil er die nächste Besprechung keinesfalls in einem angespannten und verärgerten Zustand beginnen wollte.

Diese Fähigkeit des Topmanagers, sein positives Energieniveau im Körper zu spüren, einzustellen und zu erhalten, erfordert eine spezielle Art somatischer und emotionaler Intelligenz. Die Regulation unserer Energie ist ein entscheidender Teil unseres inneren Spiels. Forschen Sie nach Ihren persönlichen „Energiekatalysatoren", indem Sie die folgenden Überlegungen anstellen.

1. Schwingen Sie sich jetzt genau auf Ihr inneres Energieniveau ein. Wie stark ist es? Welche Qualität hat es? Entwickeln Sie Ihre eigene Art, das Maß und die Qualität Ihrer Energie wahrzunehmen und zu messen.

2. Benennen Sie mehrere Situationen, in denen Sie ein gutes Niveau und die Qualität Ihrer Energie aufrecht erhalten müssen, es aber manchmal als schwierig oder herausfordernd empfinden.

3. Welche Möglichkeiten (d. h. welche Energiekatalysatoren) haben Sie in der Vergangenheit genutzt, um Ihr Energieniveau zu erhöhen, zu korrigieren, freizusetzen oder neu einzustellen? Wie könnten Sie diese nutzen, um Ihre empfundene Energie jetzt oder in den benannten herausfordernden Situationen zu verbessern?

4. Wie können Sie Ihren Körper, Ihre Stimme oder andere Ebenen interner Erfolgsfaktoren (Verhalten, Gedanken, Glaubenssätze, Identitätsgefühl, Verbindung mit Ihrer Vision, Mission oder Ambition usw.) noch nutzen, um das Niveau und die Qualität Ihrer Energie jetzt oder in den ermittelten herausfordernden Situationen zu erhöhen oder zu verbessern?

Selbst-Bewusstsein

Selbst-Regulation

Conscious Leadership erfordert die Fähigkeit, in sich selbst hinein zu spüren, das Maß und die Qualität Ihrer Energie zu erkennen und stets Möglichkeiten zur Korrektur oder zur Lösung der Blockade zu haben, oder Ihr Energieniveau neu einzustellen, wenn es gestört wurde.

Die Macht der Präsenz

Entwickeln Sie eine größere Kapazität, in Ihrem Körper und im Moment präsent zu sein, als weiteren Schlüsselerfolgsfaktor zum Eintritt in Ihren „Spitzenleistungsbereich" und Beherrschung Ihres „Inneren Spiels".

Präsenz ist für Unternehmer und Führungskräfte ein weiteres wichtiges Element des „inneren Spiels". Das Merriam-Webster's Wörterbuch definiert *Präsenz* als „eine Qualität der Ausgeglichenheit und Wirksamkeit, die es einer darbietenden Person ermöglicht, eine enge Beziehung mit sich und dem Publikum einzugehen". Eine wesentliche Eigenschaft, um als Unternehmer oder Führungskraft erfolgreich zu sein, ist die Fähigkeit, ausgeglichen und effektiv zu sein sowie einen engen Kontakt zu denjenigen aufzubauen, mit denen wir interagieren.

Wie die Definition impliziert, entstehen Ausgeglichenheit und Verbundenheit aus der Kapazität, präsent, zentriert in sich selbst und in Beziehung mit anderen zu sein – d. h. in Kontakt mit der größeren „Holarchie". Die Qualität der Präsenz ist häufig „der Unterschied, der den Unterschied ausmacht", bei unserer Fähigkeit, das Leben zu genießen, generativ zusammenzuarbeiten und zum Wachstum und der Transformation anderer beizutragen. Präsenz geht mit Gefühlen der Lebendigkeit, Verbundenheit, Kreativität, Zufriedenheit und des Flows einher. Wenn wir nicht präsent sondern getrennt sind, können wir uns leer, außer Kontrolle und distanziert fühlen, als wenn wir neben uns stehen.

Mein Kollege, der Transformationslehrer Richard Moss, weist darauf hin, dass *der Abstand zwischen uns selbst und anderen genauso groß ist, wie der Abstand zwischen uns selbst und uns selbst.* Das bedeutet, dass die Art, wie wir mit anderen und der Welt um uns herum in Kontakt treten, ein Spiegel dafür ist, wie wir mit uns selbst im Kontakt sind. Aus dieser grundlegenden Beziehung mit uns selbst geht unsere Beziehung mit anderen und der äußeren Welt hervor. Die Beziehung zu sich selbst wird häufig durch Gefühle eingeschränkt, mit denen wir nicht umgehen können, die wir weder akzeptieren noch in uns integrieren können.

Wenn Menschen sowohl mit sich selbst verbunden und miteinander präsent sind, entstehen die natürlichen Gefühle wie Mitgefühl, Empathie, echtes Interesse aneinander, Spontanität, Authentizität und Freude. Diese Gefühle sind die Grundlage jeder wirksamen persönlichen oder beruflichen Beziehung.

Betrachten Sie die folgenden Kommentare über die Macht der Präsenz von Phil Jackson, der weithin als einer der größten Coaches in der Geschichte der Nationalen Basketball-Liga (NBA) angesehen wird. Sein guter Ruf gründete sich als er Chefcoach der Chicago Bulls von 1989 bis 1998 war; während seiner Amtszeit gewann Chicago sechs NBA Titel. Sein nächstes Team, die Los Angeles Lakers, gewannen fünf NBA Titel von 2000 bis 2010. Insgesamt hat Jackson als Coach elf 11 NBA Titel gewonnen. Er ist der Gewinner der meisten Meisterschaften in der Geschichte der NBA sowohl als Spieler als auch als Coach.

Phil Jackson
Chefcoach von
11 NBA-Titel-Gewinnern

Laut Jackson ist Präsenz das Tor zu unserem inneren Spitzenleistungsbereich:

Wie das Leben ist Basketball chaotisch und unvorhersagbar. Es geht nach seinem Willen, egal wie hart du versuchst es zu kontrollieren. Der Trick ist, jeden Moment mit klarem Verstand und offenem Herzen zu erleben. Wenn du das nicht machst, wird das Spiel – und das Leben – für sich selbst sorgen.

Gewinnen ist mir wichtig, doch was mir wirklich Freude bereitet ist, wenn ich bei allem, was ich gerade tue, vollkommen eingebunden bin.

Im Basketball – wie im Leben – entsteht die wahre Freude, wenn man stets in jedem Moment völlig präsent ist und nicht nur, wenn es nach Wunsch läuft. Natürlich ist es kein Zufall, wenn es eher nach Wunsch läuft, sobald du aufhörst dir darüber Sorgen zu machen, ob du gewinnst oder verlierst, und deine vollkommene Aufmerksamkeit auf das richtest, was gerade passiert.

Jackson bestätigt also den Grundsatz, dass die Beherrschung des Inneren Spiels der Schlüssel zum Erfolg im äußeren Spiel ist, wenn er das sagt.

Erkunden Sie die Macht der Präsenz für sich selbst:

- *Wie ist es, wenn Sie präsent sind und vollkommen in das eingebunden sind, was Sie gerade tun?*
- *Wie bleiben Sie bei Rückschlägen „mit klarem Verstand und offenem Herzen" in Ihrem Körper präsent?*
- *Welche Arten äußerer Unruhen und innerer Reaktionen fordern Ihre Fähigkeit heraus, „stets in jedem Moment völlig präsent" zu bleiben? Was hilft Ihnen, „Ihre vollkommene Aufmerksamkeit wieder auf das zu richten, was gerade in diesem Moment passiert"?*

Der siegreiche NBA Basketball-Coach Phil Jackson bekräftigt, dass „stets in jedem Moment vollkommen präsent zu sein" und jeden Moment „mit klarem Verstand und offenem Herzen" zu erleben, sowohl die Zufriedenheit als auch die Leistung verbessert.

Selbst-Regulation

COACH gegenüber CRASH

Wie wir schon gesagt haben, ändern sich die Dinge ständig, aber sie gehen nicht immer voran. In Zeiten von intensiven Rückschlägen kann es sein, dass wir in innerlich feststecken. Diesen Zustand können wir mit den Buchstaben des Wortes CRASH zusammenfassen:

Contraction:	Sich klein machen
Reaction:	Reaktivität
Analysis Paralysis :	Lähmung durch Analyse
Separation:	Getrenntsein
Hostility, Hurt, Hatred:	Feindseligkeit, Verletzung, Hass

Wenn wir einen „Crash" erleben, verlassen wir unseren „inneren Spitzenleistungsbereich" und alles wird schwierig. Wir nehmen uns selbst nicht mehr länger als Holon wahr, das sich in Verbindung mit der größeren Holarchie befindet. Wir verlieren die Verbindung zu unserer „Seele". Wenn wir im CRASH-Zustand mit einem äußeren Hindernis konfrontiert sind, erleben wir es als unlösbares Problem.

Wenn man durch Veränderung Fortschritte erzielen will, ist es wichtig, Eigenschaften wie Flexibilität und Stabilität, Balance, Verbundenheit mit etwas Größerem als wir selbst und das Loslassen-Können zu kultivieren. Diese entstehen, wenn man sich zentriert, sich in seiner „inneren Zone", also seinem Spitzenleistungsbereich befindet und sich mit etwas verbindet, das über die Grenzen des eigenen Egos hinausgeht. Diese Prozesse werden durch den sogenannten COACH State charakterisiert (s. *SFM Bd. I*, S. 34-35 und *SFM Bd. II*, S. 15 & S. 74-75):

Centriert und präsent in unserem Körper

Offen für neue Möglichkeiten und andere

Aufmerksam und Achtsam

In **C**ontact mit uns selbst, unserer Bestimmung und anderen um uns herum

Halten der Gefühle und alles, was kommt, aus einem Zustand des Einfallsreichtums, der Neugierde und Gastfreundschaft heraus.

Diese fünf Qualitäten sind die Säulen der Selbstbeherrschung (Personal Mastery), der Schlüssel zu persönlicher Resilienz und der Fähigkeit bei herausfordernden Umständen innerhalb unseres inneren Spitzenleistungsbereichs zu bleiben.

Im CRASH-Zustand fühlen Sie sich kontrahiert, emotional reaktiv, analysierend und mental gelähmt, von anderen und den eigenen Ressourcen separiert, hasserfüllt und verletzt.

Im COACH State sind Sie zentriert und präsent, offen zu empfangen und zu geben, mental aufmerksam und achtsam, vollkommen verbunden mit sich selbst und anderen und fähig, alles zu halten, was in Ihnen und um Sie herum vorgeht.

Der COACH State ist die Basis eines erfolgreichen Mindsets und die Grundlage für emotionale Intelligenz sowie das Meistern Ihres Inneren Spiels. Der The COACH State ist im wesentlichen ein innerer Zustand der Präsenz, des Einfallsreichtums, der Neugierde und Aufnahmefähigkeit.

Der Grund, dass wir uns selbst in den COACH State bringen, ist, um gewissermaßen „unseren Kanal zu öffnen" und uns mit der Erfahrung zu verbinden, sowohl individuelles Ganzes als auch Teil von etwas Größerem als wir selbst zu sein, wodurch wir eine Bestimmung und Energie bekommen. Das Erreichen und Erhalten dieses Zustandes ist der Eckpfeiler für jede erfolgreiche Leistung. Machen Sie sich den COACH State als Ausgangsbasis Ihres Leistungszustandes zu eigen. Dies ist einer der wichtigsten Erfolgsfaktoren für Conscious Leadership und Resilienz.

In *SFM Band II* (S. 73) wies ich darauf hin, dass eine gute Analogie für den Eintritt in den COACH State das „online"-Schalten Ihres Laptops, Tablets oder Smartphones und die Verbindung mit irgendeinem kabellosen Netzwerk ist. Dies gibt dem Gerät Zugang zu der „Cloud", wodurch es zu einer Art „Holon" wird, indem ihm der Zugang zu seinen eigenen inneren Programmierungen und Daten ermöglicht wird und gleichzeitig sich mit einem größerem Feld der „kollektiven Intelligenz" verbinden kann. Ist das Gerät online und mit der Cloud verbunden, kann es Information über real-stattfindende Veranstaltungen von anderen Teilen der Erde empfangen. Es kann sogar neue Apps herunterladen, die seine Vielseitigkeit und Leistung erweitern. Es kann ebenfalls Informationen an andere Geräte und in die Cloud über das kabellose Netzwerk schicken. Ist die Information erst einmal in der Cloud, kann das Wissen durch viele andere Geräte zugänglich gemacht und genutzt werden.

Ist unser Tablet oder Smartphone jedoch „offline", ist es auf die zuvor gespeicherten Daten und Applikationen begrenzt.

Unser Nervensystem ähnelt gewissermaßen diesen Geräten. Unsere Nervenzellen bilden eine Art Schaltkreis, über den verschiedene Programme und Applikationen laufen. Im COACH State haben wir vollständigen Zugang zu all unseren persönlichen Applikationen und Daten. Gleichzeitig sind wir auch online und haben das Potenzial, uns mit der Wissens-„Cloud" im Feld der kollektiven Intelligenz zu verbinden. In anderen Zuständen haben wir nur begrenzten Zugang zu eigenen Ressourcen sowie zu Erkenntnissen und Ideen anderer. Im CRASH Zustand, wo wir uns klein, reaktiv, in Analysen feststeckend, separiert und hasserfüllt fühlen, haben wir nur zu einem kleinen Teil unserer potenziellen Intelligenz und unseren Ressourcen Zugang.

Die fünf Qualitäten des COACH States sind die Säulen der Selbstbeherrschung, der Schlüssel zu persönlicher Resilienz und der Fähigkeit auch in herausfordernden Umständen innerhalb Ihres Spitzenleistungsbereichs zu bleiben.

Der Eintritt in den COACH State ist, als ob Sie Ihr Nervensystem "online" schalten und es mit der "Cloud" sowie mit einem Feld "kollektiver Intelligenz" verbinden.

Praktizieren Sie den COACH State:

Finden Sie Ihren "Inneren Spitzenleistungsbereich"

Genau wie die Meisterschaft im äußeren Spiel erfordert die Beherrschung Ihres inneren Spiels ebenfalls Praxis.

Wenn Sie den COACH State regelmäßig praktizieren, wird er zu Ihrer natürlichen Standardreaktion auf alles, was auch immer in Ihrem äußeren Spiel passiert.

Selbst-Bewusstsein

Unsere Kapazität sowohl für Resilienz als auch für Innovation ergibt sich, wenn wir zentriert sind, uns in unserem „Spitzenleistungsbereich" befinden und mit etwas Größerem verbunden sind, das jenseits der Grenzen unseres Egos liegt. Diese Prozesse werden durch den sogenannten COACH STATE beschrieben.

Es ist wichtig, sich eine Praxis anzueignen, die den Aufbau des COACH States unterstützt und ihn verstärkt, so dass wir in unserer Mitte bleiben und bei allem, was wir tun, unser Bestes geben können. Es ist leicht, ressourcenvoll zu bleiben, wenn im Leben alles glatt läuft, um aber in turbulenten Zeiten im Gleichgewicht zu bleiben, muss man die Qualitäten so lange entwickelt haben, bis sie sich im Muskelgedächtnis befinden.

1. Setzen oder stellen Sie sich bequem mit beiden Füßen flach auf dem Boden hin, Ihre Wirbelsäule ist aufgerichtet und entspannt (d. h. Sie befinden sich „in Ihrer senkrechten Achse"). Vergewissern Sie sich, dass Ihr Atem regelmäßig ist und vom Bauch ausgeht. (Kurzes, schnelles Atmen aus der Brust heraus würde anzeigen, dass Sie sich in einem gestressten Zustand befinden.)

2. Richten Sie Ihre Aufmerksamkeit auf die Fußsohlen (gehen Sie mit Ihrem „Bewusst- sein" in Ihre Füße). Werden Sie sich aller Empfindungen in Ihren Fußsohlen gewahr. Spüren Sie die Oberfläche der Fersen, der Zehen, des Fußgewölbes und des Fußballens.

3. Dehnen Sie nun Ihr Bewusstsein aus, sodass es den physischen Rauminhalt (den drei-dimensionalen Raum) Ihrer Füße umfasst, und lenken Sie dann Ihr Gewahrsein über Ihre Unterschenkel, Knie, Oberschenkel, Ihr Becken und Ihre Hüften aufwärts. Werden Sie sich Ihres *Bauchzentrums*, also Ihrer Mitte, gewahr, atmen Sie tief hinein und sagen Sie zu sich: „Ich bin hier." „Ich bin präsent." „Ich bin zentriert."

4. Bleiben Sie Ihrer unteren Körperhälfte weiter gewahr und dehnen Sie Ihr Gewahrsein durch Ihren Solarplexus, Ihre Wirbelsäule, Ihre Lungen, Ihren Brustkorb und Ihre Brust aus. Lenken Sie Ihr Gewahrsein in Ihr *Herzzentrum* im oberen Brustkorb; atmen Sie in Ihre Brust und sagen Sie zu sich: „Ich bin offen." „Ich öffne mich."

5. Dehnen Sie nun Ihr Gewahrsein über Ihre Schultern, Oberarme, Unterarme, Ellenbogen, Handgelenke, Hände und Finger weiter aufwärts und hinauf über Ihren Nacken, Hals und Ihr Gesicht. Achten Sie darauf, dass Sie alle Sinne im Kopf einbeziehen: Augen, Ohren, Nase, Mund und Zunge. Richten Sie Ihr Gewahrsein auf Ihren Schädel, Ihr Gehirn und das *Zentrum Ihres Kopfes* hinter Ihren Augen. Atmen Sie, als wenn Sie in Ihr Kopfzentrum atmen, versorgen Sie es mit Sauerstoff und Energie und sagen Sie zu sich: „Ich bin wach." „Ich bin gewahr." „Ich bin aufmerksam und klar."

6. Bleiben Sie in Kontakt mit Ihren jeweiligen Körperempfindungen. Beginnen Sie bei den Füßen und beziehen Sie alle drei Zentren ein (Bauch, Herz und Kopf). Nehmen Sie den Raum unter sich bewusst wahr, indem Sie mit Ihrer Aufmerksamkeit zum Erdmittelpunkt gehen; und den ganzen Raum über sich, der bis zum Himmel hinaufreicht. Nehmen Sie den ganzen Raum zu Ihrer Linken und zu Ihrer Rechten wahr, den ganzen Raum hinter sich und den Raum vor sich. Fühlen Sie eine tiefe Verbindung mit Ihren Füßen und ebenso mit den Zentren in Bauch, Herz und Kopf sowie mit der Umgebung und dem Feld (der Holarchie) um Sie herum. Seien Sie sich der unendlichen Ressourcen bewusst, die Ihnen in Ihnen selbst und im Feld um Sie herum zur Verfügung stehen. Wenn Sie die Verbindung zu diesem höheren Selbst erleben können, sagen Sie zu sich: „Ich bin verbunden."

7. Bleiben Sie mit Ihrer Aufmerksamkeit in Ihrem Körper und gleichzeitig in dem gesamten Raum um Sie herum, spüren Sie eine Art Feld oder schützende Umgebung. Aus diesem Zustand heraus können Sie alle verfügbaren Ressourcen und Stärken, alle Intelligenz und Weisheit halten genauso wie Störenergien wie Angst, Ärger, Traurigkeit usw. Fühlen Sie Mut und Zuversicht, mit allem umgehen zu können, was auf Ihrem Weg erscheint, während Sie zentriert und präsent bleiben, ganz bei sich und offen für Ihr Umfeld. Sagen Sie zu sich: „Ich bin bereit."

Wir sind, was wir wiederholt tun. Exzellenz ist somit keine Handlung, sondern eine Gewohnheit.

Aristoteles

Selbst-Regulation

Praxis bedeutet immer wieder zu üben, auch im Angesicht aller Hindernisse, aufgrund einer Vision, eines Glaubens oder eines Verlangens. Praxis ist das Mittel, um die gewünschte Perfektion einzuladen.

Wir lernen durch Praxis. Ob es heißt, tanzen zu lernen durch die Praxis des Tanzen oder zu leben lernen durch die Praxis des Lebens. Die Prinzipien sind dieselben. Man wird irgendwie zu einem Athleten Gottes.

Martha Graham

Studieren Sie Resilienz ein

Es ist notwendig, die Kompetenz für das innere Spiel immer wieder zu praktizieren, um Ihre eigene Belastbarkeit (Resilienz) zu steigern.

Selbst-Bewusstsein

Selbst-Regulation

Natürlich können Sie Ihren Spitzenleistungsbereich finden, wenn Sie ihn von einer ruhigen, neutralen Position aus betrachten. Es ist etwas ganz Anderes, unter physisch und emotional herausfordernden Bedingungen ein optimales Mindset zu bewahren. Hier werden Praxis und Disziplin zu den wesentlichen Erfolgsfaktoren. Es kann buchstäblich Ihr Leben und das Leben anderer retten (sowohl im übertragenen als auch im wörtlichen Sinn).

Praktizieren Sie die folgenden Schritte regelmäßig. Dies ermöglicht Ihnen, sich selbst zu ermächtigen (empowern), und wird Ihren Vorrat an Wahlmöglichkeiten für Resilienz in allen Lebenslagen enorm bereichern.

1. *Selbst-Bewusstsein:* Denken Sie an eine herausfordernde Situation, wo es für Sie schwierig war in Ihrem „Spitzenleistungsbereich" zu bleiben. – d. h. wo Sie die Tendenz zu einem CRASH haben. Versetzen Sie sich in die Erfahrung durch Erinnerung oder Vorstellungskraft. Lenken Sie Ihre Aufmerksamkeit auf Ihren inneren Zustand. Was wird Ihnen bewusst? (Bilder, Geräusche, Gefühle, Empfindungen usw.)

2. *Selbst-Kalibrierung:* Auf einer Skala von 0 bis 10 (0 bedeutet überhaupt nicht und 10 bedeutet vollkommen), wie vollkommen erleben Sie Ihren COACH State, wenn Sie sich in diese Situation hineinversetzen?

3. *Selbst-Justierung:* Was können Sie einfach und leicht anpassen, um Ihren COACH State nur ein wenig zu steigern? (d. h.: durchatmen, die Körperhaltung justieren, etwas zu sich selbst sagen, etwas Ressourcenvolles visualisieren, sich an eine positive Referenzerfahrung erinnern, an ein gutes Vorbild denken, so handeln, „als ob" Sie sich in Ihrem COACH State befinden usw.)

4. Welches Maß erreicht Ihr COACH State, wenn Sie die Anpassungen vornehmen? Welchen Unterschied nehmen Sie wahr? Wie wirkt sich dies auf Ihre kreative Energie aus? Ihren Einfallsreichtum? Ihre zwischenmenschliche Erreichbarkeit? Was wird nun möglich? Wie wirkt sich das auf Ihr äußeres Spiel aus?

5. *Selbst-Anker:* Wie können Sie das Niveau des Einfallsreichtums „ankern", so dass er Ihnen beim nächsten Mal in so einer Situation zur Verfügung steht? Welches Bild, Objekt oder welche Geste usw. wird Ihnen helfen, sich an dieses Niveau zu erinnern oder es zu halten?

Die Entwicklung der Resilienz umfasst, sich selbst bewusst zu sein und seinen inneren Zustand kalibrieren zu können und Justierungen vorzunehmen, um sich selbst zurück in seinen "Spitzenleistungsbereich" zu bringen.

Erholung von einem CRASH:

Vereinen Sie Ihre Ressourcen, um schwierige Gefühle zu halten

Das Menschsein ist ein Gästehaus.
Jeden Morgen eine neue Ankunft.
Freude, Depression, Gemeinheiten
oder Momente der Bewusstheit
kommen als unerwartete Besucher.

Heiße sie alle willkommen
und bewirte sie!
Selbst wenn es jede Menge Sorgen sind,
die heftig durch dein Haus fegen und
es von seinen Möbel leeren.
Behandle jeden Gast ehrenvoll.
Er könnte dich entrümpeln, um neue
Freuden zu empfangen.

Ob dunkle Gedanken, Scham oder
Bosheit,
begegne Ihnen lachend an der Tür
und lade sie zu Dir herein.
Sei dankbar für jeden, der kommt,
denn jeder wurde Dir gesandt,
als Führer aus einer anderen Welt.

– Rumi

Egal wie gut wir vorbereitet sind, in manchen Situationen werden wir nicht in der Lage sein, einen kompletten CRASH-Zustand zu vermeiden. Anstatt unseren inneren Zustand nachzujustieren, werden wir unser gesamtes Inneres Spiel „zurücksetzen" und das, was auch immer den CRASH ausgelöst hat, transformieren müssen. Ein Schlüssel zu Selbstbeherrschung und Erfolg im Inneren Spiel ist das Vermögen, innere Widerstände und Störungen in seinem „Spitzenleistungsbereich" zu erkennen und zu transformieren; diese treten häufig in Form von schwierigen Gefühlen auf, die eine „neuromuskuläre Blockade" auslösen.

Wenn wir unseren Zustand wieder in die Ausgangslage bringen und Widerstände auf unserem Weg transformieren wollen, müssen wir uns „unterhalb" (mit etwas Tieferem als wir selbst) und „oberhalb" dessen (mit etwas, das größer ist als wir selbst) verbinden können. In *SFM Bd. I* (S. 158) sprach beispielsweise der Unternehmer Mark Fizpatrick davon, wie wichtig es ist, die Fähigkeit zu entwickeln, „geerdet zu bleiben und die Dinge nüchtern zu betrachten". Er sprach über das Beten als Art, sich mit etwas Größerem zu verbinden. Diese Aussagen spiegeln eine offensichtliche Parallele zu Elon Musks wider, der sich mit seiner höheren Bestimmung verbinden konnte, um 2009 durch die schwierige Phase zu kommen, als seine drei Firmen vor dem Zusammenbruch standen

Bilden Sie ein „Gästehaus" für schwierige Gefühle

Im Allgemeinen bestimmt der größere Rahmen oder das psychologische Feld, in dem wir schwierige Gefühle halten können, wie sie uns beeinträchtigen oder beeinflussen. Die Innovatorin der Familientherapie Virginia Satir pflegte ihren Klienten häufig zwei Fragen zu stellen, wenn sie in Lebenskrisen in einem CRASH-Zustand gefangen waren. Die erste Frage war: „Wie fühlen Sie sich?" Würde der Klient auf diese Frage antworten, dass er sich ärgerlich, traurig oder schuldig fühle oder irgendein anderes schwieriges Gefühl äußern, so hätte Virginia die zweite Frage gestellt: „Wie fühlen Sie sich, dass Sie so fühlen?"

Die Antwort auf diese zweite Frage ist ganz signifikant und sagt viel über den Einfluss und die Bedeutung der ersten Antwort aus. Es macht einen erheblichen Unterschied, ob jemand eher gelassen und offen mit dem Gefühl des Ärgerns umgeht oder ob er sich deswegen schuldig, hilflos oder frustriert fühlt. Es sind diese zweiten Gefühle, die bestimmen, wie leicht wir zentriert und ressourcenvoll bleiben können, um diese ersten Gefühle zu halten. Mein Kollege Richard Moss fragt gern: „Ist die Angst bei Ihnen sicher?"

In der Arbeit zum Generativen Coaching, die ich mit meinem Kollgen Stephen Gilligan entwickelt habe, nutzen wir Aussagen oder sogenannte „Mantras" zum Aufbau eines positiven, emotional intelligenten inneren Umfeldes (mit Worten aus Rumis Gedicht: ein „Gästehaus"), um Gefühle zu halten, die normalerweise eine Art CRASH auslösen. Diese vier fundamentalen Aussagen sind:

1. „Das ist interessant."
2. „Ich bin sicher, das macht Sinn!"
3. „Etwas soll gehört, gehalten oder geheilt werden."
4. „Willkommen …"

Die Aussage „Das ist interessant" erinnert uns daran, dass es etwas zu lernen gibt oder in Bezug auf die Situation besser verstanden werden will; es handelt sich um einen Bereich, in dem wir uns wahrscheinlich weiterentwickeln können. Die Bestätigung: „Ich bin sicher, das macht Sinn", erkennt die Tatsache an, dass sich hinter der Reaktion höchstwahrscheinlich eine positive Absicht verbirgt, auch wenn wir sie noch nicht verstehen; d. h. mit Rumis Worten, es gibt einen „Führer aus einer anderen Welt". Die Beteuerung „Etwas soll gehört, gehalten oder geheilt werden" lenkt das Bewusstsein auf die größere Holarchie. Was immer passiert, ist davon ein Teil, der es verdient, anerkannt und respektvoll behandelt zu werden, und der von dem Erhalt unserer Ressourcen profitieren kann. Die Einladung „Willkommen" bedeutet, dass wir ihm absichtlich einen Platz einräumen und nicht versuchen, „ihn los zu werden".

Wir haben herausgefunden, wie stark es wirkt, wenn wir diese Aussagen immer wieder bei uns selbst und anderen anwenden. Oft bringen sie eine nahezu sofortige Entspannung in den CRASH-Zustand und einen merklichen Abfall der inneren Unruhe. Dies ermöglicht den Menschen, sich mit ihren Ressourcen und dem größeren Holon an sich zu verbinden.

Unsere innere Reaktion auf unsere Gefühle und emotionalen Zustände spiegelt unsere Beziehung zu ihnen wider und bestimmt, ob diese Gefühle Probleme bereiten oder nicht.

Emotionale Intelligenz bedeutet, auf emotionale Zustände mit Offenheit und Mitgefühl zu reagieren. Dies erfordert Selbst-Bewusstsein und Übung.

Das Halten schwieriger Gefühle

Angeregt durch Virginia Satirs Werk habe ich die folgende Übung entwickelt, um mir und anderen zu helfen, die notwendigen Ressourcen zu entdecken und anzuwenden, um nicht in einen CRASH-Zustand zu fallen, wenn wir mit starken, schwierigen oder „negativen" Gefühlen konfrontiert sind. Dadurch können die Ursachen für diese Gefühle erkannt und transformiert werden. Wie Sie sehen werden, brauchen Sie dazu genauso die Intelligenz Ihres Körpers (mit Hilfe von Körperbewegungen und Gesten), wenn nicht sogar mehr als Ihr logisches Denkvermögen.

1. Ermitteln Sie eine Situation, in der Sie ein schwieriges Gefühl erleben, das Sie nicht ressourcenvoll halten können und das demnach eine Hürde bildet oder Sie in eine Art CRASH Zustand zieht. Versetzen Sie sich in dieses Erlebnis, indem Sie sich erinnern oder es sich vorstellen. Lenken Sie Ihre Aufmerksamkeit auf den inneren Zustand und das Innere Spiel. Wiederholen Sie für sich die vier Aussagen: „Das ist interessant", „Ich bin sicher, das macht Sinn", „Etwas soll gehört, gehalten oder geheilt werden", „Willkommen". Nehmen Sie das Gefühl und Ihre Empfindungen wahr und lassen Sie Ihren Körper diese ganz natürlich durch eine Geste oder Bewegung zum Ausdruck bringen (z. B. die Faust ballen).

2. Verlassen Sie mit einem Schritt zurück die Stelle, an der Sie dieses schwierige Gefühl empfanden. Denken Sie von diesem Ort aus über den Aspekt von sich nach, wer das schwierige Gefühl erlebt. Wie stehen Sie zu diesen schwierigen Gefühlen? Wie stehen Sie zu sich selbst, wenn Sie sie empfinden? Wie ist Ihre Beziehung zu diesen Gefühlen und zu sich selbst, wenn Sie sie empfinden? Es ist sehr wahrscheinlich, dass Sie noch andere Arten nutzloser oder ressourcenloser Gefühle erleben, wie zum Beispiel: Frust, Verzweiflung, Hilflosigkeit, Selbstkritik oder Verzweiflung. Wiederholen Sie in Hinblick auf das zweite Gefühl wieder die vier Aussagen: „Das ist interessant", „Ich bin sicher, das macht Sinn", „Etwas soll gehört, gehalten oder geheilt werden", „Willkommen". Finden Sie eine Geste oder Bewegung, die dieses zweite Gefühl ausdrückt (z. B. mit den Händen etwas von sich schieben)

3. Begeben Sie sich an eine dritte Stelle. Versetzen Sie sich in einen ressourcenvollen Zustand, in dem Sie zentriert, offen, wach (COACH State) und verbunden mit einer größeren Holarchie sind. Rufen Sie sich dazu den Prozess, Auslöser oder die Referenzerfahrung aus dem vorigen Abschnitt ins Gedächtnis, die Sie automatisch mit dem Gefühl eines höheren Selbst verbinden. Welche Ressourcen (etwa Vertrauen, Akzeptanz, Neugier, Stärke, Liebe etc.) könnten Ihnen helfen, „geerdet zu bleiben und es nüchtern zu betrachten"? Welche Ressource(n) würden Ihnen ermöglichen, beide Arten von Gefühlen eher aus einem höheren Selbst heraus zu halten, anstatt in Ihnen stecken zu bleiben oder in Konflikt mit ihnen zu geraten?

4. Bringen Sie die erkannten Ressourcen, vollständig in Ihren Körper und Ihr Inneres Spiel. (Falls nötig, finden Sie zur Unterstützung bei diesem Schritt Referenzerfahrungen für die Ressourcen, um sie möglichst intensiv zu erleben.) Finden Sie eine Geste oder Bewegung für diese Ressourcen, die sie augenblicklich in Ihren Körper bringen (z. B. offene Arme über ihrem Kopf).

5. Gehen Sie wieder in die zweite Position mit der Geste und den Ressourcen aus Schritt 4. Versuchen Sie nicht irgendetwas zu ändern. Halten Sie einfach die Gefühle und Reaktionen, die mit der zweiten Stelle im größeren Ressourcenfeld einhergehen. Führen Sie die Ressourcengeste oder Ressourcenbewegung aus. Nehmen Sie wahr, wie sich Ihre Wahrnehmung und Einstellung zu den zweiten Gefühlen und zu dem „Sie", das diese Gefühle in der herausfordernden Situation fühlt, ändert.

6. Kehren Sie nun an den Ausgangsort zurück, wo Sie die Situation, in der Sie die schwierigen Gefühle erlebten, platziert haben und bringen Sie die ermittelten Ressourcen ein. Versuchen Sie wieder, nichts zu verändern. Halten Sie nur die Gefühle und Reaktionen an dieser zweiten Stelle innerhalb eines größeren Ressourcenfeldes. Machen Sie wieder eine Geste oder Bewegung für diese gewählte Ressource. Wie fühlen Sie sich jetzt in Bezug auf diese schwierigen Gefühle? Was ändert sich an Ihrer Fähigkeit, diese schwierigen Gefühl zu halten? Was wird möglich?

Lernen Sie schwierige Gefühle zu halten, indem Sie ihnen ein "Gästehaus" durch die Verbindung mit Ihrer höheren Bestimmung und der größeren Holarchie geben.

Transformation von „CRASH"-Zuständen

Sobald es Ihnen gelingt, schwierige Gefühle zu halten und sie in Ihr „Gästehaus" einzuladen, wird es möglich, sie zu verstehen, zu transformieren und zu integrieren. Wie schon zuvor in diesem Kapitel beschrieben, brauchen Sie sieben Kompetenzen, um mit „negativen" Emotionen umgehen zu können:

1. *Erkennen Sie* die Präsenz des emotionalen Zustandes *(Kalibrieren).*
2. *Erkennen Sie urteilsfrei* die Präsenz des Zustandes *an.*
3. *Nehmen Sie* den emotionalen Zustand mit Gelassenheit *an* (geben Sie ihm Raum).
4. *Verstehen Sie* den emotionalen Zustand und seine Funktion (also die positive Absicht).
5. *Versorgen Sie* den emotionalen Zustand *mit Ressourcen*, indem Sie ihn mit komplementären Emotionen und Zuständen verbinden.
6. *Transformieren* oder verfeinern Sie den Ausdruck des emotionalen Zustandes zu einem harmonischeren und produktiveren Verhalten, so dass die positive Absicht erfüllt wird.
7. *Integrieren Sie* den emotionalen Zustand als beitragenden Teil eines größeren Systems.

Um schwierige Gefühle oder CRASH-Zustände zu transformieren, müssen Sie die positiven Absichten verstehen und sie mit den ergänzenden Ressource-Zuständen verbinden.

Die Methode *Halten schwieriger Gefühle* verwendet die ersten drei Kompetenzen, um auf ressourcenvolle Weise die als problematisch empfundene emotionale Reaktion zu erkennen, anzunehmen und zu halten. Um diese Reaktion transformieren und integrieren zu können, ist es notwendig, ihre positive Absicht zu verstehen und sie mit ergänzenden Zuständen zu verbinden. Sie können dies mit dem schwierigen Gefühl aus der vorherigen Übung machen, indem Sie die folgenden Schritte durchlaufen:

1. Verbinden Sie sich mit dem schwierigen Gefühl, mit dem Sie in der vorigen Übung gearbeitet haben und das einen „CRASH"-Zustand verursachte. Wiederholen Sie die Geste oder die Bewegung, die mit dem Gefühlszustand einhergeht oder ihn ausdrückt (z. B. die Faust ballen). Achten Sie gut darauf, wie dies Ihr Inneres Spiel beeinflusst. Nehmen Sie wahr, in wie weit sie die Bewegung aus dem COACH State bringt. (Höchstwahrscheinlich verstärkt es eine Art „neuromuskuläre Blockade".)

Selbst-Bewusstsein

2. Nun gehen Sie wieder in den ressourcenvollen Zustand, den Sie im dritten Schritt der vorigen Übung ermittelt haben. Machen Sie die mit dem Zustand verbundene Geste oder Bewegung (z. B.: Offene Arme über Ihrem Kopf).

3. Bleiben Sie im COACH State und gehen Sie langsam zurück zu der Bewegung, die mit dem schwierigen Gefühl verbunden ist. Wiederholen Sie *sehr langsam* die Bewegung (z. B. Faust ballen) mehrere Male, bleiben Sie zentriert und achtsam. Überlegen Sie, während Sie das tun, welche positive Absicht die Bewegung und der verbundene emotionale Zustand haben. Was wollen sie für Sie erfüllen?

4. Merken Sie sich die positive Absicht der Bewegung und des Gefühls, während Sie langsam in die Geste für den ressourcenvollen Zustand wechseln (z. B.: Offene Arme über Ihrem Kopf). Werden Sie sich darüber bewusst, wie diese Ressource die positive Absicht des schwierigen Gefühls unterstützen kann.

5. Bleiben Sie im COACH State, wechseln Sie zwischen den beiden Gesten langsam, fließend und achtsam hin und her. Bemerken Sie, wie viele Kombinationen und Variationen es zwischen den beiden Gesten oder Bewegungen gibt. Finden Sie eine Möglichkeit, die beiden Gesten oder Bewegungen zu einer zu verbinden. Was wird durch die integrierte Bewegung sowohl in Ihrem Inneren Spiel als auch in Ihrem äußeren Spiel möglich?

Sie können dieselben Schritte mit dem zweiten Gefühl aus der vorherigen Übung wiederholen.

Genau wie Gymnastik und physisches Training Ihre körperliche Gesundheit und Fitness verbessern kann und Lernen sowie Mentalpraktiken Ihre kognitive Funktion steigern können, kann die regelmäßige Praxis der in diesem Kapitel beschriebenen Übungen Ihre emotionale Intelligenz und Widerstandskraft stärken. Diese Resilienz ist entscheidend, während Sie das herausfordernde äußere Spiel steuern, um ein erfolgreiches Unternehmen zu gründen und zukunftsfähig auszubauen.

Selbst-Regulation

Genau wie Gymnastik und physisches Training zur Verbesserung Ihrer körperlichen Gesundheit und Fitness notwendig sind, braucht es Praxis, um Ihre emotionale Intelligenz und Resilienz zu stärken.

Das Halten schwieriger Gefühle in Gruppen

Manchmal, mitten in einer dieser Krisen, weiß man nicht genau, ob man es bis zum Ende durchsteht. Aber wir haben es immer geschafft, und so haben wir ein gewisses Maß an Selbstvertrauen, auch wenn man sich manchmal Gedanken macht.

Ich denke, der Schlüssel ist, dass wir nicht alle gleichzeitig erschrocken sind.

Steve Jobs

Wie der nebenstehende Kommentar von Steve Jobs zeigt, ist ein Schlüssel, um mit Krisen umzugehen und nach Rückschlägen wieder aufzustehen, ein „Feld" des Selbstvertrauens und des Einfallsreichtums zu schaffen, so dass in Zeiten des Zweifels und der Angst Teammitglieder einander unterstützen können. Führungskräfte können dies am besten tun, wenn sie sich selbst im COACH State erden und andere dabei unterstützen, dasselbe zu tun. Wenn uns dies gelingt, schaffen wir ein Ressourcenfeld zwischen uns und anderen, das uns hilft, das Beste in jedem hervorzubringen. In der Tat kann man sagen, dass ein wahrer Anführer in herausfordernden Zeiten die Person ist, der es ressourcenvoll gelingt, die meisten schwierigen Gefühle zu halten.

Wir bezeichnen diese besondere Beziehung und das dadurch erzeugte Feld als *COACH Container*. Die Bildung eines starken und reichhaltigen COACH Containers ist wichtig, um die Fähigkeit der Kollaboratoren zu stärken, mit Herausforderungen, Ungewissheit umzugehen und die Wahrscheinlichkeit zu steigern, nach Rückschlägen wieder aufstehen zu können.

In SFM Band II (S. 73-75) präsentierte ich ein einfaches Format zum Aufbau eines COACH Containers in einer Gruppe, das folgende Schritte enthält:

1. Sitzen oder stehen Sie in einer entspannten, ausgerichteten und balancierten Haltung einander gegenüber.

2. Bringen Sie Ihr Bewusstsein in Ihren Körper und in Ihren Atem und werden Sie präsent.

3. Führen Sie die Schritte aus der Übung „Praktizieren Sie den COACH State" (s. S. 66-67) zusammen durch.

4. Wenn sich jedes Gruppenmitglied vollkommen präsent fühlt und sich in seinem COACH State befindet, sagt es laut zu den anderen: „Ich bin hier" (wie nach einem Aufrufen) oder „Ich bin bereit".

5. Ein schöner weiterer Schritt ist, dass sich die Gruppenmitglieder umschauen und Blickkontakt miteinander aufnehmen. Dann sagen sie laut zueinander: „Ich sehe dich. Willkommen."

Der kollektive Eintritt in den COACH State kann ein starkes Gefühl von Verbundenheit und Einfallsreichtum auslösen.

Wenn Sie dies authentisch und präsent durchführen, sollte ein starker und bereichernder Sinn für gegenseitigen Rapport und Einfallsreichtum entstehen. Dies bezeichnen wir als „Feld" oder „Container". Oft ist es hilfreich, sich gegenseitig mitzuteilen, wie der Container oder das Beziehungsfeld wahrgenommen wird. Vielleicht wollen Sie dazu eine Metapher oder ein Symbol verwenden. Ebenso hilfreich ist es, wenn Sie gemeinsam einen „Anker" bilden (eine Bewegung, eine Formulierung (Codewort) oder ein Symbol usw.), der Ihnen helfen kann, schnell wieder in das vollständige Erleben des COACH Containers zurückzukehren. Beispielsweise haben viele Sportmannschaften so ein kurzes Ritual, um sich vor einem Spiel anzufeuern und alle Spieler in einen kollektiven „Spitzenleistungsbereich" zu versetzen.

Der Zweck dieser Praxis ist, zu gewährleisten, dass sich alle Beteiligten in der besten Version ihres Selbst befinden, wenn sie die Interaktion beginnen, damit sie Ihr Bestes geben und den meisten Nutzen aus der Interaktion ziehen können. Genau wie Athleten sich aufwärmen müssen, um während eines Wettkampfes oder des Trainings zur besten Version ihres Selbst zu werden, bereitet der COACH Container Kollaboratoren in Teams oder Gruppen darauf vor, das Beste voneinander zu bekommen.

Bilden Sie einen gemeinsamen „Anker", z. B. eine kollektive Bewegung oder Geste. Dies kann Gruppenmitglieder unterstützen, schnell in einen ressourcenvollen Zustand zurückzukehren.

Empathie

Schwierige Gefühle in der Gruppe willkommen heißen

Resilienz und der effektive Umgang mit Krisen, Herausforderungen und Ungewissheit erfordern die Akzeptanz und Integration vieler unterschiedlicher Emotionen und innerer Zustände. Das Feld der Gruppe muss all diese inneren Zustände und Energien willkommen heißen und anerkennen, um authentisch und produktiv zu sein. Alles, was zurückgehalten wird, wird zu einer Art „Schatten", der das Feld schwächt.

Ähnlich wie die Kompetenz, schwierige Gefühle als Teil unseres eigenen Inneren Spiels halten zu können, ist es für zusammenarbeitende Gruppen wichtig, in der Lage zu sein, emotionalen Reaktionen Raum zu geben. Diese können aus der Interaktion entstehen, insbesondere in Zeiten von Rückschlägen oder Ungewissheit. Wenn Emotionen erkannt, anerkannt und in einem größeren Raum einer nicht-urteilenden Gelassenheit gehalten und die positiven Absichten verstanden werden können, wird es möglich, Ressourcen zu finden, die es entweder ermöglichen, dass die Emotionen vorübergehen oder als Teil der Gruppenerfahrung transformiert und integriert werden können.

Durch Anwendung der Prinzipien und Praktiken der emotionalen Intelligenz auf Gruppen können Kollaboratoren lernen, emotionalen Reaktionen, die bei ihrer Interaktion auftreten können, Raum zu geben.

Werden Emotionen vorurteilsfrei erkannt, anerkannt und ihre positive Absicht verstanden, können Ressourcen gefunden werden, die es entweder ermöglichen, dass die Emotionen vorübergehen oder als Teil der Gruppenerfahrung transformiert und integriert werden.

Die folgende Übung kann mit einer Gruppe von Kollaboratoren durchgeführt werden, um das Anerkennen und Willkommen-heißen schwieriger Gefühle zu üben. Solche Gefühle können jederzeit innerhalb einer Gruppe auftreten.

1. Bilden Sie einen starken „COACH Container", indem Sie die Stufen der vorhergehenden Übung durchlaufen.

2. Einer der Gruppenmitglieder entsinnt sich an einen der unten genannten schwierigen Gefühlszustände und erlebt diesen aufs Neue:
   - Sorge / Angst
   - Sturheit / Widerstand
   - Not / Bedürftigkeit
   - „Besserwisserei" / Arroganz
   - Feindseligkeit / Anfeindung

   Wenn die Person einigermaßen authentisch die Präsenz des schwierigen Gefühls fühlen kann, bestätigt sie es, indem sie den Zustand benennt und sagt: „Ich fühle …" (Es geht hier nicht darum, das Gefühl zu rechtfertigen oder zu erklären.)

3. Die anderen Gruppenmitglieder sollen dann dem schwierigen Gefühl Raum geben, indem sie sagen „Das ist interessant." „Ich bin sicher, das macht Sinn." „Etwas muss gehört, gehalten und geheilt werden." „Willkommen."

4. Die Gruppenmitglieder bleiben im COACH State, öffnen ihre Aufmerksamkeit auf die größere Holarchie und spüren die gemeinsame Bestimmung. (Dies kann jede Person tun, indem sie sich an ein Ritual, einen Trigger

oder eine Referenzerfahrung erinnert, die sie automatisch mit dem gefühlten Gespür für das höhere Selbst verbindet, das über ihre Identität als getrenntes Individuum hinausgeht, wie wir sie im vorherigen Kapitel untersucht haben.)

5. Während sie sich auf ihr Herz und ihren Bauch einstimmen, sollen sich die Gruppenmitglieder dafür öffnen, welche Ressourcen der Person mit dem schwierigen Gefühl helfen, „geerdet zu bleiben und alles im Blick zu behalten". Anstatt zu versuchen, sich kognitiv oder rational etwas zu überlegen, sollten die Mitglieder ihre emotionale Intelligenz nutzen und „sich etwas intuitiv einfallen lassen". Es können Worte, ein Bild, ein Symbol, eine Geste oder ein anderes Gefühl sein.

6. Dann teilt jedes Gruppenmitglied der restlichen Gruppe die aus der kollektiven Intelligenz entstandene („emergierte") Ressource mit: „Die Ressource, die mir eingefallen ist, …" und äußert sie in Form eines Wortes, eines Bildes, eines Symbols, einer Frage oder Geste.

7. Nachdem alle Gruppenmitglieder ihre Ressourcen ausgetauscht haben, beschreibt die Person mit dem schwierigen Gefühl, was sich bei ihr in Bezug auf ihr Gefühl und ihr inneres Spiel verändert hat.

Das Format wird solange wiederholt, bis jedes Gruppenmitglied die Chance hatte, sein schwieriges Gefühl mitzuteilen.

Natürlich ist dies ein stark ritualisierter Ablauf, um Menschen die Gelegenheit zu geben, besondere Kompetenzen der emotionalen Intelligenz in einer Atmosphäre der psychologischen Sicherheit einzuüben. Es ist nur eine von vielen möglichen Strukturen, die helfen können Kooperation im Team und Resilienz zu verbessern. Andere Übungen und Praktiken dieser Art habe ich in *Success Factor Modeling Band II* beschrieben, darunter:

- *Intervision zur Förderung Generativer Kollaboration zur Problemlösung* (S. 124-127)
- *Wechsel vom CRASH zum COACH State* (S. 304-305)
- *Wandlung potentieller Konflikte durch das Tetralemma* (S. 306-309)

Wie wir in den folgenden Kapiteln sehen werden, gibt es viele weitere Methoden und Formate, mit deren Hilfe schwierige Gefühle in einer Gruppe ausgedrückt oder adressiert werden können, wie z. B. sogenannte *„Town Hall"-Meetings („Bürger"versammlungen)* und *„Clearing the air"-Sessions (Zusammensitzen, um reinen Tisch zu machen)*. Wenn solche Strukturen etabliert sind, können die Führungskraft und die Teammitglieder ressourcenvoll und schnell auf die Situation reagieren, wenn die unvermeidlichen und unerwarteten Herausforderungen plötzlich auftreten. Dies ist ein großer Vorteil.

Das nächste Erfolgsfaktor-Fallbeispiel veranschaulicht dies und viele Prinzipien, die in den ersten zwei Kapiteln angesprochen wurden, sehr gut.

Helfen Sie anderen, Ressourcen für den Umgang mit schwierigen Gefühlen zu finden. Dies schafft ein positives Unterstützerfeld und sorgt für die Entwicklung eines sozialen EQs.

Empathie

Erfolgsfaktor-Fallbeispiel:
Dr. Lim Suet Wun – CEO Tan Tock Seng Hospital

Singapurs „Ground Zero" während der SARS Epidemie von 2003

Dr. Lim Suet Wun

Dr. Lim Suet Wun zeigte als CEO des Tan Tock Seng Hospitals in Singapur während des SARS Ausbruchs 2003 viel Kompetenz in emotionaler Intelligenz.

Soziale Kompetenz

Als Dr. Lim Suet Wun CEO des Tan Tock Seng Hospitals in Singapur wurde, gab es nichts, das ihn auf die Krise hätte vorbereiten können, mit der er sich konfrontiert sah, als die SARS (Schweres Akutes Respiratorisches Syndrom) Epidemie Anfang 2003 im Land ausbrach. Das Tan Tock Seng Hospital war der Ort, wo der erste Fall der tödlichen, virulenten SARS-Krankheit in Singapur auftrat. Deshalb wurde das Krankenhaus verantwortlich für die Eindämmung der Seuche – es war der „Ground Zero" im Kampf gegen die SARS Epidemie im Land.

Aufgrund einer Regierungsentscheidung wurde das gesamte Personal und die Patienten im Krankenhaus für Monate unter Quarantäne gestellt. Sie durften das Krankenhaus nicht verlassen, um keine Verbreitung der Krankheit zu riskieren. Die Menschen waren gezwungen in engen Quartieren zusammenzuleben, konfrontiert mit einer unbekannten, tödlichen und hochansteckenden Krankheit. Es war eine Situation „auf Leben und Tod" und fast die Hälfte der Infizierten gehörten zum Klinikpersonal oder den Pflegekräften. Auch erfahrene Ärzte waren darunter. Natürlich waren die Pflegekräfte die Gruppe mit dem größten Ansteckungsrisiko. Außerdem wurden alle neuen Krankheitsfälle im Land in diese Klinik geschickt, was das Ansteckungsrisiko für alle Mitarbeiter und Patienten dort weiter erhöhte. Zu Beginn wusste niemand genau, was die Erkrankung verursachte, wie sie sich ausbreitete und wie man sich davor schützen konnte. „Es war eine Krise, die durch die Ungewissheit komplizierter wurde", erklärt Wun.

Dr. Wun ermittelte drei entscheidende Erfolgsfaktoren für die Bewältigung der Krise:

1. *Notwendige Informationen zur Entscheidungsfindung erhalten und filtern*

   Dies war für Wun wesentlich, um Gerüchte effektiv unter Kontrolle zu halten. Man sagt, „es liegt in der menschlichen Natur, das Schlimmste zu befürchten", wenn die Situation gefährlich und ungewiss ist. „Gerüchte sind in so einer Situation wie Krebs", sagt Dr. Wun. Glücklicherweise hatte er bereits Schritte unternommen, dass für eine angemessene Kommunikationsinfrastruktur und die Prozesse gesorgt war – z. B., „Town Hall"-Versammlungen, klare Ansprechpartner, abgestufte Meldungsprotokolle usw. „Im Wesentlichen festigte die Krise diese vorhandenen Strukturen", erklärt er. Eine noch größere Krise konnte abgewehrt werden, weil die Menschen mit den Kommunikationskanälen vertraut waren und sich auf den Prozess verließen.

2. *Verbreitung von Informationen, Entscheidungen und Gewährleistung der Kooperation.*

„Die wichtigste Sache ist, dass alle zusammenarbeiten und als Team kooperieren", erklärt Wun. Dafür ist es von zentraler Bedeutung, sicherzustellen, dass sich alle über alle Organisationsebenen hinweg einig sind. Wie Wun sagt: „Die Leute im Maschinenraum müssen wissen, wo das Schiff hinsteuert." Genauso extrem wichtig war die Einhaltung und Rechenschaftspflicht gegenüber Entscheidungen. In solchen Situationen „auf Leben und Tod" sind mit Wuns Worten ein paar „öffentliche Hinrichtungen" erforderlich; was bedeutet, dass Einzelne öffentlich gerügt und diszipliniert wurden. Er scherzte, dass man manche Menschen „in den Hintern schießen müsse, damit sie es begreifen und gleichziehen".

3. *Vorbild sein für Zuversicht und Vertrauen in die Entscheidungen*

Die schwierigste Herausforderung war, richtig mit den Auswirkungen der Ungewissheit auf den emotionalen Zustand der Teammitglieder umzugehen. Es gab dieses Gefühl von Angst oder Furcht, das leicht in Panik oder andere Arten eines CRASH Zustandes hätten umschlagen können. In Krisensituationen „sagen Taten mehr als Worte", wie ein eindrucksvolles Beispiel zeigt. In den ersten Tagen der SARS-Epidemie fragten sich einige Angestellte, ob das Tragen von Masken und Handschuhen ausreichenden Schutz bieten würde. Aufgrund seiner Verpflichtung gegenüber der Mission als Arzt und Führungskraft legte Wun Wert darauf, täglich das gesamte Klinikpersonal und alle Patienten zu besuchen und ihnen mit Maske und Handschuhen die Hände zu schütteln. Mit anderen Worten, er sagte durch diese Aktion: „Ich vertraue unserer Mission und unseren Entscheidungen so sehr, dass ich mein Leben riskiere." Und: „Ich bin der erste, der sich an die Folgen unserer Entscheidungen hält." Dies ist der Inbegriff von „den Worten Taten folgen lassen". Wuns Umhergehen und seine Sichtbarkeit führten dazu, dass sich zwischen Personal und Patienten Verbundenheit und Vertrauen entwickelte und vertiefte.

Verkörperung von Leadership und Emotionaler Intelligenz

Dr. Wuns ruhige Haltung und kongruente Handlungen sorgten für ein „Feld" der Ruhe, des Einfallsreichtums und der Kooperation, das es möglich machte, die Krankheit effektiv einzudämmen. Dies half, eine große Katastrophe in einem so kleinen und dicht bevölkerten Staat wie Singapur zu verhindern.

Empathie

Selbst-Motivation

Dr. Wuns beherrschte sein Inneres Spiel. Seine ruhige Haltung und kongruenten Handlungen als Anführer in einer Situation der Ungewissheit mit dem Potenzial zu großer Aufregung und Angst, schafften ein Feld der Ruhe, des Einfallsreichtums und der Kooperation, wodurch die Krise eingedämmt und die Katastrophe verhindert werden konnte.

Dr. Wuns erfolgreicher Umgang mit der SARS-Krise am Tan Tock Seng Hospital zeigt die Bedeutung von:
1.) Vorbereitung und Übung;
2.) einem Sinn für die Mission und den höheren Zweck, der einen mit dem größeren Selbst über das individuelle Ego hinaus verbindet; und
3.) die Bildung und Pflege eines ressourcenreichen Unterstützer"feldes" (eines „COACH Container").

Dr. Wuns Erfolg und sein Umgang mit der Situation am Tan Tock Seng Hospital zeigen die Bedeutung von:

1. Vorbereitung und Übung – Vorhandene kooperative Strukturen und Protokolle.

2. Sendungsbewusstsein und einer höheren Bestimmung, die jemanden mit seinem höheren Selbst verbindet, das über das individuelle Ego hinausgeht – Dr. Wuns Verpflichtung gegenüber der Mission als Arzt und Führungskraft.

3. Bildung und Fördern eines ressourcenvollen Unterstützer-„Feldes" (eines „COACH Container") – Tägliches Händeschütteln von jedem Angestellten und Patienten.

Dr. Wuns Fall ist eine deutliche Demonstration der grundlegenden Führungsfähigkeiten: 1.) eine klare Richtung vorgeben (damit die „Leute im Maschinenraum wissen, wohin das Schiff steuert"); 2.) andere für geeignete Aktionen motivieren und begeistern; 3.) Kooperation im Team fördern und 4.) Vorbild sein. Dr. Wuns Handlungen zeigten ebenfalls intuitives Verständnis aller fünf Komponenten für emotionale Intelligenz: Selbstbewusstsein, Selbstregulation, Selbstmotivation, Empathie und Soziale Kompetenz.

Seine größte Herausforderung war die Anerkennung und der Umgang mit sehr intensiven, schwierigen Gefühlen. Sein Beispiel zeigt das Vermögen:

• Emotionen, Antreiber und ihren Einfluss auf andere zu erkennen und zu verstehen

• Zerstörerische Impulse und Stimmungen aufzunehmen und umzulenken

• Aus Gründen die über Geld und Status hinausgehen zu arbeiten

• Eigennutz und Gemeinwohl gegeneinander abzuwiegen

• Emotionale Verfassungen anderer Menschen zu verstehen

• Menschen gemäß ihrer emotionalen Reaktionen zu behandeln

• Den gemeinsamen Nenner zu finden und Rapport aufzubauen

• Beziehungen zu pflegen und Vertrauen zu vertiefen.

Diese Kompetenzen helfen, eine Krise in eine Erfolgsgeschichte zu verwandeln.

Zusammenfassung des Kapitels

Die Fähigkeit, im Voraus denken und mit Rückschlägen umgehen zu können, ist ein wesentlicher Erfolgsfaktor für Unternehmer und Führungskräfte. Die Belastbarkeit (Fähigkeit zur Resilienz) wird durch Praxis und Disziplin entwickelt. Peter Senges *fünf Disziplinen* einer lernenden Organisation – Personal Mastery, Untersuchung mentaler Landkarten und Vorannahmen, Visionieren und die Erschaffung der Zukunft, Team-Lernen und systemisches Denken – bietet einen kraftvollen Plan um die Resilienz und die Zukunftsfähigkeit – Fitness für die Zukunft – zu verbessern.

Eine weitere Kompetenz für Conscious Leader und Next Generation Entrepreneure ist die *emotionale Intelligenz*. Sie bezieht sich darauf, unsere eigenen Gefühle und die von anderen anzuerkennen, um uns zu motivieren und mit Emotionen in uns und unseren Beziehungen umgehen zu können. Laut Daniel Goleman, gibt es fünf grundlegende Komponenten der emotionalen Intelligenz: Selbst-Bewusstsein, Selbst-Regulation, Selbst-Motivation, Empathie und Soziale Kompetenz.

Die Hauptbereiche, in denen man als Führungskraft oder Unternehmer emotionale Intelligenz anwenden sollte, sind: 1.) Umgang mit schwierigen Gefühlszuständen bei sich und anderen und 2.) Anregen und Hervorlocken von ressourcenvollen emotionalen Zuständen. Der Umgang mit „negativen" Emotionen auf emotional intelligente Weise bedeutet a) anzuerkennen, dass sie wichtig fürs Überleben sind, b) die positive Absicht dahinter zu suchen und zu verstehen und c) mehr Verhaltensalternativen hinzuzufügen, die die Absicht und den konkreten Kontext in Bezug auf die emotionale Reaktion berücksichtigen.

Emotionale Intelligenz erfordert, dass wir mehr als nur unsere kognitive Intelligenz nutzen. Sie schließt den Zugang zu Körperwissen und Informationen ein. Neuste neurowissenschaftliche Forschungen bestätigen, dass sich ein erhebliches Maß an Intelligenz genauso wie im Kopf im Bauch und im Herzen befindet (das enterale Nervensystem). Während das Gehirn in unserem Kopf hauptsächlich mit Vernunft und Planung assoziiert ist, wird dem Bauchhirn im Allgemeinen Intuition und Bewertung zugeschrieben, während das Herz mit zwischenmenschlichen Verbindungen und Leidenschaft verbunden ist. Conscious Leader müssen lernen alle drei Gehirne – im Kopf, Herzen und Bauch – zu nutzen, um Entscheidungen zu treffen und andere zu begeistern.

Ein weiterer Schlüssel zu Resilienz, Fitness für die Zukunft und Conscious Leadership ist die Beherrschung unseres „Inneren Spiels". Das *Innere Spiel* hat mit der Mobilisierung unserer inneren Ressourcen und der Überwindung selbst auferlegter Hindernisse zu tun, und ob wir uns in Überstimmung mit unseren Werten und dem höheren Zweck befinden. Das Innere Spiel handelt von Ihrem mentalen und emotionalen Ansatz bei allem, was Sie tun. Dies schließt Ihre Haltung, den Glauben an sich selbst und Ihr Team ein sowie Ihre Fähigkeit, sich effektiv konzentrieren und mit Fehlern oder Druck umgehen zu können, und so weiter.

Die Beherrschung des Inneren Spiels bedeutet, Ihren „*Spitzenleistungsbereich*" zu kennen und sich darin zu erden. Dieser Zustand ist durch das Gefühl von bescheidener Autorität (*Humble Authority*) und müheloser Anstrengung gekennzeichnet. Um dies zu erreichen werden bestimmte grundlegende Kompetenzen wie Selbst-Bewusstsein, Selbst-Kalibrierung, Selbst-Justierung und Selbst-Anker gebraucht.

Der Erfolg im inneren Spiel wird durch die Fähigkeit unterstützt, sich *Ressourcen-Anker* zu schaffen. Das Ankern ist eine Methode, mit der Sie sich Zugänge und Trigger verschaffen, um sich an Ihre Ziele und Ihre inneren Ressourcen zu erinnern. Je mehr Ressourcen-Anker Sie haben, desto eher werden Sie in jeder Situation Ihr Bestes geben können.

Die Regulation Ihrer Energie ist eine weitere Kernkompetenz zur Beherrschung Ihres Inneren Spiels. Für Führungskräfte und Unternehmer ist es wesentlich, in sich selbst und andere positive Energie bringen zu können. Entscheidend für unseren Erfolg ist die Fähigkeit, unser inneres Maß und die Qualität der Energie feststellen und mit den unvermeidlich auftretenden Energieabfällen oder Störungen umgehen zu können. Es empfiehlt sich als weitere wichtige Disziplin des Conscious Leadership, Praktiken zu entwickeln, mit deren Hilfe Sie Ihr Energiemaß steigern, korrigieren, freisetzen oder neu einstellen können.

Ein anderes wesentliches Merkmal für Conscious Leadership ist die Präsenz. *Präsenz* kann als eine „Qualität aus Ausgeglichenheit und Wirksamkeit" definiert werden, „die es einer darbietenden Person ermöglicht, eine enge Beziehung mit sich und dem Publikum einzugehen". Die Fähigkeit, ausgeglichen und effektiv zu sein sowie einen engen Kontakt zu denjenigen aufzubauen, mit denen wir interagieren, ist eine wesentliche Eigenschaft, um als Unternehmer oder Führungskraft erfolgreich zu sein. Wenn Menschen sowohl mit sich selbst verbunden und miteinander präsent sind, entstehen die natürlichen Gefühle wie Mitgefühl, Empathie, echtes Interesse aneinander, Spontanität, Authentizität und Freude. Diese Gefühle sind die Grundlage jeder wirksamen persönlichen oder beruflichen Beziehung.

Mit der *Praxis des COACH States* können Sie Ihren inneren Spitzenleistungsbereich entdecken und stärken, wobei Sie Ihre Kapazität zur Regelung Ihrer Energie steigern und die Macht Ihrer Präsenz erweitern. Der COACH State bedeutet 1.) zentriert in unserem tieferen Selbst, 2.) offen für Möglichkeiten, 3.) aufmerksam und bewusst, 4.) verbunden mit uns selbst, der Bestimmung und einem größeren Unterstützerfeld und 5.) fähig zu sein, all das zu halten, was immer auch geschieht, in einem Zustand von Einfallsreichtum, Offenheit und Gastfreundlichkeit.

Das Gegenteil des COACH State ist der *CRASH-Zustand*: kontrahiert, reaktiv, gefangen in Analyse-Paralyse, separiert von uns selbst und anderen und hassend oder feindlich gesinnt. Wenn wir in einen CRASH Zustand geraten, befinden wir uns außerhalb unseres „Spitzenleistungsbereichs" und alles wird schwieriger. Wenn wir im CRASH-Zustand mit äußeren Hindernissen konfrontiert sind, erleben wir ein unlösbares Problem.

Das Einüben von Resilienz bedeutet erkennen zu lernen, wann Sie Ihren inneren Spitzenleistungsbereich verlassen und Ihren COACH State verlieren, und zu wissen, welche Justierungen Sie zur Erholung brauchen. Das regelmäßige Einüben wird Sie unterstützen, Ihr Repertoire der Optionen zur Resilienz in allen Lebensbereichen erheblich zu erweitern.

Trotz Ihrer besten Vorbereitung wird es immer wieder Situationen geben, in denen wir unfähig sind, einen kompletten CRASH zu vermeiden. Anstatt der Nachjustierungen von unserem inneren Zustand, werden wir einen kompletten „Neustart" in unserem gesamten Inneren Spiel vornehmen müssen. Dabei muss das, was den CRASH ausgelöst hat, transformiert werden. Um sich von einem CRASH zu erholen, muss man ein *„Gästehaus" für schwierige Gefühle* bilden und lernen, diese Gefühle auf ressourcenvolle Weise zu halten, indem man sich mit dem, was „unterhalb" davon (mit etwas Tieferem in uns) und was „oberhalb" davon (mit etwas Höherem als uns selbst) ist, verbindet.

Die Transformation von „CRASH"-Zuständen hängt ab von der Reaktion, die den CRASH verursacht hat und wie man sie integriert. Dazu muss man seine positive Absicht verstehen und ihn mit komplementären Ressourcen-Zuständen verbinden. Am besten können Sie dies neben dem Einsatz kognitiver Fähigkeiten durch die Aktivierung der körperlichen Intelligenz mittels Gesten und Bewegungen tun.

In Zeiten von Herausforderungen und Krisen ist es für Führungskräfte sehr wichtig, sich selbst in ihrem „inneren Spitzenleistungsbereich" oder COACH State erden zu können und andere dabei zu unterstützen, dasselbe zu tun. Dies dient dazu, ein Ressourcenfeld zwischen sich und anderen aufzubauen, um das Beste in jedem hervorzubringen.

Die Übung Halten schwieriger Gefühle in Gruppen dient dazu, spezielle Kompetenzen der emotionalen Intelligenz in einer geschützten Atmosphäre geprägt von psychologischer Sicherheit aufzubauen, um ein „Feld" der Zuversicht und des Einfallsreichtums zu schaffen, so dass die Teammitglieder einander in Zeiten des Zweifels und der Angst unterstützen können. Damit dies geübt werden kann, wird ein starker und reichhaltiger *COACH Container* gebraucht, ähnlich wie ihn Teams im Sport durch ein kurzes Ritual oder einen Jubelruf durchlaufen, um alle Spieler in den kollektiven „Spitzenleistungsbereich" zu bringen.

Resilienz und der effektive Umgang mit Krisen, Herausforderungen und Ungewissheit erfordern die Akzeptanz und Integration vieler unterschiedlicher Emotionen und innerer Zustände. Das Feld der Gruppe muss all diese inneren Zustände und Energien willkommen heißen und anerkennen, um authentisch und produktiv zu sein. Alles, was zurückgehalten wird, wird zu einer Art „Schatten", der das Feld schwächt.

Ähnlich wichtig wie die Kompetenz, schwierige Gefühle als Teil des eigenen Inneren Spiels halten zu können, ist es für zusammenarbeitende Gruppen, emotionalen Reaktionen Raum geben zu können, die bei Interaktionen entstehen, insbesondere in Zeiten von Rückschlägen oder Ungewissheit.

Die Übung *Schwierige Gefühle in der Gruppe willkommen heißen* ermöglicht, herausfordernde Emotionen zu erkennen, anzuerkennen und ihnen mit einer nicht-urteilenden Gelassenheit Raum zu geben sowie die positiven Absichten zu verstehen. So können Ressourcen gefunden werden, damit Emotionen vorübergehen können oder als Teil der Gruppenerfahrung transformiert und integriert werden können.

Der Wert, solche Strukturen und Praktiken etabliert zu haben, besteht darin, dass die Führungskraft und die Teammitglieder bereit sind, schnell und ressourcenvoll auf die Situation zu reagieren, sobald die unvermeidlichen und unerwarteten Herausforderungen plötzlich auftreten.

Dr. Lim Suet Wuns Erfolg beim Umgang mit der brisanten Situation am Tan Tock Seng Hospital in Singapur während der tödlichen SARS-Epidemie von 2003 gibt ein eindrucksvolles Beispiel, wie die Prinzipien und Fähigkeiten des Conscious Leadership und der emotionalen Intelligenz in einer Situation „auf Leben und Tod" angewandt werden können, um Krisen durchzustehen und nach Rückschlägen wieder aufzustehen.

In den folgenden Kapiteln werden wir auf diese Prinzipien und Kompetenzen zurückkommen, wenn wir das notwendige Mindset und die Maßnahmen erkunden, um ein zukunftsfähiges Unternehmen zu gründen und mit den Begrenzungen, Gefahren oder Chancen umgehen zu können, die aufkommen, während Sie versuchen, Ihre Vision in Aktion umzusetzen.

Referenzen und Literaturhinweise

- *Die Fünfte Disziplin*; Senge, Peter.; Klett-Cotta, Stuttgart, 1996.
- *EQ – Emotionale Intelligenz*, Goleman, Daniel.; dtv, München, 1995.
- *The Inner Game of Tennis*, Gallwey, T., Random House, New York, NY, 1974.
- *The Inner Game of Work: Focus, Learning, Pleasure und Mobility in the Workplace*, Gallwey, T., Random House Trade Paperbacks, New York, NY, 2000.
- *What Does Obama Carry In His Pocket? Hanuman Statue Among Lucky Charms*, Associated Press, January 16, 2016. http://www.ndtv.com/world-news/what-does-barack-obama-carry-in-his-pocket-find-out-on-youtube-1266454
- *Next Generation NLP: The Inner Game* (audio CD), Dilts, Robert und Bacon Dilts, Deborah, Journey to Genius, Santa Cruz, CA, 2011. www.journeytogenius.com
- *Next Generation NLP: Holding Difficult Feelings* (audio CD), Dilts, Robert und Bacon Dilts, Deborah, Journey to Genius, Santa Cruz, CA, 2011. www.journeytogenius.com

03
Conscious Leadership und Next Generation Entrepreneurship

Geachtete Chefs und beständige Firmen sind in der Regel keine Folge einer verbissenen Jagd nach Popularität oder persönlichem Aufstieg, sondern sie [ergeben sich aus] der Hingabe an einen höheren Zweck. Das ist das Markenzeichen von wirklichem Erfolg. Das andere könnte der Beifang des Erfolgs dieser größeren Mission sein, aber es kann nicht die zentrale Sache sein.

Barack Obama

In dem Moment, in dem man sich endgültig einer Aufgabe verschreibt, bewegt sich auch die Vorhersehung. Alle möglichen Dinge, die sonst nie geschehen wären, geschehen, um einem zu helfen. Ein ganzer Strom von Ereignissen wird in Gang gesetzt und diese sorgen für zahlreiche Zufälle, Begegnungen und materielle Hilfen, die sich kein Mensch je so erträumt hätte.

Johann Wolfgang von Goethe

ANTONIO MEZA

Schlüsseleigenschaften der Next Generation Entrepreneure

Ein Next Generation Entrepreneur ist jemand, der ein nachhaltiges Geschäft oder Projekt aufbaut, um den eigenen Traum zu leben, während er oder sie Produkte oder Dienstleistungen anbietet, die einen positiven Unterschied in der Welt bewirken und das eigene persönliche Wachstum anregen.

Success Factor Modeling Band I präsentierte die erforderlichen Kompetenzen, um ein erfolgreicher „Next Generation Entrepreneur" zu werden. Ein *Next Generation Entrepreneur* ist eine Person, die ein nachhaltiges bzw. zukunftsfähiges Unternehmen oder Projekt aufbaut, um ihren oder seinen Traum zu leben, während sie Produkte oder Dienstleistungen anbietet, die einen positiven Unterschied in der Welt bewirken und ebenso das eigene persönliche Wachstum fördern (s. *SFM Bd. I*, S. 64-71). Ein Next Generation Entrepreneur oder „Zentrapreneur" hat sich dazu verpflichtet:

- Seinen oder ihren Traum zu leben; d. h. er/sie setzt sich leidenschaftlich für etwas Anderes als Geld ein
- Einen positiven Unterschied in der Welt zu bewirken
- Ein wirtschaftlich gesundes und nachhaltiges (wenn nicht sogar wachsendes) Unternehmen aufzubauen
- Etwas Neues, Bedeutendes und Innovatives anzubieten

Next Generation Entrepreneure wollen sowohl erfolgreiche als auch sinnvolle Geschäfte oder Karrieren verfolgen; als Kombination aus der Ambition zur Zielerreichung mit der Entschlossenheit etwas beizutragen und dem Wunsch nach persönlichem Wachstum und Erfüllung.

Somit wollen Next Generation Entrepreneure sowohl ein erfolgreiches als auch zweckdienliches Unternehmen aufbauen oder eine solche Karriere verfolgen; wobei die Ambition mit dem Leisten eines Beitrags und die Mission mit dem Wunsch nach persönlichem Wachstum und Erfüllung vereint werden. Sie wollen ebenfalls andere anziehen und mit ihnen zusammenarbeiten, wenn sie dieselbe Vision, Mission und Ambition teilen. Wie Conscious Leadership bedeutet auch Next Generation Entrepreneurship (also das Unternehmertum der Zukunft), *eine Welt zu erschaffen, der Menschen zugehören wollen.*

Wie ich in *SFM Band. I & II* ausgeführt habe, erreichen erfolgreiche Next Generation Entrepreneure dies mit folgenden fünf Praktiken:

- Persönlich und spirituell wachsen
- Zur Gesellschaft und zur Umwelt einen Beitrag leisten
- Ein erfolgreiches und nachhaltiges Unternehmen oder eine solche Karriere aufbauen
- Für emotionales und physisches Wohlergehen von sich selbst und anderen sorgen
- Visionen und Ressourcen mit einer Gemeinschaft Gleichgesinnter teilen und neue Möglichkeiten entfachen

Diese Praktiken können in folgender Graphik zusammengefasst werden:

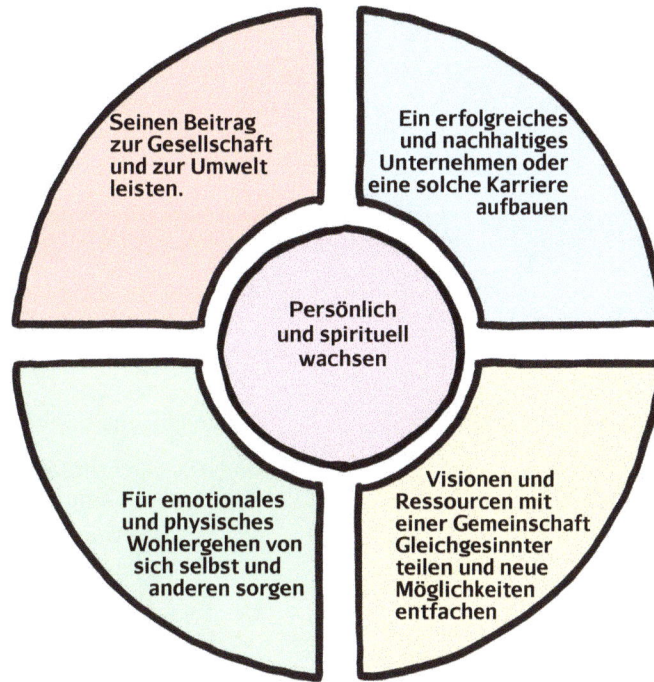

Persönlich und spirituell wachsen

Seinen Beitrag zur Gesellschaft und zur Umwelt leisten.

Ein erfolgreiches und nachhaltiges Unternehmen oder eine solche Karriere aufbauen

Für emotionales und physisches Wohlergehen von sich selbst und anderen sorgen

Visionen und Ressourcen mit einer Gemeinschaft Gleichgesinnter teilen und neue Möglichkeiten entfachen

Die Schlüsselfaktoren, die sich auf authentischen Erfolg und die Erschaffung einer Welt beziehen, zu der Menschen zugehören wollen

Offensichtlich sind diese fünf Praktiken der Next Generation Entrepreneure genauso wichtig für Conscious Leader. Die Forschung mit Success Factor Modeling hat gezeigt, dass Next Generation Entrepreneure einen sogenannten *SFM Erfolgszirkel*™ (s. *SFM Bd. I*, S. 76-95 & SFM Bd. II, S. 18-26) bilden, um diese fünf Schlüssel zu authentischem Erfolg auf ein Projekt oder Unternehmen anzuwenden.

Der SFM Erfolgszirkel™

Ein „Erfolgszirkel"wird konstruiert, indem die Ergebnisse, Aktionen und das notwendige Mindset miteinander verknüpft werden, um ein erfolgreiches Unternehmen aufzubauen. Die fünf Praktiken für authentischen Erfolg, die zuvor definiert wurden, lassen sich ganz natürlich in die fünf Kernergebnisse übersetzen, um ein wirkliches Next Generation Unternehmen aufzubauen. Diese fünf Kernergebnisse sind:

1. *Persönliche Zufriedenheit,* die sich aus dem persönlichen und spirituellen Wachstum ergibt.

2. *Bedeutsamer Beitrag,* der aus dem positiven Unterschied für die Gesellschaft und die Umwelt resultiert.

3. *Finanzielle Stabilität,* die eine Konsequenz erfolgreicher und nachhaltiger Unternehmensgründungen oder Karrieren ist.

4. *Innovationskraft und Resilienz,* die aus der Unterstützung des emotionalen und physischen Wohlbefindens von sich selbst und anderen folgen.

5. *Skalierbares Wachstum,* wenn in einer Gemeinschaft Gleichgesinnter Visionen und Ressourcen geteilt werden, um neue Möglichkeiten zu entfachen.

Wir haben beobachtet, dass Gründer erfolgreicher Unternehmen den Fokus ihrer Aufmerksamkeit und ihre Aktionen in ausgeglichener Weise zwischen den fünf Bereichen aufteilen, um diese Ergebnisse zu erzielen. Diese grundlegenden Bereiche sind: 1.) sie selbst und ihre Motivation sowie die Sinnhaftigkeit für das, was sie tun, 2.) ihre Kunden und ihre Produkte oder Dienstleistungen, 3.) ihre Investoren und Stakeholder, 4.) ihre Teammitglieder oder Angestellten und 5.) ihre strategischen Partner und Verbündeten.

Mit anderen Worten: Unternehmer müssen eine Reihe von kritischen Aktionen auf Schlüsselpersonen und Gruppen ausrichten, um die fünf Kernergebnisse zu erzielen. Diese *kritischen Aktionen* schließen folgende ein:

1. *Verbindung* mit **sich selbst**, der eigenen *Bestimmung* und der *Motivation* für das Unternehmen.

2. *Produkte und Dienstleistungen* für ihre **Kunden** *entwickeln* und *genügend Interesse und Ertrag generieren,* um ihre Firmen zu unterstützen – indem sowohl ausreichende Bekanntheit als auch Marktanteile aufgebaut werden.

3. Durch eine gemeinsame Ausrichtung auf die Mission lassen sie das Team aus kompetenten **Teammitgliedern** zusammenwachsen und *steigern* kontinuierlich *ihre Kompetenzen,* während das Geschäft reift.

4. *Investitionen beschaffen* und *weitere notwendige Betriebsmittel erwerben,* die das Unternehmen unterstützen, seine Ambition zu erreichen und dann kontinuierlich das *Geschäft ausweiten* und *Mehrwert* für **Stakeholder und Investoren** *schaffen.*

5. *Aufbau von Win-Win-Beziehungen* und Allianzen mit strategischen **Partnern,** die es alle Parteien ermöglichen, *Ressourcen* derart zu *erweitern* und *wirksam einzusetzen,* dass sie die Sichtbarkeit steigern und ihre Rollen im Markt ausbauen.

Wie der Name „Erfolgszirkel" impliziert, fassen wir die Beziehung zwischen diesen entscheidenden Aktionen und den Kernergebnissen in einem Zirkel zusammen. Das Selbst, die Bestimmung und die Motivation befinden sich im Mittelpunkt umgeben von vier Quadranten, bestehend aus Kunden und Markt, Teammitgliedern und Angestellten, Stakeholdern und Investoren sowie Partnern und Allianzen.

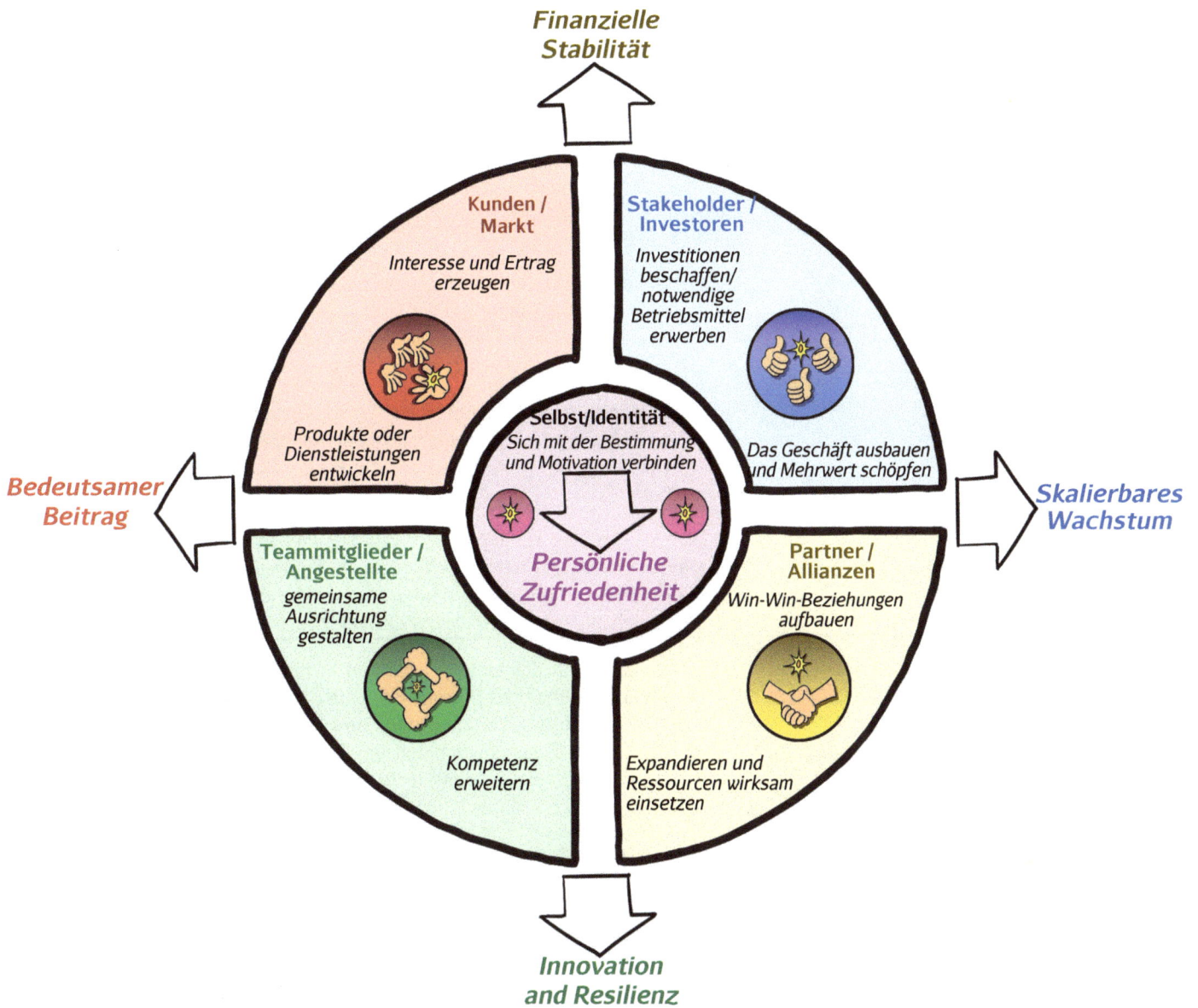

Finanzielle Stabilität

Bedeutsamer Beitrag

Skalierbares Wachstum

Innovation and Resilienz

Kunden / Markt
Interesse und Ertrag erzeugen
Produkte oder Dienstleistungen entwickeln

Stakeholder / Investoren
Investitionen beschaffen/ notwendige Betriebsmittel erwerben
Das Geschäft ausbauen und Mehrwert schöpfen

Selbst/Identität
Sich mit der Bestimmung und Motivation verbinden
Persönliche Zufriedenheit

Teammitglieder / Angestellte
gemeinsame Ausrichtung gestalten
Kompetenz erweitern

Partner / Allianzen
Win-Win-Beziehungen aufbauen
Expandieren und Ressourcen wirksam einsetzen

Der SFM Erfolgszirkel™

Aufbau eines Unternehmer-Mindsets

Ein erfolgreiches Unternehmen gründet sich auf einer unternehmerischen Denkweise, die auf der Fähigkeit einer Person beruht, ihre Leidenschaft in Form einer Vision, Mission, Ambition und Rolle mitzuteilen.

Unsere Success Factor Modeling Studien haben gezeigt, dass sich ein erfolgreiches Unternehmens letztendlich auf einem *unternehmerischen Mindset* gründiert, das die notwendigen Aktionen ersinnt und dazu ermutigt, um die Kernergebnisse zu erzielen. Dieses Mindset hängt von der Fähigkeit des Unternehmers ab, seine oder ihre Leidenschaft in Form einer *Vision, Mission, Ambition* und *Rolle* mitteilen zu können. Dies sind die im SFM Erfolgszirkel definierten Schlüsselaspekte.

- Persönliche **Leidenschaft (*Passion*)** entsteht, wenn wir uns vollkommen mit dem **eigenen Selbst** und der tiefsten **Identität** verbinden, um zu entdecken, was uns begeistert und Energie bringt. Das bedeutet die Erkundung der Frage: *Was machst du wirklich gerne?*

- Die ***Vision*** eines Unternehmers hängt von der persönlichen Leidenschaft ab, die sich gegenüber **Kunden und dem Markt** äußert, um einen Beitrag zu leisten. Es ist die Antwort auf die Frage: *Was willst Du in der Welt erschaffen?*

- Die Ausrichtung auf die Vision der zusammenarbeitenden **Teammitglieder und Angestellten** erfolgt durch Kommunikation und Ausdruck seiner Leidenschaft in Form einer **Mission** für das Unternehmen. Diese ergibt sich aus der Frage: *Was ist Dein einzigartiger Beitrag für die Vision?*

- Die Leidenschaft des Unternehmers in Form der ***Ambition,*** ein erfolgreiches und nachhaltiges Unternehmen aufzubauen sowie einen Mehrwert zu schaffen, motiviert **Stakeholder und Investoren**, Mittel anzubieten und Risiken einzugehen, um sich am Unternehmen zu beteiligen. Das bedeutet, sich über die Beantwortung der Frage im Klaren zu sein: *Was willst Du für Dich selbst erfüllen?*

- Die Leidenschaft des Unternehmers, ihren oder seinen Spitzenleistungsbereich in Form der ***Rolle*** einzunehmen und Win-Win-Beziehungen mit Kollegen einzugehen, wodurch expandiert und Ressourcen wirksam eingesetzt werden können, ist die Basis für effektive **Partnerschaften und Allianzen**. Dies erfordert Klarheit über: *Wer musst Du sein, um Deine Mission und Ambition zu erfüllen?*

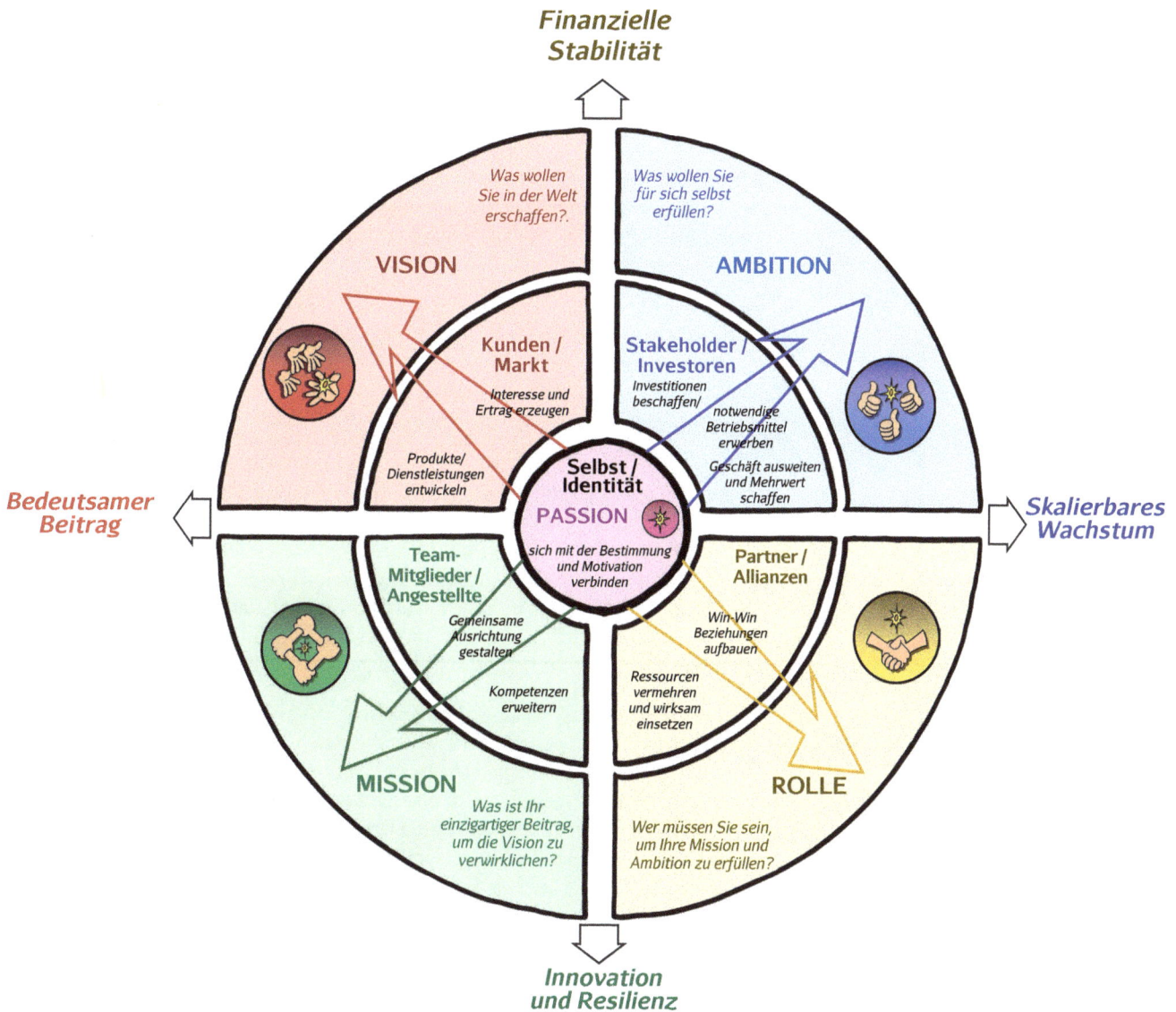

Finanzielle
Stabilität

Was wollen
Sie in der Welt
erschaffen?.

Was wollen Sie
für sich selbst
erfüllen?

VISION

AMBITION

Kunden /
Markt

Stakeholder /
Investoren

Interesse und
Ertrag erzeugen

Investitionen
beschaffen/
notwendige
Betriebsmittel
erwerben

Produkte/
Dienstleistungen
entwickeln

Selbst /
Identität

Geschäft ausweiten
und Mehrwert
schaffen

PASSION

Bedeutsamer
Beitrag

sich mit der Bestimmung
und Motivation
verbinden

Skalierbares
Wachstum

Team-
Mitglieder /
Angestellte

Partner /
Allianzen

Gemeinsame
Ausrichtung
gestalten

Win-Win
Beziehungen
aufbauen

Kompetenzen
erweitern

Ressourcen
vermehren
und wirksam
einsetzen

MISSION

ROLLE

Was ist Ihr
einzigartiger Beitrag,
um die Vision zu
verwirklichen?

Wer müssen Sie sein,
um Ihre Mission und
Ambition zu erfüllen?

Innovation
und Resilienz

Vision, Mission, Ambition und Rolle, und der SFM Erfolgszirkel™

Elon Musks unheimliche Fähigkeit bahnbrechende Innovationen zu erschaffen und sie in nachhaltige Unternehmen zu verwandeln, liefert ein deutliches Beispiel für das Potenzial einer unternehmerischen Denkweise und die Bedeutung zu wissen, wie man einen Erfolgszirkel aufbaut.

Beispiel: Elon Musk's Erfolgszirkel

Am Beispiel von Elon Musk im ersten Kapitel lässt sich sehr gut veranschaulichen, wie ein Erfolgszirkel gebildet wird. Musks frühzeitige Leidenschaft für die „kollektive Erleuchtung" und sein Wunsch, Dinge zum Besseren zu verändern, waren die Grundlage für die generative Vision, „den Umfang und das Ausmaß des menschlichen Bewusstseins zu steigern" und „einen positiven Unterschied in der Zukunft der Menschheit zu bewirken". Diese größere Vision verwirklichte sich in konkreten Produkten wie elektrische Autos, Sonnenkollektoren und wiederverwendbare Raumschiffe.

Das beispiellose Interesse an Produkten wie der Powerwall und des Tesla Modell 3 trotz wenig bis gar keiner Werbung zeigen, wie Interesse und Ertrag generiert werden können, wenn bei gegenwärtigen und zukünftigen Kunden die Leidenschaft geweckt wird und sie vehement an die Vision glauben, die das Unternehmen zu erreichen versucht.

Musks Mission, „den Übergang der Welt zu nachhaltiger Energie zu beschleunigen und dabei zu helfen, aus der Menschheit eine Zivilisation auf mehreren Planeten zu machen" sowie seine Fähigkeit, lohnenswerte Herausforderungen und Probleme zu erkennen und ihnen Vorrang einzuräumen, haben ihm ermöglicht, sich selbst mit Teams aus führenden Fachleuten und Experten zu umgeben. Seine Begabung, sie um eine Aufgabe herum zu vereinen und sie „nach besten Kräften zusammenarbeiten" zu lassen ermöglichten seinen Unternehmen, bedeutsame Beiträge zu leisten und „großartige Dinge zu erreichen". Musk sagt dazu:

> *Ich denke, es ist wichtig, dass jeder versteht, worum es bei der Mission oder dem Ziel genau geht und dass sie sich, wenn sie in die Firma eintreten, in dieses übergeordnete Ziel einbringen. Solange dieses Ziel klar definiert und verstanden ist und die Leute „Ja" sagen, stimmen sie mit dem Ziel überein, wenn sie in die Firma kommen – so kommen sie nicht nur wegen der Bezahlung, sondern sie glauben an das, was die Firma macht – dann können Sie zu ihnen zurückgehen und falls ihre Tätigkeit sich nicht im Einklang mit der Firma befindet, können Sie sagen: „He, Sie müssen Ihr Verhalten auf diese Art und Weise ändern." Und das machen sie in der Regel dann auch. In den seltenen Fällen, wenn es jemand nicht macht, müssen Sie darauf vorbereitet sein, sie aus dem Team zu entlassen.*

Musks Ambition, „hunderttausende von Arbeitsplätzen zu schaffen und eine inspirierende Zukunft für alle" zu gestalten, ermöglichte ihm, Investitionen anzuziehen, Finanzierungen zu bekommen und weitere wesentliche Betriebsmittel zu erwerben, damit er seine Vision verfolgen konnte. Seine Begabung zur „Relevanzoptimierung" und den Beitrag zur Menschheit mit finanzieller Rendite und Wirtschaftlichkeit im Gleichgewicht zu halten, machten es ihm möglich, sein Geschäft auszuweiten und Mehrwert für seine Investoren und Stakeholder zu schaffen.

Musks Rolle als Katalysator für Veränderung und der „Open Source"-Ansatz für die Technologie (allen zugängliche, kostenfreie Computeranwendungen) hat die Tür zu vielen wichtigen Win-Win-Partnerschaften geöffnet, die ihm erlaubten, seine Unternehmen mit zunehmender Geschwindigkeit vorwärts zu bringen. So hat seine Firma Open AI wichtige Partnerschaften mit Microsoft, Y Combinator und anderen. Tesla ist eine Partnerschaft mit dem potenziellen Wettbewerber BMW eingegangen, um die Batterie-Technik zu entwickeln. Solar City hat sich mit Nest zusammengetan, um „smarte" Thermostate zu installieren, die den Energieverbrauch verbessern. Zusätzlich zur NASA hat SpaceX Partnerschaften mit Luftfahrtunternehmen wie Boeing und ist kürzlich eine Schlüsselpartnerschaft mit Google eingegangen, um Satelliten auszusetzen, die die weltweite Internetabdeckung liefern.

Musks eindruckvolle Strategie der „Relevanzoptimierung" vereinigt die Vision und den Beitrag zur Menschheit mit der Ambition und Profitabilität für Investoren und weitere Stakeholder.

Elon Musk's Erfolgszirkel

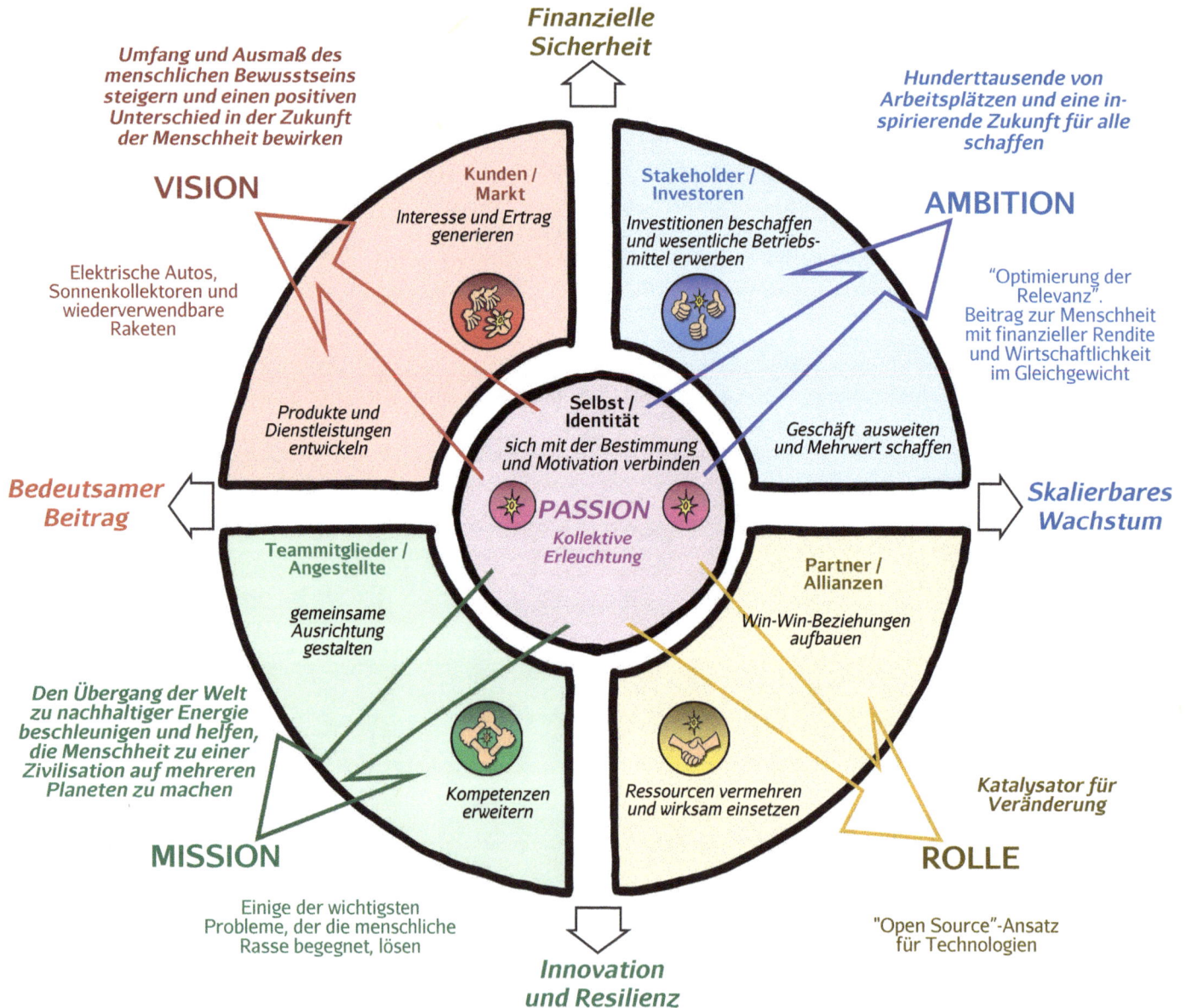

Finanzielle Sicherheit

VISION

Umfang und Ausmaß des menschlichen Bewusstseins steigern und einen positiven Unterschied in der Zukunft der Menschheit bewirken

Elektrische Autos, Sonnenkollektoren und wiederverwendbare Raketen

Kunden / Markt
Interesse und Ertrag generieren

Stakeholder / Investoren
Investitionen beschaffen und wesentliche Betriebsmittel erwerben

AMBITION

Hunderttausende von Arbeitsplätzen und eine inspirierende Zukunft für alle schaffen

"Optimierung der Relevanz". Beitrag zur Menschheit mit finanzieller Rendite und Wirtschaftlichkeit im Gleichgewicht

Produkte und Dienstleistungen entwickeln

Selbst / Identität
sich mit der Bestimmung und Motivation verbinden

PASSION
Kollektive Erleuchtung

Geschäft ausweiten und Mehrwert schaffen

Bedeutsamer Beitrag

Skalierbares Wachstum

Teammitglieder / Angestellte
gemeinsame Ausrichtung gestalten

Partner / Allianzen
Win-Win-Beziehungen aufbauen

Den Übergang der Welt zu nachhaltiger Energie beschleunigen und helfen, die Menschheit zu einer Zivilisation auf mehreren Planeten zu machen

Kompetenzen erweitern

Ressourcen vermehren und wirksam einsetzen

Katalysator für Veränderung

MISSION

ROLLE

Einige der wichtigsten Probleme, der die menschliche Rasse begegnet, lösen

Innovation und Resilienz

"Open Source"-Ansatz für Technologien

ELON MUSKS ERFOLGSZIRKEL

VISION
Kunden / Markt

UMFANG UND AUSSMASS DES MENSCHLICHEN BEWUSSTSEINS STEIGERN UND EINEN POSITIVEN UNTERSCHIED IN DER ZUKUNFT DER MENSCHHEIT BEWIRKEN.

* ELEKTRISCHE AUTOS, SONNENKOLLEKTOREN UND WIEDERVERWENDBARE RAKETEN

AMBITION
Stakeholder / Investoren

HUNDERTTAUSENDE JOBS UND EINE INSPIRIERENDE ZUKUNFT FÜR ALLE SCHAFFEN

*"RELEVANZOPTIMIERUNGS"-BEITRAG ZUR MENSCHHEIT MIT FINANZIELLER RENDITE UND WIRTSCHAFTLICHKEIT IM GLEICHGEWICHT.

MISSION
Teammitglieder / Angestellte

DEN ÜBERGANG DER WELT ZU NACHHALTIGER ENERGIE BESCHLEUNIGEN UND HELFEN, DIE MENSCHHEIT ZU EINER ZIVILISATION AUF MEHREREN PLANETEN ZU MACHEN

* EINIGE DER WICHTIGSTEN PROBLEME DER MENSCHLICHEN RASSE LÖSEN

Selbst / Identität Passion

KOLLEKTIVE ERLEUCHTUNG

ROLLE
Partner / Allianzen

KATALYSATOR FUER VERÄNDERUNG

* "OPEN-SOURCE"-ANSATZ FÜR TECHNOLOGIE

Die SFM Success Mindset Map™ untersucht drei Hauptbereiche einer erfolgreichen Denkweise: Meta-, Makro- und Mikro-Mindset.

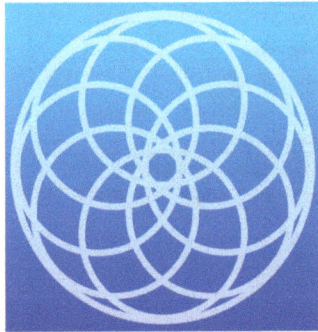

Die SFM Success Mindset Map™

Die Hauptmission des Success Factor Modeling ist, Unternehmern und Conscious Leadern aller Art zu helfen, einen effektiven Erfolgszirkel wie den von Elon Musk aufzubauen. Als Teil dieser Mission haben mein Kollege Mickey A. Feher – ein international erfahrener Unternehmer und Coach – und ich mit Unterstützung des SFM Illustrators Antonio Meza die sogenannte *SFM Success Mindset Map™* entwickelt.

Zur Entwicklung dieser *Map* haben wir charakteristische Unterscheidungsmerkmale aus dem Success Factor Modeling verwendet, um die berühmten Unternehmer wie Elon Musk, Steve Jobs von *Apple Inc.*, Richard Branson von der *Virgin Group*, Jeff Bezos von *Amazon.com*, Howard Schultz von *Starbucks*, Muhammed Yunus von der *Grameen Bank*, Anita Roddick von *The Body Shop*, und viele andere zu analysieren. Zusätzlich zu den zuvor beschriebenen Schlüsselelementen einer unternehmerischen Denkweise – Leidenschaft, Vision, Mission, Ambition und Rolle – haben wir zahlreiche weitere konkrete Denkmuster Verhaltensweisen und Gewohnheiten festgelegt, die Next Generation Entrepreneurship und Consicous Leadership –das Unternehmertum der Zukunft und Führung mit Bewusstheit – unterstützen.

Tatsächlich benennt die SFM Success Mindset Map™ drei Hauptbereiche einer erfolgreichen Denkweise:

1. *Meta-Mindset* – Überblick über das Große Ganze
2. *Makro-Mindset* – Erfolgsgewohnheiten
3. *Mikro-Mindset* – Langfristige Prioritäten

Unser **Meta-Mindset** hat mit unserer grundlegenden Haltung gegenüber unserer Arbeit, unserer Umwelt und unserem Platz in der Welt zu tun. Das Meta-Mindset bezieht sich auf die Erfolgsfaktoren auf den Ebenen *Bestimmung* und *Identität*. Unser Meta-Mindset wird im Wesentlichen aus unserem Empfinden für die Leidenschaft, Vision, Mission, Ambition und Rolle gebildet. Dies schafft den Überblick über das große Ganze im Hinblick auf unser Projekt oder Unternehmen.

Das **Makro-Mindset** bezieht sich auf die mentalen Disziplinen und Praktiken, die erforderlich sind, um das Gesamtbild auf unser Unternehmen zu lenken und sie in Aktion umzusetzen. Diese Praktiken und Disziplinen beinhalten Erfolgsfaktoren auf der Ebene der *Fähigkeiten*, wie z. B. Steuerung unserer Energie und des Fokus; Suche nach ehrlichem, häufigem Feedback und günstigen Gelegenheiten; effektiver Umgang mit Risiken und Rückschlägen; Erholung und Balance für uns selbst. In diesem Sinne definiert unser Makro-Mindset unsere *Erfolgsgewohnheiten*.

Unser **Mikro-Mindset** ersinnt und leitet die konkreten Maßnahmen, die notwendig sind, um ein zukunftsfähiges Unternehmen aufzubauen. Das Mikro-Mindset konzentriert sich auf die Erfolgsfaktoren auf der *Verhaltensebene*. Es bestimmt unsere *langfristigen Prioritäten* wie die Klärung des Sinns und der Motivation, Entwicklung unserer Produkte oder Dienstleistungen, Erzeugen von Interesse und Ertrag, Aufbau und Ausrichtung eines effektiven Teams, Erwerb notwendiger Betriebsmittel, Ausweitung des Geschäfts, Schaffung von Mehrwert für die Stakeholder und Aufbau von Win-Win-Partnerschaften, die die verfügbaren Ressourcen vermehren und wirksam einsetzen.

Diese drei Bereiche des Mindsets können miteinander zum sogenannten „SFM Mindset-Kompass" integriert werden. Die grundlegende Idee eines **Mindset-Kompasses** ist, dass bestimmte Aspekte des Mindsets eher gebraucht werden als andere, um die verschiedenen Kernergebnisse aus dem Erfolgszirkel zu erreichen. Die Absicherung finanzieller Stabilität würde zum Beispiel eine andere Kombination von Eigenschaften des Meta-, Makro- und Mikro-Mindsets erfordern als für – sagen wir – die Steigerung von Innovationskraft und Resilienz. Somit zeigt der SFM Mindset-Kompass ähnlich wie der buchstäbliche Kompass, welchen Kurs man einschlagen muss, wenn man sein Projekt oder Unternehmen in eine gewisse Richtung lenken will oder muss.

Kurz, der Mindset-Kompass spezifiziert, welche Elemente der drei Denkweisen, Meta-, Makro- und Mikro-Mindset, die wichtigsten und relevantesten sind, um die verschiedenen Kernergebnisse des Erfolgszirkels zu erreichen. Abhängig von Ihrem *Meta-Ziel* oder dem *aktuellem Fokus* für Ihr Unternehmen kann das Ergebnis die Verbesserung der persönlichen Zufriedenheit sein, einen bedeutsamen Beitrag zu leisten, finanzielle Stabilität abzusichern, Innovationskraft und Resilienz zu steigern oder ein skalierbares Wachstum zu erreichen. Der Mindset-Kompass hilft Ihnen, ihre besonderen Fähigkeiten und Neigungen zu ermitteln und zu erfahren, welche sie priorisieren und stärken müssen, um Ihr Projekt oder Unternehmen auf die nächste Stufe zu bringen.

Im weiteren Verlauf dieses Kapitels werden Sie die Chance haben, jeden Bereich ihres eigenen Mindsets zu untersuchen und über ihre Stärken und Entwicklungsbereiche nachzudenken. Ich werde tiefergehende Informationen zu jeder Denkweise liefern, und Sie werden die Gelegenheit zur akkuraten Selbstanalyse haben, von der Elon Musk behauptet, dass sie so wichtig für den Erfolg ist. Lassen Sie uns mit der Untersuchung des Meta-Mindsets beginnen.

Der SFM Mindset-Kompass spezifiziert, welche Elemente der drei Denkweisen, Meta-, Makro- und Mikro-Mindset, am wichtigsten und relevantesten sind, um die verschiedenen Kernergebnisse des Erfolgszirkel zu erreichen.

Meta-Mindset - Überblick über das Große Ganze

Wie wir festgestellt haben, bezieht sich das *Meta-Mindset* auf die Erfolgsfaktoren auf den Ebenen der *Bestimmung* und der *Identität* und hat mit unseren grundlegenden Haltungen gegenüber unserer Arbeit, unserer Welt und unserem Platz in dieser Welt zu tun. Um jedes Element des Meta-Mindset erklären und bereichern zu können, haben Mickey Feher und ich bekannte Unternehmer ausgewählt; jeder dient als eine Art Rollenvorbild für einen Aspekt des Meta-Mindset.

Die Gründung eines neuen Unternehmens gleicht gewissermaßen einer Entdeckungsreise von früher. Man brauchte eine bestimmte Denkweise und Instrumente, um überhaupt am gewünschten Ziel anzukommen. Deshalb haben wir ebenfalls eine Reihe von legendären Entdeckern, Seeleuten und Führungspersönlichkeiten ausgewählt, wie Odysseus, Earnest Shakleton, Christopher Columbus, Sir Francis Drake, Admiral Horatio Nelson und Noah. Sie symbolisieren die Schlüsselaspekte des Meta-Mindsets eines Next Generation Entrepreneure und eines Conscious Leader.

Das Meta-Mindset von erfolgreichen Unternehmern oder Führungskräften wird aus folgenden sechs Elementen gebildet.

Meta-Mindset - Überblick über das große Ganze

Man braucht Leidenschaft und Energie, um ein wirklich erfolgreiches Business aufzubauen. Es gibt nichts Großartigeres, was man im Leben und im Beruf machen kann, als seiner Leidenschaft zu folgen — und zwar so, dass es der Welt und dir selbst dient.

Richard Branson – *The Virgin Group*

1. Kenne das, was du wirklich gerne machst (Kenne deine Leidenschaft).

*Leidenschaft – Passion – i*st das intensive Verlangen oder die Begeisterung für etwas. Es ist der unnachgiebige Drang, das zu finden, was einem wirklich wichtig ist, wofür man Talent hat und was man von ganzem Herzen verfolgen will. Unser Symbol für die Leidenschaft ist der **Funke**, der das Feuer Ihrer Begeisterung, Entschlossenheit und Energie entzündet, um etwas zu bewegen und einen Unterschied zu machen.

Der Unternehmer **Richard Branson** wurde von uns als Vorbild für Leidenschaft im Business gewählt. Branson wird als leidenschaftliche und inspirierende Führungspersönlichkeit angesehen und ist bestens bekannt als Gründer der Virgin Group, die mehr als 400 Firmen umfasst. Bei Gründung seiner Firmen erklärte Branson: „Mein Interesse im Leben ergibt sich daraus, dass ich mir riesige, scheinbar unerreichbare Herausforderungen stelle und versuche diese zu übertreffen ... da ich das Leben in vollen Zügen genießen will, spüre ich, dass ich es wenigstens versuchen muss."

Wir haben den sagenhaften **Odysseus** als unser Vorbild für Leidenschaft ausgewählt. In den Werken Homers, Dantes und Tennysons wird Odysseus als leidenschaftlicher Reisender dargestellt, der „Lust aufs Abenteuer" hat. In Homers Odyssee erklärt Odysseus voller Inbrunst: „Der Weg ist das Ziel." Weiter behauptet er: „Jeder Mann erfreut sich an der Arbeit, die am besten zu ihm passt." Und verkündet: „*Lasst mich bloß nicht unrühmlich und ohne Kampf sterben, sondern lasst mich zuerst etwas Großes tun, wovon sogar die Menschen im Jenseits erfahren.*"

Odysseus

Laut Tennyson sagt Odysseus: „*Ich kann mich nicht von der Reise ausruhen: Ich werde das Leben bis zur bitteren Neige kosten; alle Zeiten habe ich sehr genossen, sehr durchlitten, sowohl mit denen, die mich liebten, als auch allein.*" Er behauptet, er würde von dem Verlangen angetrieben zu streben, zu suchen und zu finden und nicht anzuhalten."

Die Leidenschaft für das, was Sie tun, ist die Grundlage des Erfolgs denkens.

Damit Sie diesen Aspekt Ihres Meta-Mindsets mehr erkunden können, denken Sie darüber nach, wie genau Sie die folgenden Fragen beantworten können:

- *Was tun Sie wirklich gern?*
- *Was begeistert Sie?*
- *Was interessiert und verlockt Sie am meisten?*
- *Was bewirkt, dass ein tiefes Gefühl der Begeisterung oder der Energie in Ihnen aufsteigt?*

2. Kenne das, wobei du langfristig mitwirken willst (Sei dir über deinen Bestimmungsort und deine langfristige Vision im Klaren)

Die *Vision* kann am besten als „*mentales Bild, wie die Zukunft wird oder sein könnte*" definiert werden. Die kreative Vision eines erfolgreichen Unternehmers hängt mit seiner Fähigkeit zusammen, sich vorzustellen und darauf zu konzentrieren, wie längerfristige Möglichkeiten unser Leben irgendwie verbessern werden. Das heißt, über die Grenzen des „Hier und Jetzt" hinauszuschauen und sich Zukunftsszenarien vorstellen zu können. Es umfasst ebenso das Vermögen, sich längerfristige Ziele zu setzen, sich auf langfristige Pläne zu konzentrieren und eine ganzheitliche Sichtweise einzunehmen. Unser Symbol für diese Art einer Vision ist die **Landkarte**, die den Bestimmungsort zeigt, den man erreichen will.

Eine Vision ist „ein mentales Bild, wie die Zukunft wird oder sein könnte" und wie sich das Leben der Menschen in irgendeiner Weise verbessern könnte.

Wir halten stur an der Vision fest. Wir sind flexibel bei den Details … Amazon.com strebt danach, die E-Commerce Destination zu sein, wo Kunden alles finden und entdecken können, das sie online kaufen wollen.

Jeff Bezos – *Amazon.com*

Jeff Bezos, der Gründer des Internet E-Commerce-Giganten Amazon, ist unser Vorbild für die Vision. Bezos behauptet, er habe seinen „gut-bezahlten Job" bei dem New York City Hedge-Fund verlassen, als er „von dem rapiden Wachstum des Internetgebrauchs in den Vereinigten Staaten erfahren" habe. Er sah dies als große Chance an, Menschen einen einfacheren Zugang zu Produkten (anfänglich Büchern) zu verschaffen, wofür sie weniger bezahlen mussten, weil sie keine Steuern auf die online-Einkäufe zu entrichten hatten. Er gründete Amazon.com 1994, nachdem er quer durchs Land von New York nach Seattle gefahren war, wobei er den Business-Plan für Amazon geschrieben hatte. Wie andere Existenzgründer setzte er seine Vision von der Garage aus um. Um 2014 wurde Amazon zum weltweit größten Online-Händler

Ich habe mir selbst das Versprechen gegeben, dass ich eines Tages in eine Region mit Eis und Schnee gehen werde und immer weiter bis ich zu einem der Pole auf der Erde am Ende der Achse kommen würde, auf der sich unser großartiger Planet dreht.

Ernest Shackleton

Sir Ernest Henry Shackleton war Polarforscher und führte drei Britische Expeditionen in die Antarktis an. Aufgrund seiner unermüdlichen Verfolgung seiner Vision war Shackleton die erste Person, die das südliche Polarplateau sah und durchwanderte. Shackletons selbst-aufopfernde Führung und seine Entschlossenheit, seinen Bestimmungsort allen Schwierigkeiten zum Trotz zu erreichen, machten ihn zu einer der Hauptfiguren im Goldenen [Helden-] Zeitalter der Antarktis-Forschung.

Zur Erkundung dieses Aspektes Ihres Meta-Mindsets, denken Sie darüber nach, wie gut Sie die folgenden Fragen beantworten können:

- *Was wollen Sie aus sich selbst heraus in der Welt schaffen, das über Sie hinausgeht?*
- *Welche neuen Möglichkeiten wollen Sie in der Welt sehen?*
- *Wie ist die Welt, zu der Sie gehören wollen*

3. Sei dir über deine Richtung im Klaren, unabhängig davon, ob du den letztendlichen Bestimmungsort kennst oder nicht.

Eine *Vision* ist ein Blick in die Zukunft, um das zu sehen, was man in der Welt mit seinem Unternehmen erschaffen will. Wenn wir jedoch in die Ferne schauen, können wir das Endergebnis nicht immer so deutlich erkennen. Manchmal hat ein Unternehmer eine Richtung im Kopf, aber nicht das konkrete Endziel oder den Bestimmungsort. Unternehmer wie Jeff Bezos sind sich ihrer Bestimmung sehr bewusst. Andere wie Anita Roddick kannten ihre Richtung aber nicht das Endziel.

Wir haben den **Kompass** gewählt, um diese Art der Vision darzustellen; wobei man die Richtung kennt, aber nicht unbedingt schon weiß, wo man herauskommen wird.

Anita Roddick war eine englische Geschäftsfrau, Menschenrechts- und Umweltaktivistin, die als Gründerin von *The Body Shop* bekannt wurde. Ihre Kosmetikfirma produziert und vertreibt Naturprodukte, die das ethische Konsumverhalten maßgeblich beeinflusste. Diese Firma gehörte zu den ersten, die den Gebrauch von im Tierversuch getesteten Inhaltsstoffen ächtete und als erste den fairen Handel mit Staaten aus der „Dritten Welt" förderte.

Jedoch wollte Roddick zu Beginn nur den Lebensunterhalt für sich und ihre Tochter ermöglichen. Außerdem glaubte sie, dass die Welt ein „Grünes"-Bewusstsein bräuchte. Aufgrund ihrer früheren Weltreisen fragte sie sich immer wieder: „Warum sollte man einen Behälter verschwenden, wenn man ihn wieder befüllen kann?" „Was wäre, wen man ein Unternehmen auf Basis einer grünen Philosophie und fairem Handel aufbauen könnte? Roddick behauptete, dass sie keine Ahnung hätte, wie sie einen Konzern aufbauen konnte, der „ein weltweites Business mit über 2.045 Läden in 51 Ländern darstellt, das über 77 Millionen Kunden in 25 verschiedenen Sprachen über 12 Zeitzonen bedient". Es wird deutlich, dass sie den „Kompass", aber nicht die „Landkarte" mit dem exakten Bestimmungsort hatte.

Bei einer Zukunftsvision geht es manchmal mehr um eine bestimmte Richtung als um ein konkretes Ziel oder einen Bestimmungsort.

Du kannst eine ehrenwerte Existenz aufbauen, um davon deinen Unterhalt zu bestreiten, wenn du deine Talente gebrauchst. Es gibt dir Freiheit und ermöglicht dir, dein Leben auf deine Weise im Gleichgewicht zu halten.

Verrückte Menschen sehen und fühlen Dinge, die andere nicht wahrnehmen. Aber du musst daran glauben, dass alles möglich ist. Wenn du das glaubst, werden es die anderen um dich herum auch tun.

Anita Roddick – *The Body Shop*

Ich bemühe mich hier nicht, alles zu untersuchen, was nicht einmal in fünfzig Jahren möglich wäre, denn ich möchte alle möglichen Entdeckungen machen.

Christoph Kolumbus

Christoph Kolumbus ist das Kultbeispiel für einen Reisenden, der sich über seine Richtung im Klaren war, aber keine wirkliche Idee hatte, wo es ihn und seine Crew hinführen würde. Davon überzeugt, dass die Erde rund war und dass er Ost-Indien erreichen könne, wenn er lange genug westwärts segelte, gebraucht Kolumbus einen Kompass, um wochenlang auf seinem (magnetisch) westwärts gerichteten Kurs zu bleiben. Dadurch entdeckte er schließlich eine ganz neue Welt, die Europäern zu der Zeit unbekannt war. Damit begründete er die europäischen Forschungsreisen und Kolonialisierung des amerikanischen Kontinents.

Um diesen Aspekt Ihres Meta-Mindsets zu erkunden, überlegen Sie, wie genau Sie die folgenden Fragen beantworten können:

- *Wie möchten Sie es besser oder anders in der Welt haben?*
- *Wovon wollen Sie mehr oder weniger in Zukunft sehen?*

Die Mission einer Person oder einer Organisation hat mit ihrem Beitrag für einen Zweck oder eine Vision zu tun, die größer ist als sie selbst.

4. Kenne deine Bestimmung – Wisse, wofür du stehst und warum du das tust, was du gerade tust. Sei dir über deine Mission im Klaren – über den einzigartigen Beitrag, den du mit deinen Unternehmen leisten willst.

Die *Mission* einer Person oder einer Organisation hat mit ihrem Beitrag zur Verwirklichung einer bestimmten Vision zu tun. Das Wort kommt aus dem lateinischen *missio*, was den „Akt der Sendung" beschreibt. Tatsächlich wird Mission im Wörterbuch als „ein wichtiger Auftrag" definiert, „der für politische, religiöse oder kommerzielle Zwecke ausgeführt wird". Die Mission bezieht sich auf die einzigartige Gabe oder Beitrag, die man mitbringt, wenn man sich auf die Reise begibt, um seine Vision zu verwirklichen. Die Mission eines Einzelnen innerhalb einer Organisation hat mit dem eigenen Beitrag für diese Organisation oder seine Vision zu tun. In ähnlicher Weise bezieht sich die Mission einer Organisation auf das größere System ihrer Kunden und deren Bedürfnisse.

Wir haben als Symbol für die Bestimmung und die Mission das **Fass** gewählt, weil es die Fracht repräsentiert, die man zu anderen bringt, um einen positiven Unterschied in deren Leben zu bewirken.

Muhammed Yunus ist ein sehr gutes Vorbild für den Sinn für die Bestimmung und die Mission. Er ist der Gründer der *Grameen Bank*, die als erstes die Idee des Mikrokredits umgesetzt hat, um Selbstständige in Entwicklungsländern zu unterstützen (s. *SFM Bd. I*, S. 66-67). Yunus Vision entstand, als er entdeckte, mit welchen geringen Darlehen gewaltige Unterschiede für Menschen bewirkt werden können, die selbst nur spärliche Mittel haben. In seiner eigenen Heimat Bangladesch beobachtete Yunus beispielsweise, dass Dorffrauen, die Möbel aus Bambus herstellten, damit kämpften, ihr kleines Geschäft am Leben zu erhalten und oft übervorteilt wurden, wenn sie versuchten Geld zu leihen. Traditionelle Banken wollten armen Menschen keine Darlehen geben, weil es als hohes Ausfallrisiko betrachtet wurde. Yunus hingegen war davon überzeugt, dass die Frauen, würde man ihnen die Chance geben, mehr als willig wären, das Geld mit angemessenen Zinsen zurückzuzahlen. Yunus verlieh an 42 Frauen in dem Dorf 27 US Dollar von seinem eigenen Geld und machte einen kleinen, aber signifikanten Profit bei jedem Darlehen. Dies bestätigte seine Vision und verstärkte seinen Glauben, dass die Mikrokreditvergabe ein gutes Geschäftsmodell sein könnte, das das Leben der Menschen in Armut zum Positiven verändern könnte.

Am 1. Oktober 1983 gründete Yunus eine vollwertige Bank für arme Bangladeschis namens Grameen Bank („Dorf-Bank"). Bis Juli 2007 hatte die Grameen Bank 6,38 Milliarden US Dollar an 7,4 Millionen Schuldner verliehen. 2006 erhielten Yunnus und die Grameen Bank den Friedens-Nobel-Preis für ihre Bemühungen, denn der Erfolg hatte weltweit zu ähnlichen Programmen inspiriert.

Geld zu machen, ist eine Freude und das ist ein großer Ansporn. Andere Menschen glücklich zu machen, ist eine Super-Freude.

Muhammed Yunus – *Grameen Bank*

Es wird eine große Flut kommen. Die Wasser des Himmels werden auf die Gewässer der Erde treffen. Wir bauen ein Schiff, um den Sturm zu überleben. Wir bauen eine Arche.

Noah

Noah ist die Figur aus der Bibel, die ein gigantisches Schiff (die Arche) baute, um alle Tierarten auf der Erde zu retten (indem er jede Art paarweise einlud). Denn sie wären durch eine riesige Flut ausgelöscht worden. Offensichtlich repräsentiert Noah einen Reisenden ohne bestimmte Richtung oder Bestimmungsort, sondern eher einer starken Mission und Bestimmung folgend – der Erhaltung des irdischen Lebens auf der Erde. Als Vorbild nahm Noah gewissenhaft seine Berufung an, um etwas Größerem als ihm selbst zu dienen, und er stellte sie nie in Frage.

Erkunden Sie diesen Aspekt Ihres Meta-Mindsets, indem denken Sie darüber nachdenken, wie genau Sie die folgenden Fragen beantworten können:

- *Welchen Dienst leisten Sie für das größere System oder die Vision?*
- *Welches ist Ihr einzigartiger Beitrag, um die Vision zu verwirklichen?*
- *Welche speziellen Gaben, Ressourcen, Fähigkeiten oder Aktionen bringen Sie einem größeren System, um die Verwirklichung der Vision zu unterstützen?*

5. **Sei dir über deine Ambition im Klaren – was du in den nächsten zwei bis fünf Jahren werden oder erreichen willst.**

Die Ambition hängt vom Verlangen ab, etwas erreichen zu wollen und dafür anerkannt zu werden. Sie entsteht aus dem Streben nach Wachstum und Überlegenheit.

Die *Ambition* ist das Resultat aus Verlangen und Entschlossenheit, erfolgreich zu sein und Anerkennung zu bekommen. Die Ambition ist als „starkes Verlangen" definiert, „etwas zu tun oder zu erreichen, das normalerweise Entschlossenheit und harte Arbeit erfordert", was uns einen persönlichen Vorteil bringt. Unsere Ambitionen in Form von Träumen und Hoffnungen für unser Leben, entstehen aus einem gesunden Ego und stammen vom Antrieb nach Wachstum und Überlegenheit. Ambitionen entstehen aus unseren persönlichen Träumen, Verlangen, Trieben und Bedürfnissen. Neben einem vernünftigen oder guten Verdienst für unsere Bemühungen haben wir das Verlangen zu wachsen, den Willen etwas zu erreichen oder das Bedürfnis nach Anerkennung und Lob.

Als Symbol für die Ambition haben wir aus zweierlei Gründen die **Stoppuhr** gewählt. Zunächst einmal steht sie für „das Rennen gegen die Zeit"; also für den Versuch, etwas innerhalb einer vorgegebenen Zeit zu erreichen. Zweitens weist sie auf die Vorstellung hin, die Steve Jobs mit „die Zeit sei knapp" beschrieb. Deshalb ist es wichtig, sich auf seine Ziele und Hoffnungen zu konzentrieren.

In vielerlei Hinsicht ist **Steve Jobs** der Inbegriff für die unternehmerische Ambition (s. *SFM Bd. I*, S. 252-280). Jobs gründete im Alter von 21 Jahren mit Steve Wozniak 1976 Apple Computer in einer Garage im „Silicon Valley" in der San Francisco Bay Area, Kalifornien. Als die Firma 1980 an die Börse ging, brachte sie mehr Kapital ein als jeder andere Börsengang seit dem der Ford Motor Company 1956. Über Nacht gab es dadurch 300 Millionäre mehr. Als Jobs' im Oktober 2011 starb, war Apple mit einem Jahresumsatz von 127,8 Milliarden US Dollar zum größten Technologie-Konzern in der Welt aufgestiegen. Im März 2012 hatte er einen Börsenwert von 500 Milliarden US Dollar.

Wir schlagen hier eine Delle ins Universum. Warum sollten wir sonst da sein? Unser Ziel ist, die besten Geräte der Welt herzustellen, nicht die größten zu sein.

Deine Zeit ist begrenzt, verschwende sie nicht damit, das Leben eines anderen zu führen.

Steve Jobs – *Apple Inc.*

Sir Francis Drake ist das lebhafte Modell eines kühnen, ambitionierten Abenteurers. Drake, der englische Kapitän, Freibeuter, Seefahrer und Politiker in der Ära Elisabeths, führte die zweite Weltumsegelung innerhalb einer einzigen Expedition von 1577 bis 1580 durch. Mit seinem Eindringen in den Pazifik begann die Ära der Kaperei und Piraterie gegen die Spanier an der Westküste Amerikas. Er war der zweite Kommandant der englischen Flotte, als die spanische Armada 1588 bezwungen wurde. Als berühmtester britischer Seefahrer seiner Zeit wurde Drake 1581 von Elisabeth I. zum Ritter geschlagen.

Um diesen Aspekt Ihres Meta-Mindsets zu erkunden, überlegen Sie, wie eindeutig Sie die folgenden Fragen beantworten können:

- *Welche Art Leben wollen Sie für sich selbst schaffen?*
- *Was wollen Sie vollbringen? Welchen Status und welche Leistung wollen Sie für sich selbst und andere erreichen?*
- *Wofür wollen Sie anerkannt werden und in Erinnerung bleiben? Was wollen Sie Ihrem Lebenslauf oder Ihrer Biographie hinzufügen können?*

Störe uns, Herr, wenn wir zu zufrieden mit uns selbst sind, wenn unsere Träume wahr geworden sind, weil wir zu klein geträumt haben, wenn wir sicher angekommen sind, weil wir zu dicht an der Küste segelten.

Störe uns, Herr, damit wir Kühneres wagen, etwas im tosenden Meer riskieren, wo die Stürme uns Deine Herrschaft zeigen; wo wir die Sicht auf das Land verlieren und die Sterne finden werden.

Sir Francis Drake

6. Sei dir über deine Rolle im Klaren – die Position, die du gegenüber anderen in deinem Markt oder Umfeld hast.

Die Rollen einer Person oder einer Organisation resultieren aus dem Platz, den sie einnehmen, und dem Zweck, dem sie im Hinblick auf andere dienen.

Die *Rolle* wird als „die angenommene Funktion oder der Anteil, den eine Person in einer bestimmten Situation spielt" definiert. Deshalb beziehen sich Rollen sowohl auf die „Funktion" – die auf der Kompetenz beruht – und auf den „gespielten Anteil" – der durch die Position und den Status bestimmt wird. So spiegelt einerseits die Rolle die persönlichen Fähigkeiten, Begabungen und Bemühungen wider. Sie bezieht sich auf das, was eine Person tut (oder was von ihr erwartet wird). In der Tat sind die Menschen am ehesten erfolgreich in Rollen, die „mit ihren persönlichen Eigenschaften und Kompetenzen kompatibel sind." Andererseits spiegelt die Rolle den „Status" wider; d. h. wer wir in Bezug auf andere sind. Mit anderen Worten, die Rolle ist eine Kreuzung aus der Position, den eine Person gegenüber anderen besetzt und den erwarteten Fähigkeiten und Verhaltensweisen, die mit der Position verbunden sind.

Als Symbol haben wie die **Flagge** gewählt, da Flaggen selbst sehr oft als mächtige Symbole für eine Rolle, einen Status oder die Identifikation mit einer besonderen Funktion oder Identität gebraucht werden.

Starbucks spielt eine Rolle und hat eine bedeutungsvolle Beziehung mit Menschen, in der es nicht nur um Kaffee geht.

Howard Schultz – *Starbucks*

Starbucks ist weltweit zu einer allgegenwärtigen Marke geworden, die für eine besondere Rolle steht, die als „Kaffeehaus-Kultur" bekannt ist. Die Kaffeehäuser in Westeuropa und am östlichen Mittelmeer gehen auf das 14. Jahrhundert zurück. Sie bildeten traditionell den gesellschaftlichen Mittelpunkt genauso wie die künstlerischen und geistigen Zentren.

Howard Schultz hatte die Vision, die Rolle und die Tradition der italienischen Kaffeehäuser (Cafébars) in die Vereinigten Staaten zu bringen. Sie sollten „Platz für Konversation und Gemeinschaftsgefühl, einen dritten Platz zwischen Arbeit und Zuhause" bieten. Indem er diese Rolle annahm, machte sich Schultz daran, Starbucks zu einer besonderen Art Firma aufzubauen. Es ging nicht nur darum, Kaffee und die reichhaltigen Traditionen zu zelebrieren, sondern auch das Gefühl der Verbundenheit zu vermitteln. Heute wird Starbucks als Hauptvertreter der „zweiten Kaffee-Welle" erachtet und betreibt weltweit 23.768 Filialen in über 70 Ländern.

Lord Horatio Nelson war einer von Britanniens größten Marineoberkommandanten. Während seiner langen, glänzenden Karriere gewann er einen Ruf als Meister der Taktik und für seine große persönliche Tapferkeit. Nelson ist ein überzeugendes Beispiel für Menschen, die ihre Rolle gefunden und angenommen haben. Schon im Alter von 12 Jahren trat Nelson in die Marine als Lehrjunge ein, der in den niedrigsten Marinerängen diente. Jedoch ließen ihn sein Talent und seine Begeisterung für diese Arbeit schnell über die Ränge hinweg aufsteigen, bis er sein eigenes Schiff bekam und mit nur 20 Jahren zum Kapitän befördert wurde.

Mit den Jahren entwickelte Nelson den Ruf als sehr guter Kommandant, der kühn und wagemutig und – wenn notwendig – gewillt war, Befehle zu missachten. Er hatte in Erfüllung seines Postens seinen rechten Arm verloren sowie die Sehkraft eines Auges. Nelsons krönender Moment kam in der Schlacht um Trafalgar, wo Britanniens entscheidender Sieg über Napoleons Flotte die Bedrohung durch die französische Invasion in England beendete. Dies kostete Nelson sein Leben. Kurz vor seinem Tode soll er gesagt haben: „Danke Gott! Ich habe meine Pflicht erfüllt!"

Zur Erkundung dieses Aspektes Ihres Meta-Mindsets sollten Sie überlegen, wie gut Sie die folgenden Fragen beantworten können:

- *Welche Art Mensch müssen Sie sein und welche Rolle sollten Sie innehaben, um das Leben zu gestalten, das sie sich wünschen, und dabei erfolgreich in ihrer Ambition, Mission und Vision zu sein?*
- *Welche Position haben Sie im Hinblick auf andere in ihrem Umfeld oder Markt?*
- *Welche Kernkompetenzen sind notwendig, um dieser Mensch zu sein oder um die notwendige Position oder den notwendigen Status zu erreichen und zu erhalten?*

Erinnern Sie sich, dass Sie ein Seemann sein müssen, um ein Offizier zu sein, und dass Sie kein guter Offizier sein können, ohne ein Gentleman zu sein.

Die Pflicht ist die vornehmste Angelegenheit eines Marineoffiziers; alle persönlichen Erwägungen müssen ihr weichen, so schmerzlich es auch sein mag.

Admiral Horatio Nelson

Einschätzung Ihres Meta-Mindset

Schätzen Sie Ihr Meta-Mindset ein, indem Sie die folgenden sechs Aussagen auf einer Skala von 0 – 10 bewerten (wobei 10 bedeutet, dass die Aussage auf Sie voll zutrifft, und 0, dass sie für Sie gar nicht zutrifft).

1. **Ich weiß, was ich wirklich gern tue. (Ich kenne meine Leidenschaft.)**

	0	1	2	3	4	5	6	7	8	9	10

2. **Ich weiß, woran ich in der längerfristigen Zukunft mitwirken will (Ich bin mir über meinen Bestimmungsort und meiner längerfristigen Vision im Klaren).**

	0	1	2	3	4	5	6	7	8	9	10

3. **Ich bin mir über meine Richtung im Klaren, unabhängig davon, ob ich den letztendlichen Bestimmungsort kenne oder nicht.**

	0	1	2	3	4	5	6	7	8	9	10

4. **Ich kenne meinen höheren Zweck – Ich weiß, wofür ich stehe und warum ich das tue, was ich tue. Ich bin mir über meine Mission im Klaren – den einzigartigen Beitrag, den ich mit meinem Unternehmen leisten will.**

0	1	2	3	4	5	6	7	8	9	10

5. **Ich bin mir über meine Ambition im Klaren – d. h. was ich in den nächsten zwei bis fünf Jahren werden und erreichen will.**

0	1	2	3	4	5	6	7	8	9	10

6. **Ich bin mir über meine Rolle im Klaren – d. h. über die Position, die ich in Bezug auf andere in meinem Markt oder meiner Umgebung habe.**

0	1	2	3	4	5	6	7	8	9	10

Schauen Sie Ihre Antworten noch einmal an. Welche bewerten Sie unter 7? Dies sind Bereiche für potentielle Verbesserungen. Wie wir sehen werden, können dies wesentliche Optimierungsbereiche bezüglich ihrer Ziele für Ihr Unternehmen oder Projekt sein.

Im weiteren Verlauf des Buches stelle ich hilfreiche Instrumente und Übungen vor, um diese unterschiedlichen Aspekte Ihres Meta-Mindsets zu entwickeln. Im SFM Band 1 finden Sie weitere wichtige und nützliche Übungen.

- Finden Sie Ihre Leidenschaft: S.175-179
- Entwickeln Sie Ihre langfristige Vision und Bestimmung: S. 200-201
- Klären Sie Ihre Ausrichtung (auch wenn der Bestimmungsort noch nicht klar ist): S. 206-207
- Klären Sie Ihre Mission und Ihren Beitrag: S. 213-216
- Klären Sie Ihre Ambition: S.222-228 und 233-235
- Klären Sie Ihre Rolle: S.236-237

Makro-Mindset - Erfolgsgewohnheiten

Wie schon gesagt, bezieht sich das Makro-Mindset auf die mentale Disziplin und die erforderlichen Praktiken, um sich auf das Gesamtbild des Unternehmens fokussieren und es in die Tat umsetzen zu können. Wie beim Hanteltraining stärken solche Übungen die mentale Disziplin für nachhaltigen Erfolg. Dies schließt die Fähigkeiten ein, seine Energie regeln zu können, sich immer wieder ehrliches Feedback zu holen, nach Gelegenheiten Ausschau zu halten und effektiv mit Risiken und Rückschlägen umzugehen, sowie sich rasch zu erholen und im Gleichgewicht zu bleiben.

Das Makro-Mindset eines erfolgreichen Unternehmers oder einer Führungskraft setzt sich aus folgenden fünf „Erfolgsgewohnheiten" zusammen. Ich habe eine Reihe von Zitaten erfolgreicher Unternehmer herangezogen, um die Bedeutung und den Sinn jeder Gewohnheit zu erklären.

1. **Mach das, was deine Leidenschaft weckt, investiere jede Menge Energie und fokussiere dich auf das, was geschehen soll.**

Wir haben für diesen Aspekt des Mindsets als Symbol das **Segel** gewählt, weil es die Energie und die Motivation zeigt, die man für sein Unternehmen hat. Man ist bereit, mit voller Kraft loszusegeln. Dies ist eine wesentliche Eigenschaft, um jede unternehmerische Anstrengung zu beginnen oder abzuschließen.

Man muss eine emotionale Investition in das, was man macht, tätigen. Wenn man nicht liebt, was man tut, ist das Versagen beinah garantiert. Erfolg ist keineswegs garantiert, aber der Misserfolg wird viel wahrscheinlicher, wenn man nicht liebt, was man tut.

Biz Stone – Twitter

2. **Suche Feedback und nutze Wege zu ehrlichem, häufigem Feedback.**

Wir haben das **Teleskop** oder **Fernglas** als Symbol für diesen Aspekt des Mindsets gewählt, weil es zeigt, dass man die Mittel hat, laufendes und relevantes Feedback zu erhalten. Sich ehrliches, häufiges Feedback zu holen, gehört zu den wichtigsten Erfolgsgewohnheiten, um Probleme oder Hindernisse zu vermeiden oder notwendige Kurskorrekturen vorzunehmen.

Man sollte wirklich darüber nachdenken: „Was ist der kleinstmögliche Test, den ich mit dieser Idee, Vorstellung oder Theorie durchführen kann?" Holen Sie es raus und lassen Sie Kunden damit arbeiten, denn Ihre Kunden werden diejenigen sein, die Ihnen sagen, ob es wirklich funktioniert oder nicht.

Leah Busque – TaskRabbit

Es lohnt sich, an etwas zu arbeiten, von dem Sie denken, dass es einen großen Unterschied machen wird. Ja, es ist ein bisschen schwieriger, aber ich glaube, die damit verbundene Leidenschaft bringt so viel mehr Energie mit sich, dass Sie eher Erfolg haben werden.

Sergey Brin – Google

Suchen Sie ständig nach Kritik. Eine gut durchdachte Kritik an dem, was Sie tun, ist so wertvoll wie Gold. Und Sie sollten diese von allen möglichen Personen suchen, vor allem aber von Ihren Freunden.

Elon Musk – Tesla, SpaceX, Solar City

3. Halte ständig Ausschau nach neuen Möglichkeiten und investiere Zeit, um sie zu kreieren.

Wir haben für diesen Aspekt des Mindsets als Symbol den **Ausguck** gewählt, weil er zeigt, wie man es sich zur Gewohnheit gemacht hat, ständig den Horizont nach Möglichkeiten und „schwachen Signalen" abzusuchen, die auf wichtige Chancen hinweisen, eine Schlüsseleigenschaft aller erfolgreichen Unternehmer.

Also, bei jeder Idee fragen wir uns: „Welchen neuen Markt schafft dies?" und „Welchen Teil des Tages und welches Problem löst sie?" Das geht so weit, dass ich einen ganzen Katalog über meinen Tag von dem Moment an habe, in dem ich meine Augen öffne und alles aufschreibe, was ich tue. Und dann frage ich mich: „Gibt es hier noch etwas?"

Kevin Rose – Digg

Was ich oft tue, ist, viele Dinge in Frage zu stellen. Und das kann man gut oder schlecht machen. Aber Hauptsache, es bringt die Leute dazu, zu untersuchen, warum sie etwas tun und wie sie denken.

Das Schlimmste, was am Ende passieren kann, ist eine Situation, in der man sagt: „Nun, so war es schon immer." Das ist das Schlimmste. Das ist eine Nichtantwort. Frag dich stattdessen: „Wenn wir alles haben, was wir heute haben, wie können wir das besser machen?"

Daniel ek – Spotify

4. Bleib innerlich geerdet und ressourcenvoll. Schau, wie du dich erholen und im Gleichgewicht bleiben kannst. Übe täglich.

Für diesen Aspekt des Mindsets haben wir als Symbol die **Hänge matte** gewählt, um darauf hinzuweisen, dass es der Mittel und der Disziplin bedarf, Selbstfürsorge zu betreiben, um nicht übermäßig gestresst zu sein oder einen Burnout zu bekommen. Eine wesentliche Eigenschaft für nachhaltigen Erfolg ist, eine Praxis zu haben, die Sie erdet, ausgleicht und auflädt.

Wenn man es nicht liebt, wird man es nicht durch die unvermeidliche, lange Zeit des Schmerzes schaffen. Stellen Sie also sicher, dass Sie währenddessen gut auf sich selbst aufpassen, dass Sie auf Ihre geistige und Ihre körperliche Gesundheit Acht geben, weil es ein langer Weg ist.

Emmett Shear – Twitch

Ich musste mich mit vielen mentalen Schwierigkeiten auseinandersetzen, wie zum Beispiel als meine Segelrekordversuche fehlschlugen. Deshalb bleibe ich fit. Wenn dein Körper geschärft ist, wird dein Geist scharf sein.

Ich jogge jeden Tag. Es hält mich fit, hält die Endorphine am Laufen und das Gehirn gut in Schuss. Ich kann auf jeden Fall doppelt so viel an einem Tag erreichen, wenn ich fit bleibe.

Richard Branson – The Virgin Group

5. Sei Dir über die Risiken und potenziellen Probleme bewusst, lass dich nicht entmutigen oder angesichts von Rückschlägen oder negativem Feedback ablenken.

Das **Steuerrad** ist unser Symbol für diesen Aspekt des Mindsets, weil es zeigt, dass man alle Instrumente und Mittel hat, um unter herausfordernden und sich verändernden Bedingungen die Kontrolle zu behalten, fokussiert und „auf Kurs bleiben" zu können, ist das wichtigste Merkmal eines erfolgreichen Unternehmers. Es wichtig zu wissen, wie man das „Steuer in die Hand nimmt" und durch stürmische Gezeiten steuert

Geh und mach es einfach , versuch es, lern daraus. Manchmal wirst du scheitern. Das ist eine Lernerfahrung, die du für das nächste Experiment brauchst. Lass nicht zu, dass die Leute, die du respektierst oder denen du glaubst, dir sagen, dass es nicht funktioniert, weil sie es dir oft sagen, aber bloß, weil sie nicht den Mut haben, es auszuprobieren.

Pierre Omidyar – eBay

Es gehen so viele Dinge schief, wenn man eine Firma gründet. Und die Leute fragen oft: „Welche Fehler sollte man vermeiden?" Und meine Antwort darauf lautet: „Versuchen Sie nicht einmal, Fehler zu vermeiden, weil Sie viele Fehler machen werden. Das Wichtigste ist, schnell aus Fehlern zu lernen und nicht aufzugeben.

Es gibt Dinge, die uns jedes Jahr seit der Gründung von Facebook hätten umbringen können oder es so aussehen ließen, dass es einfach unmöglich schien, vorwärts zu kommen oder irgendwelche Fortschritte zu machen. Aber man erholt sich und lernt. Nichts ist unmöglich. Man muss einfach weiter durch die Wände rennen.

Mark Zuckerberg – Facebook

Einschätzung Ihres Makro-Mindsets

Schätzen Sie Ihr Makro-Mindset ein, indem Sie die folgenden fünf Aussagen auf einer Skala von 0 – 10 bewerten (wobei 10 bedeutet, dass die Aussage auf Sie voll zutrifft, und 0, dass sie für Sie gar nicht zutrifft).

1. **Ich tue das, was meine Leidenschaft weckt, investiere jede Menge Energie und fokussiere mich auf das, was geschehen soll.**

0	1	2	3	4	5	6	7	8	9	10

2. **Ich suche Feedback und nutze Wege, um ehrliches und häufiges Feedback zu bekommen.**

0	1	2	3	4	5	6	7	8	9	10

3. **Ich halte ständig Ausschau nach neuen Möglichkeiten und investiere Zeit, um sie zu kreieren.**

0	1	2	3	4	5	6	7	8	9	10

4. Ich ruhe in mir und bin ressourcenvoll. Ich habe meine Möglichkeiten, mich zu erholen und ins Gleichgewicht zu kommen. Ich praktiziere dies täglich.

0	1	2	3	4	5	6	7	8	9	10

5. Ich bin mir der Risiken und potenziellen Probleme bewusst und lasse mich nicht entmutigen oder angesichts von Rückschlägen oder negativem Feedback ablenken.

0	1	2	3	4	5	6	7	8	9	10

Schauen Sie sich Ihre Antworten noch einmal an. Welche davon bewerten Sie unter 7? Dies sind Bereiche für potenzielle Verbesserungen. Und genau wie bei den verschiedenen Elementen Ihres Meta-Mindsets, könnten dies die wesentlichen Optimierungsbereiche sein, von denen ihre Ziele für Ihr Projekt oder Unternehmen abhängen. Notieren Sie sich die Bereiche mit niedrigen Bewertungen. In den folgenden Kapiteln werden Sie Gelegenheit bekommen, verschiedene Aspekte Ihres Makro-Mindsets weiterzuentwickeln.

Mikro-Mindset · Langfristige Prioritäten

Tu etwas, wobei du sehr leidenschaftlich bist. Und versuche nicht, der nächsten „heißen Leidenschaft des Tages" nachzujagen.

Jeff Bezos – Amazon.com

Es geht nicht nur darum, Fokus-Gruppen zu gründen. Es geht nicht nur darum, deine Vision zu überprüfen. Es geht wirklich um das Konzept, wie wir unsere Ideen während der gesamten Produktentwicklungsphase streng testen; und auch während der gesamten Marketingphase und sogar, wenn wir uns vergrößern.

Eric Ries – The Lean Startup

Mikro-Mindset – Langfristige Prioritäten

Wie wir festgestellt haben, erzeugt und steuert unser Mikro-Mindset die konkreten Maßnahmen, die notwendig sind, um ein nachhaltiges Unternehmen aufzubauen. Ein erfolgreiches Mikro-Mindset hängt davon ab, wie gut die langfristigen Prioritäten identifiziert werden können.

Das Mikro-Mindset erfolgreicher Unternehmer und Führungskräfte wird durch neun entscheidende Aktionen festgelegt. Genau wie bei den Disziplinen des Makro-Mindsets habe ich Zitate von mehreren erfolgreichen Unternehmern ausgewählt, die die Bedeutung und den Zweck dieser Praktiken unterstreichen und verdeutlichen.

1. **SelbstMotivator:** Halten Sie sich Zeiten frei, um herauszufinden was Sie besonders gern tun, was wichtig für Sie ist, worin Sie sehr gut sind und verbinden Sie sich immer wieder damit – d. h. mit ihrer Leidenschaft, Sinnhaftigkeit und Vortrefflichkeit.

Ein SelbstMotivator konzentriert sich auf die permanente Verbindung mit seiner Bestimmung, seiner Leidenschaft und Motivation, um in Übereinstimmung mit sich selbst und seiner Identität zu leben.

> Ich glaube, Menschen, die nach großartigen Ideen suchen, um viel Geld zu machen, sind nicht annähernd so erfolgreich, wie diejenigen, die sagen: „Okay, was tue ich wirklich gern? Was begeistert mich? Worüber weiß ich Bescheid? Was ist interessant und verlockend?
>
> **Michael Dell** – Dell

2. **MarktMacher:** Schaffen Sie Gelegenheiten für den ständigen Dialog mit Kunden und Interessenten.

Im Fokus des *MarktMacher*-Mindsets liegt das Eröffnen und Aufrechterhalten des Dialogs mit zahlreichen Kunden und Kundenvertretern, um Interesse und Ertrag zu generieren.

> *Viele Start-ups scheitern letztendlich daran, dass sie nichts gemacht haben, was die Leute wollen. Sie machten etwas, von dem sie glaubten, die Leute würden es wollen, aber entweder verleugneten sie, dass es je gut genug war oder jemand anders kam daher und machte etwas, dass die Leute umso lieber wollten.*
>
> **Paul Graham** – Y Combinator

3. **ProduktErfinder:** Nutzen Sie Brainstorming, erzeugen und implementieren Sie Produkte, Lösungen und Dienstleistungen, die die Kundenbedürfnisse vorausahnen und erfüllen.

Das Mindset eines *ProduktErfinders* zielt darauf ab, Kundenbedürfnisse und -wünsche durch die Entwicklung innovativer und ‚empowernder' Lösungen (Produkte und Dienstleistungen) zu antizipieren und zu erfüllen.

> *Es kommt darauf an, etwas Außergewöhnliches für Ihre User zu tun. Sei es in der Community, in der Vernetzung oder im Design. Das ist unser großer Vorteil als Start-up; dass wir damit durchkommen können. Wir können dies zum Kern unseres Geschäfts machen.*
>
> **Alexis Ohanian** – Reddit, Hipmunk

> *Zur Konzeption eines guten Projekts gehört gutes Ingenieurwesen genauso dazu wie gutes Design, aber was ich wirklich denke, ist, dass man wenigstens die Wahrscheinlichkeit maximiert, dass sich jemand in der Eingangstür, ihres Ladens, auf ihrer Website, oder was es sonst noch gibt, zeigt und schließlich sein Problem gelöst bekommt.*
>
> **Drew Houston** – DropBox

4. **TeamMacher:** Gewinnen Sie Teammitglieder und bieten Sie Ihnen Orientierung und Unterstützung. Ermutigen Sie zur Kooperation im Team.

Der Schwerpunkt des *TeamMacher*-Mindsets beruht darauf, Leute zu gewinnen und ihnen Orientierung zu geben, damit sie die Mission des Unternehmens (seiner Produkte und Dienstleistungen) unterstützen, indem Synergie, Komplementarität und Abstimmung aufeinander gefördert werden.

> *Das Schwierigste ist anzufangen. Du hast all diese Ideen und jeder hat eine Idee, aber es geht darum, Ideen umzusetzen, die Idee zu entwickeln und andere Leute zu gewinnen, die dir helfen, an der Idee zu arbeiten. Das ist die größte Herausforderung. Aber der Weg beginnt damit, die Idee aus deinem Kopf heraus zu bekommen. Du musst es zeichnen, darüber reden, es programmieren, wenn du ein Programmierer bist, oder es herstellen, wenn du etwas baust.*
>
> **Jack Dorsey** – Twitter, Square

> *Du musst nicht der Beste sein, aber „gefährlich". Du musst gerade genug lernen, um so gefährlich zu sein, dass du eine Idee bilden, sie konzipieren und der Welt zeigen kannst. Und dann stellt sich heraus, dass es jede Menge anderer Leute gibt, einschließlich all der 170 Angestellten von Instagram, die viel geeigneter sind, das Ganze umzusetzen als ich es bin. Aber du musst die Leute finden, die sich von deiner Idee anziehen lassen. Und dann tun sie es schließlich und machen es noch besser.*
>
> **Kevin Systrom** – Instagram

Oft sage ich vielen Leuten halb im Scherz, dass meine Aufgabe im Grunde genommen darin besteht, der Assistent für den Rest der Firma zu sein. Meine Aufgabe ist es, sicherzustellen, dass sie alles haben, was sie brauchen, um „super" zu sein. Wenn sie das nicht haben, sollen sie es mich wissen lassen, weil ich dann meinen Job nicht mache.

Andrew Ljung – Soundcloud

Für jemanden, der bestrebt ist, Dinge auf die nächste Ebene zu bringen oder sogar seine kühnsten Träume zu übertreffen, wird es immer ein Glückselement geben. Aber ich glaube, dass es viel wichtiger ist, selbst in ein Geschäft aufzubauen, dass ubiquitär sein kann; das wirklich keine Grenzen hat. Es wird immer viel Arbeit damit verbunden sein, aber wenn es nichts gibt, das Sie zeigen können, wie es jedes Business oder jeder Kunde benutzt, dann wird es schwer werden, sich zu vergrößern, um groß genug zu sein oder einen wahrgenommenen Wert zu haben.

Mark Cuban – Cyber Dust

5. **KompetenzBildner:** Fördern und bieten Sie Gelegenheiten für die Teammitglieder zum Lernen und Wachsen.

Die Hauptaufmerksamkeit eines KompetenzBildner-Mindsets gilt den Gelegenheiten und notwendigen Ressourcen für die Teammitglieder, wodurch sie wachsen und ihre Kompetenzen erweitern können.

Ich glaube, du solltest dein Geld für das Lehren und Teilen ausgeben. So könnte das bedeuten, einen oder zwei Schreiber an Stelle einer Marketingperson einzustellen. Und fang an zu schreiben und beginne, Leute dazu zu bringen, auf das zu hören, was du sagst. Und dabei kannst du nicht die ganze Zeit über dich selbst reden, denn niemand wird dafür zurückkommen. Sprich über Dinge, die für deine Branche relevant sind oder über deine Ideen und beginne, ein Publikum aufzubauen.

Jason Fried – Basecamp

6. **FinanSourcerer:** Ermitteln Sie potenzielle Investoren und Zulieferer anderer wesentlicher Ressourcen. Erhalten Sie auf kreative Weise deren Interesse und Engagement, Ihr Unternehmen zu unterstützen.

Die Priorität des *FinanSourcerer*-Mindsets ist, Finanzierungsquellen und andere wesentliche Ressourcen (Stakeholder und Investoren) zu ermitteln und diese auf kreative Weise mit den Ambitionen und Stärken des Unternehmens zu verbinden.

Aber verstehe, dass naturgemäß niemand an deinen Ideen interessiert ist. Der Welt ist es egal. Du musst sie überzeugen und zeigen, dass du die eine Person da draußen bist, die es schaffen kann.

Robert Greene – 'Mastery'

Also, wenn wir ein Kind mit einem Limonadenstand sehen, ist das was anderes, als wenn wir einen Automaten sehen, der Limonade verkauft; auch wenn es sich um genau das gleiche Produkt handelt. Weil die Story drum herum das ist, wofür die Leute bezahlen. Wenn ich also Kleinunternehmer treffe, frage ich sie nicht nach ihrem Kontoauszug, sondern nur nach ihrer Story. Warum sollte ich Sie wählen? Warum sollte mich interessieren, was Sie tun? Und wenn Sie mir all diese Insider-Baseball-Statisken darüber nennen, warum Sie 2 % besser als irgendein Wettbewerber sind, werden meine Augen ganz glasig, weil es nicht zu der Art gehört, wie ich die Welt sehe.

Seth Godin – Tribes

7. **UnternehmensGründer:** Schaffen und entwickeln Sie eine zukunftsfähige Infrastruktur, einen Wachstumspfad und die Skalierbarkeit für Ihr Unternehmen.

Das *UnternehmensGründer*-Mindset konzentriert sich auf den Aufbau einer nachhaltigen Infrastruktur und einen Wachstumspfad sowie auf die Skalierbarkeit der Unternehmung, um einen Mehrwert für die Investoren und anderen Stakeholder zu schaffen.

Oft ist die beste Methode, mit einer perfekten Erfahrung nur einer Person zu beginnen, das richtig zu machen und dann herauszufinden, wie man es groß skalieren kann; anstatt etwas nicht so Großartiges zu skalieren und danach zu versuchen, es zu verbessern. Denn das ist wirklich schwer.

Brian Chesky – Airbnb

Es gibt geradezu eine Erwartungshaltung, dass man diese Art Ambition von „Ich werde die Welt verändern oder eine Delle ins Universum schlagen" in seinem Kopf haben muss. Aber es ist erst einmal in Ordnung, nur kleine Probleme in Schichten zu lösen, bis man tatsächlich die Fähigkeit hat, das zu tun.

Anthony Casalena – Squarespace

Denk nicht darüber nach: „Wie werde ich wirklich schnell groß?" Das wird passieren, wenn du etwas super Sinnvolles oder super Wichtiges baust. Denk also nicht: „Was ist der schnellste Weg zum Erfolg?" Denke darüber nach: „Was ist der beste Weg, um etwas Wichtiges aufzubauen, das die Welt wirklich braucht?"

Danae Ringelmann – Indiegogo

Das Wichtigste, wenn Sie frühzeitig mit Leuten zusammenarbeiten, ist, dass Sie Ihre Ziele aufeinander abstimmen. Das klingt wirklich einfach. Doch vielleicht wollen Sie ein kleines Unternehmen führen, das Geld verdient und Sie nicht jeden Tag in ein Büro gehen müssen. Oder vielleicht wollen Sie eine riesige Firma aufbauen. Vielleicht wollen Sie ein Google gründen. Aber ich denke, Sie müssen wirklich darauf ausgerichtet sein …

Ben Silbermann – Pinterest

8. **SpielMacher**: Suchen und etablieren Sie Win-Win-Beziehungen mit potenziellen Partnern und Verbündeten, die sich mit Ihren Werten und ihrer Vision in Resonanz befinden.

Der Fokus des SpielMacher-Mindsets liegt auf der Suche nach anderen Unternehmen (Partnern/Allianzen), die gemeinsame Visionen und Werte teilen und die Rollen und Stärken voneinander ergänzen (durch Teilen, Kombiinieren oder Austauschen), um Win-Win- Beziehungen aufzubauen.

Man sollte einen großartigen Partner finden, egal was man tut. Und man sollte nach jemandem suchen, der sehr hohe Intelligenz, sehr hohe Energie und sehr hohe Integrität hat. Man braucht alle drei und man kann keine Kompromisse eingehen. Andernfalls wird man mit jemandem enden, der nicht schlau ist, was einem nicht gut tut, oder mit jemanden, der nicht fleißig ist, was auch nicht gut tut. Im schlimmsten Fall kann man mit einem klugen, hart arbeitenden Gauner enden, der gegen die eigenen Interessen arbeitet. Integrität ist etwas, das viel Zeit braucht, die man mit jemandem verbringen muss, um es herauszufinden.

Kamal Ravikant – AngelList

9. **ReSourcerer:** Ermitteln Sie Synergien zwischen dem, was Sie tun und den Produkten, Dienstleistungen oder Kompetenzen anderer Unternehmen und setzten Sie sie wirksam ein.

Die Hauptsorge des *Resourcerer*-Mindset ist, signifikante Synergien zwischen Produkten, Dienstleistungen, Kompetenzen und so weiter komplementärer Firmen (Partner/ Allianzen) zu erkennen, zu untersuchen und zu implementieren, um Ressourcen zu erweitern und wirksam einzusetzen.

Das Wichtigste ist die Person – ob Sie glauben, dass die Person in der Lage ist, die Idee zu verwirklichen oder nicht. Es gibt sehr viele Menschen, die ähnliche Ideen und großartige Ideen haben … es ist nur, ob sie diese Ideen tatsächlich liefern können. Also versuchen Sie herauszufinden, ob diese Person alle benötigten Stunden einbringt, ob sie Menschen motivieren kann. Eine Firma ist einfach eine Gruppe von Menschen und man möchte sich eigentlich sicher sein, dass die Person, die mit der Idee zu einem kommt, jemand ist, von dem man den Eindruck hat, dass er liefern kann, und alles andere ergibt sich daraus.

Richard Branson – The Virgin Group

Wie bei den Unterscheidungen des Meta-Mindset und des Makro-Mindset fühlen wir uns häufig mit manchen dieser Mindsets kompetenter und wohler als mit anderen. Damit wir unseren Erfolgszirkel aufbauen können, müssen wir entweder einige dieser Denkweisen weiterentwickeln oder mit anderen Partnerschaften eingehen, die eher zu den Denkweisen neigen, die uns fehlen, um unsere Schwächen auszugleichen.

Zum Beispiel sind das ProduktErfinder- und das TeamMacher-Mindset ganz wichtig, um einen bedeutsamen Beitrag zu leisten. Das KompetenzBildner- und das Resourcerer-Mindsets sind notwendig, um *Innovationen und Resilienz* zu erzeugen. Das Spielmacher- und das UnernehmensGründer-Mindset ermöglichen ein *skalierbares Wachstum*. Das MarktMacher und das FinanSourcer-Mindset sind gefordert, um *finanzielle Stabilität* zu erreichen. Das Mindset eines SelbstMotivators ist die Grundlage, um *persönliche Zufriedenheit* zu erlangen.

Wenn Sie keine Online-Community nutzen, sind Sie benachteiligt. Sie können eine Online-Community fragen, ob sie Ideen oder Ratschläge für das hat, woran Sie gerade arbeiten. Sie werden nicht nur von Menschen hören, die sich leidenschaftlich für das Thema interessieren, sondern auch von Menschen auf der ganzen Welt, die alle ihre eigenen Erfahrungen und Geschichten haben, die Ihnen helfen können.

Alan Schaaf – Imgur

Einschätzung Ihres Mikro-Mindsets

Schätzen Sie Ihr Mikro-Mindset ein, indem Sie die folgenden Empfehlungen auf den nächsten Seiten bewerten. Kennzeichnen Sie die Aussagen mit einem „X", die Ihnen am ehesten entsprechen.

Handlungsempfehlung	Das macht mir Freude	Darin bin ich gut	Damit verbringe ich meine Zeit
Halten Sie sich Zeiten frei, um herauszufinden was Sie besonders gern tun, was Ihnen wichtig ist, worin Sie sehr gut sind und verbinden Sie sich immer wieder damit – d. h. mit ihrer Leidenschaft, Sinnhaftigkeit und Vortrefflichkeit.			
Schaffen Sie Gelegenheiten für den ständigen Dialog mit Kunden und Interessenten.			
Nutzen Sie Brainstorming, erzeugen und implementieren Sie Produkte, Lösungen und Dienstleistungen, die die Kundenbedürfnisse vorausahnen und erfüllen.			
Gewinnen Sie Teammitglieder und bieten Sie Ihnen Orientierung und Unterstützung. Ermutigen Sie zur Kooperation im Team.			

Handlungsempfehlung		Das macht mir Freude	Darin bin ich gut	Damit verbringe ich meine Zeit
	Fördern und bieten Sie Gelegenheiten für die Teammitglieder zum Lernen und Wachsen.			
	Ermitteln Sie potenzielle Investoren und Zulieferer von anderen wesentlichen Ressourcen. Erhalten Sie auf kreative Weise deren Interesse und Engagement, Ihr Unternehmen zu unterstützen.			
	Schaffen und entwickeln Sie eine zukunftsfähige Infrastruktur, einen Wachstumspfad und die Skalierbarkeit für Ihr Unternehmen.			
	Suchen und etablieren Sie Win-Win-Beziehungen mit potenziellen Partnern und Verbündeten, die sich mit Ihren Werten und ihrer Vision in Resonanz befinden.			
	Ermitteln Sie Synergien zwischen dem, was Sie tun, und den Produkten, Dienstleistungen oder Kompetenzen anderer Unternehmen und setzten Sie sie wirksam ein.			

Die Einschätzung Ihres Meta-, Makro- und Mikro-Mindsets hilft Ihnen, Ihre Entwicklungsbereiche zu ermitteln.

Während Sie über Ihre Antworten nachdenken, die Sie auf den letzten Seiten gegeben haben, machen Sie sich dieses Mal die verschiedenen Aspekte des Mindsets bewusst, die aus Ihren unterschiedlichen Antworten hervorgehen.

- Wenn Sie Freude an einer Tätigkeit haben, gut darin sind und damit Zeit verbringen, ist es offensichtlich eine Stärke von Ihnen. Jedoch kann dies sowohl ein Vorteil als auch ein Nachteil sein, je nachdem, ob es die wichtigste Sache ist, die Sie tun müssen, um Ihre aktuellen Ziele für Ihr Unternehmen zu erreichen.

- Wenn Sie Freude an einer Tätigkeit haben, gut darin sind, damit aber keine Zeit verbringen, bedeutet das, dass Sie wahrscheinlich anderen Tätigkeiten Priorität verliehen haben. In diesem Fall ist die Hauptfrage, ob es etwas ist, mit dem Sie Zeit verbringen sollten, um das Ziel Ihres Projekts oder Unternehmens zu erreichen.

- Wenn Sie Freude an einer Tätigkeit haben und damit Zeit verbringen, aber nicht gut darin sind, dann ist es wahrscheinlich eine Art Quelle der Frustration für Sie. Es wäre gut, wenn Sie sich dafür Hilfe in Form von Training oder Coaching holen würden.

- Wenn Sie gut in einer Tätigkeit sind und damit Zeit verbringen, daran aber keine Freude haben, erfahren Sie diese wahrscheinlich als etwas Notwendiges, aber als mühsam und langweilig. Es wäre nützlich, Möglichkeiten zu erkunden, wie Sie Ihre Motivation steigern können. Dabei kann es hilfreich sein, Zeit mit jemandem zu verbringen, der diese Tätigkeit wirklich gern macht, und ihn oder sie zu modellieren.

- Wenn Sie Freude an einer Tätigkeit haben, darin aber weder gut sind noch Zeit damit verbringen, auch wenn Sie wirklich Spaß daran haben, hat es wahrscheinlich wenig Wert für Sie, das zu tun. Es ist auf jeden Fall etwas, in das Sie in Abhängigkeit Ihrer Ziele für Ihr Unternehmen Zeit investieren sollten, um mehr darüber zu lernen und es zu verbessern.

- Wenn Sie Zeit mit einer Tätigkeit verbringen, diese aber keine Freude macht und Sie auch nicht gut darin sind, ist es möglich, dass sie sich häufig überwältigt fühlen und finden, dass sie „am Rad drehen" oder Ihre Zeit verschwenden, auch wenn sie denken, dass es wichtig wäre, es zu tun. Offensichtlich handelt es sich um ein Gebiet, für das Sie sich Unterstützung holen sollten, um dafür sowohl Ihre Fähigkeiten als auch Ihre Motivation zu entwickeln.

- Wenn Sie gut in einer Tätigkeit sind, dies aber weder mögen noch damit Zeit verbringen, ist ganz eindeutig eher eine Frage der Motivation als der Kompetenz oder der Priorität. Es wäre hilfreich für Sie, mehr Zeit damit zu verbringen, die Gründe zu verstehen, warum die Tätigkeit wichtig ist, und zu erkunden, wie Sie Ihr Interesse und Freude daran steigern können.

- Wenn Ihnen eine Tätigkeit keine Freude macht und Sie weder gut darin sind noch Zeit damit verbringen, handelt es sich um einen offensichtlichen Entwicklungsbereich. Wahrscheinlich brauchen Sie hierin ernsthafte Unterstützung, um Ihre Motivation und Fähigkeiten auf diesem Gebiet zu entwickeln. Oder Sie finden einen vertrauenswürdigen Partner, der die Kompetenz für diese Tätigkeit hat.

Noch einmal, machen Sie sich Notizen zu Ihren Entwicklungsbereichen, da Sie mit den weiteren Bereichen der Erfolgs-Mindset-Map in den folgenden Kapiteln, Gelegenheit bekommen werden, diese verschiedenen Aspekte Ihres Mikro-Mindsets zu entwickeln.

Meta-Ziele - Gegenwärtiger Fokus

Das letzte Unterscheidungsmerkmal, das Sie noch zu Komplettierung Ihres Mindset-Kompasses brauchen, ist die Bestimmung Ihres Meta-Ziels. Ihr *Meta-Ziel* ist *Ihr aktueller Fokus* bei Ihrem Projekt oder Unternehmen. Auch wenn es viele wichtige Ziele gibt, an denen Sie wahrscheinlich arbeiten, ist das Meta-Ziel das wichtigste.

Ihr Meta-Ziel oder aktueller Fokus wird sich auf eines der *fünf Kernziele* beziehen, die mit der Bildung Ihres Erfolgszirkels verbunden sind.

1. **Steigerung Ihrer persönlichen Zufriedenheit bei dem, was Sie tun.**
Zur Symbolisierung dieses Ziels haben wir eine *Person* gewählt, *die mit offenen Armen an Bug eines Schiffes steht* (analog zu der berühmten Szene aus dem Film *Titanic*). Es steht für das Glücksgefühl, die Begeisterung und den Spaß an den laufenden Maßnahmen und Aktivitäten. Sie könnten dieses Ziel wählen, wenn die Dinge in Ihrem Unternehmen ganz gut laufen, Ihnen jedoch die Begeisterung für das, was sie gerade tun, fehlt.

2. **Erlangung finanzieller Robustheit und Stabilität.** Wir haben für dieses Ziel die *Schatzkiste* als Symbol gewählt. Sie repräsentiert einen robusten finanziellen Zustand. Sie sollten dieses Ziel wählen, wenn Sie mit dem Unternehmen Profitabilität erreichen wollen.

3. **Aufbau eines skalierbaren Businesses.** Hierfür haben wir eine *Flotte oder Armada* gewählt, weil sie eine expandierende Gruppe von zusammenarbeitenden Einheiten darstellt, die einen gemeinsamen Ursprung, Zweck und Koordinierungsmodus haben. Dieses Ziel sollten Sie wählen, wenn es gerade wichtig ist, dass Ihr Unternehmen wächst.

4. **Echte, bedeutsame Beteiligung.** Wir haben einen *Rettungshubschrauber* zur Repräsentation dieses Ziels gewählt, weil er den klaren Fokus symbolisiert, anderen zu dienen. Dieses Ziel sollten Sie wählen, wenn es wichtig für Ihr Unternehmen ist, den Nutzen zu erklären oder zu verbessern, den Sie für Ihre Kunden und die Gesellschaft leisten.

5. **Größere Innovationskraft und Resilienz.** Unsere Wahl fiel auf ein *Baumhaus* (ähnlich dem der Schweizer Familie Robinson). Es symbolisiert die Genialität und das Vermögen, sich kreativ an neue, herausfordernde Situationen anzupassen. Sie sollten dieses Ziel wählen, wenn Sie Ihre Fähigkeiten oder Kreativität steigern wollen, um Krisen zu überstehen, um mit großen Veränderungen umgehen oder wettbewerbsfähig bleiben zu können.

Einschätzung Ihres Meta-Ziels

Welches der oben beschriebenen Meta-Ziele liegt in Ihrem aktuellen Fokus? Was wollen Sie am liebsten in den nächsten sechs bis zwölf Monaten vollbringen? Wählen Sie ein Ziel, dem Sie am ehesten die Priorität geben wollen.

1. **Meine persönliche Zufriedenheit bei dem, was ich tue, steigern.**

2. **Finanzielle Robustheit und Stabilität erlangen.**

3. **Ein skalierbares Business aufbauen.**

4. **Einen echten, bedeutsamen Beitrag leisten.**

5. **Größere Innovationskraft und Resilienz erreichen.**

Anwendung des SFM-Mindset-Kompass'

Fügen wir nun alle Teile – Meta-Mindset, Makro-Mindset, Mikro-Mindset und Meta Ziele – in Bezug auf den Erfolgszirkel zusammen, können wir die gesamte *SFM Success-Mindset-Map*™ im Diagramm auf der nächsten Seite zusammenfassen.

Der SFM Mindset-Kompass spezifiziert, welche Elemente aus den drei Bereichen des Mindsets am wichtigsten und relevantesten sind, um Ihr Meta-Ziel oder den aktuellen Fokus für Ihr Unternehmen zu erreichen.

Wie schon in diesem Kapitel beschrieben wurde, können die drei Bereiche des Mindsets, Meta, Makro und Mikro, zu einer Art *Mindset-Kompass* im Hinblick auf Ihr Meta-Ziel integriert werden. Dieser Mindset-Kompass spezifiziert, welche Elemente aus den drei Bereichen des Mindsets am wichtigsten und relevantesten sind, um Ihr Meta-Ziel oder den aktuellen Fokus zu erreichen. Damit bietet er Ihnen eine *Ideale Mindset-Map* für das gewählte Meta-Ziel.

Nachdem Sie die verschiedenen Mindset-Assessments in diesem Kapitel durchgeführt haben, werden Sie mit Ihren eigenen, speziellen Begabungen und Neigungen bezüglich Ihrer aktuellen Denkweise (Mindset), Kompetenzen und Gewohnheiten vertraut sein. Wenn Sie diese mit der *Idealen Mindset-Map* für Ihr Meta-Ziel vergleichen, werden Sie Bereiche entdecken, denen Sie Vorrang einräumen und die Sie stärken sollten, um Ihr Projekt oder Ihr Unternehmen auf die nächste Stufe zu bringen.

Die folgenden Seiten fassen die *Ideale Mindset-Map* für jedes Meta-Ziel zusammen. Vergleichen Sie die *Ideale Mindset-Map* mit dem, was Sie über Ihr eigenes, aktuelles Meta-, Makro- und Mikro-Mindset gelernt haben, um den wichtigsten Entwicklungsbereich für sich selbst zu erkennen.

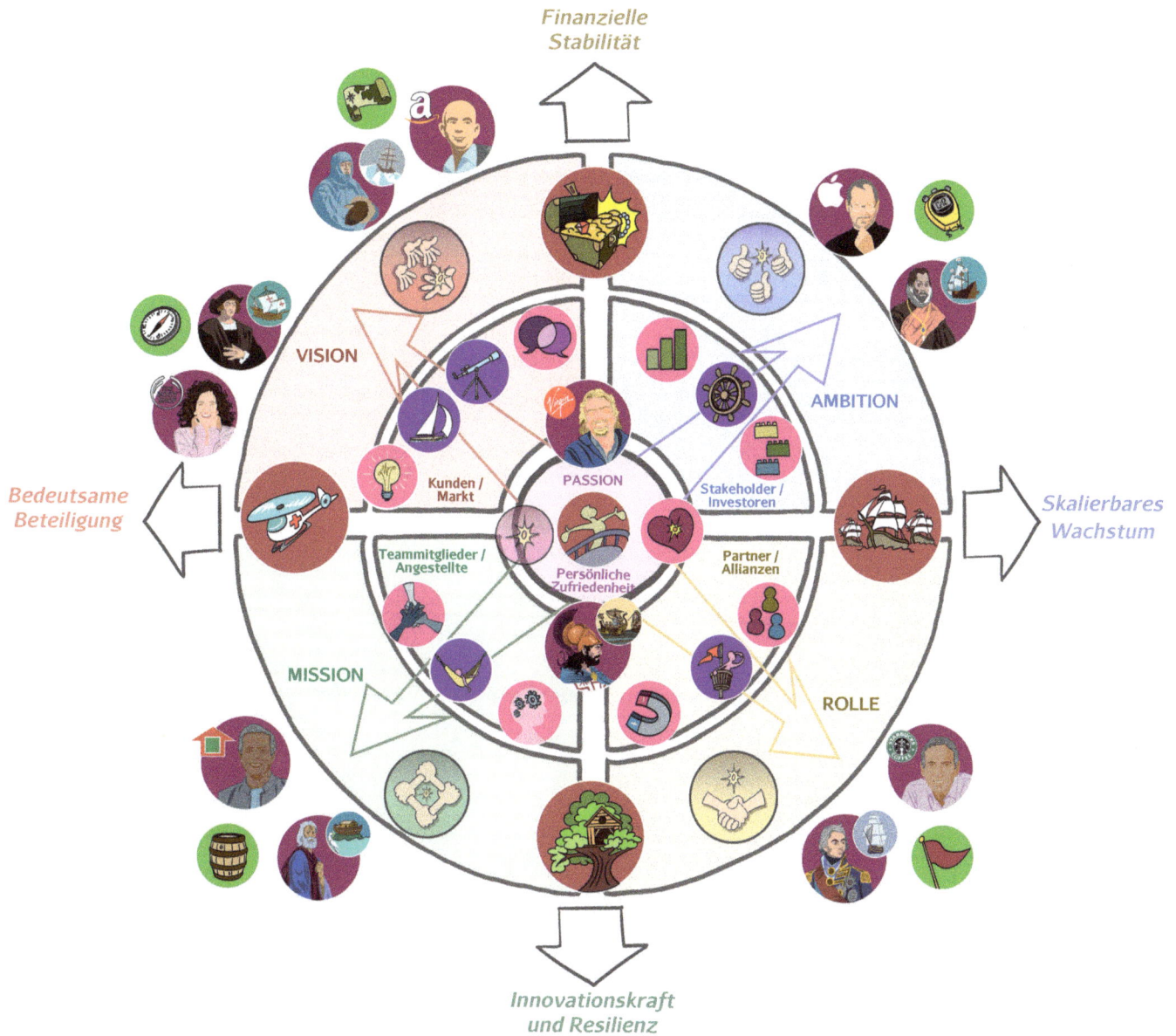

Die SFM Erfolgs-Mindset-Map™

Ideale Mindset-Map 1:
Meine persönliche Zufriedenheit bei dem, was ich tue, steigern.

- Um Ihre persönliche Zufriedenheit bei dem, was Sie tun, zu steigern, brauchen Sie ein ähnliches Mindset wie das von **Richard Branson** von der Virgin Group. Sie sollten „Ihrer Leidenschaft folgen – so dass es der Welt und Ihnen dient".

- Sie sollten auch „Lust aufs Abenteuer" haben wie der mythische Reisende **Odysseus** und das Verlangen spüren, „zu streben, zu suchen, zu finden und nicht anzuhalten".

- Sie sollten vollkommen im Kontakt mit dem **Funken** sein, der sich aus der Verbindung mit Ihrer Leidenschaft ergibt.

- Dies wird Ihnen Energie und Motivation für Ihr Unternehmen geben und Ihnen helfen, sich vorbereitet *„mit voller Kraft"* für das einzusetzen, was Sie wollen.

- Ebenso werden Sie die Mittel und die Disziplin brauchen, um *auf sich Acht geben* zu können und sich nicht zu sehr stressen zu lassen oder auszubrennen.

- Um dies alles zu vollbringen, brauchen Sie *freie Zeiten, um herauszufinden was Sie sehr gern tun, was wichtig für Sie ist, worin Sie gut sind und sich immer wieder damit zu verbinden – d. h. mit ihrer Leidenschaft, mit ihrem Sinn und Zweck und mit Ihrer Vortrefflichkeit.*

Ideale Mindset-Map 2:
Finanzielle Robustheit und Stabilität erlangen

- Um finanzielle Robustheit und Stabilität zu erlangen, sollten Sie sich eine Denkweise aneignen, die die Eigenschaften von **Jeff Bezos** von Amazon und **Steve Jobs** von Apple kombiniert. Sie brauchen eine klare Vision von Ihrem Bestimmungsort und die Ambition, „eine Delle ins Universum zu schlagen".

- Sie brauchen die Entschlossenheit des Forschers **Ernest Shackleton**, der gegen jede Chance durchhielt, um den Südpol zu erreichen, und die Kühnheit eines Abenteurers wie **Sir Francis Drake**, der als einer der ersten Menschen den Globus umschifft hat.

- Sie brauchen eine deutliche **Landkarte** von ihrem Bestimmungsort, den Sie erreichen wollen, und *den Willen, etwas in vorgegebener Zeit erreichen zu wollen.*

- Sie sollten es sich zur Routine machen, *ständig Ihren Horizont nach Möglichkeiten* und „schwachen Signalen" *abzusuchen,* die auf wichtige Chancen hinweisen.

- Sie brauchen die Instrumente und die Mittel, um die Kontrolle zu behalten und „auf Kurs zu bleiben", auch unter herausfordernden und sich verändernden Bedingungen.

- Um all dies zu vollbringen, sollten Sie 1.) Gelegenheiten zum *ständigen Dialog mit Kunden und Interessenten schaffen* und 2.) *potenzielle Investoren oder Lieferanten weiterer wesentlicher Ressourcen erkennen* und sie kreativ für die engagierte Unterstützung Ihres Unternehmens gewinnen.

Ideale Mindset-Map 3:
Ein skalierbares Business aufbauen

- Um ein skalierbares Business aufzubauen, brauchen Sie ein Mindset, das die Eigenschaften von **Steve Jobs** (Apple) und **Howard Schultz** (Starbucks) kombiniert. Sie werden eine starke Ambition brauchen, um „eine Delle ins Universum zu schlagen" und ein Gespür für die Rolle, die für bedeutsame Beziehungen zu Kunden und potenziellen Partnern sorgt.

- Sie brauchen ebenfalls die Kühnheit eines Abenteurers wie **Sir Francis Drake**, der einer der ersten Menschen war, die den Globus umschifften, genauso wie das Gespür für die Reputation und das Pflichtgefühl des **Admirals Nelson**.

- Sie werden den *Willen* brauchen, *etwas innerhalb einer festgelegten Zeit zu erreichen*, und die *Klärung des Status und der Position*, die Sie hinsichtlich Ihrer Kunden, Wettbewerber und Partner haben.

- Sie werden die Energie und Motivation für Ihr Unternehmen brauchen und die Bereitschaft, *„sich mit voller Kraft"* für das, was Sie wollen, einzusetzen.

- Sie sollten die Mittel bereit halten, um laufendes und relevantes Feedback einzuholen, um Probleme und Hindernisse vermeiden oder notwendige Kurskorrekturen vornehmen zu können.

- Sie werden ebenfalls die Instrumente und Mittel brauchen, um die *Kontrolle zu behalten* und unter herausfordernden und sich verändernden Bedingungen *„auf Kurs zu bleiben"*.

- Um all dies zu vollbringen, brauchen Sie 1.) Zeit, um *eine zukunftsfähige Infrastruktur*, einen Wachstumspfad und die Skalierbarkeit ihres Unternehmens zu entwickeln und 2.) *suchen und etablieren Sie Win-Win-Beziehungen mit potenziellen Partnern* und Verbündeten, die sich mit Ihren Werten und ihrer Vision in Resonanz befinden.

Ideale Mindset-Map 4:
Einen echten, bedeutsamen Beitrag leisten

- Wenn Sie einen echten, bedeutsamen Beitrag leisten wollen, sollten Sie ein Mindset annehmen, das die Eigenschaften von **Anita Roddick** (The Body Shop) und **Muhammad Yunus** (Grameen Bank) kombiniert. Sie sollten den Wunsch haben, sich „eine ehrenwerte Existenz" aufzubauen, wobei Sie Ihre Kompetenzen nutzen, um Ihren Lebensunterhalt so zu verdienen, dass Sie „ein Gefühl von Freiheit haben und Sie ein ausgeglichenes Leben führen lässt, so wie sie es wollen". Und Sie brauchen das tiefe Verlangen, andere ermächtigen zu wollen und ihnen zu helfen, glücklich sein zu können.

- Dazu brauchen Sie die Überzeugung und den klaren Sinn für die Richtung wie **Christoph Kolumbus** und **Noahs** unerschütterliche Einsatzbereitschaft für Ihre Berufung.

- Sie werden eine Art inneren **Kompass** brauchen, der Sie wissen lässt, in welche Richtung Sie gehen wollen, auch wenn Sie noch nicht wissen, wo es enden wird. Sie sollten sich *im Klaren über Ihre Bestimmung und ihre einzigartigen Gaben sein sowie über den Beitrag*, den Sie durch Ihr Unternehmen für andere leisten.

- Sie werden die Energie und Motivation für Ihr Unternehmen brauchen und sollten vorbereitet sein, sich *„aus voller Kraft" für das* einzusetzen, *was Sie wollen*.

- Sie müssen die Mittel bereithalten, um *laufendes und relevantes Feedback* einzuholen, um Probleme oder Hindernisse vermeiden und notwendige Kurskorrekturen vornehmen zu können.

- Die Vollendung all dessen erfordert *Brainstorming und den Einsatz von Produkten und Dienstleistungen, die den Kundenbedarf vorausahnen und erfüllen*. Ebenso erforderlich sind die Gewinnung von Teammitgliedern, denen Sie *eine Richtung und Unterstützung geben müssen*, und das Ermutigen zur Kooperation im Team.

Ideale Mindset-Map 5:
Größere Innovationskraft und Resilienz erreichen

- Damit Sie größere Innovationskraft und Resilienz erreichen, sollten Sie ein Mindset annehmen, das die Eigenschaften von **Howard Schultz** (Starbucks) und **Muhammad Yunus** (Grameen Bank) vereinigt. Sie werden das Gespür für die Rolle brauchen, durch die Sie bedeutsame Beziehungen zu Kunden und potenziellen Partnern aufbauen. Ebenso sollten Sie das tiefe Verlangen haben, andere zu ermächtigen und ihnen zu helfen, glücklich sein zu können.

- Dazu brauchen Sie einen Sinn für die Reputation und das Pflichtgefühl von **Admiral Nelson** und die unerschütterliche Einsatzbereitschaft für Ihre Berufung von **Noah**.

- Sie sollten sich *Klarheit bezüglich Ihres Status und Ihrer Position* verschaffen, die Sie gegenüber Kunden, Wettbewerbern und Partnern haben. Außerdem sollten Sie sich *im Klaren über Ihre Bestimmung und die einzigartige Gaben sein sowie über den Beitrag*, den Sie für anderen durch Ihr Unternehmen leisten.

- Sie werden die Energie und Motivation für Ihr Unternehmen brauchen und sollten bereit sein, sich *„mit voller Kraft" für das, was Sie wollen*, einzusetzen.

- Sie sollten die Mittel eingesetzt haben, um *laufendes, relevantes Feedback einzuholen*, um Probleme und Hindernisse zu vermeiden oder notwendige Kurskorrekturen vornehmen zu können.

- Ebenfalls brauchen Sie die Routine, um *ständig Ihren Horizont nach Möglichkeiten und „schwachen Signalen" abzusuchen*, die auf wichtige Chancen hindeuten.

- Zur Vollendung all dessen bedarf es der *Ermutigung der Teammitglieder und ihre Unterstützung, um zu lernen und zu wachsen*. Sie sollten *Synergien zwischen dem, was Sie tun, und den Produkten, Dienstleistungen oder Kompetenzen anderer Unternehmen erkennen und wirksam einsetzen*.

Finanzielle Robustheit und Stabilität erlangen

ICH WILL, DASS UNSER BUSINESS NACHHALTIG WIRD, UND ALLEN PARTNERN NUTZEN BIETEN

Steigerung meiner persönlichen Zufriedenheit bei dem, was ich tue.

ICH WILL WEITER LERNEN UND ALS MENSCH WACHSEN UND MIT MEINEN PARTNERN SPASS HABEN.

Einen echten, bedeutsamen Beitrag leisten

ICH WILL LECKERE, ERFRISCHENDE BIO-DRINKS ALS EINEN BEITRAG FÜR DIE GESUNDHEIT UND DIE NACHHALTIGKEIT ANBIETEN

Aufbau eines skalierbaren Business

MEIN TRAUM IST, VIELE APPLIKATIONEN ZU ENTWICKELN, UM BILDUNG FÜR KINDER ZU UNTERSTÜTZEN, UND SIE IN ANDEREN LÄNDERN VERFÜGBAR ZU MACHEN.

Größere Innovationskraft und Resilienz erreichen

ICH WILL NEUE TECHNOLOGIEN NUTZEN, UM EINE BESSERE WELT FÜR KINDER ZU ERSCHAFFEN.

Der SFM Mindset-Kompass hilft Ihnen, die notwendigen Kernziele zu erreichen, um Ihr Unternehmen zu gründen und auszubauen.

Ermitteln Sie Ihre wichtigen Entwicklungsbereiche

Denken Sie darüber nach, was Sie aus der Selbstanalyse gelernt haben. Vergleichen Sie die Ideale Mindset-Map für Ihr Meta-Ziel mit Ihren derzeitigen Stärken und Neigungen bezüglich Ihres Meta-, Makro- and Mikro-Mindsets. Machen Sie sich Notizen zu den Bereichen, in denen Sie sich verbessern und entwickeln sollten und markieren Sie diese.

Meta-Mindset-Entwicklungsbereiche

Wissen, was ich wirklich gern tue (wofür ich mich leidenschaftlich einsetze). ☐

Wissen, woran ich längerfristig mitwirken will (den Bestimmungsort und die langfristige Vision klar haben). ☐

Meine Richtung klären, unabhängig davon, ob ich meinen letztendlichen Bestimmungsort kenne oder nicht. ☐

Meine Bestimmung kennen – wofür ich stehe und warum ich das tue, was ich tue. Mir über meine Mission im Klaren sein – über den einzigartigen Beitrag, den ich mit meinem Unternehmen leisten will. ☐

Meine Ambition klären – d. h. was ich innerhalb der nächsten zwei bis fünf Jahre werden und erreichen will. ☐

Meine Rolle klären, d. h. die Position, die ich gegenüber anderen in meinem Markt oder Umfeld einnehme. ☐

Makro-Mindset-Entwicklungsbereiche

Tun, was mich begeistert und jede Menge Energie und Fokus auf das investieren, was geschehen soll. ☐

Feedback suchen und Wege zu ehrlichem und häufigem Feedback einrichten. ☐

Ständig nach Gelegenheiten suchen und Zeit investieren, um sie zu erschaffen. ☐

In sich immer öfter ruhen und ressourcenvoll sein, Möglichkeiten zur Erholung und Ausgeglichenheit haben und dies in die tägliche Praxis übernehmen. ☐

Mir über die Risiken und potenziellen Probleme bewusster werden, ohne mich angesichts von Schwierigkeiten oder negativem Feedback entmutigen oder ablenken zu lassen. ☐

Mikro-Mindset Entwicklungsbereiche

Mir Zeit nehmen, um herauszufinden, was ich gern tue, was wichtig für mich ist und worin ich gut bin und mich immer wieder damit verbinden – d. h. mit meiner Leidenschaft, Sinnhaftigkeit und Vortrefflichkeit.

Gelegenheiten für den ständigen Dialog mit Kunden und Interessenten schaffen.

Brainstorming nutzen und Produkte und Dienstleistungen einführen, die Kundenbedürfnisse vorausahnen und erfüllen.

Teammitglieder gewinnen und sowohl Richtung als auch Unterstützung bieten, sowie zur Kooperation im Team ermutigen.

Teammitglieder ermutigen und ihnen Gelegenheiten zu lernen und zu wachsen bieten.

Potenzielle Investoren und Lieferanten anderer wesentlicher Ressourcen ermitteln und auf kreative Weise ihr Interesse und Engagement gewinnen, um mein Unternehmen zu unterstützen.

Schaffen und entwickeln Sie eine zukunftsfähige Infrastruktur sowie einen Wachstumspfad und die Skalierbarkeit für Ihr Unternehmens.

Win--Win-Beziehungen mit potentiellen Partnern und Verbündeten suchen und gestalten, die sich mit Ihren Werten und der Vision in Resonanz befinden.

Synergien zwischen dem was ich tue und den Produkten, Dienstleistungen oder Kompetenzen anderer Unternehmen herstellen und wirksam einsetzen.

Erfolgsfaktor-Fallbeispiel:
Pike Place Fish Market

Sei du selbst und tue, was dich inspiriert

Die Prinzipien und Praktiken des Next Generation Entrepreneurship und des Conscious Leadership sind nicht auf High-Tech-Firmen begrenzt. Sie handeln eher von der Denkweise (Mindset), die allem, was wir tun, zugrundeliegt. Betrachten Sie das Beispiel des Pike Place Fish Market. Ursprünglich wurde er 1930 als Freiluft-Fischmarkt in Seattle, Washington, gegründet. 1965 kaufte der ehemalige Angestellte John Yokoyama den Pike Place Fish Market. Laut Yokoyama kaufte er den Laden, weil er hoffte, so genug Geld zu verdienen, um die Raten für sein neues Auto abbezahlen zu können.

Zwanzig Jahre später fühlte sich Yokoyama gelangweilt und ausgebrannt und sein Geschäft war am Scheitern. Wie man sich vorstellen kann, ist ein Fischmarkt ein ganz anderes Unternehmen als jene, die von Leuten wie Elon Musk und Steve Jobs gegründet wurden. Es gibt nichts, das beim Fischverkauf von Natur aus spannend oder die „Welt verändernd" wäre. Die Leute, die im Markt arbeiteten, mussten nicht „die Besten und Gescheitesten" sein. Tatsächlich brauchten sie nicht einmal einen High School-Abschluss. Jahrelang hatte Yokoyama einfach nur sein Geschäft wie ein traditioneller Chef geführt, so wie er es während seiner Arbeit im Markt gelernt hatte.

Wandel der Einstellung

Es war 1986, unglücklich und kurz vor der Insolvenz, erkannte Yokoyama intuitiv, dass er und sein Team einen dramatischen Einstellungswandel bräuchten. Er holte sich den Coach Jim Bergquist von bizFutures, um ihm und seinem Team zu helfen, über neue Wege nachzudenken, mit denen sie das Geschäft retten können. Bergquist versammelte das Team und stellte eine überraschende Frage; eine, an die Yokoyama als Chef niemals gedacht hatte. Diese Frage war: „Was wollen Sie?" und konkreter: „Wer wollen Sie sein?"

Bergquist ermutigte das Team zu erforschen, wer sie waren und was sie leidenschaftlich gern tun. „Ihre Herausforderung ist, ‚einfach zu sein',“ sagte er ihnen, „… nur so … weil sie es so sagten." Dies war eine transformierende Erforschung, die Yokoyama so beschreibt:

John Yokoyama
Pike Place Fish Market

In einem unserer ersten Pike Place Fish Meetings mit Jim begannen wir, uns zu fragen: „Wer wollen wir sein?" Wir wollten für uns selbst eine neue Zukunft gestalten. Eins der jungen Kinder, die für mich arbeiteten, sagte: „Hey! Lass uns weltberühmt werden!" Zuerst dachte ich: „weltberühmt … was für eine dumme Idee!" Aber je mehr wir darüber sprachen, desto mehr begeisterten wir uns dafür, weltberühmt zu sein. So verpflichteten wir uns dazu. Wir fügten unserem Logo „World Famous" (weltberühmt) hinzu und ließen es auf die Frachtkisten drucken.

So wird man „World Famous"

Diese Entscheidung auf der Identitätsebene warf natürlich weitere sehr wichtige und gleichwohl herausfordernde Fragen für das Team auf den Ebenen der Fähigkeiten und des Verhaltens auf: „Wie können wir weltberühmt werden?" und „Was bedeutet das, weltberühmt zu sein?" Die Firma hatte sicher kein Geld für die Werbung. Ihr Coach versicherte ihnen jedoch: „Ihre Selbstverpflichtung, weltberühmt zu sein, wird sie natürlicherweise dazu führen, was zu tun ist." Das Wichtigste war, dass sich jedes Teammitglied einzeln dazu entschließen musste, sich auf diese Verpflichtung auszurichten. Laut Yokoyama: „Wir vertraten die Einstellung, dass wir weltberühmt werden würden. Wir sagten es uns einfach und es wurde so."

Nachdem Sie einmal Stellung bezogen hatten, kam gleich die nächste große Frage: „Was bedeutet es – weltberühmt zu sein?" Yokoyama und sein Team entschieden sich für eine eigene Definition. Anstatt Geld für Werbung auszugeben (die Firma hat dafür nicht einen Cent ausgegeben), beschloss das Team, dass es wegen ihres wirklich großartigen Umgangs mit den Leuten geschehen würde. „Das hieß für uns, weit darüber hinauszugehen, als nur für einen hervorragenden Service zu sorgen. Es bedeutete, wirklich bei den Leuten präsent zu sein und mit Ihnen eine menschliche Beziehung einzugehen," erzählten sie. Das hieß, „aus der gewohnten Manier ‚wir-vom-Laden-und-sie-als-Kunde' herauszutreten und jetzt vorsätzlich mit den Leuten in Kontakt zu kommen, in diesem Augenblick von-Mensch-zu-Mensch. Wir nehmen unsere ganze Aufmerksamkeit von uns selbst weg, um ganz bei ihnen zu sein. … auf der Suche, wie wir ihnen dienen können. Wir sind da draußen, um zu entdecken, wie wir ihren einen schönen Tag bereiten können."

Yokoyama und sein Team sagen dazu:

> *Wir interagieren mit den Leuten in der festen Absicht, einen Unterschied für sie zu bewirken. Wir wollen jeder Person die Erfahrung geben, dass ihr ein Dienst erwiesen und sie gewürdigt wurde, ob sie Fisch kauft oder nicht. Wir lieben sie.*

Die Erforschung der Fragen: "Was wollen Sie?" und "Wer wollen Sie sein?" halfen dem Team vom Pike Place Fish Market, sich über Leidenschaft, Sinn und Identität im Zentrum ihres Erfolgszirkels klar zu werden.

Das Team vom Pike Place Fish Market verwandelte seine Leidenschaft in die Mission, ihren Kunden hervorragenden Service zu bieten und "jeder Person die Erfahrung zu geben, dass ihr ein Dienst erwiesen und sie gewürdigt wurde, ob sie Fisch kauft oder nicht."

**Pike Place Fish Market's
"Flying Fish"-Tradition**

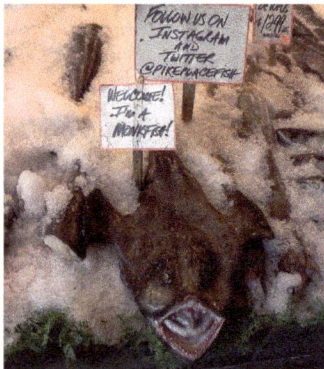

Ein Seeteufel am Pike Place Fish Market

Sie vereinbarten einen weiteren Aspekt des „Weltberühmt-Seins", und zwar, dass es Spaß machen sollte. Sie wollten alle ihre Arbeit genießen und Spaß miteinander haben, so dass die Kunden sich amüsierten und ebenso Spaß hatten. Und „World Famous" zu sein, sollte auch bedeuten, kreativ und innovativ zu sein.

Ein großer Wandel in der Art, das Geschäft zu betreiben

Diese Einsatzbereitschaft führte automatisch zu großen Veränderungen, wie das Team das Geschäft betrieb. Da sie eine stärkere Verbindung mit den Kunden wollten, ging ein Teil der Belegschaft vor den Fischtresen, um mit den Leuten in Aktion zu treten. Die Herausforderung war, den Fisch, den jemand gekauft hatte, hinter den Tresen zu bekommen, um ihn einzupacken, und dann wieder an den Kunden zu liefern. Dies führte zu der sogenannten „Flying-Fish"-Tradition, in der die „Fischhändler" die Bestellungen der Kunden über die ganze Auslage warfen. Diese Gewohnheit veranlasste sie das Schild: „Vorsicht: Tieffliegende Fische" aufzustellen.

Die typische Routine bezieht den Kunden, der einen Fisch bestellt, mit ein. Die Fischhändler in Schürze und Gummistiefeln rufen die Bestellung aus, diese wird laut schreiend vom Rest der Belegschaft wiederholt, wobei der erste Fischhändler den Fisch des Kunden hinter den Tresen zum Einpacken wirft. Die ganze Zeit schreit sich die Belegschaft ständig etwas zu und skandiert unisono zurück, während sie den bestellten Fisch hin und her werfen. Um sich bei ihren Kunden, die Fische kaufen, zu bedanken, singen sie Ihnen manchmal sogar etwas vor.

Zu anderen Zeiten wirft die Belegschaft zum Schrecken der Zuschauer spielerisch einen Schaumfisch in die Menge, oder sie wählen einen Kunden in der Menge aus, um ihn am Fischwurf teilnehmen zu lassen.

Ein weitere beliebte Besonderheit des Pike Place Fish Market ist der Seeteufel (ein hässlicher Fisch mit großen Zähnen), der, dank eines versteckten Geräts, nach den Kunden „schnappen" kann.

Wichtig ist in diesem Zusammenhang, dass die Aktivitäten der Belegschaft auf dem Markt keine abgesprochene Aufführung ist. „Es entwickelt sich durch jeden von uns immer wieder neu," erklärt das Team. „Mit den unterschiedlichen Leuten wird es immer wieder anders. Es hängt davon ab, wer die Kunden sind … wie sie reagieren. Es geht darum, für die Leute zu sorgen. Wir sind immer wieder auf der Suche, wie wir für einen Unterschied im Leben der Menschen sorgen können." Das Team weist darauf hin:

> Die Leute wollen uns kopieren – tun, was wir tun. Wir sagen ihnen immer wieder: „Ihr Erfolg liegt nicht daran, zu tun, was wir tun; es geht darum, Ihren eigenen Weg zu entdecken.

Tun Sie nicht das, was wir tun – wir haben alles bloß erfunden … tun Sie, was sie inspiriert … erfinden sie es!" Sie müssen bloß (sie selbst … was sie inspiriert) sein. Und das bedeutet, dass Sie sich zu dem bekennen, von dem Sie sagen, dass Sie es sind: handeln Sie so, denken Sie so, schauen Sie so aus, fühlen Sie so, sprechen Sie so … sein Sie es! Sie werden Ihren eigenen Weg gestalten, indem Sie einfach Sie selbst sind und tun, was Sie inspiriert.

Ein Vorbild für andere Firmen

Dieser Ansatz war ungeheuer erfolgreich. Gerade rechtzeitig entdeckte schließlich ein Nachrichtenteam vom Fernsehen den Fischmarkt mit seinem Schauspiel für die Kunden und filmte sie. Die Nachricht verbreitete sich schnell (,ging viral') und führte dazu, dass der Markt und seine Angestellten von vielen weiteren Filmcrews gefilmt und in zahlreichen Magazinen vorgestellt wurden. Seitdem wurden sie in die nationalen Medien und in Fernsehshows eingeladen.

Heute ist der Laden ein beliebtes Reiseziel und eine der meistbesuchten Touristenattraktionen in Seattle, die mehr als 10.000 Besucher am Tag anzieht. Tatsächlich rangiert Pike Place Fish Market in der Zeitschrift *Travel & Leisure* auf Platz 13 der meistbesuchten Attraktionen in den USA. Er ist wirklich „world-famous" geworden.

Genauso wichtig ist, dass der Pike Place Fish Market wiederholt als einer der „motivierendsten Orte" bezeichnet wird, „wo man in Amerika arbeiten kann". Die Firma wurde für andere Organisationen zum Modell für eine ermächtigte (empowerte) Kultur und wurde an Business Schools und Universitäten als Fallbeispiel genutzt. Die Angestellten des Fischmarktes sprechen oft zu Firmen, Bürgergruppen und Schulen über Wege zum Erfolg. Es gibt mindestens vier Bücher, die über den Pike Place Fish Market publiziert wurden; eines wurde ein internationaler Bestseller. Und er ist das Thema eines der bestverkauften Training-Videos und DVDs der Welt.

Die Belegschaft am Pike Place Fish Market hat vorsätzlich eine Kultur geschaffen, die auf drei Grundwerten basiert:

- **Empowerment** (Ermächtigung) – Unterstützung für jeden Menschen, er selbst zu sein und zu tun, was ihn inspiriert.

- **Vision zur Wirklichkeit** – Setzen von ambitionierten Zielen und sie geschehen lassen.

- **Einen Unterschied in der Welt bewirken** – Der wahre Zweck eines Geschäfts ist, einen deutlichen und anhaltenden Unterschied für die Lebensqualität in der Welt zu bewirken.

Indem sie leidenschaftlich ihre Mission lebten und ihre Ambition, weltberühmt zu sein, verfolgten, zog das Pike Place Fish Market Team an die 10,000 Besucher täglich an und wurde in nationalen Medien und Fernsehshows als einer der "most fun places to work in America" vorgestellt.

Das Pike Place Fish Market Team stellte ihre Passion, Ambition und Mission in den Dienst einer neuen Vision für ihre Kunden, sie vereinen beste Fischqualität mit qualitativ hochwertigem, (unterhaltsamen) Service.

Diese Werte sind die Grundlage für jede Art des Conscious Leadership und Next Generation Entrepreneurship. Das Pike Place Fish Market Team postet auf seiner Website:

> *Auf dem World Famous Pike Place Fish Market wissen wir, dass es für jeden von uns als Mensch möglich ist, die Art, wie andere Menschen ihr Leben erfahren, zu beeinflussen. Durch unsere Arbeit wollen wir die Lebensqualität für alle verbessern. Wir arbeiten innerhalb unserer Möglichkeiten am Weltfrieden und Wohlstand für alle Menschen. Dies ist unsere Verpflichtung – das ist, wer wir sind – das ist es, was wir tun.*

Ich habe selbst den Markt besucht und kann bestätigen, dass es wirklich eine einzigartige, aufregende und vergnügliche Erfahrung ist. Menschenmengen versammeln sich und warten voller Spannung darauf, dass jemand einen Fisch kauft, damit sie miterleben können, was die Belegschaft als nächstes tun wird. Offensichtlich sind die Mitarbeiter keine einfachen „Darsteller". Sie interagieren sympathisch, spielerisch und authentisch miteinander, mit ihren Kunden und mit der Menge.

Pike Place Fish Market Team entschied sich, die Rolle einer "empowerten" Kultur anzunehmen, die sich verpflichtet hat, "überall die Lebensqualität für die Menschen und den Planeten zu verbessern". Sie haben Partnerschaften mit anderen Organisationen wie dem Monterey Bay Aquarium, um Konsumenten und Betrieben zu helfen, bessere Entscheidungen zugunsten gesunder Ozeane zu treffen.

Unterstützung einer nachhaltigen Zukunft

Laut dem Team am Pike Place Fish Market gilt:

> *Unsere Vision ist, dass Firmen auf der ganzen Welt es zu ihrer Aufgabe machen, überall die Lebensqualität der Menschen genau wie die für unseren Planeten zu verbessern. Und wir wollen diese Art zu arbeiten so vielen Organisationen wie möglich zugänglich machen.*

Dies übersetzen sie für sich in eine erweiterte Mission: „Weltfrieden und einen Unterschied bewirken". Als Teil dieser Mission verpflichtete sich die Firma, „zu 100% Meeresfrüchte aus nachhaltiger Produktion zu verkaufen". Außerdem besteht eine Partnerschaft mit dem Monterey Bay Aquarium Seafood Watch Programm. Sie sind in ihrer Mission vereint, Konsumenten und Betrieben zu helfen, bessere Entscheidungen zugunsten gesunder Ozeane zu treffen. Seafood Watch schärft das Bewusstsein der Konsumenten mit Hilfe von Taschenführern, Tipps auf ihrer Website, Mobilen Apps und weitreichenden Anstrengungen. Sie fördert Restaurants, Händler und Lieferanten von Meeresfrüchten von nachhaltig bewirtschafteten Beständen zu kaufen.

Überlegungen zu Pike Place Fish Markets Reise
„World Famous" zu werden

Pike Place Fish Market liefert ein deutliches Beispiel, wie die Macht der Denk-weise ein ganzes Business transformieren kann. Ebenso veranschaulicht es viele Prinzipien des Next Generation Entrepreneurship und Conscious Leadership. Es zeigt, wenn es eine klare Richtung gibt, auch wenn der Bestimmungsort noch nicht sicher ist, kann ein Weg geschaffen werden, der zum Wohl aller Stakeholder zu etwas Neuem führt.

In dieser Hinsicht zeigt der Fall des Pike Place Fish Market ein Reihe von Schlüsselprinzipien und Elementen des SFM Erfolgszirkels und der Success Mind-set-Map. Yokoyama, sein Coach und sein Team haben intuitiv die in diesem Kapitel vorgestellten Grundsätze des Mindset-Kompasses angewandt.

Offensichtlich begann die Reise im Zentrum des Erfolgszirkels mit der Erforschung des Selbst, der Identität und der Leidenschaft (**Passion**). Zunächst war der Fokus für Yokoyama und sein Team, **ihre persönliche Zufriedenheit bei dem, was sie taten, zu steigern**. Mit Hilfe ihres Coaches nahmen sie sich die Zeit, herauszufinden, was sie wirklich gerne taten, was ihnen wichtig war und worin sie gut waren und sich damit zu verbinden. Intuitiv wandten sie Richard Bransons Rat an, als ihr Coach das Team ermutigte, „seiner Leidenschaft zu folgen – so, wie es der Welt und ihnen dient." Mit den Worten des Teams hieß das: „Sei du selbst und tue, was dich inspiriert." Diese Verbindung zu ihrer Leidenschaft brachte dem Team Energie und Motivation für das Unternehmen und half den Teammitgliedern, sich *„mit voller Kraft"* für das einzusetzen, was sie wollten.

Der nächste Schritt auf der Reise bestand darin, **finanzielle Robust-heit und Stabilität** zu erlangen. Gemäß dem Mindset-Kompass ist dafür eine starke **Ambition** notwendig, um „eine Delle ins Univer-sum zu schlagen" sowie das Verlangen, eine bedeutsame Beziehungen mit Kunden und potenziellen Partnern einzugehen. Wie der Mindset-Kompass zeigt, erfordert dieses Ziel „die Kühnheit eines Abenteurers wie Sir Francis Drake" und „den Willen, etwas zu erreichen". Bei dem Team des Pike Place Fish Market entstand daraus der Wunsch, „World Famous" zu werden. Wie der Mindset-Kompass weiter vorschlägt, inspirierte sie ihre Ein-satzbereitschaft für diese Ambition *„ständig den Horizont nach Möglichkeiten und „schwachen Signalen" abzusuchen, die auf wichtige Chancen hinweisen"*, um her-auszufinden, wie man eine solch große Ambition verwirklichen kann.

Um die Ambition, „World Famous" zu sein, zu verwirklichen, musste die Belegschaft des Pike Place Fish Market, **größere Innovationskraft und Resilienz** entwickeln. Der Mindset-Kompass zeigt, dass dies bedeutet, „Teammitglieder zu ermutigen und ihnen Gelegenheiten zum Lernen und Wachsen zu bieten" sowie ihnen zu helfen, *„sich über ihre Bestimmung, einzigartigen Gaben und ihren Beitrag klar zu werden,* den sie durch ihr Unternehmen für andere leisten". Gemäß dem Mindset-Kompass erfordert die Steigerung der Innovationskraft und Resilienz, „eine bedeutsame Beziehung mit Kunden und potenziellen Partnern einzugehen" und „den tiefen Wunsch, andere zu ermächtigen (empowern) und ihnen zu helfen, glücklich zu sein". Der Ausdruck dieser Prinzipien zeigt sich deutlich, wie die Belegschaft, *weltberühmt zu sein,* definiert. Es ist ihre **Vision,** für ihre Kunden „wirklich präsent zu sein und mit ihnen eine menschliche Beziehung einzugehen"; den Tag jedes Menschen positiver zu machen; zu Diensten zu sein und sich um die Kunden gut zu kümmern; beste Fischqualität zu haben; und nicht nur den Kunden, sondern der Welt zu dienen."

Mit dem Wunsch der Pike Place Fish Market Belegschaft, **einen echten, bedeutsamen Beitrag zu leisten,** begann die nächste Phase des *„Brainstorming und Implementierung von Produkten oder Dienstleistungen, die Kundenbedürfnisse vorausahnen und erfüllen".* Gemäß dem Mindset-Kompass gehört zur Zielerreichung, „die Richtung vorzugeben, Teammitglieder zu unterstützen und sie zur Kooperation zu ermutigen". Die Implementierung dieser Grundsätze führte die Belegschaft zu ihrer berühmten „Flying fisch"-Show, ihrem Spiel mit den Kunden und ihrer Haltung, stets mit Freude zu arbeiten. Daraus folgte die erklärte **Mission,** „herausragenden Service zu bieten, den Weltfrieden zu fördern und einen Unterschied zu bewirken". Der Firmenerfolg darin spiegelt Anita Roddicks Kommentar wieder, dass „man sich eine ehrenwerte Existenz aufbauen kann, wobei man seine Talente gebraucht, um davon seinen Lebensunterhalt zu bestreiten", so dass „es einem ein Gefühl der Freiheit gibt und einen sein Leben so, wie man es will, im Gleichgewicht halten lässt."

Interessanterweise war im traditionellen Sinne **der Aufbau eines skalierbaren Business** niemals Teil der Vision oder Ambition von John Yokoyama oder der Pike Place Fish Market Belegschaft. Sie hatten keine Ambition ihren Markt wie Starbucks, Apple oder Amazon international auszuweiten. In ihrer **Rolle** als „Modell einer ermächtigten Kultur" im Business, schafften sie es jedoch, ihren Beitrag zu skalieren und andere Firmen zu beeinflussen. Als Beweis dafür gilt ihre Verwendung als Fallbeispiel an Business Schools und Universitäten sowie als Thema von Büchern und Trainingsvideos. Ihre *Partnerschaft* mit dem Monterey Bay Aquarium Seafood Watch Programm half, den Einflussbereich bezüglich ihrer Vision und Mission für eine nachhaltigere Zukunft auszuweiten.

Pike Place Fish Markets Erfolgszirkel

Alles in allem bildeten John Yokoyama und die Pike Place Fish Market Belegschaft einen effektiven Erfolgszirkel, wobei sie im Zentrum des Zirkels mit der Klärung ihrer Identität und **Passion** („Sei du selbst und tue, was dich inspiriert) starteten. Diese Leidenschaft drückte sich in der **Ambition** aus, „World Famous" zu sein; eine Ambition, die letztlich dazu führte, dass sie in nationalen Medien und Fernsehshows auftraten, was nun mehr als 10.000 Besucher am Tag anzieht und dass sie als einer „der motivierendsten Arbeitsplätze in Amerika" gelten.

Passion

Die Verwirklichung der Ambition „World Famous" zu sein, bedeutete eine neue **Vision** zu etablieren, die die Kunden einbezog:

Ambition

- Präsent sein und mit den Leuten eine menschliche Beziehung eingehen

- Nach Wegen suchen, den Tag jedes Menschen positiver zu machen

- Zu Diensten sein und sich gut um die Kunden kümmern

Vision

- Beste Fischqualität haben

- Nicht nur Kunden, sondern der Welt dienen

Dies drückte sich in einer noch größeren Vision für eine größere „Holarchie" aus: „Wir sehen Firmen auf der ganzen Welt, die es zu ihrer Aufgabe machen, überall die Lebensqualität der Menschen genau wie die für unseren Planeten zu verbessern." Die Implementierung dieser Vision brachte die Pike Place Fish Market Belegschaft zu der **Mission**, „einen herausragenden Service zu liefern, den Weltfrieden zu fördern und einen Unterschied zu bewirken"; durch drei Prinzipien: Empowerment, Verwirklichung der Vision und einen Unterschied in der Welt bewirken.

Mission

Dadurch übernahm der Pike Place Fish Market die **Rolle** einer „ermächtigten (empowerten) Kultur – und wurde zum Modell. Sie demonstrierten, dass „es für jeden von uns als Mensch möglich ist, die Art zu beeinflussen, wie Menschen ihr Leben erfahren … und die Lebensqualität für jeden zu verbessern". Ihr Einsatz als Fallbeispiel an Business Schools und Universitäten sowie in Büchern und Trainingvideos ist ein starker Beweis, wie erfolgreich sie in dieser Rolle sind.

Rolle

Pike Place Fish Markets Erfolgszirkel

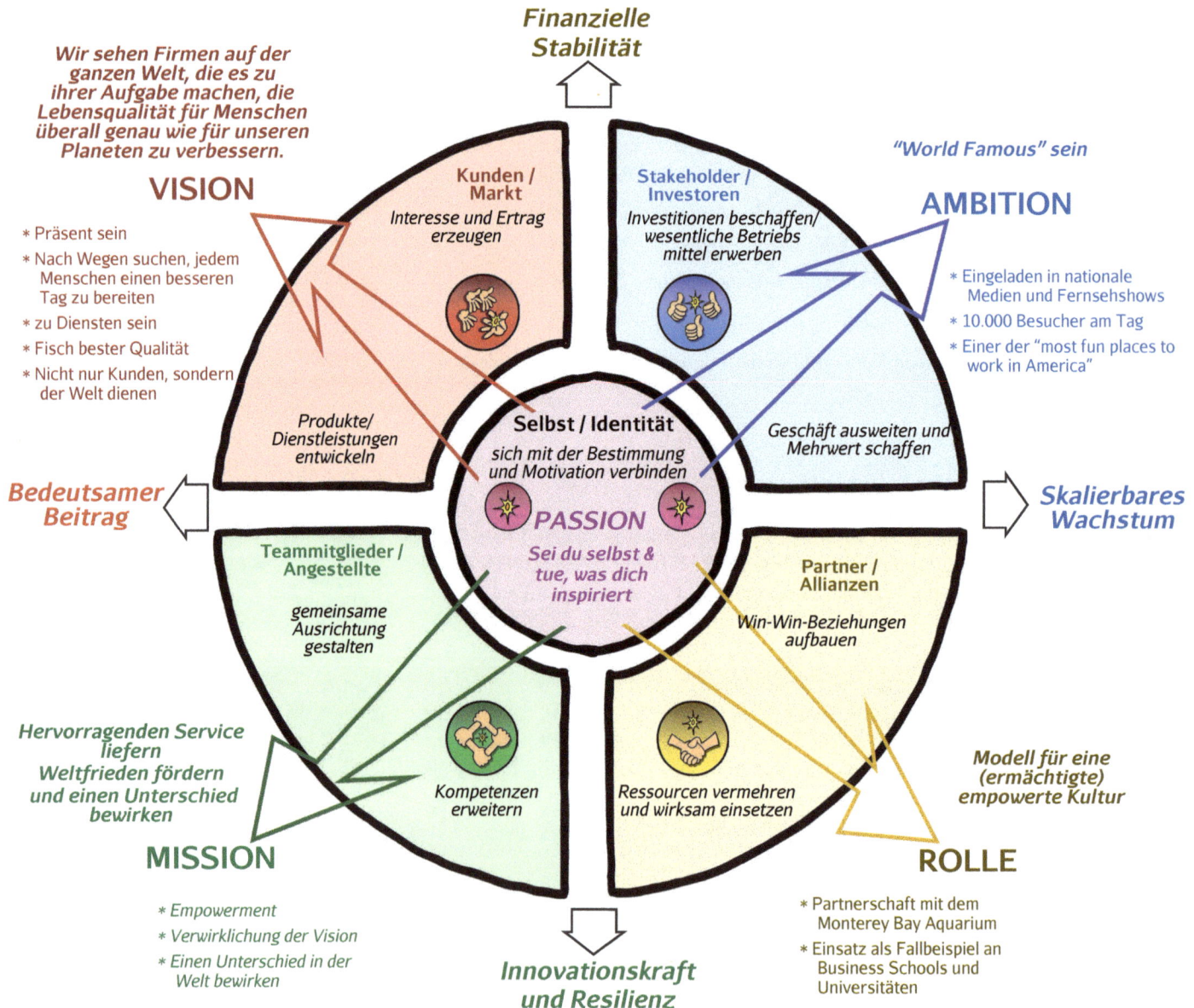

Finanzielle Stabilität

Wir sehen Firmen auf der ganzen Welt, die es zu ihrer Aufgabe machen, die Lebensqualität für Menschen überall genau wie für unseren Planeten zu verbessern.

VISION

* Präsent sein
* Nach Wegen suchen, jedem Menschen einen besseren Tag zu bereiten
* zu Diensten sein
* Fisch bester Qualität
* Nicht nur Kunden, sondern der Welt dienen

Kunden / Markt
Interesse und Ertrag erzeugen

Stakeholder / Investoren
Investitionen beschaffen/ wesentliche Betriebs mittel erwerben

"World Famous" sein

AMBITION

* Eingeladen in nationale Medien und Fernsehshows
* 10.000 Besucher am Tag
* Einer der "most fun places to work in America"

Produkte/ Dienstleistungen entwickeln

Selbst / Identität
sich mit der Bestimmung und Motivation verbinden

PASSION
Sei du selbst & tue, was dich inspiriert

Geschäft ausweiten und Mehrwert schaffen

Bedeutsamer Beitrag

Skalierbares Wachstum

Teammitglieder / Angestellte
gemeinsame Ausrichtung gestalten

Partner / Allianzen
Win-Win-Beziehungen aufbauen

Hervorragenden Service liefern Weltfrieden fördern und einen Unterschied bewirken

Kompetenzen erweitern

Ressourcen vermehren und wirksam einsetzen

Modell für eine (ermächtigte) empowerte Kultur

MISSION

* Empowerment
* Verwirklichung der Vision
* Einen Unterschied in der Welt bewirken

ROLLE

* Partnerschaft mit dem Monterey Bay Aquarium
* Einsatz als Fallbeispiel an Business Schools und Universitäten

Innovationskraft und Resilienz

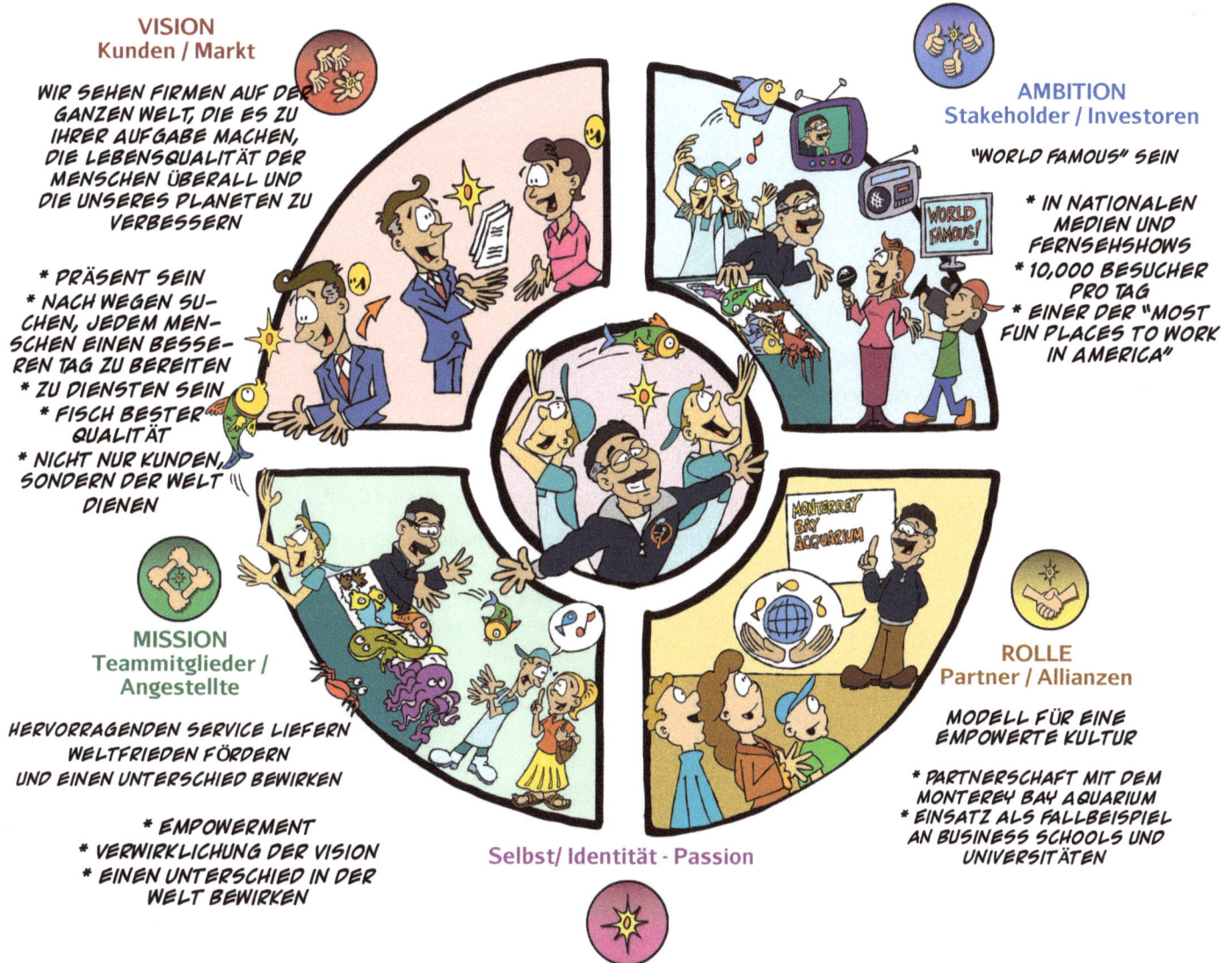

PIKE PLACE FISH MARKETS ERFOLGSZIRKEL

VISION
Kunden / Markt

WIR SEHEN FIRMEN AUF DER GANZEN WELT, DIE ES ZU IHRER AUFGABE MACHEN, DIE LEBENSQUALITÄT DER MENSCHEN ÜBERALL UND DIE UNSERES PLANETEN ZU VERBESSERN

* PRÄSENT SEIN
* NACH WEGEN SUCHEN, JEDEM MENSCHEN EINEN BESSEREN TAG ZU BEREITEN
* ZU DIENSTEN SEIN
* FISCH BESTER QUALITÄT
* NICHT NUR KUNDEN, SONDERN DER WELT DIENEN

AMBITION
Stakeholder / Investoren

"WORLD FAMOUS" SEIN

* IN NATIONALEN MEDIEN UND FERNSEHSHOWS
* 10,000 BESUCHER PRO TAG
* EINER DER "MOST FUN PLACES TO WORK IN AMERICA"

MISSION
Teammitglieder / Angestellte

HERVORRAGENDEN SERVICE LIEFERN WELTFRIEDEN FÖRDERN UND EINEN UNTERSCHIED BEWIRKEN

* EMPOWERMENT
* VERWIRKLICHUNG DER VISION
* EINEN UNTERSCHIED IN DER WELT BEWIRKEN

ROLLE
Partner / Allianzen

MODELL FÜR EINE EMPOWERTE KULTUR

* PARTNERSCHAFT MIT DEM MONTEREY BAY AQUARIUM
* EINSATZ ALS FALLBEISPIEL AN BUSINESS SCHOOLS UND UNIVERSITÄTEN

Selbst/ Identität - Passion

SEI DU SELBST & TUE, WAS DICH INSPIRIERT

Fazit

Das Beispiel des Pike Place Fish Marktes demonstriert ganz deutlich, dass es kein High-Tech-Gigant sein muss, der Computer, Elektroautos oder Raumschiffe herstellt, damit seine Gründer und Teammitglieder bewusster leben und einen positiven Unterschied in der Welt und im Leben anderer bewirken. Ein Next Generation Entrepreneur oder ein Conscious Leader zu sein, hängt nicht davon ab, welche Produkte man anbietet. In erster Linie drücken sich Next Generation Entrepreneurship und Conscious Leadership durch die Denkweise aus, die allem, was man tut, zugrundeliegt.

Firmen wie illy Café und Ben & Jerry's Ice Cream sind weitere Beispiele, wie die Denkweise oder das Mindset am Kern des Conscious Leadership und Next Generation Entrepreneurship praktisch auf jedes Unternehmen angewendet werden kann – ob es Fisch, Kaffee oder Eis verkauft. Unternehmen wie illy Café und Ben & Jerry's Ice Cream sind für ihr soziales Bewusstsein bekannt und leisten einen signifikanten Beitrag zu einer nachhaltigen Zukunft, während sie gleichzeitig für eine gute Atmosphäre und gute Arbeitsbedingungen für ihre Angestellten und Teammitglieder sorgen.

Mit den Worten von Andrea Illy von **illy Café**:

> Der perfekte Kaffee ist meine Mission, meine Passion und meine Obsession. Also muss ich mich selbst fragen, wenn ich in eine Tasse illy Café schaue: Wie kann dies noch besser werden? Bei illy bereiten wir den Weg für die Idee, dass die perfekte Tasse Kaffee über die Gaumenfreude hinausgehen muss. Wir glauben, dass sie eine bessere Welt bereitet. Seit 1991 kaufen wir Kaffee direkt aus den Händen der Erzeuger. Illy wählt die Erzeuger, mit denen wir arbeiten, aufgrund der Qualität ihrer Bohnen aus und kultiviert dann persönliche und exklusive Beziehungen, so dass jeder Cent, den wir ausgeben, und jede Bohne, die wir kaufen, zum Gemeinwohl beitragen. Diese Bauern leben und arbeiten in den entfernten Wiegen des Kaffees –in Kolumbien, Costa Rica, Brasilien und Indien. Hier kommt das Beste aus der Natur und der Menschheit zusammen, um der kostbaren Kaffeebohne ein bedeutsames Leben zu geben. Indem wir ein verantwortungsvolles Geschäft vom Erzeuger zum Händler zum Röster betreiben, ist Kaffee unser Beitrag, um das Leben von 25 Millionen Familien in über 70 Ländern zu verbessern.

Wenn Andrea Illy eine Tasse Kaffee anschaut, sieht er offensichtlich den Kontext einer größeren Holarchie.

Firmen wie der Pike Place Fish Market, illy Café und Ben & Jerry's Ice Cream sind Beispiele, wie die Denkweise am Kern des Conscious Leadership und Next Generation Entrepreneurship angewandt werden kann, um ein bedeutsames, nachhaltiges und erfolgreiches Unternehmen gegründet und ausgebaut werden kann, unabhängig von bestimmten Produkten oder Branchen.

Ben Cohen und Jerry Greenfield von **Ben & Jerry's Ice Cream** drücken eine ähnliche Leidenschaft und Vision für ihr Unternehmen aus. Sie sagen:

Ben & Jerry's arbeitet ausgehend von einer dreiteiligen Mission, die versucht, allen, die mit unserem Geschäft verbunden sind, eine Wohlstandgarantie zu geben: Lieferanten, Angestellte, Bauern, Franchisenehmer, Kunden und auch Nachbarn.

- *Unsere Mission für das Produkt treibt uns an, fantastisches Eis zu machen – um seiner selbst willen.*

- *Unsere ökonomische Mission verlangt von uns, dass wir unsere Firma zu einem nachhaltigen, finanziellen Wachstum führen*

- *Unsere soziale Mission zwingt uns dazu, unsere Firma zu nutzen, um auf innovative Weise die Welt zu einem besseren Ort zu machen.*

Sie gründeten die Ben & Jerry's Stiftung, deren Mission es ist, „Ben & Jerry's Angestellte in philanthropischer und sozialer Veränderungsarbeit zu engagieren; um so unseren Gesellschaften etwas zurück zu geben; um Basisbewegungen und Gemeinden zu unterstützen, die sich für soziale und Umweltgerechtigkeit im Land einsetzen".

Wie ich in der Einleitung zu diesem Buch sagte, bedeutet *Conscious Leadership*, „nachhaltige Unternehmen aufzubauen und sich selbst und sein Team aus dem Zustand der zentrierten Präsenz, mit dem Zugang zu multiplen Intelligenzen und aus seinen höchsten Werten heraus, im Dienst einer höheren Bestimmung zum Wohl aller Stakeholder zu führen". Pike Place Fish Market, illy Café und Ben & Jerry's Ice Cream liefern überzeugende Beispiele für das transformative Potenzial, das das Mindset und die Fähigkeiten des Conscious Leadership und des Next Generation Entrepreneurship für jede Geschäftsart mit sich bringen.

Zusammenfassung des Kapitels

Conscious Leadership - Führung mit Bewusstheit – hat viele Gemeinsamkeiten mit Next Generation Entrepreneurship – dem Unternehmertum der Zukunft. *Next Generation Entrepreneure* gestalten ein zukunftsfähiges Geschäft oder Projekt, um ihren Traum zu leben, während sie Produkte oder Dienstleistungen liefern, die einen positiven Unterschied in der Welt bewirken, wodurch sie sich persönlich weiterentwickeln.

Der *SFM Erfolgszirkel*™ ist ein Modell, das die Ergebnisse, Aktionen und Denkweisen (Mindsets) für die Bildung eines erfolgreichen Unternehmens zusammenbringt. Das Modell organisiert fünf Kernergebnisse, die für den Aufbau eines wirklich erfolgreichen Unternehmens erforderlich sind:

1. Persönliche Zufriedenheit
2. Bedeutsamer Beitrag
3. Finanzielle Stabilität
4. Innovation und Resilienz
5. Skalierbares Wachstum

Um diese Ergebnisse zu verwirklichen, richten erfolgreiche Unternehmer ihre Aufmerksamkeit und ihr Handeln in ausgewogener Weise auf die fünf grundlegenden Perspektiven: auf 1.) sich selbst und ihren Sinn für die Bestimmung und die Motivation, warum sie etwas tun, 2.) ihre Kunden und ihre Produkte oder Dienstleistungen, 3) ihre Investoren und Stakeholder, 4.) ihre Teammitglieder oder Angestellten und 5.) ihre strategischen Partner und Verbündeten.

Gemäß dem Erfolgszirkel gründet sich der Aufbau eines erfolgreichen Unternehmens letztendlich auf einer *unternehmerischen Denkweise* (Mindset), die zu den notwendigen Handlungen führt und dazu ermutigt, um die Kernergebnisse zu erreichen. Dieses Denken hängt von der Fähigkeit des Unternehmers ab, seine *Leidenschaft* in Form seiner *Vision, Mission, Ambition* und *Rolle* mitteilen zu können.

Das Beispiel von Elon Musk aus der Einführung veranschaulicht sehr gut, wie ein effektiver Erfolgszirkel gebildet wird.

Die *Success Mindset-Map*™ erweitert den SFM Erfolgszirkels, indem drei Hauptbereiche einer unternehmerischen Denkweise benannt werden:

1. Meta-Mindset – Überblick über das große Ganze
2. Makro-Mindset – Erfolgsgewohnheiten
3. Mikro-Mindset – Langfristige Prioritäten

Der *Mindset-Kompass* konkretisiert, welche Elemente der drei Bereiche des Mindsets, Meta, Makro und Mikro, die wichtigsten und relevantesten sind, um die verschiedenen Kernergebnisse zu erreichen, die durch den Erfolgszirkel definiert sind. Der Mindset-Kompass hilft Ihnen, Ihre besonderen Begabungen und Neigungen einzuschätzen und zu ermitteln. So erkennen Sie, welche zu priorisieren und zu stärken sind, um Ihr Projekt oder Unternehmen auf die nächste Stufe zu bringen.

Der Fall des Pike Place Fish Market gibt ein deutliches Beispiel, wie durch die Macht der Denkweise ein Unternehmen transformiert wird. Es demonstriert sehr gut, dass eine Firma kein High-Tech-Gigant sein muss, der Computer, Elektroautos oder Raumschiffe herstellt, damit seine Gründer und Teammitglieder bewusster leben und einen positiven Unterschied in der Welt und im Leben von anderen Menschen bewirken. Es zeigt, wenn eine klare Richtung eingeschlagen wird, auch wenn der Bestimmungsort noch nicht sicher ist, kann ein Pfad zum Wohle aller Stakeholder zu etwas Neuem geschaffen werden. Als sie sich über ihre Identität im Klaren waren und ihre Leidenschaft mit: „Sei du selbst und tue, was dich inspiriert" formuliert hatten, fanden sie ihre Ambition, „World Famous" zu sein, die sie durch „präsent sein, Leuten von Mensch-zu-Mensch begegnen und jedem Menschen einen positiveren Tag bereiten" umsetzten. Damit kam die Firma vom Rande der Insolvenz zurück und wurde im wahrsten Sinne des Worte „world famous" (weltberühmt).

Referenzen und Literaturhinweise

- *Success Factor Modeling, Band I – Next Generation Entrepreneurs: Lebe Deinen Traum und schaffe eine bessere Welt durch Dein Unternehmen*, Dilts, R., Castle Mount Media, Erlangen, 2017
- The SFM Mindset Compass™; Mindset Maps International, *http://www.mindsetmaps.com*.
- *50 Entrepreneurs Share Priceless Advice*; verfügbar auf YouTube.com
- www.pikeplacemarket.org
- www.illy.com
- www.benjerry.com

04
Conscious Leadership und das SFM Leadership-Modell™

Leadership rückt die Vision eines Menschen in den Mittelpunkt, sie hebt die Leistung eines Menschen auf höhere Standards, und bildet die Persönlichkeit über ihre normalen Grenzen hinaus.

Peter Drucker

Wenn Ihre Handlungen andere inspirieren, mehr zu träumen, mehr zu lernen, mehr zu tun und mehr zu werden, dann sind Sie eine Führungspersönlichkeit.

John Quincy Adams

ANTONIO MEZA

Conscious Leadership und das SFM Leadership-Modell™

Der Bedarf an Leadershipkompetenz wird immer deutlicher, je mehr sich unser inneres Spiel im Außen ausdrückt, wenn wir versuchen einen Erfolgszirkel aufzubauen und wir mit den potenziellen Hindernissen auf unserem Weg umgehen müssen. Wie in Kapitel 1 beschrieben, geht es bei der Führung im Wesentlichen darum, eine *Richtung vorzugeben* und *Energie* in unsere Unternehmen zu bringen. Die grundlegenden Führungsfähigkeiten beinhalten: eine Vision äußern, andere beeinflussen, um Resultate zu erzielen, zur Kooperation im Team ermutigen und Vorbild sein. Conscious Leader erweitern diese Fähigkeiten durch ihre Authentizität, emotionale Intelligenz und zielgerichteter Verantwortlichkeit. Conscious Leadership äußert sich durch folgende Begabungen:

1. Formulierung und Kommunikation einer bedeutsamen, alle Stakeholder einschließenden Vision

2. Fokus auf den höheren Sinn.

3. Einfluss durch Inspiration

4. Ausgleich von Eigeninteresse und Gemeinwohl, bei sich selbst und anderen.

5. Respekt und Integration multipler Perspektiven.

6. Führung durch Vorbild (walk the talk).

7. Achtsame Selbstführung und bedachte Reflexion über die aus Erfahrungen gewonnenen Lektionen

Die Denkweise, Begabungen und Handlungen von Conscious Leadern sind eine wichtige Ergänzung zu denjenigen des Next Generation Entrepreneurship.

Die Denkweise, Begabungen und Handlungen von Conscious Leadern sind eine wichtige Ergänzung zu denjenigen des Next Generation Entrepreneurship –dem Unternehmertum der Zukunft. Man kann sagen, dass alle erfolgreichen Unternehmer auch effektive Führungskräfte sind, obwohl nicht alle kompetenten Führungskräfte notwendigerweise Unternehmer sind (wie wir es im Fall von Dr. Lim Suet Wun am Tan Tock Seng Hospital am Ende von Kapitel 2 gesehen haben). Deshalb ist Führung ein separates, aber mit den Eigenschaften der Next Generation Entrepreneure (s. vorhergehende Kapitel) überlappendes und komplementäres Set von Begabungen.

In diesem Abschnitt zeige ich Ihnen, wie ich die Prinzipien und Unterscheidungsmerkmale des Success Factor Modeling ganz konkret auf die Führung in Organisationen angewandt habe. Danach werden wir untersuchen, wie die Kompetenzen außergewöhnlicher Führungspersönlichkeiten synergetisch genutzt werden können und die weiteren Erfolgsfaktoren aus diesem Band ergänzen.

Das SFM Leadership-Modell™

Ab den späten 1980er bis in die frühen 2000er wandte ich Success Factor Modeling bei der Durchführung einer eingehenden Studie über effektive Führung (Leadership) an, die zum großen Teil von der FIAT Gruppe aus Turin, Italien* gesponsert wurde. Zu dieser Zeit war FIAT einer der weltweit größten Industriekonzerne mit 1.063 Firmen in 61 Ländern und über 223.000 Angestellten. Der Konzern betrieb 242 Produktionsanlagen und 131 Forschungs & Entwicklungs-Zentren verteilt auf 10 Arbeitsgebiete: Automobile, Landwirtschafts- und Baumaschinen, Nutzfahrzeuge, metallurgische Produkte, Komponenten, Produktionssysteme, Luftfahrt, Verlagswesen und Kommunikation, Versicherungen und Dienstleistungen.

Ziel der Forschung war die Entwicklung eines umfassenden, pragmatischen Modells für die Führung in Organisationen aus gehend von einer Kombination aus a) Interviews mit CEOs und Top Managern aus erfolgreichen Organisationen weltweit,

b) Grundwerten von Weltklasseorganisationen und c) Fallbeispielen sowie aktueller Literatur über Führung bzw. Leadership.

Das daraus resultierende SFM Leadership-Modell™ bietet einen wichtigen Wegweiser, um Unternehmen und Organisationen zu helfen, nachhaltig, resilient und fit für die Zukunft zu sein.

Nach diesem Modell umfasst effektives Leadership eine dynamische Beziehung zwischen dem inneren und dem äußeren Spiel. Das äußere Spiel ist auf das Erreichen der *entscheidenden Organisationsziele* ausgerichtet, die zum Überleben und Wachsen des Unternehmens notwendig sind. Diese Ergebnisse werden durch Verhaltensmaßnahmen erreicht, die andere involvieren. Das innere Spiel der Führung ist auf die Entwicklung und den Ausdruck der *inneren, persönlichen Eigenschaften und Fähigkeiten* ausgerichtet, die das notwendige *Mindset* festlegen, wodurch die erforderlichen Aktionen erzeugt und unterstützt werden, um die Ziele zu erreichen

Schlüsselelemente des SFM Leadership-Modell™

---

* Ein Teil dieser Studie wird detailliert in meinen Buch Modelling mit NLP, 1998 beschrieben.

Die vier wesentlichen Ziele erfolgreicher Unternehmen

Lassen Sie uns mit dem äußeren Spiel beginnen, um das Modell zu präsentieren. In einem erfolgreichen Unternehmen ist die Führungsfähigkeit auf vier fundamentale Organisationsziele ausgerichtet: *Resultate erzielen*, *den Wandel fördern*, *Menschen entwickeln* und *Werte verwirklichen*.

1. Resultate erzielen:

Jede effektive Führung wird daran gemessen, in wie weit gewisse Resultate erzielt werden. Führung bedeutet im Wesentlichen andere zu beeinflussen, um die gewünschten Ziele zu erreichen – d. h. Führungskräfte führen andere zu etwas. Es wurde gesagt, dass „Führungskräfte miteinander über ihre Leistungen kommunizieren". Deshalb geht es bei wirklicher Führung weniger um die Autorität aufgrund der Position als um das Ansehen aufgrund der Fähigkeiten. Resultate werden durch persönliche Entschlossenheit und dem Vermögen erzielt, andere zu ermächtigen (empowern) sowie kontinuierliche Verbesserungen zu suchen. Wie schon erwähnt fallen bei Next Generation Entrepreneuren diese Resultate in die Basiskategorien: Aufbau eines erfolgreichen und nachhaltigem Unternehmens; Beitrag zur Gesellschaft und der Umwelt; persönliches und spirituelles Wachstum; Unterstützung des emotionalen und physischen Wohlergehens von sich selbst und anderen; Teilen von Visionen und Ressourcen in einer Gemeinschaft Gleichberechtigter, um neue Möglichkeiten zu initiieren.

2. Den Wandel fördern:

Der Wandel ist eine Tatsache des Lebens. Veränderungen sind sowohl Quelle als auch Ziel jeder Interaktion innerhalb eines Systems. Tatsächlich sagt man, dass in einem dynamischen System „die einzige Konstante die Veränderung ist". Veränderungen und das Vermögen, sie voranzubringen und zu bewältigen, sind sowohl für das Überleben als auch für das Wachstum notwendig. Deshalb sind Innovations- und Veränderungsfähigkeit für Überleben und Wachstum jeder Firma oder Organisation entscheidend. Dies erfordert die Entwicklung und Stärkung der Vision und des Unternehmergeists innerhalb des Unternehmens. Um produktiven Wandel zu fördern, brauchen Führungskräfte die Fähigkeit, eine Vision formulieren und äußern zu können, sich ständig zu verbessern und ihr Wissen und Ressourcen effektiv zu teilen.

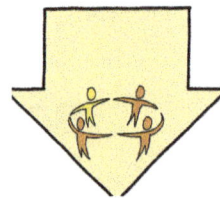

3. Menschen entwickeln:

Führungskräfte und Entrepreneure erreichen Resultate und gestalten positive Veränderungen mithilfe der Bemühungen ihrer Mitarbeiter. Menschen sind die wertvollste Ressource, die ein Unternehmen hat, doch damit sie stets Resultate erzielen und Veränderungen gestalten können, müssen sie wachsen und sich entwickeln. Die Entwicklung der Menschen ergibt sich aus dem Vermögen der Führungskraft, sie zu motivieren, zu stärken (empowern) und sie zur vertrauensvollen Zusammenarbeit zu ermutigen, wobei ihr individuelles Potenzial durch Coaching hervorgeholt wird.

4. Werte verwirklichen:

In Organisationen bilden Werte eine Art Rahmenwerk, das alle Interaktionen innerhalb eines Systems umgibt. Werte und Überzeugungen bestimmen, wie Ereignisse und Informationen interpretiert werden und welche Bedeutung sie haben. Deshalb sind sie der Schlüssel zu Motivation und Kultur. Gemeinsame Werte und Überzeugungen sind der „Kleber", der effektive Organisationen oder Teams zusammenhält und die „DNA" des Unternehmens bildet. (Siehe Steve Jobs' Kommentar, dass Exzellenz, leichter Gebrauch und „tolles Design" Apples „Daseinsberechtigung" sei.) Werte können verwirklicht werden, wenn Führungskräfte in der Lage sind, schlüssig zu handeln, Vorbild zu sein und konsequent durch Austausch und Coaching andere ermutigen, das gleiche zu tun.

Resultate
erzielen

Menschen
entwickeln

LEADERSHIP

Den Wandel
fördern

Werte
verwirklichen

Fundamentale Organisationsziele erfolgreicher Unternehmen

Die vier grundlegenden Aktionen effektiver Führungskräfte

Natürlich werden gewünschte Resultate im äußeren Spiel durch geeignete äußerliche Handlungen erreicht. Die wichtigsten Verhaltensmaßnahmen, die erfolgreiche Führungskräfte einsetzen, sind: *Empowering (Stärken, Ermächtigen), Coaching (Fördern), Sharing* (Austausch) und *Stretching (Fordern)*[1].

Empowering

Eine Firma ist einfach eine Gruppe von Leuten und als Chef muss man ein großartiger Zuhörer sein; ein großartiger Motivator; und man muss sehr gut darin sein, Menschen zu loben und das Beste in ihnen zu suchen. Menschen unterscheiden sich nicht von Blumen. Wenn Sie Blumen Wasser geben, blühen sie und wenn Sie Menschen loben, blühen sie auf. Und das ist die entscheidende Eigenschaft eines Chefs.

Richard Branson – Founder Virgin Group

1. **Empowering** hängt von der *Förderung der individuellen Potenzialentfaltung* ab (Mut zur *Eigenständigkeit*, Übernahme von *Verantwortung* und *Autorität*), damit effektivere Leistung von Einzelnen und in der Kooperation mit anderen erbracht werden. Für Empowering sind Fähigkeiten erforderlich, die Bedingungen ermöglichen, in denen sich die Menschen besser entfalten können, den *Wert* ihrer Arbeit anerkennen und persönliches wie berufliches Wachstum genau wie das Selbstwertgefühl anregen. Empowering ist notwendig, um *Resultate zu erzielen* und *Menschen zu entwickeln*.

   Jeder hat ein unsichtbares Schild um seinen Hals hängen, auf dem steht: ‚Lass mich mich wichtig fühlen.' Vergessen Sie niemals diese Botschaft, wenn Sie mit Menschen arbeiten.

   Mary Kay Ash – Mary Kay Cosmetics

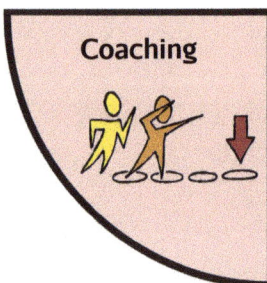

Coaching

Jede Person hat so viel Kraft in sich, dass sie sie herauslassen muss. Manchmal brauchen sie nur einen kleinen Schubs, ein wenig Anleitung, ein wenig Unterstützung, ein bisschen Coaching und die großartigsten Dinge können passieren.

Pete Carroll – NFL Head Coach

2. **Coaching** ist ein Ausdruck des Vermögens, Menschen zu *fördern*, damit sie ihre Fähigkeiten entwickeln und ihr Bestes geben können. Effektive Coaches helfen Menschen, sich klare Ziele zu setzen, und unterstützen sie dabei, diese zu erreichen, indem sie Anleitung und Feedback anbieten. Sie geben ein gutes Beispiel oder sind ein Vorbild. Coaching hat den Zweck, Menschen bei der Entwicklung von Selbstvertrauen und Kompetenzen zu unterstützen, damit Werte und Fähigkeiten vollkommen verinnerlicht und in die Tat umgesetzt werden. Coaching ist wesentlicher Bestandteil für die *Entwicklung der Menschen* und die *Verwirklichung der Werte*.

   Zur Bildung eines Hochleistungsteams müssen wir die typischen Management-Aktivitäten, wie Aufsicht, Kontrolle, Überwachung und Steuerung durch neue Verhaltensweisen wie Coaching und Kommunikation ersetzen.

   Ray Smith – CEO, Bell-Atlantic

---

1 Anmerk. d. Ü.: Im Folgenden werden die englischen Begriffe als Fachausdrücke beibehalten.

3. **Sharing** bedeutet *Austausch von Informationen und Wissen*. Es basiert darauf, Wissen zu verbreiten und Gesprächen unter den Mitarbeitern zu begünstigen. Wichtige Bestandteile des Sharing sind für Führungskräfte die Schilderung der Unternehmensvision, der Werte und der Ziele sowie die „Spielregeln" zu erklären. Sharing bedeutet auch, Mitarbeiter bei Zielvereinbarungen *einzubeziehen* und sie an Besprechungen zu beteiligen, in denen Ideen und Informationen ausgetauscht werden, um wirkliche Kollaboration zu erreichen und einen echten Konsens hinsichtlich der Ziele, Ergebnisse und Maßnahmen zu erzielen. Effektives Sharing erfolgt, wenn eine klare Vision geäußert und leichter Zugang zu Ressourcen ermöglicht werden, die die notwendigen Veränderungen in Richtung Zielerreichung unterstützen. Sharing ist erforderlich zur *Verwirklichung von Werten* und um *den Wandel zu fördern*.

> *Teile dein Wissen. Das ist der Weg zur Unsterblichkeit.*
>
> **Dalai Lama XIV**

Informationen auszutauschen ist Macht. Wenn Sie Ihre Ideen nicht mitteilen, können clevere Menschen nichts damit anfangen und Sie bleiben anonym und machtlos.

Vint Cerf – Entwickler von DARPA Net, „Chief Internet Evangelist" für Google, Inc.

4. **Stretching** bedeutet, etablierte Gewohnheiten in Frage stellen zu können, *innovativ zu sein* und *Risiken einzugehen*, um sich *kontinuierlich zu verbessern*. Stretching erfordert ebenso die Bereitschaft, mehr mit begrenzten Mitteln zu versuchen sowie schneller und kostengünstiger Resultate in besserer Qualität zu erreichen. Deshalb geht es beim Stretching darum, „an die Grenzen des Machbaren zu gehen", andere zum Handeln zu inspirieren, danach zu streben, mehr zu tun und über den Status Quo hinauszugehen. Stretching wird gebraucht, um *den Wandel zu fördern* und *Resultate zu erzielen*.

> *Wenn Sie versuchen, sich abzuheben, wenn Sie versuchen, etwas Anderes zu tun, dann gibt es diesen Augenblick, dieses Bauchgefühl: „Ist das richtig? Oder nicht? Wenn Sie keine Zweifel haben, verschieben Sie die Grenzen nicht weit genug.*
>
> **Tony Fadell** – Nest

Die Leidenschaft, sich selbst zu fordern und daran festzuhalten, auch (oder gerade dann) wenn es nicht gut läuft, ist das Markenzeichen für ein Wachstums-Mindset.

Carol S. Dweck – Autorin von *Mindset: Die Neue Psychologie des Erfolgs*

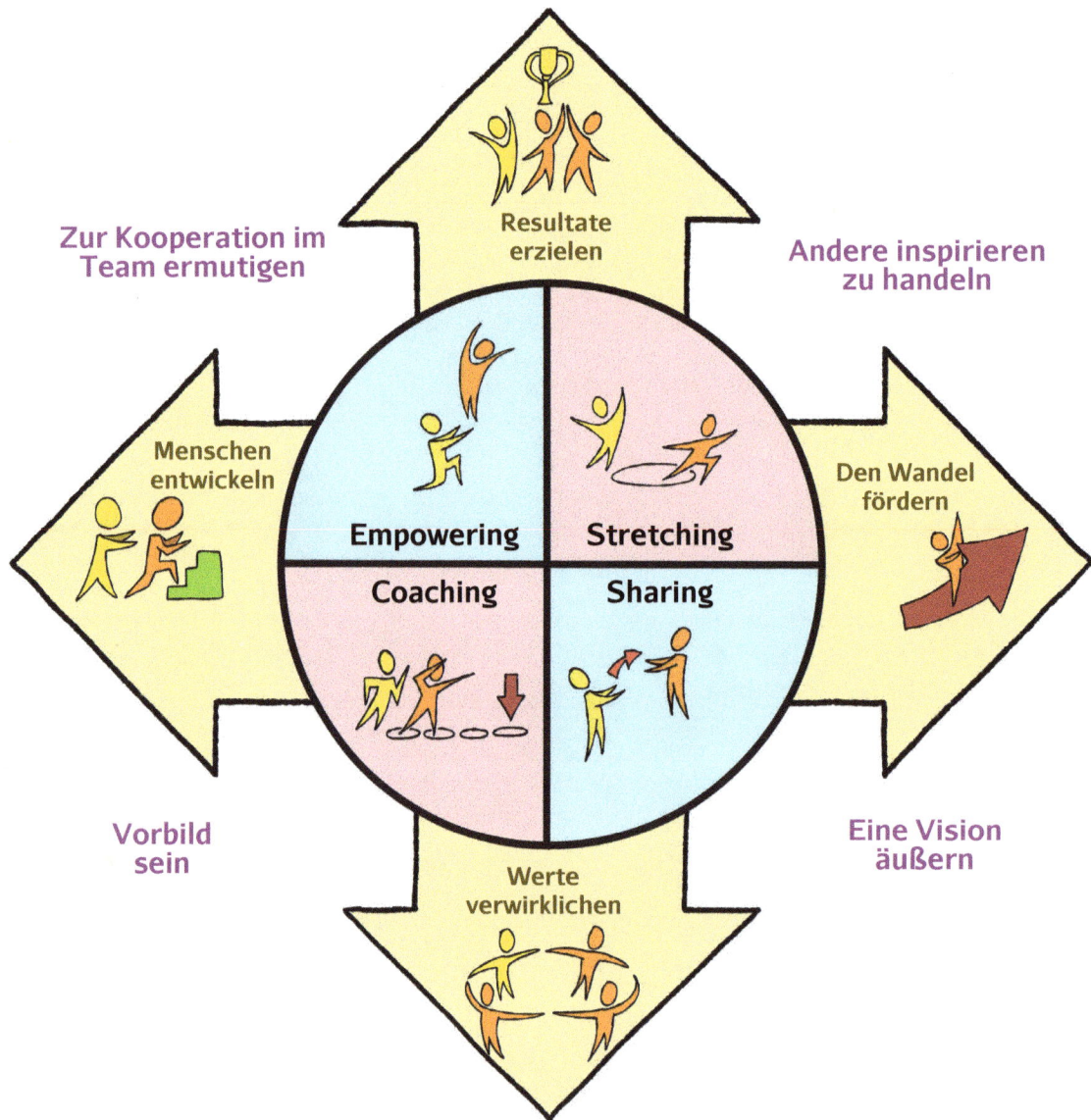

Zur Kooperation im Team ermutigen

Andere inspirieren zu handeln

Resultate erzielen

Menschen entwickeln

Den Wandel fördern

Empowering

Stretching

Coaching

Sharing

Vorbild sein

Eine Vision äußern

Werte verwirklichen

Kombinationen entscheidender Leadership-Maßnahmen unterstützen das Erreichen der Organisationsziele

Die neun inneren Schlüsselqualitäten guter Führungskräfte

Damit die vier grundlegenden Führungsmaßnahmen in Bezug auf die Organisationsziele ausgedrückt werden, müssen sie durch das Mindset der Führungskraft, den inneren Qualitäten und Fähigkeiten unterstützt werden. Während die vier Führungsmaßnahmen sich darauf beziehen, was Führungskräfte in Bezug auf andere tun, um äußere Ziele und Ergebnisse zu erreichen, geht es bei den Führungsqualitäten darum, was eine Führungskraft *hat oder* wie sie innerlich als Mensch *ist*. Das heißt, die Führungsmaßnahmen definieren das äußere Verhalten, was Führungskräfte tun; Führungsqualitäten legen die inneren Prozesse und die Denkweise (Mindset) hinter den Maßnahmen und Handlungen (Aktionen) fest.

Gemäß dem SFM Leadership-Modell™ gibt es neun innere Kernqualitäten, die das Mindset erfolgreicher Führungspersönlichkeiten ausmachen. Es überrascht nicht, dass sich diese Qualitäten in gewissem Maße mit dem Mindset eines erfolgreichen Next Generation Entrepreneurs überlappen. Jedoch gibt es eine Reihe weiterer Qualitäten, die wesentlich und einzigartig für Conscious Leadership und erfolgreiche Führung sind. Effektive Führungskräfte führen die Aktionen Empowering, Coaching, Sharing und Stretching mit Hilfe ihrer Leidenschaft (Passion), Vision, Ambition, Entschlossenheit, Offenheit, Konsistenz, Motivation und Großzügigkeit aus und geben dabei ein gutes Beispiel. Wir können diese Qualitäten folgendermaßen definieren:

Die inneren Qualitäten effektiver Führung beziehen sich auf die Eigenschaften des Mindsets, das die äußeren Aktionen Empowering, Coaching, Sharing und Stretching lenkt.

1. **Leidenschaft - Passion:** *Das zu finden, was Ihnen am wichtigsten ist, wofür Sie Talent haben und mit ganzem Herzen verfolgen.* Die Passion ergibt sich aus der vollkommenen Verbundenheit mit sich selbst und seiner tiefsten Identität und dem Herausfinden, was uns am meisten begeistert und Energie bringt. Es bedeutet, das, was Ihnen am wichtigsten ist, mit dem zu verbinden, was Sie tun. Ähnlich wie die Rolle im Next Generation Entrepreneurs, bildet die Leidenschaft die Grundlage für alle anderen Schlüsselqualitäten der Führung.

Passion

> *Die Leute sagen: „Sie haben eine Menge Leidenschaft für das, was Sie tun" und das ist absolut wahr. Und der Grund dafür ist, dass, wenn man keine Passion hat, jede rational denkende Person aufgeben würde, weil es so hart ist. Es ist wirklich hart und man muss es eine ganze Zeit lang tun. Wenn Sie es also nicht mögen und Sie keinen Spaß daran haben und wenn Sie es wirklich nicht leiben, dann werden Sie aufgeben.*
>
> **Steve Jobs** – Apple Inc.

Ohne Leidenschaft, haben Sie keine Energie. Ohne Energie haben Sie nichts.
Warren Buffet – Berkshire Hathaway

Gute Chefs entwickeln eine Vision, artikulieren die Vision, setzen sich leidenschaftlich für die Vision ein und bringen Sie unermüdlich zur Vollendung.

Jack Welch – Former CEO, General Electric

Ihre Arbeit wird einen Großteil Ihres Lebens ausfüllen, und die einzige Möglichkeit, wirklich zufrieden zu sein, ist, das zu tun, von dem Sie glauben, dass es großartige Arbeit ist …

Wir sind begeistert von dem, das wir tun.

Steve Jobs – Apple Inc.

Wann immer Sie ein erfolgreiches Business sehen, dann hat jemand zuvor eine mutige Entscheidung getroffen.

Peter Drucker – Autor von
Die Praxis des Managements

Ich gebe niemals auf. Ich meine, ich müsste tot sein oder komplett arbeitsunfähig.

Elon Musk – SpaceX, Tesla Motors

2. **Vision:** *Das Gesamtbild und langfristige Ziele festlegen und darauf fokussiert bleiben.* Wie schon gesagt, geht es bei der Vision darum, über die Gegenwart hinauszusehen, sich zukünftige Möglichkeiten vorzustellen, klar seine Ambitionen zu definieren, langfristige Pläne und eine ganzheitliche Sichtweise anzunehmen. Die Vision bietet die Motivation zum Stretching und Sharing, um *den Wandel zu fördern*.

Alle erfolgreichen Leute, Männer und Frauen, sind große Träumer. Sie stellen sich vor, wie ihre Zukunft sein könnte, ideal in jeder Hinsicht; und dann arbeiten sie jeden Tag an dieser fernen Vision, dem Ziel oder der Bestimmung.

Brian Tracy – Die Psychologie der Zielerreichung

3. **Ambition:** Das *„starke Verlangen, etwas zu tun oder zu erreichen".* Bei der Ambition geht es darum, seine Handlungen auf bestimmte Resultate auszurichten; ein hohes Maß an *Engagement* für seine Ziele beizubehalten. Die Ambition ergibt sich aus unserem inneren Verlangen nach Wachstum und Überlegenheit und ist die Verpflichtung, konkret und effizient zu arbeiten, sie zielt darauf ab, Spitzenleistung zu erreichen. Die Ambition vereint die Maßnahmen Stretching und Empowering und konzentriert sich darauf, *Resultate zu erzielen*.

Hohe Erwartungen sind der Schlüssel zu allem.

Sam Walton – Walmart

Bleib weg von den Leuten, die versuchen, deine Ambitionen klein zu machen. Kleine Leute machen das immer, aber die wirklich großen lassen dich spüren, dass auch du groß werden kannst.

Mark Twain

4. **Entschlossenheit:** *Entschlossen und fest in seiner Mission und der Bestimmung.* Entschlossenheit stärkt die Bereitschaft, Risiken einzugehen und neue Lösungen auszuprobieren. Es ist der Ausdruck für die emotionale Beteiligung beim Erreichen der gewünschten Ergebnisse; d. h. der Akt, „sein Herz hineinzugeben". Die Qualität der Entschlossenheit ist wesentlich für Stretching.

Die zwei Dinge, auf die wir uns bei den Menschen konzentrieren, hören sich einfach an, aber am Ende sind sie sehr schwer: Mut und Genialität. Über Mut sprechen wir sehr oft, weil es das ist, was die Leute lernen können. Mut, der nicht im Angesicht von Schwierigkeiten aufgegeben wird, und der einfach nur entschlossen ist, erfolgreich zu sein, ist etwas, zu dem Sie sich zwingen können. Es kann sehr schmerzhaft sein, aber Sie können sich dazu zwingen. Der Teil mit der Genialität ist schwieriger, um sich dazu zu zwingen. Mut ohne Genialität bringt Sie womöglich nicht dorthin, wohin Sie wollen, aber Genialität ohne Mut wird es garantiert nicht tun.

Marc Andreessen - Andreessen Horowitz

5. **Offenheit:** *Kommunizieren, um zu teilen*. Offenheit ergibt sich, wenn man neugierig und neuen Ideen zugänglich ist. Es erfordert, den Glauben an andere zu haben und gegenseitiges Vertrauen und Respekt aufzubauen. Offenheit ist die Schlüsselqualität, die für Sharing notwendig ist.

> *Der klassische unternehmerische Impuls ist, seine Idee für sich zu behalten und mit niemanden darüber zu sprechen, weil sie so speziell ist. Das ist fast immer der Fehler. Das ist ein Fehler, weil Ihr wirklicher Wettbewerbsvorteil nicht darin besteht, diese großartige Idee zu haben und sie unter Verschluss zu halten, ohne zu wissen ob sie etwas taugt oder nicht. Ihr eigentlicher Wettbewerbsvorteil besteht darin, dass Sie die Intelligenz um diese Idee herum versammeln, ob sie funktioniert, welches das richtige Team dafür ist, was es daraus zu lernen gibt. Dann sind wir in Bewegung.*
>
> **Reid Hoffman** – LinkedIn

6. **Konsistenz:** *Mit seinen Taten seinen Worten treu bleiben* (d. h. „den Worten Taten folgen lassen" „Walk the Talk"). Bei der Konsistenz geht es um Werte und Glaubenssätze, um ethisches und stimmiges Handeln im Laufe der Zeit. Konsistenz ist eine Kernqualität sowohl für Coaching als auch für Sharing und es ist wesentlich für die *Verwirklichung von Werten*.

> *Denken ist leicht. Handeln ist schwer. So zu handeln wie man denkt, ist am schwersten.*
>
> **Johann Wolfgang von Goethe**

> *Führung heißt, das Richtige zu tun, auch wenn niemand zuschaut.*
>
> **George Van Valkenburg**

7. **Motivation:** *Energie in Handlung* investieren. Motivation ist der Antrieb, sich vorwärts zu bewegen, „um da zu sein" und sich selbst mit Leidenschaft einzubringen. Es geht um die Verbindung mit seinen Kernwerten und sich selbst dem zu widmen, wozu man sich entschlossen hat zu tun. Wenn Motivation durch Empowering und Coaching in die Praxis umgesetzt wird, dann ist das die wesentliche Qualität, um *Menschen zu entwickeln*.

> *Um erfolgreich zu sein, müssen Sie Ihr Herz in Ihr Business stecken und Ihr Business in Ihr Herz.*
>
> **Thomas Watson** – Gründer von IBM

> *Sie müssen am meisten für die Dinge arbeiten, die Sie am meisten lieben.*
>
> **Carol S. Dweck** – Autorin von *Mindset: Die Neue Psychologie des Erfolgs*

Offenheit

> *Eine weitere Qualität [von guten Chefs und Unternehmern] die ich für wichtig halte, ist, einen flexiblen oder offenen Geist zu haben. Ich sage nicht, dass Sie keine Vision für Ihre Idee oder Ihr Produkt haben sollten, aber Sie müssen offen für Veränderungen sein.*
>
> **Jessica Livingston** - Y Combinator

Konsistenz

> *Diejenigen, die mit dem größten Talent gesegnet sind, müssen nicht unbedingt jeden anderen übertreffen. Es sind die Menschen mit Konsequenz, die sich hervortun.*
>
> **Mary Kay Ash** – Mary Kay Cosmetics

Motivation

> *Leadership ist die Kunst jemand anderen dazu zu bringen, das zu tun, was Sie wünschen, nicht weil er oder sie es muss, sondern tun will.*
>
> **Dwight Eisenhower**

Großzügigkeit

Du hast heute noch nicht gelebt, bis du etwas für jemanden getan hast, der es dir niemals zurückzahlen kann.

John Bunyan

Vorbild

Leadership ist eine Frage, wie viele Menschen dir zuschauen und Zuversicht gewinnen, wenn sie sehen, wie du reagierst. Wenn du dich unter Kontrolle hast, sind sie unter Kontrolle.

Tom Landry – NFL Head Coach

8. **Großzügigkeit**: *Zeit* und *persönliches Engagement widmen*, um zur Anerkennung und Potentialentfaltung anderer Menschen etwas beizutragen. Es geht um die Bereitschaft, etwas mehr von seiner Zeit oder anderen Ressourcen zu geben, als unbedingt notwendig ist oder erwartet wird. Großzügigkeit ist die grundsätzliche Voraussetzung um Menschen zu ermächtigen (*Empowering*).

Mein Ziel ist, mein Leben so zu leben, dass jemand nach meinem Tod sagen kann, sie hat sich Gedanken gemacht.

Mary Kay Ash – Mary Kay Cosmetics

Wir leben in einer interdependenten Welt. Jedes Mal, wenn Sie jemandem seine Chancen beschneiden, schränken Sie ihren eigenen Horizont ein.

Bill Clinton

9. **Vorbild**: *Einen glaubhaften und vertrauenswürdigen Bezugspunkt bieten* – d. h. ein Nachfolgemodell. Ein Vorbild zu sein, hat mit der Kongruenz zwischen der „Botschaft" und dem „Botschafter" zu tun, um Vorschläge anzubieten, die zeigen, wie man aus Erfahrungen lernen kann. Der Wunsch ein gutes Vorbild zu sein, ist die Grundlage für die Maßnahme *Coaching*.

Wenn Sie genau wissen, was Sie werden wollen, müssen Sie so viel Zeit wie möglich mit Menschen verbringen, die das schon sind.

Gary Vaynerchuk – Wine Library

Es ist besser, mit Menschen Zeit zu verbringen, die besser sind als Sie. Suchen Sie sich Mitarbeiter, deren Verhalten besser ist als Ihres und Sie driften in diese Richtung.

Warren Buffet – Berkshire Hathaway

Die äußeren Maßnahmen für Erfolg werden von inneren Schlüsselqualitäten unterstützt.
Aus diesen Schlüsselqualitäten besteht das Leadership-Mindset.

Zusammenfassung des Modells

Das gesamte Leadership-Modell können wir in der Abbildung auf der nächsten Seite zusammenfassen. Es zeigt die Beziehungen zwischen den neun Kernführungsqualitäten, den vier Leadership-Maßnahmen und den Organisationszielen.

Wie die Abbildung zeigt, befinden sich **Passion** und **Bestimmung** im Kern des effektiven Leaderships. Worauf schon gesagt, kann man sich ohne Leidenschaft und Bestimmung leicht verlieren oder aufgeben.

- **Großzügigkeit** ist die vorrangige innere Qualität, um andere *ermächtigen (Empowering)* zu können.

- **Motivation** ist die Grundlage, um *Menschen zu entwickeln* und die Aktionen *Empowering* und *Coaching* zu unterstützen.

- Als gutes **Vorbild** zu fungieren, ist die zugrundeliegende Basis für *effektives Coaching*.

- **Konsistenz** ist notwendig, um Werte zu verwirklichen, und wesentlich für *effektives Coaching* und *Sharing*.

- **Offenheit** ist die wesentliche innere Qualität an der Basis des produktiven *Sharing*.

- **Vision** ist die innere Qualität, die am ehesten mit der *Gestaltung und Förderung des Wandels* verbunden ist. Außerdem ist die Vision der gemeinsame Impuls für die Aktionen *Stretching* und *Sharing*.

- **Entschlossenheit** ist der Hauptantreiber für das *Stretching*.

- Die **Ambition** zur Zielerreichung ist der Schlüsselmotivator, um *Resultate zu erzielen*. Die Ambition bildet einen Schwerpunkt für die beiden Aktionen *Stretching* und *Empowering*.

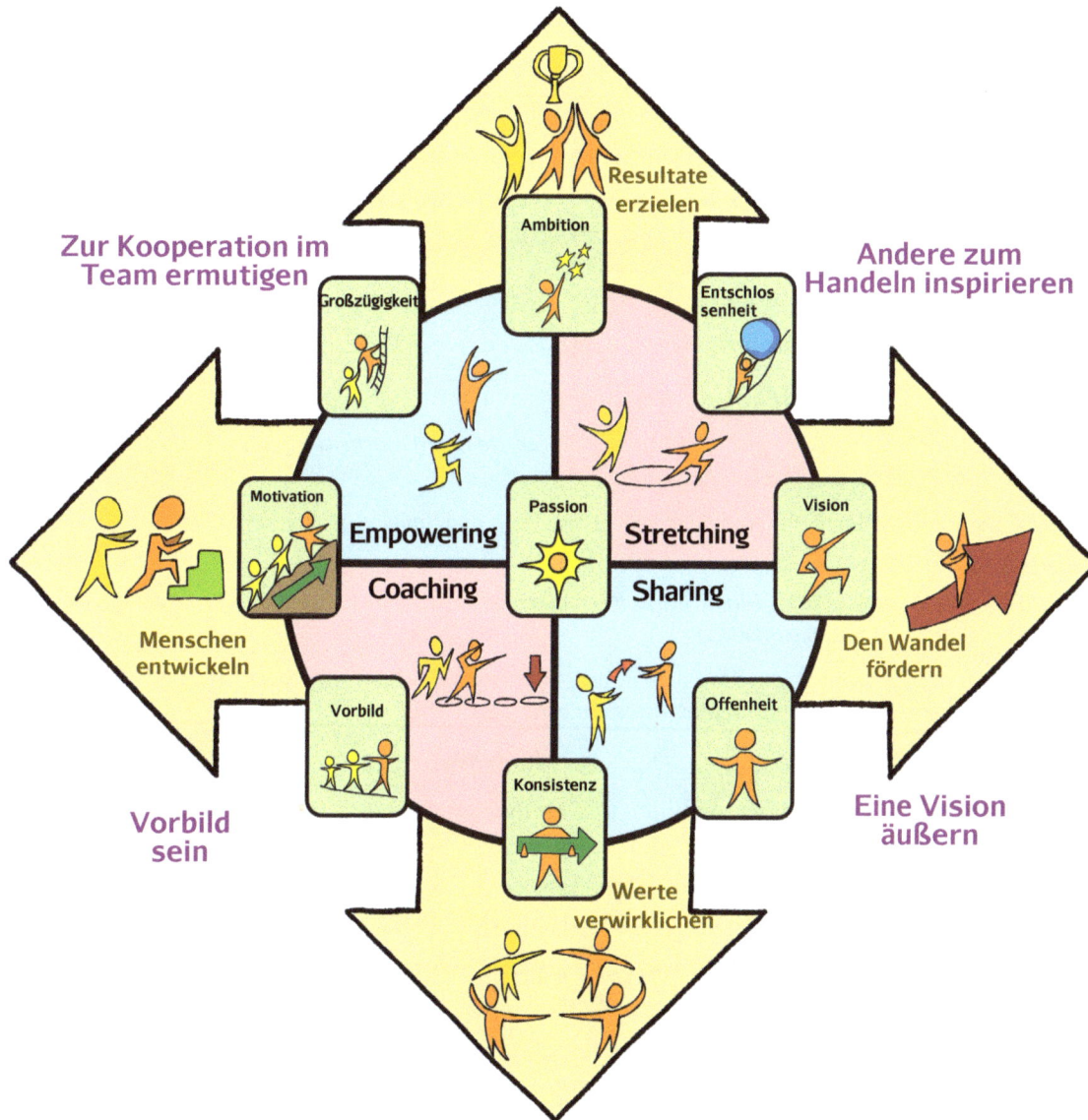

Zur Kooperation im Team ermutigen

Andere zum Handeln inspirieren

Resultate erzielen

Ambition

Großzügigkeit

Entschlossenheit

Motivation

Passion

Vision

Empowering **Stretching**

Coaching **Sharing**

Menschen entwickeln

Den Wandel fördern

Vorbild

Offenheit

Konsistenz

Vorbild sein

Eine Vision äußern

Werte verwirklichen

Das SFM Leadership-Modell™

Verbindungen zwischen dem SFM Leadership-Modell™ und dem Erfolgszirkel

Es gibt eine Reihe von Parallelen zwischen dem SFM Leadership-Modell und dem Erfolgszirkel, obwohl die beiden unabhängig voneinander entwickelt wurden und keine absichtlichen direkten Entsprechungen enthalten. Die Hauptverbindung beginnt mit den **Ergebnissen**.

1. **Resultate erzielen** kann eng mit dem Erreichen *finanzieller Stabilität* verknüpft werden.
2. **Menschen entwickeln** ist eine notwendige Bedingung, um einen *Bedeutsamen Beitrag* (sowohl für Kunden als auch für Teammitglieder) zu leisten.
3. **Den Wandel fördern** ist eine Voraussetzung für *Skalierbares Wachstum*
4. **Werte verwirklichen** hat große Auswirkungen auf die Unterstützung von *Innovation und Resilienz*.

Im Hinblick auf **Aktionen oder Maßnahmen** können wir einigermaßen enge Verbindungen ziehen zwischen:

1. **Empowering (Ermächtigen)** als Mittel, um *Produkte oder Dienstleistungen zu entwickeln* und um *Interesse und Ertrag zu erzeugen*.
2. **Coaching (Fördern)**, um *Kompetenzen zu erweitern* und um *eine gemeinsame Ausrichtung zu gestalten*.
3. **Sharing (Austausch)** als Möglichkeit, *Ressourcen zu vermehren und wirksam einzusetzen* sowie *Win-Win-Beziehungen aufzubauen*.
4. **Stretching (Fordern)**, um *das Geschäft auszuweiten* und *Mehrwert zu schaffen* sowie *Investitionen zu beschaffen und wichtige Betriebsmittel zu erwerben*.

Außerdem gibt es Parallelen, die sich auf der Ebene des **Mindsets** abspielen.

- Die Qualitäten **Großzügigkeit**, **Ambition** und **Motivation** unterstützen die Ermächtigung der Leute (Empowering), um die Unternehmensvision darauf auszurichten, was in der Welt geschaffen werden soll.
- **Motivation, Konsistenz** und die **Vorbildfunktion** sind notwendig für das Coaching der Teammitglieder, um ihre *Mission* zu erfüllen und erfolgreich ihren einzigartigen *Beitrag* zu der Vision *zu leisten*.
- **Offenheit**, **Vision** und **Konsistenz** sind Schlüsselqualitäten, um den Leuten zu helfen, sich auszutauschen (Sharing) und ihre *Rollen* zu klären, damit sie Win-Win-Partnerschaften bilden können.
- **Entschlossenheit**, **Vision** und **Ambition** helfen Unternehmen beim Stretching, sich *zu strecken* und *das zu erreichen, was sie für ihre Investoren und wichtigen Stakeholder erfüllen* wollen.

In beiden Modellen gibt es offensichtliche Überlappungen zwischen den inneren Qualitäten der Passion, Vision und Ambition. Sicherlich spielen die Passion und die Ambition eine ähnliche Rolle in der Denkweise von Führungskräften und Unternehmern. Doch die Vision, die sich immer auf die zukünftigen Möglichkeiten bezieht, kann einen unterschiedlichen Schwerpunkt in der Führung haben. Während Unternehmer tatsächlich in erster Linie ihren Fokus auf die Kunden, den Markt und das größere „Holon" ausrichten, konzentriert sich die Vision einer

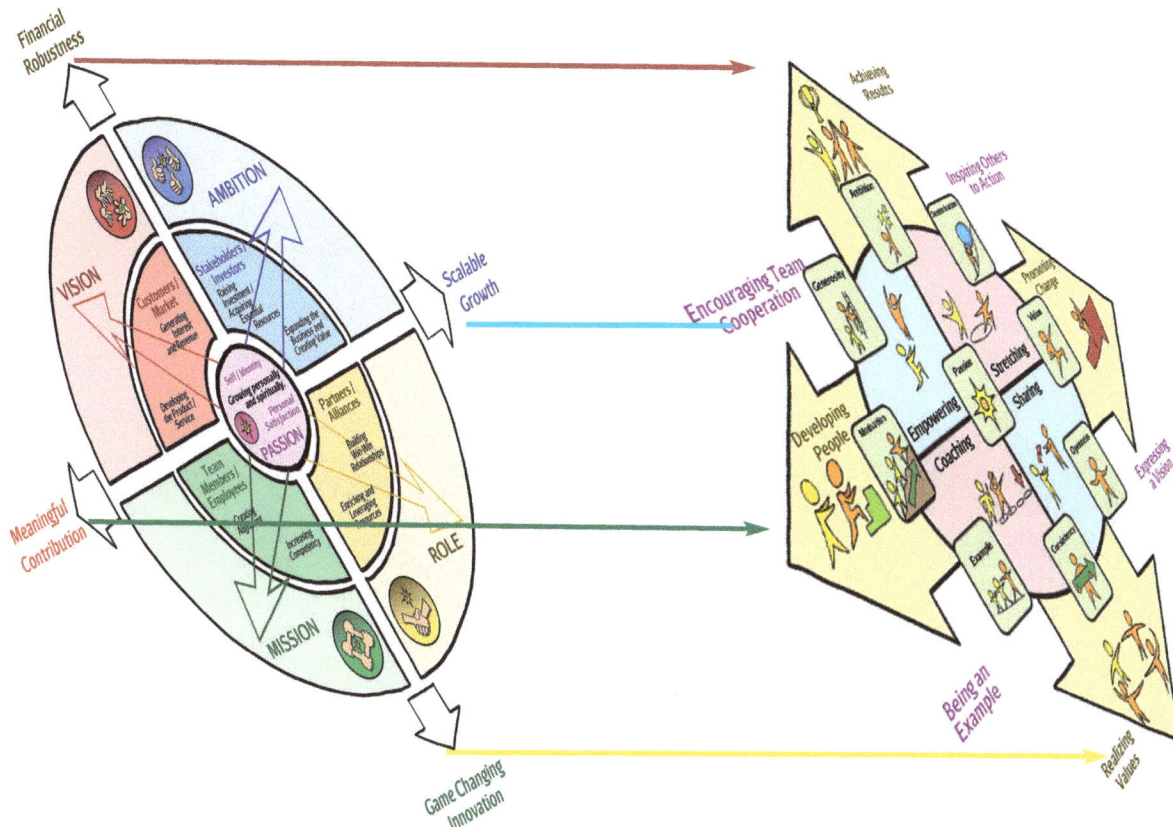

Das SFM Leadership-Modell™ ergänzt den SFM Erfolgszirkel™ auf viele Arten

Führungskraft gleichmäßig auf das Unternehmenswachstum und den geschaffenen Mehrwert für Investoren und Partner. Dies schafft eine sehr wichtige Balance, die manchmal für Menschen, die zu „unternehmerisch" denken, zu Problemen führt".

Es ist interessant zu bemerken, dass Mitte der 1980er Jahre der Vorstand Steve Jobs hauptsächlich wegen seiner Vision aus Apple verdrängte, die sich immer auf die Kunden und darauf, was er in der Welt erschaffen wollte, konzentrierte. Die Vorstandsmitglieder fürchteten, dass dies auf Kosten der Investoren und anderer wichtiger Stakeholder geschah. Als Jobs wieder zu Apple zurückkehrte und die Führung in den späten

1990er übernahm, war seine Vision viel ausgewogener und führte die Firma in eine beispiellose Wachstums- und Erfolgsphase.

Hieraus ergibt sich eine wichtige Frage für Ihr eigenes Unternehmen. Ist Ihre Vision in erster Linie auf das ausgerichtet, was sie für Ihre Kunden erschaffen wollen? Und wie wird ihnen das nutzen? Oder wie wird Ihr Unternehmen wachsen und den Stakeholdern nutzen, die Sie unterstützt haben? Die Ausgewogenheit ist wichtig.

Dieser Unterschied wird im folgenden Erfolgsfaktoren-Fallbeispiel deutlich, wobei Schlüsselelemente des SFM-Leadership-Modells und ihre Relevanz für Resilienz und das Wieder-Aufstehen nach Rückschlägen veranschaulicht werden.

Erfolgsfaktor-Fallbeispiel:
Charles Matthews - Rolls Royce

Geben Sie den Mitarbeitern einen Werkzeugkoffer zur praktischen Problemlösung und dann ermächtigen Sie sie.

**Charles Matthews
Ehemaliger Geschäftsführer
von Rolls Royce Motors**

Laut Charles Matthews „erfordern große Organisationen eine Kombination aus starker Lenkung und Führung, aber dann so viel Ermächtigung von oben nach unten wie möglich".

Als Charles Matthews zum Geschäftsführer und technischen Leiter bei Rolls-Royce Motorcars Ende 1992 berufen wurde, hatte er ein großes Problem zu lösen. Die Firma hatte gerade einen starken Personalabbau abgeschlossen und war in einer schwierigen Erneuerungsphase.

Matthew wusste, dass er eine Zukunftsvision deutlich kommunizieren musste, um die Veränderungen zu bewältigen und das Geschäft wieder in Schwung zu bringen. Auch musste er einen leichten Zugang zu den Ressourcen ermöglichen, den Informations- und Wissensaustausch fördern sowie ein offenes Umfeld und einen authentischen Konsens schaffen. „Die Menschen müssen in der Lage sein, etwas zu tun und es auch tun wollen", sagte Matthews.

Er legte seine Vision dar, wie sich der Fabrikationsbetrieb verändern würde und setzte alles daran, so viel Leute wie möglich zu beschäftigen. Er wusste, dass er das Design und die Verfügbarkeit der Teile verbessern musste, deshalb beteiligte er die Logistiker am Materialfluss (d. h. die richtigen Teile zur richtigen Zeit am richtigen Ort zu haben) Außerdem sorgte er für „jede Menge Training in Total Quality Management", um „den Leuten einen Werkzeugkoffer zur praktischen Problemlösung an die Hand zu geben und sie dann zu ermächtigen".

Zu Beginn befand sich Matthews an der Spitze der Berichtshierarchie, die auf Werkstattebene begann und über die Teamleiter, Bereichsleiter und den vorgesetzten Produktionsleitern bis zu den Werksleitern reichte. Bis die Information ihn erreichte, war sie stark gefiltert worden. Sein „Gespür" dafür, was in der Fabrik vor sich ging, war durch die Distanz stark getrübt.

Einer der ersten Schritte bestand darin, das Geschäft zu „enthierarchisieren", wobei er einige Managementebenen abschaffte. Er schickte Ingenieure in die Werkstatt, um an der Seite der Leute zu arbeiten, die die Autos bauten, und Problemlösungsteams aufzubauen. Zuvor konnten die Arbeiter keine technische Unterstützung von den Ingenieure bekommen. Nun konnten sie den Namen Gesichter zuordnen und sie anrufen, wenn sie Informationen oder Hilfe brauchten. Dies führte zu einem größeren Gefühl der Stärke (Empowerment).

Wahrscheinlich war das größte Problem, dem Matthew begegnete, die Entschärfung der enormen Feindseligkeit, die sich während des Abbaus und der Restrukturierung gebildet hatte. Er wusste, dass er die „Herzen und den Geist der Leute" wieder einfangen musste, weil er „ohne dies, das Geschäft nicht voranbringen konnte".

Matthews begann, mit seinem Coach in der Fabrik herumzulaufen, um seine Zuhör- und Beobachtungsfähigkeiten zu verbessern. Er lernte, wie man aufmerksam zuhört und der Belegschaft in der Werkstatt ein gutes Gefühl gibt, wie man nonverbale Signale liest und wie man sein Verständnis signalisiert, in dem man sagt: „Ihrer Ansicht nach ist es also …" Er lernte zu erahnen, dass in allem, was er hörte, etwas Nützliches und Wichtiges steckte. Sehr oft setzte ihn die Belegschaft scharfen verbalen Attacken aus, wenn es um Themen ging, die ihnen am Herzen lagen. Aber die Leute wussten, sie konnten mit ihm sprechen, weil er, auch wenn er damit nicht übereinstimmte oder nicht ihrem Wunsch gemäß handelte, ihnen zuhörte und darauf reagierte. Dies diente dazu, Vertrauen und einen Teamspirit aufzubauen.

Außerdem richtete Matthews internationale Kommunikations- und Berichtsforen ein, damit die Leute ihre Gefühle, Meinungen und Ideen für Veränderungen mitteilen konnten. Zum Beispiel institutionalisierte Matthews regelmäßige „Offene Foren" am Freitag Mittag ein. Die Leute wurden zuvor darüber informiert, dass es eine einstündige „offene Sitzung" gab, die für gewöhnlich im Konferenzraum stattfand oder in einem offenen Bereich der Fabrik. Die Leute konnten ihr Mahlzeiten mitbringen und über all das reden, was sie beschäftigte.

Zu Beginn beschwerten sich die Menschen meistens und äußerten sich feindselig gegenüber dem Management wegen des Stellenabbaus. Für Monate begann jede Sitzung damit, dass die Leute ihrer Feindseligkeit Luft verschafften. Im weiteren Verlauf verwandelten sich diese Ausbrüche jedoch in konstruktive Kommentare und Vorschläge. „Es braucht einige Zeit, bis die Leute ihre Schutzschilde herunter nehmen", sagte Matthews dazu.

Während dieser Foren, fragte Matthews permanent nach den Ansichten der Leute und versuchte sie in Veränderungsteams einzubinden oder sie wenigstens an den Veränderungen zu beteiligen. „Wir (das Topmanagement) müssen unseren Worten Taten folgen lassen und konsequent einstecken. Langfristige Veränderung ist eine Frage der Konsistenz. Dort, wo es besonders schwierige Bereiche gab, in denen die Menschen nicht überzeugt waren, haben wir mit ihnen debattiert."

Indem er durch die Fabrik ging und aufmerksam den Bedenken und Beschwerden der Leute zuhörte, entschärfte Charles Matthews die Feindseligkeit und schaffte eine Vertrauensbasis.

Matthews Bemühungen machten sich bezahlt. Anfang 1996 hatte sich die Firma dramatisch verwandelt. Es gab nicht nur signifikante Verbesserungen in der Qualität der Autos bei reduzierten Kosten und Beschwerden, sondern die Belegschaft war zuversichtlicher und arbeitete als Gewinnerteam zusammen. Die Feindseligkeit gegenüber den Veränderungen war komplett verschwunden und die Fabrikarbeiter wurden zu Tourführern für Neukunden.

„Große Organisationen brauchen eine Kombination aus starker Lenkung und Führung, aber dann auch so viel Ermächtigung von oben nach unten (Top-to-Bottom-Empowerment) wie möglich", sagt Matthews. „Es ist eine konstante Balance. Der Schlüssel ist, die Leute so gut wie möglich beteiligen."

Überlegungen zum Fallbeispiel

Offensichtlich richtetet Charles Matthews seine Aufmerksamkeit in ausgewogener Weise auf die vier grundlegenden Organisationsziele:

- *Den Wandel fördern – Wie Samuel Palmisano von IBM (s. SFM Bd. I, S. 116-121) schaffte Matthews die Hierarchieebenen ab und brachte die Leute dazu, miteinander in Problemlösungsteams zu arbeiten.*

- *Werte verwirklichen – Er fokussierte das Geschäft auf die Werte Qualität und kooperative Zusammenarbeit.*

- *Menschen entwickeln – Matthews sorgte für Training in Total Quality Management und unterstützte sein Team dabei, selbstbewusster zu sein und besser zusammenzuarbeiten.*

- *Resultate erzielen – Er schaffte signifikante Verbesserungen in der Qualität der Autos und reduzierte die Kosten und die Beschwerden.*

Durch die Abschaffung der Hierarchieebenen, der Meinungsbefragung der Leute und ihre Einbindung in den Veränderungsprozess setzte Matthews die Maßnahme **Empowering** um. Er zeigte nicht nur die Führungsqualitäten *Großzügigkeit* und *Motivation*, sondern seine Interaktionen mit den Leuten verdeutlichten zahlreiche weitere Empowering-Qualitäten unter anderem:

- Individualität anerkennen
- Potenzialentfaltung der Leute unterstützen
- Selbstwertgefühl fördern
- Zur Eigenständigkeit ermutigen
- Anreiz zu wachsen geben.

Empowering

Die Abschaffung der Hierarchieebenen, die Sichtweisen der Leute erfragen und sie in Veränderungsprozesse einbeziehen, veranschaulicht Empowering.

Coaching

Durch die Fabrik gehen, den Leuten aufmerksam und gelassen zuhören sowie für Qualitätsmanagement-Training sorgen, veranschaulicht die Schlüsselaspekte von Coaching.

Matthews wies darauf hin, dass „der Schlüssel darin liege, die Leute so gut wie möglich zu beteiligen".

Matthews Verhalten, in der Fabrik herumzugehen und den Leuten aufmerksam und gelassen zuzuhören, veranschaulicht die Schlüsselaspekte der Maßnahme **Coaching** und die Leadership-Qualitäten als *Vorbild* zu fungieren und *konsistent* zu sein. Seine Aktivitäten, wie für TQM-Training zu sorgen, um „den Leuten einen Werkzeugkoffer mit praktischen Problemlösungstechniken an die Hand zu geben" zeigt ebenso weitere Schlüsselaspekte von Coaching wie:

- Erfahrungen und Kompetenzen der Leute entwickeln
- Vertrauen aufbauen
- Aufmerksam zuhören
- Lernprozesse anleiten
- Teamgeist fördern

Matthews Einrichtungen von Kommunikationsforen und offenen Mittagsgesprächsrunden sind klare Beispiele für die Maßnahme **Sharing** und die Qualitäten *Vision* und *Offenheit*. Sein Ansatz zeigt noch weitere Aspekte des Sharing:

- Eine klare Vision schildern
- Den Zugang zu Ressourcen erleichtern
- Informationen und Wissen austauschen
- Ein offenes Umfeld für Interaktionen schaffen
- Authentischen Konsens suchen.

Eine Vision äußern, wie sich die Fabrikarbeit verändern wird, und Kommunikationsforen sowie offenen Mittagsgesprächsrunden einrichten, sind Beispiele für die Maßnahme Sharing.

Durch sein Streben, sowohl die Produkte als auch die Fähigkeiten der Leute in der Firma zu verbessern, obwohl er weniger Ressourcen zur Verfügung hatte, bietet Matthews Fall ein gutes Beispiel für **Stretching** und die Leadership-Qualitäten *Ambition* und *Entschlossenheit*. Die Maßnahmen, die er mit seinem Team umsetzte, zeigen weitere wichtige Aspekte für Stretching:

- Erwartungen wecken
- Innovationskraft stimulieren
- Kontinuierliche Verbesserungen suchen
- Die Bereitschaft, sich voll einzubringen, aktivieren
- Feste Gewohnheiten hinterfragen.

Diese Schlüsselschritte sind in der folgenden Abbildung zusammengefasst:

Danach streben, die Qualität sowohl der Produkte als auch der Leute in der Firma mit weniger Mitteln zu verbessern, ist ein Beispiel für Stretching.

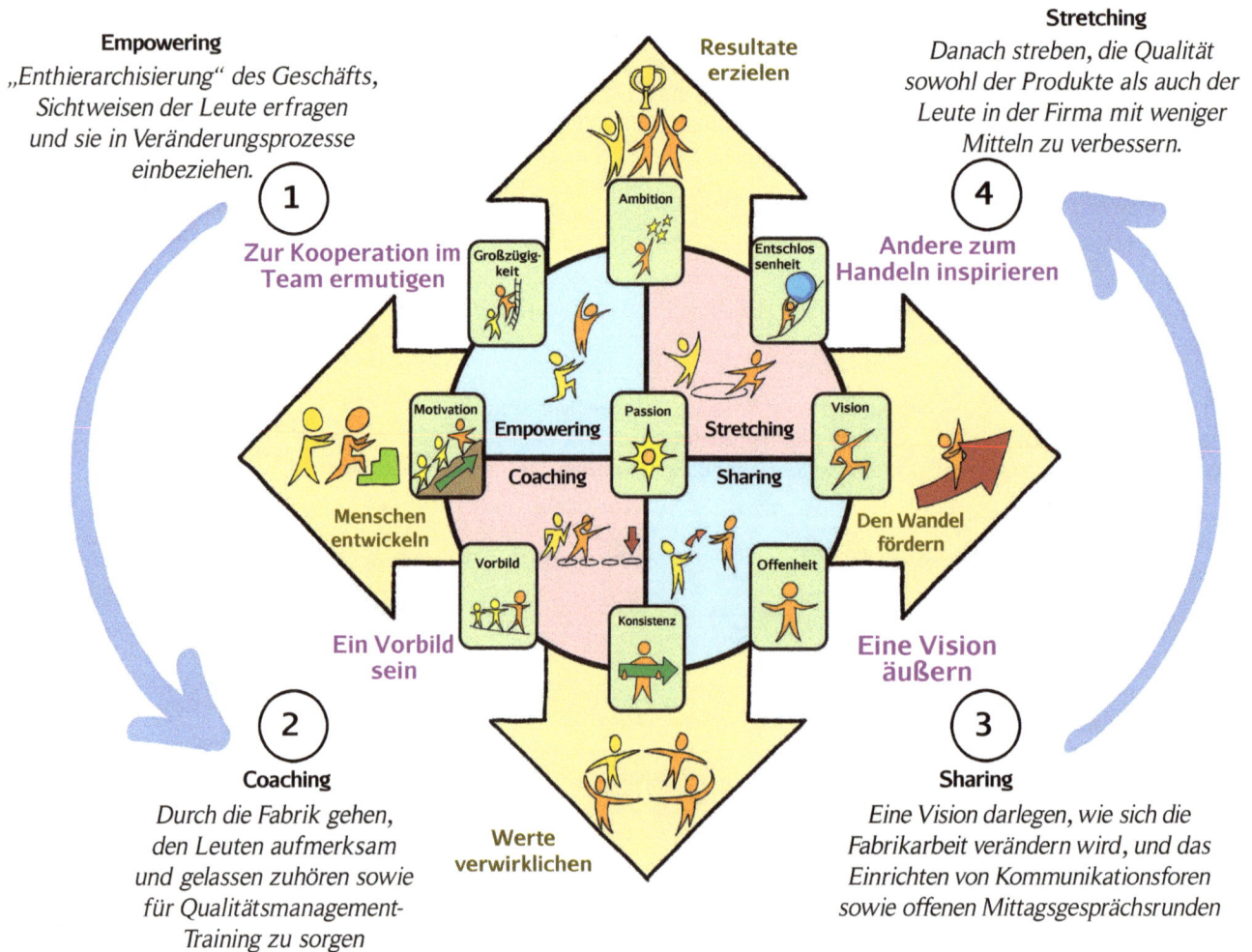

Empowering
„Enthierarchisierung" des Geschäfts, Sichtweisen der Leute erfragen und sie in Veränderungsprozesse einbeziehen.

(1)

Zur Kooperation im Team ermutigen

Stretching
Danach streben, die Qualität sowohl der Produkte als auch der Leute in der Firma mit weniger Mitteln zu verbessern.

(4)

Andere zum Handeln inspirieren

Resultate erzielen

Ambition

Großzügigkeit

Entschlossenheit

Motivation

Empowering | Passion | Stretching | Vision

Coaching | Sharing

Menschen entwickeln

Vorbild

Konsistenz

Offenheit

Den Wandel fördern

Ein Vorbild sein

Eine Vision äußern

(2)

Coaching
Durch die Fabrik gehen, den Leuten aufmerksam und gelassen zuhören sowie für Qualitätsmanagement-Training zu sorgen

Werte verwirklichen

(3)

Sharing
Eine Vision darlegen, wie sich die Fabrikarbeit verändern wird, und das Einrichten von Kommunikationsforen sowie offenen Mittagsgesprächsrunden

So setzte Charles Matthews Empowering, Coaching, Sharing und Stretching ein, um Rolls-Royce Motorcars zu helfen, sich zu erneuern und zukunftsfähig zu werden.

Die Notwendigkeit der Emotionalen Intelligenz und
der Beherrschung des Inneren Spiels

Matthews Reaktionen auf die Feindseligkeit und die verbalen Attacken der Leute veranschaulichen sehr gut, was mit *emotionaler Intelligenz* gemeint ist. Matthews war in der Lage, diese starken Emotionen zu erkennen, anzuerkennen und willkommen zu heißen (ihnen eine Herberge wie in Rumis Gedicht zu geben), ohne sie zu verurteilen, sondern ihrem Ausdruck mit Gelassenheit Raum zu geben. Damit konnte die positive Absicht dieser Gefühle an die Oberfläche kommen und schließlich fand die Belegschaft die Ressourcen, um sie zu transformieren und zu integrieren; anstatt sie zu dem Elefanten im Raum werden zu lassen, über den niemand spricht.

Damit dies erreicht werden konnte, musste er sein Inneres Spiel beherrschen. Dies war genauso wichtig, wie seine Taktiken, um das äußere Spiel zu verfolgen. Matthews Erfolg erforderte alle inneren Qualitäten von Vision, Offenheit, Konsistenz, Vorbild, Motivation, Großzügigkeit, Ambition (Ehrgeiz) und Entschlossenheit.

Wenn man starke Gefühle erkennen, anerkennen und willkommen heißen kann, ohne sie zu verurteilen, sondern dem Ausdruck dieser Emotionen mit Gelassenheit Raum gibt, dann zeugt das von emotionaler Intelligenz.

Empathie

Der kritische Pfad für Conscious Leader

Es gibt eine weitere wichtige und eher subtile Lektion in Conscious Leadership in Charles Matthews Beispiel. Seine Aktionen folgten einem bestimmten Ablauf, angefangen mit Empowering über Coaching gefolgt von Sharing und schließlich Stretching. Dies lässt auf den kritischen Aktionspfad schließen, der für erfolgreiche und nachhaltige Ergebnisse notwendig ist. Hierin liegt eine tiefe, doch nicht notwendigerweise offensichtliche Weisheit.

Wenn die Leute nicht zuerst ermächtigt werden, dann hat auch das Coaching keinen nennenswerten Einfluss. Welchen Unterschied macht es, wenn Sie zwar mehr Erfahrungen und Kompetenzen haben, aber keine Gelegenheit oder Befugnis bekommen, diese in die Tat umzusetzen?

Wenn die Leute weder ermächtigt noch gecoacht werden, bleibt der Austausch (Sharing) wahrscheinlich sehr ineffektiv. Wie Matthew bemerkte, bleibt es wahrscheinlich beim Beschweren, Anklagen und oberflächlichem, wenig-innovativem „Geplapper". Im Allgemeinen entstammt dies dem Gefühl der Hilflosigkeit. Sobald die Leute ermächtigt und gecoacht werden, um verantwortungsvoller, zuverlässiger und kompetenter zu werden, wird aus dem Austausch etwas Produktives und Innovatives.

Leider machen viele Firmen und Chefs den Fehler, zuerst ihre Teams und Angestellten in das Stretching zu führen (Anm. d. Ü.: von ihnen etwas zu fordern), ohne sie zu ermächtigen, sie zu coachen oder ihnen Gelegenheiten zu bieten, sich auszutauschen und ihre kollektive Intelligenz zu nutzen.

Stretching ohne die Unterstützung der anderen Leadership-Aktionen schafft einfach nur Stress, Überforderung und andere Formen des CRASH-Zustandes bei den Teammitgliedern.

Um die Innovationskraft zu fördern, ist es entscheidend, die Leute zuerst einmal zu ermächtigen. Dies trägt ebenso dazu bei, Resilienz zu entwickeln, wie es das nächste Erfolgsfaktor-Fallbeispiel von William McKnight und 3M zeigt.

Charles Matthews Aktionen folgten einem bestimmten Ablauf, angefangen mit Empowering über Coaching gefolgt von Sharing und schließlich Stretching. Dies lässt auf den kritischen Aktionspfad schließen, der für erfolgreiche und nachhaltige Ergebnisse notwendig ist.

Erfolgsfaktor-Fallbeispiel:
William McKnight - 3M

Fördere Eigeninitiative, toleriere Fehler und vertraue den Leuten.

Die Minnesota Mining and Manufacturing Company (3M) wurde 1902 gegründet. Wie die meisten neuen Geschäfte, kämpfte sie in den ersten Jahren, bis sie ihre Zukunft mit der Einführung eines Schleifgewebes namens „Three-M-ite" aus Aluminium-Oxid 1914 sicherte. Es war viel besser als natürliche mineralische Schmirgel beim Schneiden von Metall und wurde im Ersten Weltkrieg in großen Mengen verwendet. Das Unternehmen zahlte seine erste Dividende im Jahr 1916 und hat seitdem nicht eine vierteljährliche Auszahlung an die Aktionäre verpasst. Eine solche Langlebigkeit zeigt deutlich eine starke und nachhaltige Innovationskraft, Resilienz und Zukunftsfähigkeit.

William McKnight
Präsident und Vorstands-
vorsitzender von 3M

William L. McKnight kam 1907 als Hilfsbuchhalter in die Firma und stieg über die Ebenen bis zum Präsidenten (1929) und Vorstandsvorsitzenden (1949) auf. Er wird immer noch als der große „Philosophische Führer" der Firma verehrt und ist der Hauptarchitekt der berühmten innovativen Unternehmenskultur von 3M, eine Kultur, die von den Managementautoren Christopher Bartlett und Sumantra Ghoshal als ein „organisatorisches Klima" beschrieben wurde, „das normale Leute zu außergewöhnlichen Leistungen anregt."

Es gibt viele Beispiele für die Innovationskraft, die sich auf 3M's Fähigkeit gründet, Individualität anzuerkennen, die Potentialentfaltung der Leute zu fördern, Eigenständigkeit zu entwickeln und die Motivation der Leute für Innovationen und Wachstum anzuregen. Im SFM Bd. II handelt ein Fallbeispiel davon, wie das sehr erfolgreiche Produkt Post-it®-Notizen in den 1970er Jahren als generative Kollaboration von zwei 3M-Wissenschaftlern entwickelt wurden (s. S. 190). Eine weitere Geschichte über (Empowerment) Ermächtigung und Innovation beginnt 1922, als der 3M-Angestellte Dick Drew den Nachmittag bei einem Autobauer verbrachte, um eine neue Charge Schleifpapier zu testen. 3M's patentiertes Wetordry Schleifpapier war zu dieser Zeit wegen seiner glatten Oberfläche und reduzierten Staubgefahr das Standardprodukt bei den Autolackierereien und Reparaturbetrieben.

Empowerment – Ermächtigung fördert ein „Organisationsklima, das normale Leute zu außergewöhnlichen Leistungen anregt".

Die Geschichte der Klebebandentwicklung bei 3M zeigt die wichtige Beziehung zwischen Empowerment und Innovationskraft.

Drew hörte eine Gruppe von Arbeitern heftig fluchen. Zweifarbige Autos waren gerade in Mode gekommen, doch die Lackierer hassten sie, weil sie Teile des Auto mit schwerem Klebeband und Fleischerpapier abkleben mussten, doch wenn sie später die Maskierung entfernten, verschwand damit oft einiges an neuer Farbe. Als er zusah, wie die Handwerker die losgerissene Farbe reparierten, hätte Drew vielleicht daran denken können, wie er ihnen zusätzliches Wetordry verkaufen konnte. Stattdessen dachte er jedoch an die Lösung des Problems: ein Klebeband mit einem weniger aggressiven Klebstoff wurde gebraucht. Er erkannte, dass 3M idealerweise in der Lage war, ein solches Klebeband zu entwickeln, weil es wie Sandpapier ohne Sand wäre.

Drew kehrte in das Labor zurück und begann mit der langen, frustrierenden Suche nach der richtigen Kombination von Kleber und Unterlage. Nach mehreren fruchtlosen Jahren, verlangte der 3M-Präsident McKnight von Drew, das Projekt fallen zu lassen und sich wieder der Verbesserung des Schleifpapiers zuzuwenden. Drew befolgte dies ordnungsgemäß, doch einen Tag später dachte er über eine neue Art nach, wie er mit dem Unterlagenproblem umgehen konnte, und setzte seine Experimente fort. Währenddessen besuchte McKnight ein weiteres Mal das Labor und sah, wie Drew hart an dem vermeintlich eingestellten Projekt arbeitete, doch er sagte nichts.

Schließlich fand Drew die richtige Materialkombination und bat McKnight, eine neue Papiermaschine zu bewilligen, um das neue Klebeband herzustellen. Seine Anfrage wurde abgewiesen, doch Drew wollte nicht aufgeben. Als Forscher hatte er die Genehmigung Anschaffungen bis zu $100 zu bewilligen, so begann er eine Reihe von $99-Bestellungen zu schreiben. Später gab er seine Strategie gegenüber McKnight zu, als er ihm die neue Maschine zeigte.

Und auf diesem Weg wurde das Klebeband erfunden. Mit seiner Einführung begann ein neues Kapitel in 3Ms Entwicklung, das 1930 zur Einführung des durchsichtigen Scotch Cellophan-Klebeband (ebenfalls eine Erfindung von Drew) führte und zu 3Ms aktuellem Portfolio von über 700 Klebebändern für Anwendungen in der Medizin, in der Elektronik, in der Konstruktion und viele weitere Bereiche.

Dieser Schlagabtausch zwischen McKnight und Drew, Drew's ungehorsamer Kauf der Papiermaschine und McKnights entspannte Reaktion auf seine Missachtung sind Ausdruck für die innere Qualität der *Großzügigkeit* und der Leadership-Maßnahme *Empowering*. „Sie belegen eine klare Ethik für Manager", stellt das Unternehmen in seiner Literatur fest: „Wenn Sie die richtige Person am richtigen Projekt haben und diese sich ganz der Lösung widmet, dann lassen Sie sie in Ruhe. Tolerieren Sie ihre Initiative und vertrauen Sie ihr."

1948 formulierte McKnight eine Reihe von Management-Prinzipien, die die Organisationskultur unterstreicht, innerhalb derer 3Ms Innovationskraft aufblüht:

So wie unser Geschäft wächst, wird es immer wichtiger, Verantwortung zu delegieren und Männer und Frauen zu ermutigen, Eigeninitiative zu ergreifen. Dies erfordert eine erhebliche Toleranz. Wenn jene Männer und Frauen, denen wir Autorität und Verantwortung übertragen, gute Menschen sind, werden ihre Arbeit auf ihre eigene Weise tun wollen.

Fehler werden gemacht. Wenn jedoch die Person im Wesentlichen recht hat, sind die Fehler, die sie oder er macht, auf lange Sicht nicht so gravierend als die Fehler, die das Management macht, wenn es versucht, den Verantwortlichen genau zu sagen, wie sie ihre Arbeit machen sollen.

Management, das bei Fehlern destruktiv kritisch ist, tötet jede Initiative. Und es ist sehr wichtig, dass wir viele Leute mit Eigeninitiative haben, wenn wir weiter wachsen wollen.

William McKnight weist darauf hin: „Ein Management, das destruktiv kritisch ist, wenn Fehler passieren, tötet jegliche Initiative."

Überlegungen zum Fall

McKnights Erklärungen weisen offensichtlich auf eine Organisationskultur hin, die auf Empowerment beruht. Empowerment schafft eine Innovationskultur mit Selbstführungskompetenz, bei der der Erfolg der Organisation auf der vereinten Energie und den kreativen Anstrengungen vieler Menschen beruht, die auf eine gemeinsame Vision ausgerichtet sind. In einer Leadership-Kultur werden die Menschen im Wesentlichen als Gleichberechtigte angesehen, die unterschiedliche Rolle innehaben. Die Rollen beruhen darauf, in wie weit die individuellen Fähigkeiten entwickelt sind und spiegeln nicht den intrinsischen Wert einer Person wider. Deshalb werden die Menschen auf allen Ebenen anerkannt und als individuelle Mitglieder und Beitragende gewürdigt – auch jene, die die Regeln brechen, um der Organisation als Ganzes einen Mehrwert zu verschaffen.

William McKnights Management-Prinzipien und das Beispiel, wie das Klebe band entstand, verdeutlichen ein einfaches und doch machtvolles Rezept für die „Orchestrierung von Innovation".

1. **Verantwortung delegieren und die Leute ermutigen, die Initiative zu ergreifen.** Dies dient dazu, Eigenständigkeit zu entwickeln und die Motivation der Leute für Innovation und Wachstum anzuregen. Ebenso wichtig ist es zur Entwicklung der Leute und um sie zu unterstützen „Energie in die Aktion zu investieren".

2. **Die Leute ihre Arbeit auf ihre eigene Weise machen lassen und Fehler tolerieren.** Dies baut auf der Großzügigkeit der Führungskraft auf und dient der Anerkennung und Wertschätzung der Individualität der Leute sowie der Förderung ihrer Potenzialentfaltung.

3. **Darauf vertrauen, dass die richtige Person am richtigen Projekt "sich ganz der Problemlösung widmet".** Dies hilft, das Selbstwertgefühl der Leute zu fördern und ihren Ehrgeiz zu steigern, indem ihr natürliches Verlangen zu wachsen und etwas beherrschen zu können unterstützt wird. Außerdem wird ihr Engagement anerkannt, dass sie konkret und effizient arbeiten, um *Resultate zu erzielen*.

1. **Verantwortung delegieren und die Leute ermutigen, die Initiative zu ergreifen.**

2. **Die Leute ihre Arbeit auf ihre eigene Weise machen lassen und Fehler tolerieren.**

3. **Darauf vertrauen, dass die richtige Person am richtigen Projekt "sich ganz der Problemlösung widmet".**

Wir können dieselben Arbeitsprinzipien im Fallbeispiel des Pike Place Fish Market aus dem vorhergehenden Kapitel wiederfinden. Die Verpflichtung der Leute „sie selbst zu sein und das zu tun, was sie begeistert" sowie ihr Ehrgeiz weltberühmt also „World Famous" zu sein, indem sie „präsent sind und sich mit den Leuten auf menschlicher Ebene verbinden; und den Tag jedes Menschen positiver gestalten", schafft eine Kultur des Empowerments, in der Teammitglieder ihre eigene Motivation nutzen und innovativ sind, um Resultate zu erzielen".

McKnights Aussage, dass, „wenn eine Person im Wesentlichen richtig liegt, die Fehler, die er oder sie macht, auf lange Sicht nicht so gravierend sind, wie die des Managements, wenn es versuchen sollte, den Verantwortlichen ganz genau zu sagen, wie sie ihre Arbeit zu erledigen haben." Dies weist darauf hin, dass Empowerment ebenfalls ein wichtiger Aspekt für die Gestaltung der Fitness für die Zukunft ist. Eine Organisationskultur, die auf Empowerment beruht, Innovation und das Selbstwertgefühl fördert wird natürlicherweise in einer dynamischen und sich verändernden Welt fitter für die Zukunft sein, als solche die durch Starrheit und Hierarchien beeinträchtigt sind.

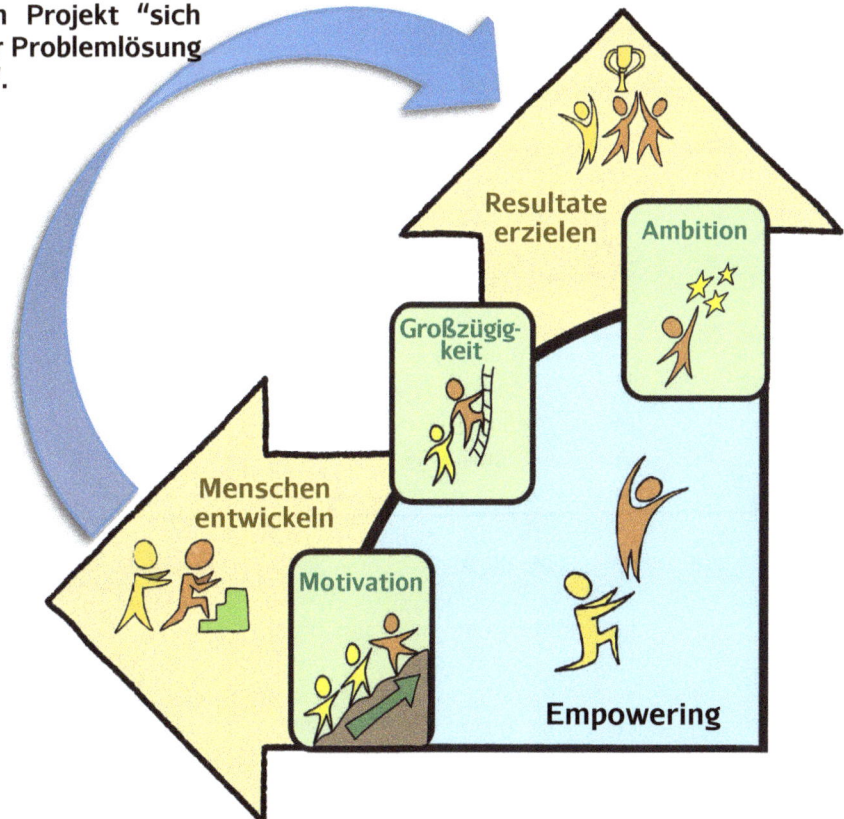

3.) Darauf vertrauen, dass die richtige Person am richtigen Projekt "sich ganz der Problemlösung widmet".

2.) Die Leute ihre Arbeit auf ihre eigene Weise machen lassen und Fehler tolerieren.

1.) Verantwortung delegieren und die Leute ermutigen, die Initiative zu ergreifen.

Resultate erzielen

Ambition

Großzügig-keit

Menschen entwickeln

Motivation

Empowering

3M's drei Schlüsselschritte zur Orchestrierung der Innovation

Zusammenfassung des Kapitels

Das SFM Leadership-Modell bietet einen vielseitige Strategieplan um ein Unternehmen aufzubauen, nach Rückschlägen wieder aufzustehen und fitter für die Zukunft zu werden. Das Modell zeigt den Zusammenhang zwischen persönlichen Qualitäten (also das, was die Führungskraft in sich hat), Handlungen und Maßnahmen (das, was die Führungskraft tut) und Organisationszielen (was die Führungskraft erreicht).

Gemäß dem SFM Leadership-Modell gibt es vier wesentliche *Organisationsziele* für erfolgreiche Unternehmen – den Wandel fördern, Werte verwirklichen, Menschen entwickeln und Resultate erzielen. Diese Ergebnisse werden als Folge von vier grundlegenden Leadership-Aktionen – Empowering, Coaching, Sharing und Stretching – gesehen. *Empowering* ist notwendig, um Menschen zu entwickeln und Resultate zu erzielen. *Coaching* ist ebenfalls notwendig für die Entwicklung der Menschen und hilft ihnen, ihre Werte zu verwirklichen. *Sharing* ist ein weiterer Schlüssel, um Werte zu verwirklichen und den Wandel zu fördern. *Stretching* ist wichtig, um sowohl den zu fördern als auch um Resultate zu erzielen.

Diese vier Leadership-Maßnahmen ergeben sich aus den neun inneren Schlüsselqualitäten – Passion (Leidenschaft), Vision, Entschlossenheit, Ambition (Ehrgeiz), Offenheit, Großzügigkeit, Motivation, Konsistenz (Beharrlichkeit) und Vorbildfunktion. Die unterschiedlichen Qualitäten sind mal mehr und mal weniger mit bestimmten Aktionen und Ergebnissen verbunden.

Es gibt eine Reihe von Parallelen zwischen dem SFM Leadership-Modell und dem Erfolgszirkel. Die vier Leadership-Ergebnisse ergänzen die unternehmerischen Ziele Finanzielle Robustheit und Stabilität, einen Bedeutsamer Beitrag, Innovation und Resilienz sowie Skalierbares Wachstum. In ähnlicher Weise unterstützen die Leadership-Maßnahmen Empowering, Coaching, Sharing und Stretching die unternehmerischen Handlungen, wie *Produkte oder Dienstleistungen entwickeln* und *Interesse und Ertrag erzeugen*; die *Kompetenzen des Teams erweitern* und *eine gemeinsame Ausrichtung gestalten*; *Ressourcen vermehren und wirksam einsetzen* und *Win-Win-Beziehungen aufbauen*; das *Geschäft ausweiten und Mehrwert schaffen* sowie *Investitionen beschaffen und wichtige Betriebsmittel erwerben*.

Außerdem gibt es komplementäre Beziehungen zwischen den inneren Qualitäten effektiver Führungskräfte und dem Mindset eines erfolgreichen Unternehmers. Das Mindset eines Unternehmers ist in erster Linie auf die Kunden, den Markt und das größere „Holon" ausgerichtet. Das Mindset einer Führungskraft konzentriert sich gleichermaßen auf das Unternehmenswachstum und den Mehrwert für Investoren und Partner. Die komplementäre Betonung beider Denkweisen schafft eine wichtige Balance, die manchmal sowohl in Start-ups als auch in größeren Organisationen vermisst wird.

Das Erfolgsfaktor-Fallbeispiel von *Charles Matthews* und *Rolls Royce Motorcars* veranschaulicht sehr gut diese Fähigkeiten in Aktion. So wie Matthews Empowering, Coaching, Sharing und Stretching angewendet hat – unterstützt durch seine emotionale Intelligenz und Fähigkeit, schwierige Gefühle der Belegschaft willkommen zu heißen und ihnen Raum zu geben – half der Firma und ihren Angestellten durch die schwierige Erneuerungsphase. Die Abfolge der Maßnahmen, der Matthews intuitiv folgte, zeigt einen wichtigen kritischen Pfad, dem Conscious Leader folgen. Er beginnt mit Empowering, gefolgt von Coaching, dann Sharing und schließlich Stretching der Teammitglieder. Erfolgt das Stretching zuerst ohne die Unterstützung der anderen Leadership-Maßnahmen, führt es einfach nur zu Stress und Überforderung.

Das Erfolgsfaktor-Fallbeispiel von *William McKnight* und *3M* zeigt wie wichtig es ist, die Organisationskultur auf die Grundlage des Empowerment zu stellen. 3M hat eine lange Geschichte in Innovation und Fitness für die Zukunft entwickelt, indem sie drei Schlüsselschritte für die Orchestrierung der Innovation eingerichtet haben: 1.) Verantwortung delegieren und die Leute ermutigen, Eigeninitiative zu ergreifen, 2.) die Leute ihre Arbeit auf ihre eigene Weise machen lassen und Fehler tolerieren und 3.) darauf vertrauen, dass die richtige Person am richtigen Projekt „sich voll und ganz der Problemlösung widmet".

Referenzen und Literaturhinweise

- *Modeling with NLP*, Dilts, R., Meta Publications, Capitola, CA, 1998
  dt: Modeling mit NLP, Junfermann, Paderborn, 1999.
- *Alpha Leadership: Tools for Leaders Who Want More From Life*, Deering, A., Dilts, R. und Russell, J., John Wiley & Sons, London, England, 2002.
- *Visionary Leadership; Dilts, R., Meta Publications, Capitola, CA, 1996*
  dt.: Von der Vision zur Aktion: Visonäre Führungskunst, Die Erschaffung einer Welt, der Menschen zugehören wollen, Dilts, R., Junfermann, Paderborn, 1997

Anwendung des
SFM Leadership-Modell™

Ein wirklicher Anführer hat das Selbstvertrauen, für sich einzustehen, den Mut, schwierige Entscheidungen zu treffen, und das Mitgefühl, auf die Bedürfnisse anderer zu hören. Er ist nicht darauf aus, ein Anführer zu sein, sondern wird dazu durch die Gelassenheit seiner Handlungen und die Integrität seiner Absicht.

Douglas McArthur

Alle großen Führungspersönlichkeiten hatten eins gemeinsam: Die Bereitschaft, sich unmissverständlich der großen Angst ihres Volkes zu stellen. Dies und sonst nichts ist das Wesen der Führung.

John Kenneth Galbraith

Führung ist die potente Kombination aus Strategie und Charakter. Wenn du aber ohne eins auskommen musst, verzichte auf die Strategie.

Norman Schwarzkopf

Anwendung des SFM Leadership-Modells™

Wie ich zu Beginn von Kapitel I beschrieben habe, ist das Ziel des Success Factor Modeling™Prozesses die Anfertigung einer *handlichen Übersicht* – die mittels verschiedener Übungen, Formate und Instrumente Menschen ermöglicht, die modellierten Faktoren anzuwenden, um innerhalb ihrer selbst ausgewählten Kontexte entscheidende Resultate zu erzielen.

In den frühen 2000er Jahren nutzen mein Bruder John und ich das SFM Leadership-Modell als Basis für unsere Firma ISVOR DILTS Leadership Systems, ein Joint-Venture zwischen unserer Dilts Strategy Group und ISVOR Fiat – dem damaligen zuständigen Zweig für die Organisationsentwicklung im Fiat Konzern. Wir entwickelten ein 360°-Leadership-Assessment-Instrument und ein umfassendes Leadership-Entwicklungsprogramm, das aus Workshops, einem Online-Leadership-Portal, gestützte Selbstentwicklungs-Programme und individuellen Coaching-Sitzungen bestand. Das Programm bot 65 unterschiedliche Instrumente, um all die unterschiedlichen Aspekte des Modells zu unterstützen.

Für dieses Buch und dieses Kapitel werde ich jedoch im Detail nur die relevantesten Instrumente und Formate vorstellen, die sich auf das Wieder-Aufstehen nach Rückschlägen, die Steigerung der Resilienz, die Stärkung der Innovationskraft und Verbesserung der Fitness Ihres Unternehmens für die Zukunft beziehen.

ISVOR DILTS
LEADERSHIP SYSTEMS

Das SFM Leadership-Modell bildete die Grundlage für *ISVOR DILTS Leadership Systems*, einem Joint-Venture zwischen der Dilts Strategy Group und ISVOR Fiat – der Bereich für die Organizations-Entwicklung der Fiat Gruppe.

„Leadership-Momente" sind natürliche Entscheidungspunkte, kritische Meilensteine oder herausfordernde Ereignisse, die das Potenzial haben, signifikanten Einfluss auf die Wahrnehmung und Motivation der Menschen zu nehmen.

Erkennen Sie Ihre "Leadership-Momente"

Zu Beginn, bevor Sie die Leadership-Kompetenzen auf Ihr eigenes Unternehmen anwenden, ist es eine gute Idee, einige allgemeine „Leadership-Momente" zu ermitteln, denen Sie begegnen. *Leadership-Momente* sind natürliche Entscheidungspunkte, kritische Meilensteine oder herausfordernde Ereignisse, die als Teil der alltäglichen Wirklichkeit einer Führungskraft oder eines Unternehmers auftreten. Dies sind bedeutende und oft symbolische Situationen, die das Potenzial haben, signifikanten Einfluss auf die Wahrnehmung und Motivation der Menschen zu nehmen.

Kunden, Mitarbeiter, Stakeholder und Partner bescheren uns ständig Leadership-Momente aufgrund ihrer Beziehungen und Interaktionen mit uns. Innerhalb jeden Projekts oder Unternehmens gibt es eine Reihe von Leadership-Momenten. Diese Situationen erfordern Initiative, Intuition, Mut, emotionale Intelligenz und Kongruenz. In diesen Phasen ist es wichtig, eine *Vision zu äußern, andere zur Handlung zu inspirieren, zur Kooperation im Team zu ermutigen* und ein *Vorbild zu sein*. Mit den Worten einer Führungspersönlichkeit aus meiner Studie sind Leadership-Momente die Situationen, in denen „man die Menschen in seine Augen blicken und seine Körpersprache lesen lassen muss."

Der Begriff „Moment" ist natürlich ein relativer Ausdruck, der sich wörtlich auf wenige Minuten beziehen kann (wenn man eine wichtige Ankündigung machen will) oder auf eine Zeitperiode, die sich über Tage, Wochen oder Monate erstrecken kann (wie bei Elon Musk, als seine Firmen Gefahr liefen zu scheitern oder als Steve Jobs zu Apple zurückkam, als sich das Unternehmen am Rande des Bankrotts befand). Im Beispiel von Charles Matthews gab es beispielsweise viele Leadership-„Momente". Einige waren kurze Gespräche, als sich die Belegschaft feindselig äußerte. Andere bezogen sich auf die Notwendigkeit einer konsequenten Vorgehensweise, die sich über einen langen Zeitraum erstreckte.

Leadership-Momente sind offensichtliche Tests für das Mindset und die inneren Qualitäten – wie Passion, Motivation Entschlossenheit, Vision, Offenheit, Großzügigkeit, Ambition, Konsistenz und die Vorbildfunktion. Diese Situationen erfordern irgendeine Aktion – wie Empowering, Coaching, Sharing oder Stretching – um die Ziele zu erreichen wie Menschen zu entwickeln, Werte zu verwirklichen, den Wandel zu fördern oder Resultate zu erzielen.

Elon Musk hatte einen wichtigen "Leadership-Moment", als alle drei Firmen gleichzeitig vor dem Bankrott standen.

Menschen entwickeln, um Resultate zu erzielen

Wenn es darum geht, *Menschen zu entwickeln* und sie *auf Ergebnisse zu fokussieren*, ist die wichtigste Maßnahme **Empowering**. Damit rücken die Führungsqualitäten *Großzügigkeit*, *Motivation* und *Ambition* (*der Ehrgeiz, etwas zu leisten*) in den Vordergrund. Die Führungskraft muss sich Zeit nehmen und sich persönlich engagieren, Energie in Aktionen investieren und mit ihrem Team wirklich etwas erreichen wollen. Die Situation, als John Yokoyama den Pike Place Fish Market vor dem Bankrott retten wollte, sei dafür ein Beispiel. Er war in der Lage, die Denkweise seines Teams zu verändern, indem er sie ermutigte, „sie selbst zu sein und das zu tun, was sie inspiriert".

William McKnights gelassene Reaktion auf Dick Drews Beharren, als er weiterhin ein Klebeband mit weniger aggressivem Klebstoff entwickeln wollte (anstatt seinen Job zu tun, um das Schleifpapier zu verbessern), und auf Drews nicht gebilligten Kauf einer Papiermaschine, sind weitere Beispiele für eine Denkweise des Empowerment.

Menschen anleiten, Werte zu verwirklichen

Wenn es im Leadership-Moment darum geht, *Menschen zu entwickeln* und sie auf das *Handeln gemäß der Schlüsselwerte* zu fokussieren, dann ist **Coaching** die wichtigste Maßnahme. In diesem Fall ist vor allem das *Vorbild der Führungskraft*, begleitet von den Qualitäten *Konsistenz* und *Motivation*, wichtig. Dies bedeutet, dass die Führungskraft „den Worten Taten folgen" lassen muss und einfach „da sein" sollte. Er oder sie sollte sich leidenschaftlich einbringen, um eine glaubwürdige und vertrauenswürdige Referenz zu schaffen.

Das Beispiel, wie Dr. Lim Suet Wun aus dem Tan Tock Seng Hospital in Singapore auf die SARS Epidemie reagierte, illustriert dies sehr anschaulich. Durch den täglichen Besuch bei der ganzen Krankenhausbelegschaft und den Patienten während der Krise und das Händeschütteln baute er das notwendige Maß an Verbundenheit und Vertrauen auf, das für die Bewältigung einer solchen hoch-belasteten Situation unerlässlich ist.

Während des Wandels die Grundwerte beibehalten

Wenn die Situation es erfordert, den *Wandel zu fördern*, d. h. *Veränderungen voranzutreiben* und dafür zu sorgen, dass *Schlüsselwerte erhalten* bleiben, dann ist **Sharing** die sinnvollste Maßnahme. Damit kommen Führungsqualitäten wie *Offenheit*, *Vision* und *Konsistenz* zum Vorschein. Dafür sollte die Führungskraft neugierig bleiben und für neue Ideen offen sein. Sie sollte in andere Vertrauen haben, um gegenseitige Wertschätzung und Respekt aufzubauen. Ebenso geht es darum, über die Gegenwart hinauszublicken und sich zukünftige Möglichkeiten vorzustellen, während man entschlossen und fest an seiner Mission und der Bestimmung festhält.

So, wie Charles Matthews die schwierige Übergangsphase bei Rolls Royce bewältigt hat, bietet er sehr gutes Beispiel dafür, wie mittels Sharing (*Austausch von Informationen und Meinungen*) enorme Feindseligkeit entschärft werden kann, die sich beim Abbau und der Restrukturierung des Unternehmens aufgebaut hatte.

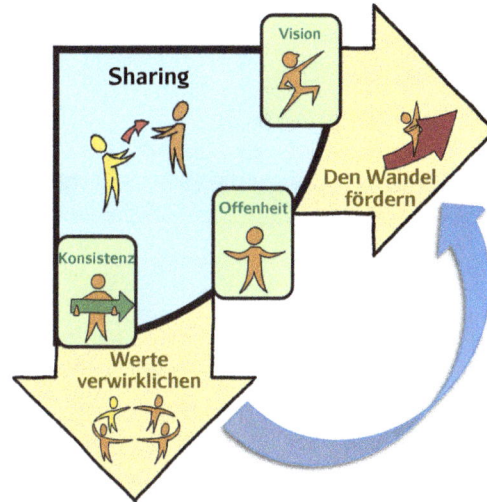

Den Wandel fördern, um Resultate zu erzielen

Wenn der Leadership-Moment fordert, den *Wandel zu fördern*, um *Resultate zu erzielen*, ist die wichtigste Maßnahme das **Stretching**. Dies bringt die Führungsqualitäten *Vision* sowie *Ambition* und *Entschlossenhei*t, etwas leisten zu wollen, zum Vorschein. Die Führungskraft muss sich auf das Gesamtbild und die längerfristigen Ziele konzentrieren und gleichzeitig direkt auf bestimmte Ergebnisse hinarbeiten. Zu ihrer Verwirklichung muss sie ein hohes Engagement aufrechterhalten und sich ganz dem widmen, wozu sie sich entschlossen hat.

Elon Musks hartnäckiges Engagement für seine Vision und seinen höheren Zweck, als alle drei Unternehmungen im Begriff waren zu scheitern, verkörpert die mit Stretching verbundenen Mindset-Qualitäten.

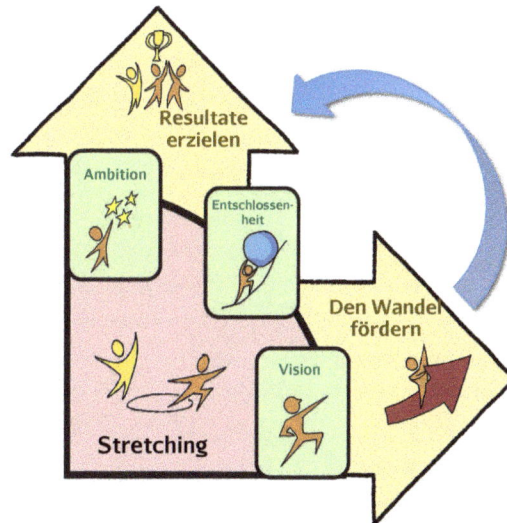

Antizipieren Sie Ihre eigenen Leadership-Momente

Während Sie über Ihr eigenes Projekt oder Unternehmen nachdenken, überlegen Sie, welche „Leadership-Momente" Ihnen einfallen, denen Sie augenblicklich oder regelmäßig begegnen? Denken Sie an Resultate, die Sie erzielen müssen, Maßnahmen, die Sie umsetzen müssen, und Herausforderungen, denen Sie begegnen.

Gibt es häufige oder wiederkehrende „Leadership-Momente", die Sie in Zukunft angehen oder vorausahnen sollten? Achten Sie auf diejenigen, die sowohl kurze als auch längere Zeiträume betreffen. Nehmen Sie sich einen Moment Zeit und listen Sie einige Ihrer Führungsherausforderungen auf.

Leadership-Momente / Herausforderungen:

_____

_____

_____

_____

_____

Während Sie über Ihre Liste der zukünftigen Leadership-Momente nachdenken, überlegen Sie: Welche Ergebnisse sind für Sie am wichtigsten? Wollen oder müssen Sie bestimmte Resultate erzielen? Menschen entwickeln? Irgendwelche Veränderungen voranbringen und damit den Wandel fördern? Bestimmte Werte verwirklichen oder beibehalten? Eine Kombination daraus? Die umzusetzenden Maßnahmen und die anzunehmende Denkweise werden je nachdem, welche Ergebnisse sie sich wünschen, bestimmt, um darin erfolgreich zu sein.

Auf den folgenden Seiten werde ich Ihnen Übungen zeigen, die Sie auf Ihre ermittelten Leadership-Momente anwenden können. Ein Ziel des Success Factor Modeling ist, Sie dabei zu unterstützen, Ihre herausfordernden Momente proaktiver, intelligenter, zuversichtlicher und bewusster anzugehen.

ARBEITEN UNTER ZEITDRUCK

TIC TAC

1. _____

MEINEM TEAM FEEDBACK GEBEN

2. _____

3. _____

Wenn Sie Ihre eigenen Leadership-Momente antizipieren, können Sie sich mit der notwendigen Denkweise und Maßnahmen vorbereiten, um bestmöglich damit umzugehen.

Menschen ermächtigen, um Resultate zu erzielen

Wie wir in den Fällen von 3M, Rolls Royce und Pike Place Fish Market gesehen haben, beinhaltet *Empowering* die Fähigkeit, den *Ausdruck des individuellen Potenzials* zu fördern, *Eigenständigkeit* zu erlauben sowie Übernahme von persönlicher *Verantwortung* und *Einfluss*, um besser Resultate erzielen zu können. Empowering erfordert die Kapazität, Bedingungen zu schaffen, in denen sich Menschen besser ausdrücken und den Wert ihrer Arbeit erkennen können, was ihr persönliches und berufliches Wachstum wie auch ihr Selbstwertgefühl anregt.

Die Maßnahme Empowering wird durch drei entscheidende persönliche Qualitäten unterstützt: *Ambition*, *Motivation* und *Großzügigkeit*. *Großzügigkeit* ist Qualität, die am engsten mit Empowerment verbunden ist. Großzügigkeit bedeutet, der Potenzialentfaltung anderer Zeit und persönliches Engagement zu widmen. Es erfordert, die eigenen Wachstumsziele mit Altruismus, Vertrauen und einem Gefühl der Teilhabe aufrechterhalten zu können

Kurz, die Leadership-Maßnahme Empowering beinhaltet:

- Motivation zu wachsen anregen
- Individualität anerkennen
- Selbstwertgefühl fördern
- Zur Eigenständigkeit ermutigen
- Potenzialentfaltung der Menschen unterstützen

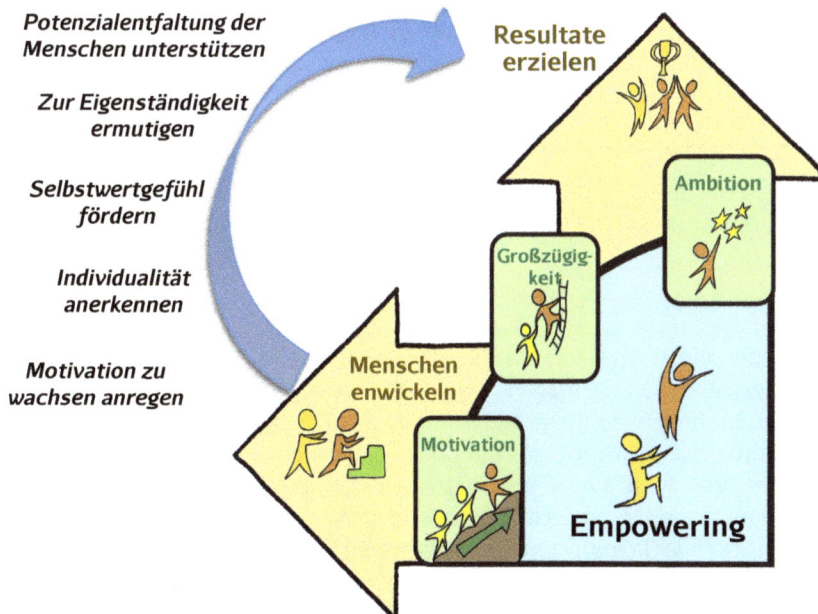

Potenzialentfaltung der Menschen unterstützen

Zur Eigenständigkeit ermutigen

Selbstwertgefühl fördern

Individualität anerkennen

Motivation zu wachsen anregen

Resultate erzielen

Ambition

Großzügig-keit

Menschen enwickeln

Motivation

Empowering

Bevor Sie Führungskraft sind, bedeutet Erfolg, selbst zu wachsen. Wenn Sie Führungskraft sind, bedeutet Erfolg, andere wachsen zu lassen.

Jack Welch – CEO General Electric

Herausragende Führungskräfte tun alles, um das Selbstwertgefühl ihrer Mitarbeiter zu steigern. Wenn Menschen an sich selbst glauben, können sie erstaunliches erreichen.

Sam Walton – Gründer von Walmart

Empowering erfordert Großzügigkeit, Motivation und Ambition. Sie ist notwendig, um Menschen zu entwickeln und um Resultate zu erzielen.

Ermächtigung, Resilienz und die Macht des Glaubens

Diese kleine Idee erklärt, warum manche Führungskräfte und Organisationen inspirieren können, andere dagegen nicht. Lassen Sie mich die Begriffe kurz definieren. Jede einzelne Person, jede einzelne Organisation auf dem Planeten weiß, was sie tut; einhundert Prozent. Manche wissen, wie sie es machen; ob Sie es Ihr „differenzierendes Werteversprechen" oder Ihr „geschütztes Verfahren" oder USP nennen. Aber sehr, sehr wenig Menschen oder Organisationen wissen, warum sie das tun, was sie tun. Und mit „warum" meine ich nicht das „Erzielen von Gewinn". Das ist eine Folge. Es ist immer eine Folge. Mit „Warum" meine ich: „Was ist deine Absicht?" „Was ist dein Grund?" „Was ist deine Überzeugung?" „Warum existiert deine Organisation?

Simon Sinek – ‚Start with Why'

Wenn es darum geht, die Welt zu verändern, habe ich von Steve Jobs gelernt: Wenn du an einen Macintosh glaubst, wenn du an das iPhone, den iPod, das iPad glaubst, wenn du genug glaubst, dann wirst du es sehen, weil andere Leute daran glauben werden; Andere Leute werden Software erstellen; andere Menschen werden Produkte schaffen. Sie müssen also den Glauben an das, was Sie träumen, fördern, damit es zur Realität wird. Das ist etwas ganz Anderes als zu sagen: „Ich erwarte nicht, dass irgendjemand es glaubt, bis sie es sehen." Sie brauchen Leute, die es glauben, bevor sie es sehen können.

Guy Kawasaki – Apple Inc.

In seinem Buch "Start with Why" zeigt Simon Sinek ein einfaches Modell, das Ihnen hilft, Ihr eigenes WARUM zu erkunden oder den Zweck, der sie in Situationen inspirieren kann, wenn Sie Resilienz brauchen.

Einer der einflussreichsten Erfolgsfaktoren, um sich selbst und andere zu empowern (ermächtigen), ist unser Glaube. Überzeugungen bestimmen, welche Bedeutung Ereignissen gegeben wird. Sie sind der Kern von Motivationen und Kulturen. Unsere Überzeugungen und Werte sind ein wesentlicher Bestandteil unserer Denkweise und unseres „Inneren Spiels". Sie stellen die Verstärkung (Motivation und Erlaubnis) dar, die bestimmte Fähigkeiten und Verhaltensweisen unterstützt oder hemmt. Überzeugungen und Werte beziehen sich auf die Frage: „Warum?"

Wie die Macht der Überzeugungen die Fähigkeiten der Menschen verbessern oder hemmen kann, wurde in einer aufschlussreichen Studie demonstriert, in der eine Gruppe Kinder mit durchschnittlicher Intelligenz zufällig in zwei gleiche Gruppen eingeteilt wurde. Eine Gruppe wurde einem Lehrer zugeteilt, dem gesagt wurde, dass die Kinder „begabt" seien. Die andere Gruppe wurde einem Lehrer übergeben, dem gesagt wurde, dass die Kinder „langsame Lerner" seien. Ein Jahr später wurden die Kinder erneut auf ihre Intelligenz getestet. Es überrascht nicht, dass die Mehrheit der Gruppe, die willkürlich als „begabt" eingestuft wurde, höher punktete als zuvor, während die Mehrheit der Gruppe, die als „langsam" eingestuft wurde, schlechter abschnitt! Die Überzeugungen der Lehrer und die sich daraus ergebenden Erwartungen an die Schüler hatten ihre Lernfähigkeit beeinflusst.

In einer weiteren Studie wurden 100 Krebs-„Überlebende" (Patienten, die vor über 10 Jahren ihre Symptome rückgängig machten) darüber befragt, was sie getan hatten, um erfolgreich zu sein. Die Interviews zeigten, das keine einzige Therapiemethode effektiver als eine andere war. Manche Patienten hatten die medizinische Standardbehandlung mit Chemotherapie oder Bestrahlung bekommen, einige hatten einen Ernährungsansatz genutzt, andere folgten einem spirituellen Pfad, während weitere sich auf einen psychologischen Ansatz konzentrierten und manche gar nichts taten. Die einzige Sache, die die gesamte Gruppe kennzeichnete war, dass sie alle an das glaubten, was sie taten. Sie alle glaubten , dass der gewählte Ansatz für sie funktionieren würde.

Ein weiteres gutes Beispiel, wie die Macht des Glaubens uns sowohl limitiert als auch ermächtigt, ist die „Vier-Minuten-Meile". Vor dem 6. Mai 1954 glaubte man, dass kein Mensch eine Meile unterhalb von vier Minuten zurücklegen konnte. In neun Jahren vor dem historischen Tag, an dem Roger Bannister die Vier-Minuten-Grenze durchbrach, war es noch keinem Läufer gelungen, nur in die Nähe zu kommen. Innerhalb von sechs Wochen nach Bannisters Leistung unterbot der Australier John Lundy den Rekord um eine weitere Sekunde. Innerhalb der nächsten neun Jahre hatten fast zweihundert Menschen die einstmals undurchdringliche Barriere durchbrochen.

Gewiss zeigen diese Beispiele, dass unsere Überzeugungen das Ausmaß unserer Intelligenz, Gesundheit oder Leistung beeinflussen, formen und sogar bestimmen.

Überzeugungen und Werte beziehen sich auf die Frage: „Warum?" Sie sind ein entscheidender Teil unseres Mindsets und „Inneren Spiels". Sie bieten die Verstärkung (Motivation und Erlaubnis) die bestimmte Fähigkeiten und Verhaltensweisen unterstützen oder hemmen.

Unsere Überzeugungen können das Ausmaß unserer Motivation, Intelligenz, Gesundheit oder Leistung beeinflussen, formen und sogar bestimmen.

Bildung eines Gewinner-Glaubenssystems

Wenn Sie die Innovationskraft steigern, nach Rückschlägen wieder aufstehen oder die Zukunftsfähigkeit verbessern wollen, müssen Sie ein „Gewinner-Glaubensystem" etabliert haben. In SFM Bd. II (S. 211-215) erklärte ich, wie ein *Gewinner-Glaubensystem* ein Stärkungsfeld (Empowerment) erzeugt, weil es folgendes erschafft:

- Die Erwartung einer positiven Zukunft
- Das Gefühl der Leistungsfähigkeit und Verantwortung
- Das Selbstwert- und Zugehörigkeitsgefühl

Ein Gewinner-Glaubenssystem erzeugt ein Feld des notwendigen Empowerment für die Steigerung der Innovationskraft, das Wieder-Aufstehen nach Rückschlägen und Verbesserung unserer Fitness für die Zukunft.

Die *Erwartung einer positiven Zukunft* wird erzeugt, wenn man glaubt, dass wünschenswerte Ergebnisse im Bereich des Erreichbaren liegen. Das *Gefühl der Leistungsfähigkeit und Verantwortung* entstehen aus dem Selbstvertrauen, dass wir einen guten Plan haben und wir die erforderlichen Fähigkeiten besitzen, um die notwendigen Verhaltensschritte zu tätigen, damit die gewünschten Ergebnisse erfolgreich erreicht werden. Das *Selbstwert- und Zugehörigkeitsgefühl* ergibt sich aus dem Maß unserer Überzeugung, dass wir es verdient und die Erlaubnis sowie die Unterstützung haben, um alle für den Erfolg notwendigen Fähigkeiten und Qualitäten mobilisieren zu können.

Gewinner-Überzeugungen sind eng mit fünf grundlegenden Komponenten der Ursache-Wirkungs-Kette verbunden, die erforderlich sind, um Veränderungen herbeizuführen:

1. Die *Ergebnisse*, die die Person, das Team oder die Organisation zu erreichen versucht

2. Der *Pfad* mit den Schritten, die zu diesen Ergebnissen führen.

3. Das *Verhalten* oder die erforderlichen *Maßnahmen*, um erfolgreich dem Pfad zu folgen.

4. Der *Plan*, der die notwendigen Fähigkeiten und Qualitäten spezifi ziert, die benötigt werden, um diese Verhaltensweisen und Aktionen effektiv auszuführen.

5. Die *Menschen* oder das Team, die die Fähigkeiten und Qualifikationen besitzen müssen, die notwendig sind, um die Maßnahmen zu ergreifen und erfolgreich den Pfad zum gewünschten Ergebnis zu beschreiten.

verdient verantwortlich	fähig	angemessen ökologisch	möglich	wichtig lohnenswert
↓	↓	↓	↓	↓
Menschen →	Plan	**Verhalten** →	Pfad	**Ergebnis**

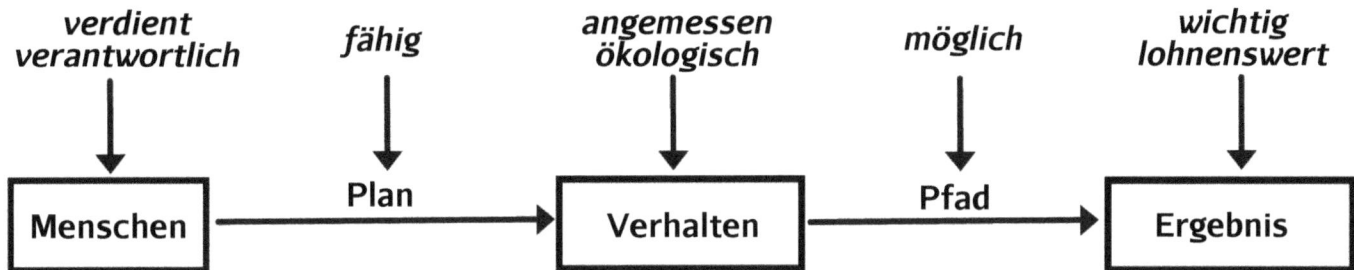

Überzeugungsthemen in Bezug auf Leistung und Veränderung

Menschen bilden Schlüssel-Überzeugungen, die ihre Wahrnehmung bezüglich der fünf Elemente des Wandels beeinflussen. Diese Überzeugungen beziehen sich auf:

1. Die *Bedeutung* und *Erwünschtheit* des Ergebnisses (die Stärke der Verbindung mit der Vision, Mission, Ambition und Werten).

2. Die Überzeugung, dass es *möglich* ist, das Ergebnis über einen Pfad von geeigneten Schritten zu erreichen.

3. Die Beurteilung wie *angemessen* und *ökologisch* (d.h. effektiv, ethisch, praktisch usw.) das Verhalten und die Maßnahmen sind, um die Ergebnisse zu erreichen.

4. Die Zuversicht, dass die beteiligten Personen, Teams oder Unternehmen *fähig* sind, den Plan zu befolgen und die erforderlichen Maßnahmen zu ergreifen, um das Ergebnis erfolgreich zu erreichen

5. Das *Verantwortungsgefühl*, das die involvierten Personen, das Team oder die Firma wahrnehmen und ob sie sich die *Wertschätzung* und die *Erlaubnis* geben, ihre Fähigkeiten zu nutzen, um den Plan zu befolgen und die gewünschten Ergebnisse zu erreichen.

Die Bildung eines Gewinner-Glaubenssystems bedeutet, kongruente und stärkende Überzeugungen zu etablieren, die sich auf die fünf grundlegenden Komponenten des Wandels beziehen.

Jede Überzeugung in einem Gewinner-Glaubenssystem ist wie ein Glied in einer Kette. Die Kette ist nicht stärker als sein schwächstes Glied.

Menschen erleben soviel Empowerment und Motivation, wie viel Selbstvertrauen sie aufgrund ihres gesamten Glaubenssystems haben. Wenn beispielsweise das Ziel, das Ergebnis oder die Vision als unwichtig und nicht wünschenswert empfunden wird, macht es keinen Sinn, sich überhaupt zu bemühen, es zu erreichen. Selbst wenn das Ergebnis als lohnend empfunden wird, würde es sich ebenfalls wie eine Zeitverschwendung anfühlen, sollte es unmöglich erscheinen, es zu erreichen. Wenn das Ergebnis es wert und möglich, aber unangemessen ist, oder die Mittel dafür als unangemessen empfunden werden, dann wird es Widerstände hervorrufen und „zurückgedrängt".

Wenn das Ergebnis es wert ist, es möglich und angemessen ist, aber die Person oder das Team, das es erreichen soll, nicht die Fähigkeit oder Unterstützung hat, das Notwendige zu tun, fehlt ihnen das Selbstvertrauen, Risiken einzugehen, etwas Neues auszuprobieren oder dabei zu bleiben, wenn es herausfordernd oder schwierig wird. Und auch wenn das Ergebnis als wertvoll, möglich und angemessen erachtet wird, und die Person oder das Team sich selbst für fähig halten, es zu erreichen, werden sie nicht geneigt sein, tätig zu werden oder auch nur das Notwendige zu tun, wenn sich die Person oder das Team nicht für die Ergebnisse verantwortlich hält oder glaubt, es nicht verdient oder keine Erlaubnis zu haben

Deshalb ist der Überzeugungsgrad einer der wichtigsten und stärksten Erfolgsfaktoren für die Verbesserung der Innovationskraft, das Wieder-Aufstehen nach Rückschlägen und die Zukunftsfähigkeit. Wie stark glaubt jemand an seine angestrebte Vision, an sich selbst und sein Team und an das, was er tut. Als erfolgreiche Unternehmerin sagte Cindana Turkatte (s. Portrait in SFM Bd. I, S. 163-171) ganz deutlich: „Sie müssen an das glauben, was Sie tun. Wenn Sie nicht daran glauben, sollten Sie etwas Anderes machen."

Einer der wichtigsten und stärksten Erfolgsfaktoren für die Verbesserung der Innovationskraft, das Wieder-Aufstehen nach Rückschlägen und für die Zukunftsfähigkeit ist das Ausmaß des Glaubens, den jemand in seine Vision hat, die er verfolgt, in sich selbst und sein Team und an das, was man tut.

Das Beispiel von Elon Musks Mars-Mission

Elon Musks überraschender Fortschritt in seiner Vision, den Mars zu besiedeln, ist ein gutes Beispiel, wie Überzeugungen Menschen dazu anstiften können, tätig zu werden. Obwohl viele die Gründung einer menschlichen Kolonie auf dem Mars für eine weit hergeholte und sogar alberne oder bedeutungslose Fantasie erachten würden, ist es Musk gelungen, Menschen dazu zu bringen, es in Betracht zu ziehen und es sogar als aktuelle Möglichkeit zu verfolgen.

Dafür hat Musk daran gearbeitet, die Überzeugung zu etablieren, dass das Ergebnis, eine Kolonie auf dem Mars einzurichten, wünschenswert und wichtig ist. Er argumentiert damit, dass es für das Überleben der Menschheit notwendig ist. „Ich glaube, es gibt ein starkes, humanitäres Argument, um das Leben multiplanetarisch werden zu lassen, damit die Existenz der Menschheit im Fall, dass etwas Katastrophales passiert, gesichert wird", sagt er. Musk fährt fort: „Eine Möglichkeit ist, für immer auf der Erde zu bleiben und schließlich wird es ein Massenaussterben geben … und die Alternative ist, eine raumfahrende, multiplanetarische Spezies zu werden – Das ist es, was wir wollen."

Musk ist es gelungen, die Überzeugung aufzubauen, dass so etwas möglich ist. Bei einer Konferenz des Internationalen Astronauten-Kongress in Mexiko im September 2016 hat der SpaceX Gründer und CEO das Interplanetare Transport-System (ITS) seiner Firma enthüllt. Das System wird die stärkste Rakete, die je baut wurde, mit einem Raumschiff vereinen, das mindestens 100 Menschen zu dem Roten Planeten bringen soll. „Was ich hier wirklich tun will, ist den Mars als Möglichkeit erscheinen zu lassen," sagt er. „Es so erscheinen lassen, dass es etwas ist, das wir zu Lebzeiten tun können und dass man losgehen kann."

Dabei behauptet Musk, dass, wenn die SpaceX-Pläne für die Marsfahrt erfolgreich sind, es bald möglich wäre, sogar weitere Reisen in den Weltraum zu unternehmen. „Wenn wir ein Treibstofflager haben, kann man vom Mars zum Jupiter gelangen, kein Problem," sagt Musk. „Das bedeutet vollkommenen Zugang zu dem gesamten größeren Sonnensystem. Obwohl sich dies für uns heute vielleicht „weit hergeholt" anhört, ist es wahrscheinlich nicht viel anders, als wie unsere Vorfahren vor 500 Jahren über Seereisen zwischen den Kontinenten nachdachten oder wie vor 100 Jahren über die Möglichkeit von Flugreisen um die Welt gedacht wurde.

Um zu zeigen, dass es nicht nur möglich ist, sondern es auch einen angemessenen Weg gibt, den Mars zu erreichen und zu besiedeln, hat Musk computer-animierte Videos gepostet, die ein lebendiges und scheinbar realistisches Bild von Menschen zeichnen, die zu dem Planeten reisen. Sie veranschaulichen konkrete

Elon Musk hat mit seiner Fähigkeit, den Gauben zu stärken, dass es wünschenswert und möglich ist, den Mars zu besiedeln, und dass wir in der Lage sind, die dafür notwendige Technologie zu entwickeln, einen erstaunlichen Fortschritt in der Vision der Menschen als Weltraumreisende und multiplanetarische Spezies katalysiert.

Um die notwendige Technologie entwicklung zum Erreichen des Mars zu beschleunigen, hat Musk mächtige Partnerschaften mit Leuten sowohl aus dem privaten wie aus dem öffentlichen Bereich aufgebaut.

Musk würde gern selbst an der Reise zum Mars teilnehmen -- aber nur nachdem er für den Notfall einen Plan B für seine Firma hat.

Technologien, die bei einer bemannten Mission zum Mars genutzt werden können, einschließlich dem Start von der Erde und der Betankung des Raumschiffs im Orbit, dem Gebrauch von Solar-Anlagen zur Energieversorgung der bemannten Raumkapsel und einem triebwerkgesteuerten Abstieg auf den Roten Planeten.

In einem solchen Video sehen wir, wie eine Rakete vom SpaceX-Startplatz mit einer Schubkraft von 28,730,000 Pfund abhebt. Nach der Stufentrennung parkt das Raumschiff im Orbit, während die Startrakete zur Erde zurückkehrt – wo sie landet. Ein Treibstofftanker wird auf die Startrakete geladen, um das Raumschiff im Orbit für seine Reise zum Mars aufzutanken. Der Tanker kehrt zur Erde zurück und das Raumschiff fliegt Richtung Mars. Die Solar-Anlagen werden aktiviert und das Schiff gleitet bis zum Eintritt in die Mars-Umlaufbahn. Das Schiff landet auf der Oberfläche des Mars und dann bekommen wir einen Einblick, wie die Astronauten auf die Marsebene hinausschauen. [Siehe: http://www.space.com/34211-spacex-mars-inter- planetary-transpor t-concept-video.html]

Zum Teil war Musks ganzer Zweck, mit seinem SpaceX-Programm zu zeigen, dass wir in der Lage sind, die notwendige Technologie für die Mars-Expedition zu erschaffen. Er hat schon gezeigt, dass er die Kapazität zum Bau wiederverwendbarer Trägerraketen hat. Um die Zuversicht zu erhöhen, dass die zur Projektfinanzierung notwendigen, geschätzten $ 10 Milliarden aufgebracht werden können, entwickelt Musk mächtige Partnerschaften. „Ich weiß, es gibt viele Leute im privaten Sektor, die Interesse haben, die Reise zum Mars zu finanzieren", sagt er. „Hoffentlich wird es auch von Seiten der Regierung genügend Interesse geben. Schließlich wird dies eine riesige privat-öffentliche Partnerschaft." Beispielsweise wird erwartet, dass die NASA ihren nächsten Mars-Rover 2020 startet. Die Exo-Mars-Mission, eine gemeinsame Initiative von Roscosmos und der European Space Agency (ESA), soll ebenfalls vor Ende dieses Jahrzehnts stattfinden. Ebenso ist im Gespräch, dass die Vereinten Arabischen Emirate bis dahin einen Raumgleiter zum Roten Planeten schicken, zusammen mit China, das seine Absicht geäußert hat, den Mars bis 2020 zu erreichen.

Zur Unterstützung der Überzeugung, dass wir es *verdient* haben und *verantwortlich* sind, die Reise zu unternehmen, übernimmt Musk die Führung, indem er sagt, dass er selbst die Reise zum Mars machen will – aber nur nachdem er einen Plan B für seine Firma im Fall einer Katastrophe hat. „Definitiv würde ich gern die Raumstation umrunden und besuchen und schließlich zum Mars reisen", sagt er. „Ich muss nur sicherstellen, dass es, falls etwas auf dem Flug schief geht, eine gute Nachfolgeregelung gibt und die Mission der Firma fortgesetzt wird."

Einschätzung Ihres Überzeugungsgrades

Am Beispiel von Elon Musks Mars-Mission wird deutlich, dass zur Bildung eines Gewinner-Glaubenssystems Kommunikation und begründetes Vertrauen in jeden der fünf zuvor definierten Schlüsselbereiche einer Überzeugung gehören – 1.) dass das Ergebnis wichtig und lohnenswert ist., 2.) dass es möglich ist, es zu erreichen, 3.) dass der Pfad zur Erfüllung angemessen ist; 4.) dass man fähig ist, den Pfad einzurichten und 5.) dass die involvierten Menschen es verdient haben und verantwortlich sind, das Ergebnis zu erreichen.

Überzeugungen entstehen aus einer intimen Verbindung zwischen Sprache und unseren Erfahrungen und erschaffen diese Verbindung. Die direkteste Art, um ein Gewinner-Glaubenssystem zu bilden, ist die Verbindung der Worte, die Überzeugungen und Erfahrungen der Menschen sowohl aus ihrer Erinnerung als auch ihrer Vorstellung ausdrücken. Zur Bildung einer starken Überzeugung ist es wichtig, dass diese Verbindung alle Sinne einschließt (sehen, hören und fühlen) – wenn möglich so, dass sie nicht nur in Resonanz mit dem „Kopf" geht, sondern auch mit dem „Herzen" und dem „Bauch".

Steve Jobs riet den Menschen, „den Mut zu haben, ihrem Herzen und ihrer Intuition zu folgen". Neben unserer kognitiven, rationalen Einschätzung (dem „Kopf") müssen wir unsere Motivation, unsere Visionen und Ambitionen erreichen zu wollen, mit unserer Leidenschaft (dem „Herzen") verbinden und mit unserer Intuition (unserem „Bauchgefühl"). Manchmal fühlt unser Herz beispielsweise das „Ja", aber unser „Kopf" sagt: „Nein". Andererseits wissen wir rational, dass etwas möglich ist, haben aber das „Bauchgefühl", uns davor zu hüten. Eine starke Überzeugung erfordert, dass Kopf Herz und Bauch im Einklang sind.

Der Glauben ist im Allgemeinen kein „alles oder nichts"-Prozess. Es gibt Abstufungen. Wir können „irgendwie" an etwas glauben, „etwas" oder „größtenteils" daran glauben; d. h., wir können etwas wenig oder viel glauben. Der Schlüssel, um nach Rückschlägen wieder aufzustehen und fit für die Zukunft zu sein, ist, „genug" daran zu glauben. Dazu müssen wir eine gewisse Schwelle der Zuversicht erreichen.

Zur Bildung und Verstärkung unserer Überzeugung und Motivation, unsere Visionen und Ambitionen zu erfüllen, müssen wir nicht nur unseren kognitiven, rationalen Verstand (den "Kopf") einschalten, sondern auch unsere Passion (das "Herz") und unsere Intuition (unser "Bauchgefühl").

Man muss die Zuversicht spüren, wenn man etwas macht. Man muss ein Verkäufer sein, und man muss seine Spieler dazu bekommen, besonders die Anführer, an das zu glauben, was man erreichen will.

Phil Jackson – NBA Cheftrainer

Die Fähigkeit zur akkuraten Einschätzung, wie sehr man selbst und andere von der Vision überzeugt sind, ist eine wesentliche Kompetenz effektiver Führungskräfte und Unternehmer.

Test zur Einschätzung des Überzeugungsgrades

Mit der folgenden Übung wollen wir Einzelpersonen oder Gruppen unterstützen, das Ausmaß ihrer Resonanz und ihres Selbstvertrauens in Bezug auf Schlüssel-Überzeugungen oder Glaubenssätze einzuschätzen. Diese werden gebraucht, um nach Rückschlägen wieder erfolgreich auf die Füße zu kommen und um die Vision, Ambition und die Berufung zu verfolgen. Es wird Sie darin unterstützen, sowohl Ihre Stärken als auch Ihre Schwächen zu erkennen und sich auf die Glaubensbereiche zu fokussieren, die untermauert oder bestätigt werden müssen. Denken Sie daran, wie wir bei allen Fallbeispielen in diesem Buch gesehen haben, beginnt die Stärke der Überzeugung im Team mit der Stärke der Überzeugung des Anführers.

Als Vorbereitung für das Assessment, ist es eine gute Idee, sich zunächst an die letzten Situationen zu erinnern, in denen Sie ein schwieriges Ziel vollenden, nach Rückschlägen wiederaufstehen oder aufgrund des Glaubens an sich selbst, an Ihre Vision oder an das, was Sie tun, eine Schwierigkeit überwinden konnten. Versetzen Sie sich wieder in diese Situationen und achten Sie darauf, wie stark Sie ihre Überzeugung erlebt haben, die es möglich machte, die Schwierigkeit zu überwinden und erfolgreich wiederaufzustehen. Wie haben Sie diese Situation bezüglich Ihres „Inneren Spiels" erlebt? Wie haben Sie die Abstimmung zwischen Ihrem Kopf, Ihrem Herzen und Ihrem Bauch erlebt? Was sahen, hörten und fühlten Sie, wodurch Sie durchhalten und erfolgreich sein konnten?

Um mit dem Assessment zu beginnen, wählen Sie einen Leadership-Moment, wo es wichtig ist, Ihren Glaubenssatz zu stärken, damit Sie Menschen befähigen und Ergebnisse erzielen können. Schreiben Sie zuerst die Vision für das Projekt oder das Unternehmen (in zehn oder weniger Worten) auf:

Vision: _____

Stellen Sie sicher, dass Sie diese Worte mit einem Erlebnis verbinden können, was haben Sie in Bezug auf die Vision sehen, hören und fühlen können , z B.: Wovon wird es mehr geben? Wovon wird es weniger geben?

Gehen Sie in den COACH State und sprechen Sie jede der folgenden Aussagen laut aus. Lenken Sie Ihre Aufmerksamkeit auf das Ausmaß der Resonanz oder Kongruenz, die Sie in Ihrem Kopf, Herzen und Bauch erleben. Bewerten Sie den Grad Ihrer Überzeugung in Bezug auf jede Aussage auf einer Skala von 1 bis 10. 1 entspricht dem niedrigsten und 10 dem höchsten Maß an Zuversicht und Resonanz. Seien Sie ehrlich zu sich selbst. Es hilft Ihnen nicht, sich selbst zu belügen. Eine akkurate Selbst-Analyse ist die Schlüsselfertigkeit für Conscious Leadership.

1. „Die Vision ist wünschenswert, wichtig und es wert. Ich will/Wir wollen sie erreichen."

Kopf

0	1	2	3	4	5	6	7	8	9	10

Herz

0	1	2	3	4	5	6	7	8	9	10

Bauch

0	1	2	3	4	5	6	7	8	9	10

2. „Es ist möglich, die Vision zu erreichen. Es gibt einen Weg, um dorthin zu kommen."

Kopf

0	1	2	3	4	5	6	7	8	9	10

Herz

0	1	2	3	4	5	6	7	8	9	10

Bauch

0	1	2	3	4	5	6	7	8	9	10

3. „Es ist angemessen, diese Vision zu erreichen. Was ich/wir tun werde/n, wird funktionieren."

Kopf

0	1	2	3	4	5	6	7	8	9	10

Herz

0	1	2	3	4	5	6	7	8	9	10

Bauch

0	1	2	3	4	5	6	7	8	9	10

4. „Ich/wir habe/n die Fähigkeiten und die notwendige Unterstützung, um die Vision zu erreichen. Wir können es tun!"

Kopf   0 1 2 3 4 5 6 7 8 9 10

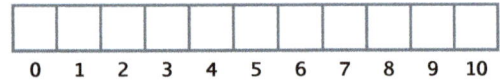

Herz   0 1 2 3 4 5 6 7 8 9 10

Bauch   0 1 2 3 4 5 6 7 8 9 10

Die wirkliche Überzeugung, stark und kongruent zu sein, löst Resonanz in Kopf, Herz und Bauch aus.

5. „Ich/wir verdiene/n es und trage/n die Verantwortung, die Vision zu erreichen. Ich/Wir habe/n die Erlaubnis, die Vision zu erreichen und es liegt an mir/uns!"

Kopf   0 1 2 3 4 5 6 7 8 9 10

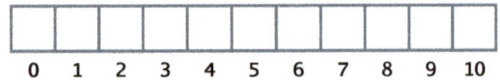

Herz   0 1 2 3 4 5 6 7 8 9 10

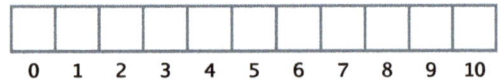

Bauch   0 1 2 3 4 5 6 7 8 9 10

Denken Sie noch einmal über die Bewertungen für jede Aussage nach. Welche sind die stärksten? In welchen gibt es Zweifel, Unsicherheit oder einen Konflikt? Worauf macht Sie diese Einschätzung aufmerksam, welche Bereiche erfordern mehr Beachtung oder Konzentration? Können Sie sich an andere Ressourcen oder Referenzerfahrungen erinnern, die Ihnen helfen würden, Ihre Überzeugung in den Bereichen zu stärken, in denen Sie unsicher sind?

Mentoren und Vorbilder zur Stärkung von Selbstvertrauen und Überzeugungen

Motivierende Überzeugungen werden oft aufgrund von Feedback und Bestärkung durch signifikante Andere gebildet. Zum Beispiel wird unser Identitätsgefühl und unsere Mission gewöhnlich durch signifikante Andere definiert, die dazu dienen, uns mit dem höheren Sinn zu verbinden.

Weil die Identität und die Mission ein größeres Bezugssystem formen, das unsere Glaubenssätze und Werte umgibt, können die Gründung von signifikanten Beziehungen und die Erinnerung daran einen starken Einfluss auf die Überzeugungen ausüben. So kann die Klärung von Schlüsselbeziehungen und von Botschaften, die im Kontext dieser Beziehungen erhalten wurden, oft ganz spontan eine Überzeugungsänderung ermöglichen. Schlüsselbeziehungen, die unser Gefühl des Selbstvertrauens und unsere Überzeugungen stärken, erscheinen oft in Form von Vorbildern oder Mentoren.

Im Allgemeinen sind *Mentoren* signifikante Andere, die uns geholfen haben, unsere eigenen unbewussten Kompetenzen zu entdecken und Überzeugungen und Werte zu stärken – üblicherweise dienen sie als Vorbilder. Mentoren sind typischerweise Menschen, die geholfen haben, unser Leben auf eine positive Art zu formen oder zu beeinflussen, weil sie sich mit etwas tief in uns in „Resonanz" befinden, oder dieses freisetzen oder ans Licht bringen. Wenn wir solche Mentoren für unsere Überzeugungen aus dem Gewinner-Glaubenssatz-Assessment erkennen, kann dies spontan unser Selbstvertrauen und die Kongruenz stärken.

Sie können dies für sich persönlich tun, indem Sie diesen Schritten folgen:

1. Welche inneren Ressourcen oder Wissen würden Sie brauchen, um kongruenter oder zuversichtlich zu sein? Wo brauchen Sie diese Erfahrung der Ressource oder des Wissens am meisten (im Kopf, im Herzen oder im Bauch)?

2. Wer wäre Ihr Mentor oder Ihr Vorbild für dieses Wissen oder diese Ressource?

3. Versetzen Sie sich in die Lage Ihres Mentors oder Vorbildes und schauen Sie mit seinen oder ihren Augen (zweite Position) auf sich. Welche Botschaft oder welcher Rat würde diese Person für Sie haben?

4. Kehren Sie zurück zu Ihrer eigenen Perspektive (erste Position) und erhalten Sie diese Botschaft. Wie wirkt sich diese Botschaft auf das Maß Ihres Selbstvertrauens oder Ihrer Kongruenz aus?

ICH BRAUCHE MEHR ZUVERSICHT

WARTE MAL! MEIN VATER WAR SEHR ZUVERSICHTLICH!

IN SEINE SCHUHE ZU STEIGEN, FÜHLT SICH INTERESSANT AN... ER WÜRDE MIR SAGEN: "WENN DU AN ETWAS ZWEIFELN WILLST, DANN ZWEIFLE AN DEINEN GRENZEN."

ICH FÜHL MICH SCHON VIEL ZUVERSICHTLICHER!

Die Ermittlung persönlicher Mentoren kann Ihnen helfen, spontan Ihr Selbstvertrauen und Kongruenz zu stärken.

Einschätzung und Aufbau von Gewinner-Glaubenssystemen in Gruppen

In der Zusammenarbeit mit Gruppen oder Teams können dieselben Aussagen genutzt werden, um den Überzeugungsgrad aller Gruppenmitglieder hinsichtlich der Vision und Ambition des Unternehmens einzuschätzen. Die Aufdeckung von gemeinsamen Bereichen, in denen Einzelne zweifeln, würde auf Schlüsselbereiche hinweisen, die für das Team als Ganzes von Belang sind. Wenn es Unterschiede in der Reihenfolge der verschiedenen Überzeugungen gibt, verfügen Personen, die mehr Zuversicht haben, eventuell über Ressourcen, Wissen oder Erfahrungen, die anderen helfen können, ihr Vertrauensniveau anzuheben. Diese Personen können zu internen Mentoren für den Rest des Teams werden, was dazu beiträgt, ihr Selbstvertrauen und ihre Überzeugung zu stärken.

Als Beispiel habe ich in SFM Bd. II (S. 101-113) Schlüsselelemente einer Intervention präsentiert, die ich bei der E-Learning-Firma CrossKnowledge eingesetzt habe. CrossKnowledge wurde von vier Gründern zu Beginn des Online-Lernens gegründet. In den ersten Jahren war die Firma im Wesentlichen in der Rolle des Pioniers und ihre Herausforderung bestand darin, Organisationen zu überzeugen, dass E-Learning eine brauchbare Trainingsmethode sei. Als sie dies schafften, bauten sie sich eine Nische in der wachsenden Branche auf.

Nach einigen Jahren des Wachstums und Erfolgs befand sich die Firma 2009 jedoch in einer herausfordernden Übergangsphase. Neben den Konsequenzen der weltweiten Finanzkrise war die Branche gereift und der Markt hatte sich entwickelt. Immer mehr größere Mitspieler stiegen in den E-Learning-Markt ein; einschließlich großer Organisation, die viel größere Marketing-Budgets hatten. So erkannten die Unternehmens-Gründer, dass sie, um wettbewerbsfähig zu bleiben, ihre Mission klären (indem sie ihren einzigartigen Beitrag konkretisierten) und ihre Ambitionen an den sich verändernden Markt anpassen mussten. Das bedeutete, dass sie vorausahnen mussten, in welche Richtung sich die E-Learning-Branche entwickeln würde, sie mussten ihren geschäftlichen Fokus neu ausrichten und Prioritäten setzen. Danach mussten Sie ihr gesamtes Team auf den neuen Weg ausrichten. Außerdem mussten sie dies schnell tun, sonst würden sie zurückbleiben.

Wir organisierten eine Veranstaltung für alle 160 Angestellten der Firma in einem großen Konferenz-Zentrum. Ich hatte die Gründer und Michael Ohana, den Vorstandsvorsitzenden (CEO) gecoacht, wie sie die erneuerte Vision, Misson, Ambition und Rolle des Unternehmens erklären und kommunizieren sollten. Alle 160 Menschen wurden mit Papier und Malzeug ausgestattet, und jeder zeichnete sein oder ihr Bild, was die Vision für sie oder ihn als Individuum innerhalb ihrer Rolle in der Firma bedeutete.

Die CrossKnowledge-Gründer verstanden, wie wichtig es war, in ihrer Firma ein Gewinner-Glaubenssystem aufzubauen und organisierten eine inspirierende Veranstaltung für ihre Angestellten und Partner.

Die Leute bildeten Gruppen, indem sie ihre Auffassung von der erneuerten Vision, Mission, Ambition und Rolle verglichen und nach Resonanz und Synergie Ausschau hielten. Dann hefteten wir alle Bilder an die Wand des Konferenzraums, so dass das Team von den Bildern umgeben war, die die Präsentation des Vorstand erzeugt hatte. Das war wirklich ein inspirierendes Feld. "

Der nächste Schritt bestand aus einem kollektiven Überzeugungs-Assessment. Wir gingen mit dem gesamten Team durch die fünf Aussagen (Glaubenssätze), die im Überzeugungs-Assessment Prozess vorgestellt wurden. Dabei bezogen wir uns auf die Vision, die sie mit ihren eigenen Bildern an die Wand projiziert hatten. Die Leute wurden gebeten, zu sich selbst bezüglich ihres Überzeugungsgrades wirklich ehrlich zu sein, ob diese sich entfaltende Zukunft möglich war.

Wenn Leute eine oder mehrere Glaubenssätze nur niedrig bewerteten, wurden sie nicht auf den Prüfstand gestellt, um zuzugeben oder zu erklären, warum sie zweifelten (und möglicherweise gefeuert). Vielmehr wurden diejenigen, die einer oder mehreren Aussagen eine hohe Bewertung gegeben hatten, eingeladen, als Mentoren und Vorbilder mitzuteilen, warum sie so zuversichtlich waren. Jedes Mal, wenn eine Person über ihre Gründe sprach, warum sie an die Zukunft des Unternehmens glaubte, schien das Vertrauensniveau im ganzen Raum spürbar anzusteigen und ein Feld von Energie und Erregung zu schaffen.

Die CrossKnowledge-Gründer teilten ihre Vision, Mission und Ambition für die Firma mit und luden das Team zu einem Überzeugungs-Assessment ein, um die Zukunft der Firma zusammen zu gestalten.

Im letzten Teil der Veranstaltung wurde jeder der 160 Angestellten eingebunden, um sich gegenüber seinen eigenen Teammitgliedern zu konkreten Maßnahmen zu verpflichten. Diese sollten in den nächsten Tagen, Wochen oder Monaten umgesetzt werden, um die Zukunft der Firma zu unterstützen und mitzugestalten.

Die Veranstaltung war ein großer Erfolg und die Firma konnte in eine ganz neue Expansions- und Wachstumsphase eintreten. Jahre später sprachen die Leute, die dabei waren, noch von dem Ereignis als Höhepunkt ihrer Zeit in der Firma. Die neuen Angestellten hörten davon bei der Einführung in die Firma als entscheidende Referenz für ihre Kultur.

Wie ich in SFM Bd. II erklärte, führten die von den vier CrossKnowledge Gründern unternommenen Schritte auf einen dauerhaften Erfolgspfad. 2014 war die Firma auf mehr als 200 Angestellte mit einem Umsatzvolumen von $37 Millionen gewachsen und hatte 5 Millionen End-User (die 2016 auf 8 Millionen angewachsen waren) in über 80 Ländern. Sie wurden im April 2014 von dem Verlags-Giganten Wiley für $175 Million in Cash übernommen, was ihre vier Gründer zu Multimillionären machte.

Coaching, um Menschen zu entwickeln und Werte zu leben

Gute Coaches unterstützen ihre Teammitglieder in ihrer persönlichen und beruflichen Entwicklung und dienen als Vorbild für Effektivität und Glaubwürdigkeit.

Menschen glauben zuerst an den Leader, bevor sie an die Vision glauben.

John Maxwell – *Die 21 unverzichtbaren Eigenschaften eines Leaders*

Wenn es um den Stil geht, schwimmen Sie mit dem Strom; wenn es um Prinzipien geht, seien Sie wie ein Fels in der Brandung.

Thomas Jefferson

Coaching ist einer der wichtigsten Leadership-Maßnahmen, wenn es darum geht, Innovationen anzuregen, die Resilienz zu steigern und die Fitness für die Zukunft zu verbessern. *Coaching* beinhaltet die Fähigkeit ein Leiter oder Trainer zu sein. Ein guter Coach kennt sein oder ihr Team und hilft ihm durch konsequent überwachte Entwicklungsschritte zu wachsen. Diese fördern Integration und Zusammenhalt. Er oder sie fördert die kontinuierliche Entwicklung, bietet Gelegenheiten zum Lernen, bei denen sowohl positive als auch negative Erfahrungen ausgewertet werden.

Coaching beruht auf der Fähigkeit, Menschen zu respektieren sowie ihnen aufmerksam, bereitwillig und rücksichtsvoll zuhören zu können. Es erfordert individuelle Potenziale zu erkennen und Verantwortung zu übernehmen, diese Kompetenzen als Vorzüge zu entwickeln, um ungenutzte Potenziale zu entfalten. Somit schenkt der Coach den Einzelnen und dem Team gleiche Aufmerksamkeit. Coaches sind in der Lage, persönlich zu kommunizieren, die Emotionen anderer zu berücksichtigen und in Zeiten der Unsicherheit Unterstützung anzubieten.

Coaching ist notwendig, um *Menschen zu entwickeln* und *Werte zu leben*. Effektives Coaching erfordert die Fähigkeit, Referenzerfahrungen für Mitarbeiter zu schaffen, die das Wissen in ihrer alltäglichen Realität verankern. Es erfordert ebenfalls die Fähigkeit zur Supervision und zum Feedback geben. Außerdem kann ein guter Coach Teams bilden sowie eine gemeinsame Kultur und gemeinsame Werte unter den Teammitglieder fördern.

Die Maßnahme Coaching wird durch drei persönliche Schlüsselqualitäten unterstützt: *Konsistenz, Motivation* und *Vorbild*. Die *Vorbildfunktion* ist die Qualität, die am meisten mit Coaching verbunden ist. Ein gutes Vorbild zu sein, ist ein glaubwürdiger und vertrauenswürdiger Referenzpunkt – d. h., ein Modell, dem man folgt. Es beinhaltet ebenso die Fähigkeit Vorschläge anzubieten und zu zeigen, wie man aus Erfahrungen lernen kann. Ein Vorbild zu sein hat mit der Kongruenz zwischen der „Botschaft" und dem „Botschafter (Sender)" zu tun."

Kurz Coaching als Leadership-Maßnahme umfasst die Kapazitäten:

- Die Erfahrungen und Kompetenzen der Menschen entwickeln
- Menschen in ihrem Lernprozess anleiten
- Aufmerksam zuhören
- Vertrauen aufbauen
- Den Teamgeist wachsen lassen

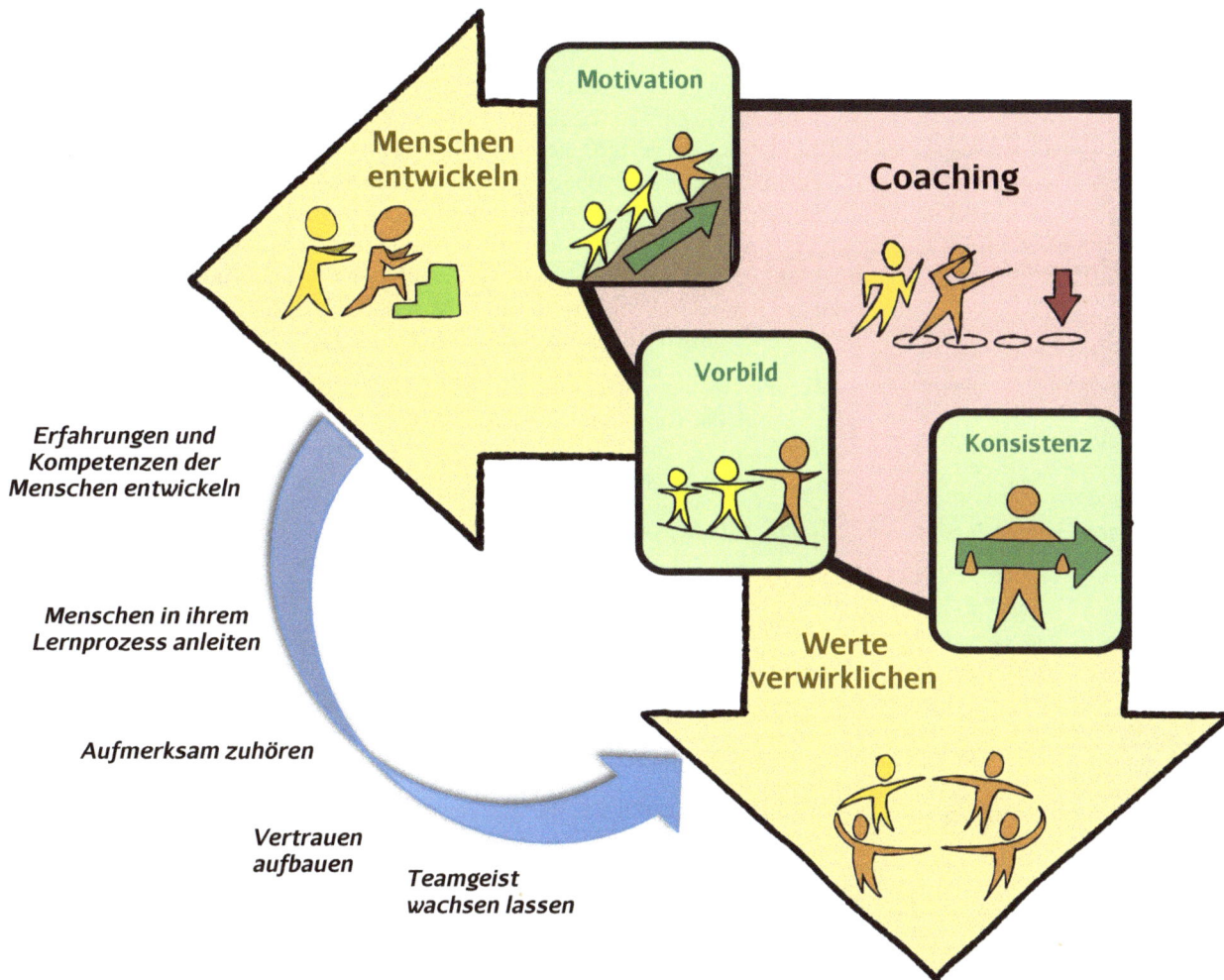

Motivation

Menschen entwickeln

Coaching

Vorbild

Konsistenz

Erfahrungen und Kompetenzen der Menschen entwickeln

Menschen in ihrem Lernprozess anleiten

Aufmerksam zuhören

Werte verwirklichen

Vertrauen aufbauen

Teamgeist wachsen lassen

Coaching bedeutet, ein effektives Vorbild zu sein, Konsistenz und Motivation zu zeigen,
Dies ist notwendig, um Menschen zu entwickeln und Werte zu verwirklichen

Unsere Ziele sind ein greifbarer Ausdruck unserer Werte.

Werte verwirklichen

Ein grundlegendes Ziel des Coaching ist, Menschen zu helfen entscheidende *Werte* zu verwirklichen. Laut dem Webster Wörterbuch sind Werte „Prinzipien, Qualitäten und Einheiten, die an sich wertvoll und lohnenswert sind". Weil sie mit einem Wert, einer Bedeutung oder einem Wunsch verbunden sind, sind Werte die Hauptquelle der Motivation im Leben der Menschen– sie sind ein weiterer Schlüssel auf die Frage: *„Warum?"* Wenn die Werte der Menschen erfüllt sind oder einbezogen werden, fühlen sie Gefühle der Zufriedenheit, der Harmonie oder des Rapport. Wenn ihre Werte nicht erfüllt oder einbezogen werden, fühlen sie sich eher unzufrieden, inkongruent oder verletzt.

Zur Erkundung Ihrer eigenen Werte, betrachten Sie für einen Moment, wie Sie auf die folgenden Fragen antworten würden: „Was motiviert Sie im Allgemeinen?" „Was ist Ihnen am wichtigsten?" „Was bewegt Sie zum Handeln oder ‚was lässt Sie morgens aufstehen'?"

Mögliche Antworten könnten sein:

Meine Verantwortungen erfüllen

Mich selbst beweisen

Anerkennung bekommen I

Spaß haben

Etwas in Verbindung mit anderen erreichen

Einen Unterschied in der Welt machen – Etwas in der Welt bewegen

Werte wie diese beeinflussen und lenken stark, welche Ergebnisse wir festlegen, welche Entscheidungen wir treffen und in welche Aktionen wir größte Mühen stecken. Die Ziele, die wir uns selbst setzen, sind tatsächlich ein greifbarer Ausdruck unserer Werte. Eine Person, die das Ziel hat, „ein effektives Team aufzubauen", hält beispielsweise „die Zusammenarbeit mit anderen" für wichtig. Eine Person, deren Ziel es ist, „den Profit zu steigern", schätzt wahrscheinlich den „finanziellen Erfolg". In ähnlicher Weise wird sich eine Person, deren Wert „Sicherheit" ist, Ziele setzen, die sich darauf beziehen, Stabilität und Sicherheit in ihrem privaten und beruflichen Leben zu erlangen. Eine solche Person wird andere Ziele verfolgen, als eine Person mit dem Wert „Flexibilität". Eine Person, die Sicherheit schätzt, wird vielleicht mit einer Arbeit von 9 bis 5 mit regelmäßiger Bezahlung und gut eingeführten Aufgaben zufrieden sein. Andererseits wird eine Person mit dem Wert Flexibilität eine Arbeit finden wollen, die ein ganzes Aufgabenspektrum umfasst und variable Arbeitszeiten hat.

Verschiedene Werte-Typen

In der Philosophie wird im allgemeinen zwischen **Zweckwerten** – die gut als Mittel zum Zweck dienen („Nachhaltigkeit" oder „Reichtum" zum Beispiel) – und **intrinsischen Werte** – die gut als *Zweck an und für sich* dienen („Glück" oder „Harmonie") – unterschieden. Unser Grundwerte sind normalerweise „intrinsische Werte". Sie beziehen sich auf unsere Identität. Zweckwerte nehmen wir vorübergehend an, um etwas erreichen zu können (was unsere **Grundwerte** unterstützt). Sie beziehen sich auf unsere Ziele.

Die Klärung und Priorisierung der Werte führt uns auf die „nächste „Ebene". Im Leben und in unseren Unternehmen wird der Fokus oft auf die Zweckwerte gerichtet, die ein „Mittel zum Zweck" sind. Konflikte können jedoch auftreten, wenn die Zweckwerte Maßnahmen verlangen, die nicht mit unseren Grundwerten übereinstimmen – d. h. „das Mittel" und „der Zweck" befinden sich nicht im Einklang. Zum Beispiel könnte der Wert „Fokus" in Konflikt mit dem Grundwert „Harmonie"geraten, wenn der Wert Fokus Handlungen verlangt, die unser Harmoniegefühl stören.[1]

Werte überbrücken oder in Übereinstimmung bringen (sie „verzahnen") zu können, ist eine wichtige Führungskompetenz. Dazu werde ich auf den folgenden Seiten mehrere Wege präsentieren.

"Harmonie" ist ein Grundwert unseres Unternehmens. Es ist der Wegweiser für alles, was wir machen und tun. Davon wollen wir mehr in die Welt bringen..

Fairness ist ein Zweckwert. Er hilft uns in Harmonie zu bleiben.

---

1. In solchen Fällen kann ein Tetralemma-Format (s *SFM Bd. II*, S. 306-309) nützlich sein.

Die Bedeutung Ihrer Werte

Um erfolgreich im Leben und im Beruf zu sein, ist es nützlich, sich sowohl über die Bedeutung seiner intrinsischen Grundwerte als auch über die Bedeutung seiner Zweckwerte im Klaren zu sein; und sich sicher zu sein, dass sie einander ergänzen.

Zunächst listen Sie Ihre fünf wichtigsten Grundwerte und Ihre fünf wichtigsten Zweckwerte auf, die Sie annehmen oder stärken wollen, um auf die nächste Stufe in Ihrem Leben oder in Ihrem Beruf zu kommen. Versichern Sie sich, dass sich die Werte ergänzen.

Grundwerte	Zweckwerte

Werte in Handlung umsetzen

Werte an sich können keine Handlungen erzeugen. Ihre Funktion ist, Fokus und Energie auf eine bestimmte Klasse von Verhaltensweisen zu richten. Werte in Handlung umzusetzen, bedeutet, sie mit den unterstützenden Fähigkeiten und konkreten Verhaltensweisen zu verbinden, die ein kongruenter Ausdruck für einen bestimmten Wert in einem bestimmten Umfeld sind.

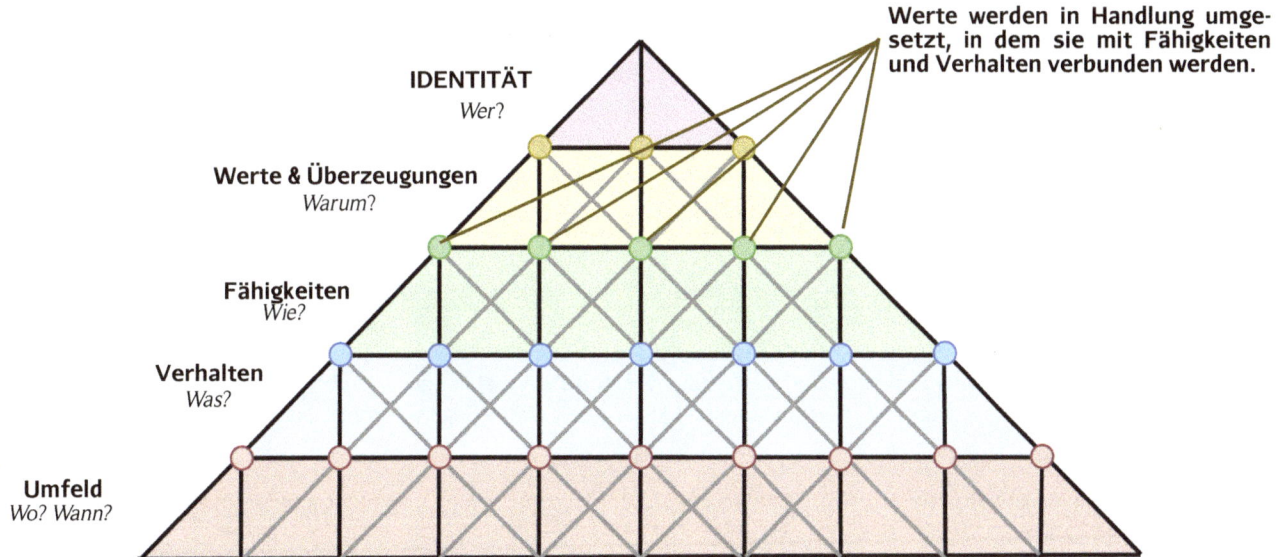

Werte werden in Handlung umgesetzt, in dem sie mit Fähigkeiten und Verhalten verbunden werden.

IDENTITÄT
Wer?

Werte & Überzeugungen
Warum?

Fähigkeiten
Wie?

Verhalten
Was?

Umfeld
Wo? Wann?

In der folgenden Übung werden wir die notwendigen Faktoren auf den weiteren Ebenen bestimmen, um die Werte festzulegen, die wir in Handlung umsetzen wollen. Damit eine Person authentisch und kongruent ihre Werte leben kann, muss sie die unterstützenden Kompetenzen und Fähigkeiten besitzen, um Situationen richtig einschätzen und die Entscheidung treffen zu können, welche Handlungen sich mit diesen Werten in Einklang befinden. Spezifische Kompetenzen und Fähigkeiten sind notwendig, um Verhaltensweisen auswählen und implementieren zu können, die bestimmte Werte in ganz unterschiedlichen Umgebungen zum Ausdruck bringen.

Normalerweise werden Werte konkret durch ein Portfolio von Verhaltensweisen ausgedrückt, die in den entscheidenden Umgebungen ausgewählt und ausgeführt werden.

Die folgende Übung hilft Ihnen bei der Definition und Ausrichtung der weiteren Prozessebenen, um Ihre Werte kongruent und konsequent in ihrem privaten und beruflichem Leben in Handlung umzusetzen.

Wählen Sei einen Leadership-Moment aus, in dem es für Sie wichtig war, „ihren Worten Taten folgen zu lassen" und ein konsistentes Vorbild für die Grundwerte Ihres Unternehmens zu sein.

1. Welcher Wert (das Warum) muss implementiert werden (z B. „Fokus", Balance, Verbundenheit, usw. ?

   _____

2. Welche Schlüsselfähigkeiten (das Wie) sind notwendig, um den Wert einzuführen und umzusetzen. (z. B. Kommunikation, Kreativität, Rapport usw.)?

   _____   _____

   _____   _____

   _____   _____

3. Welches ‚Portfolio' von Tätigkeiten und Verhaltensweisen (das Was) drücken am besten den Wert aus und verwirklichen ihn (z. B. zuhören, Beiträge wertschätzen, Zeit für sich selbst einplanen usw.)?

   _____   _____

   _____   _____

   _____   _____

4. In welchen signifikanten Umfeldern und Kontexten (wo und wann) ist es am wichtigsten, diesen Wert zum Ausdruck zu bringen (z. B. bei Teammeetings, vor dem Computer, bei Interaktionen mit Kunden usw.)?

   _____   _____

   _____   _____

   _____   _____

Eine gemeinsame Ausrichtung gestalten

Die innere Qualität, die am ehesten mit Coaching verbunden ist, ist die Vorbild-funktion. Das bedeutet mit den Worten von Mahatma Gandhi, „selbst der Wandel zu sein, den man bei anderen sehen will". Wie wir immer wieder bei unseren Erfolgs-faktor-Fallbeispielen gesehen haben, bedeutet es für einen effektiven Unternehmer oder eine bewusste Führungskraft, sich stark mit ihrer Leidenschaft zu verbinden und in Übereinstimmung mit ihrer Vision, Mission, Ambition und Rolle zu handeln. Ein altes Sprichwort besagt: „Taten sagen mehr als Worte." Den größten Einfluss üben wir als Unternehmer oder Führungskraft mit unserem eigenen Beispiel aus.

Wirklich erfolgreiche Unternehmer und Conscious Leader haben ihre Hand-lungen an ihren Fähigkeiten, Überzeugungen und dem Identitätsgefühl in Bezug auf ihre Mission und den Zweck, an ihre Rolle innerhalb des Systems, an dem sie teilhaben, und an ihrer Vision ausgerichtet, wobei die Vision für ein größeres System (die „Holarchie") gilt, von dem sie ein Teil sind.

Das Konzept der verschiedenen „Erfolgsfaktorebenen" bietet uns einen sehr guten Plan, um die verschiedenen Aspekte unseres Selbst aufeinander auszu-richten, damit wir Leadership-Momente bewältigen und unsere Ambitionen und Visionen realisieren können.

Die Handlungen erfolgreicher Unter-nehmer und Conscious Leader befinden sich im Einklang mit ihren Fähigkeiten und unterstützen ihre Überzeugungen und Werte, ihr Identitätsgefühl sowie ihren höheren Sinn und Zweck.

Ausrichtung der Ebenen – Level Alignment Prozess

Eine weit verbreitete, sehr effektive Coaching-Methode, die ich mit mir selbst, meinen Kollaboratoren und Klienten durchführe, ist die *Ausrichtung der Ebenen*. Dieser sogenannte *Level Alignment Prozess* bietet uns die Möglichkeit, uns syste-matisch Erfahrungen und Ressourcen auf jeder dieser unterschiedlichen Erfolgs-faktorebenen zugänglich zu machen, die wir in diesem Buch erkundet haben. Indem man die Ressourcen auf jeder *Ebene der Veränderung* in Betracht zieht, kann man alle Ebenen auf die Vision und Mission ausrichten. Dies ermöglicht uns, mit unserem höheren Sinn und Zweck verbunden zu bleiben und anderen ein sehr gutes, effektives Beispiel zu geben.

Arbeitsblatt zum Level Alignment

Wenn Sie diesen Prozess durchlaufen wollen, wählen Sie einen Ihrer Leadership-Momente aus, die Sie zuvor in diesem Kapitel definiert haben. Begeben Sie sich in ihren COACH State und füllen Sie die nachfolgenden Aussagen aus, indem Sie die zugehörigen Fragen beantworten.

1. „In welchem Umfeld wollen Sie mit Ihrem höheren Sinn und Zweck verbunden bleiben und ein gutes Beispiel geben?"

   „*Wann* und *wo* wollen oder müssen Sie ein effektives Vorbild sein? Welcher äußerliche Kontext umgibt diese Situation?"

   Im Kontext des/der _____

2. „*Was* sind die konkreten Ziele und Aktionen in diesem Kontext?"

   „Was genau müssen Sie in diesem Kontext tun? Welches Verhalten ist damit verbunden, ein gutes Beispiel in dieser Situation zu geben?"

   Ich will _____

3. „Welche Fähigkeiten sind notwendig, um mit Ihrem höheren Sinn und Zweck verbunden zu bleiben und innerhalb des gewählten Kontextes ein gutes Beispiel zu geben?"

   „*Wie* werden Sie zu einem guten Vorbild? Welche Fähigkeiten, in Bezug auf das innere und das äußere Spiel, sind notwendig, um Ihre Aktionen in diesem Kontext steuern? Welche inneren Eigenschaften (Vision, Offenheit, Konsistenz, Motivation, Großzügigkeit, Ambition, Entschlossenheit, usw.) werden gebraucht, um die definierten Aktionen zu unterstützen?"

   Ich werde meine Fähigkeiten zu _____nutzen.

4. „Welche Überzeugungen und Werte werden durch die Zielerreichung in diesem Kontext ausgedrückt oder bestätigt?"

   „Welche Werte werden durch Ihre Aktionen und Fähigkeiten zum Ausdruck gebracht?"

   Ich will dies tun, weil mir _____wichtig ist.

„Warum werden Sie diese bestimmten inneren Eigenschaften und Fähigkeiten bei der Zielerreichung nutzen? Welche Überzeugungen sind die Motivation für Ihre Gedanken und Handlungen?

Ich glaube, _____

5. „Was ist Ihre Identität oder Rolle im Hinblick auf die Ziele, Überzeugungen und Werte, die mit ihnen verbunden sind? (Denken Sie in Symbolen oder Metaphern, um diese Frage zu beantworten).

„Wer sind Sie, wenn Sie diese bestimmten Überzeugungen, Werte, Fähigkeiten und Verhaltensweisen in diesem Kontext anwenden?"

Ich bin (oder ich bin wie): _____

„Welche Mission haben Sie in diesem Kontext?"

Meine Mission ist _____

6. „Was ist Ihre Vision in Bezug auf das größere System, in dem Sie sich agieren?"

„Was für eine Welt versuchen Sie zu erschaffen, zu der Menschen zugehören wollen?"

Meine Mission ist im Dienst der größeren Vision einer/s _____

_____

Diese *Ausrichtung der Ebenen - Level Alignment Process* – kann genauso mit Gruppen und Teams durchgeführt werden. Im *SFM Bd. II* (S. 282-283) finden Sie einen Prozess zur Ausrichtung des Teams mit dem zugehörigen Arbeitsblatt. Der Prozess beginnt damit, dass jedes Teammitglied sein Verständnis der Vision und Mission des gesamten Teams benennt. Danach soll jeder Einzelne sein oder ihr Verständnis für die eigene Rolle, Werte und Prioritäten, Überzeugungen und Annahmen, Fähigkeiten, Aufgaben und Kontexte (Rahmenbedingungen) definieren, in denen er oder sie zur Unterstützung der Vision und Mission des Teams agiert.

Sharing zur Umsetzung von Werten und Förderung des Wandels

Wie die Fallbeispiele von Charles Matthews und Roll Royce sowie Dr. Lim Suet Wun am Tan Tock Seng Hospital zeigten, kann die Leadership-Maßnahme Sharing eine der wichtigsten Erfolgsfaktoren in schwierigen, ungewissen Zeiten sein. *Sharing* umfasst den *Austausch von Informationen* und *Know-how*, wodurch Wissen verbreitet und die der Dialog unter den Leuten gefördert wird. Für Unternehmer und Führungskräfte ist Sharing ein weiterer wichtiger Teil, um die Vision und die Ziele des Projekts oder des Unternehmens mitzuteilen und die Grundwerte sowie die „Spielregeln" zu erklären; z. B. wie Steve Jobs die Erwartung hatte, dass jeder Mitarbeiter Spitzenleistung bringt.

Sharing ist die Basis für kollektive Intelligenz und generative Kollaboration.

Sharing gründet sich auf der Fähigkeit, Menschen in die Abläufe der Problemlösung und Zielerreichung einzubeziehen, in dem sie an Besprechungen beteiligt werden, in denen Ideen und Informationen ausgetauscht werden. Dadurch werden kollektive Intelligenz, generative Kollaboration und Weisheit entwickelt sowie aufrichtige Vereinbarungen hinsichtlich der Ziele und Ergebnisse (im Gegensatz zum „Gruppendenken") getroffen. Effektives Sharing erfolgt, wenn ein leichter Zugang zu Ressourcen gewährt wird und sichergestellt ist, dass sie für jeden verfügbar sind. Außerdem erfordert es die Gewissheit, dass dieselben Werte und Regeln für jeden gelten.

Effektives Sharing basiert auf der Fähigkeit, Menschen an Problemlösungsprozessen einzubeziehen und Ziele zu erreichen. Dazu müssen sie an Besprechungen beteiligt und die verschiedenen Perspektiven willkommen geheißen sowie ein sicheres Umfeld für authentischen Austausch geschaffen werden.

Sharing ist eine Kernaktivität sowohl zur Förderung des Wandels als auch zur Verwirklichung der Werte. Dazu bedarf es der Kapazität, *offene Kommunikation* und den *Austausch* von Ideen, Visionen und Energie zu fördern. Es muss also ein sicheres Umfeld für den authentischen Wandel geschaffen werden und danach, wie Charles Matthews sagt, „Menschen ein Instrumentarium an praktischen Problemlösungstechniken gegeben werden, um sie zu ermächtigen". Ebenso umfasst es die Fähigkeit, Ideen auf verschiedene Arten und Weisen zu präsentieren und *vielfältige Perspektiven* einzubeziehen."

Die Maßnahme Sharing wird durch die drei inneren Qualitäten: Konsistenz, Vision und Offenheit unterstützt. Offenheit ist die innere Qualität, die am ehesten mit Sharing verbunden ist. Offenheit ist ein Produkt aus ‚neugierig sein und offen für neue Ideen sein'. Ebenso erfordert sie, dass man Vertrauen in andere hat; dadurch entsteht gegenseitiges Vertrauen, Wertschätzung und Respekt. Weitere Eigenschaften, die mit Offenheit zu tun haben, sind ‚klar und unkompliziert sein', ‚Herausforderungen annehmen' und ‚die eigenen Fehler erkennen und einsehen'.

Kurz die Leadership-Maßnahme Sharing erfordert folgende Fähigkeiten:

- Ein offenes Umfeld für Interaktionen schaffen
- Informationen und Know-how austauschen
- Nach authentischen Vereinbarungen Ausschau halten
- Eine klare Vision oder Richtung beschreiben
- Leichten Zugriff auf Ressourcen ermöglichen

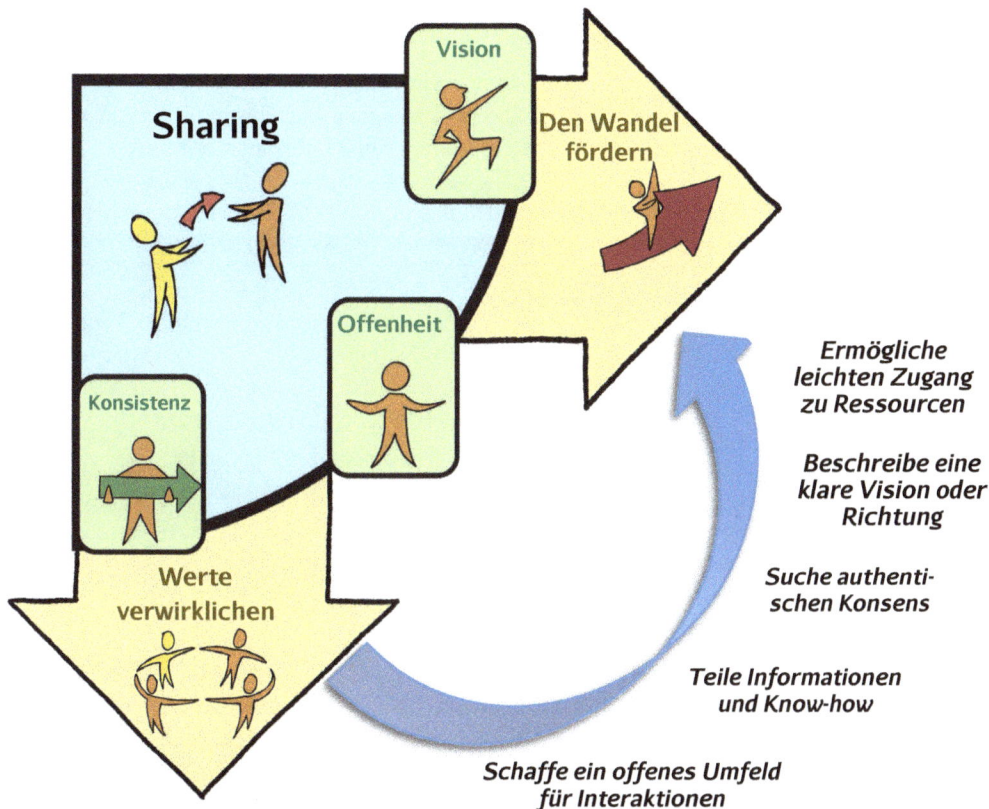

Sharing erfordert Offenheit, Konsistenz und eine Vision.
Es wird gebraucht, um den Wandel zu fördern und Werte zu verwirklichen.

Der zweite Band der Success Factor Modeling Reihe, *Next Generation Collaboration: Befreie die kreative Kraft kollektiver Intelligenz*, ist im Wesentlichen der Maßnahme *Sharing* gewidmet. Er bietet viele Formate und Übungen, um die offene Kommunikation zu fördern, den Austausch von Ideen, Visionen und Energie zu ermöglichen, um vielfältige Sichtweisen einzunehmen und seine Leute in Problemlösungsprozesse und die Zielerreichung einzubeziehen. In diesem Band konzentriere ich mich vor allem auf die Anwendung des *Sharing*, um den Wandel durch kollektive Problemlösung zu fördern.

Die Anwendung von Sharing auf kollektive Problemlösung

Förderung des Wandels und Verwirklichung der Werte hängen oft davon ab, wie Probleme gelöst werden. Die Hauptaufgabe des Sharing ist, die direkte kollektive Intelligenz und generative Zusammenarbeit unter Teammitgliedern zu katalysieren und zu leiten. Charles Matthews erwähnte, wie wichtig es für seinen Erfolg war, „den Menschen ein Instrumentarium von praktischen Problemlösetechniken zu geben", um Rolls Royce Motorcars aus der Krise zu helfen.

*Leader denken und reden über Lösungen.
Follower denken und reden über Probleme.*

Brian Tracy

Eine große Stärke des Success Factor Modeling liegt in den Instrumenten und Methoden zur praktischen Problemlösung. Um zu verstehen, wie der Sharing-Prozess zur kollektiven Problemlösung geleitet wird, müssen wir zunächst fragen: „Was ist das Problem? Was macht etwas zu einem Problem? Welche wichtigen Elemente müssen hinsichtlich des Problems definiert werden?"

Leadership heißt Probleme lösen. An dem Tag, an dem die Menschen aufhören, dir ihre Probleme zu bringen, hörst du auf, sie zu führen. Entweder haben sie das Vertrauen verloren, dass du ihnen helfen kannst oder sie sind zu dem Schluss gekommen, dass du ihnen egal bist. In jedem Fall handelt es sich um ein Scheitern in der Führung.

Colin Powell

Aus Sicht des SFM haben Sie kein Problem, wenn Sie kein Ziel haben. Das heißt, wenn Sie nirgendwo anders sein wollen, als dort, wo Sie sind, dann haben Sie kein Problem. Tatsächlich schafft gerade der Prozess, sich ein Ziel zu setzen, das Problem. Das Problem ist die Kluft zwischen Ihrem gegenwärtigen und Ihrem erwünschten Zustand und den Themen, mit denen man sich befassen muss, um zum erwünschten Zustand zu kommen.

Somit wird im SFM ein „Problem" normalerweise als Unterschied oder Kluft zwischen dem gegenwärtigen und dem erwünschten Zustand definiert. Wenn Sie ganz kongruent nirgendwo anders sein wollen als dort, wo Sie sind, haben Sie kein Problem. Doch sobald Sie sich ein Ziel setzen oder ein Ergebnis wollen, haben Sie ein Problem geschaffen, weil Sie etwas an ihrem gegenwärtigen Zustand ändern wollen, um einen erwünschten Zustand zu erreichen. Ressourcen hierzu sind die Maßnahmen, Handlungen und Pläne, die Ihnen den Übergang von einem gegenwärtigen in einen erwünschten Zustand ermöglichen. Eine „Lösung" ist die Ermittlung und Anwendung geeigneter Ressourcen auf den gegenwärtigen Zustand, die zu dem erwünschten Zustand führen.

Ein „Problem" kann als Unterschied oder Kluft zwischen dem augenblicklichen und dem erwünschten Zustand definiert werden.

Ein Schlüsselelement effektiver Problemlösung ist die Definition des gesamten *Problemraums*. Der Problemraum ist nicht nur der physische Raum, der mit dem Problem verbunden ist. Beziehungen, Werte, Wahrnehmungen und Glaubenssätze können alle zu dem Problemraum beitragen. Der Problemraum wird sowohl durch die materiellen als auch immateriellen Elemente definiert, die das Problem ausmachen oder dazu beitragen.

Um ein Problem zu lösen, ist es notwendig einen „Lösungsraum" zu finden, der Alternativen und Ressourcen enthält, die es ermöglichen, Probleme zu überwinden, zu transformieren oder zu vermeiden.

Um ein Problem zu lösen, ist es notwendig, einen „Lösungsraum" zu finden. Der Lösungsraum enthält Alternativen und Ressourcen, die es uns ermöglichen, entweder über das Problem hinwegzukommen, es zu transformieren oder es zu vermeiden. Wenn jedoch die verfügbaren Alternativen und Ressourcen im Lösungsraum nicht ausreichen, um alle Elemente des Problemraums zu berücksichtigen, wird nur eine unzureichende Lösung entstehen. Der Lösungsraum muss weiter sein als der Problemraum. Es kann sein, dass Sie unzulängliche Lösungen umsetzen, wenn Sie nicht alle Elemente des Problems berücksichtigen.

Deshalb müssen effektive Problemlösungsmethoden zwei grundlegende Funktionen abdecken: 1.) die Wahrnehmung auf den Problemraum erweitern und klären und 2.) einen Bereich definieren oder schaffen, der weit genug ist, um die relevanten Aspekte des Problemraums zu berücksichtigen.

Bevor wir eine Lösung finden können, müssen wir zuerst die Variablen verstehen, die den Problemraum schaffen. Das grundlegende Prinzip zur Lösungsfindung besteht darin, dass *man kein Problem mit der gleichen Art Denken lösen kann, wodurch das Problem entstanden ist*. Mit den Worten Albert Einsteins: „Unser Denken schafft Probleme, die die gleiche Art zu denken nicht lösen kann." Ein Plan, der uns in einen Problemraum führt, wird uns wahrscheinlich nicht herausführen. Das ganze Ziel kreativer Problemlösung besteht darin, eine Denkweise über das Problem zu finden, die nicht derselben Art Denken entspricht, wodurch das Problem entstanden ist.

Das Ziel kreativer Problemlösung ist eine Denkweise zu finden, die nicht derselben Art Denken entspricht, wodurch das Problem überhaupt erst entstanden ist.

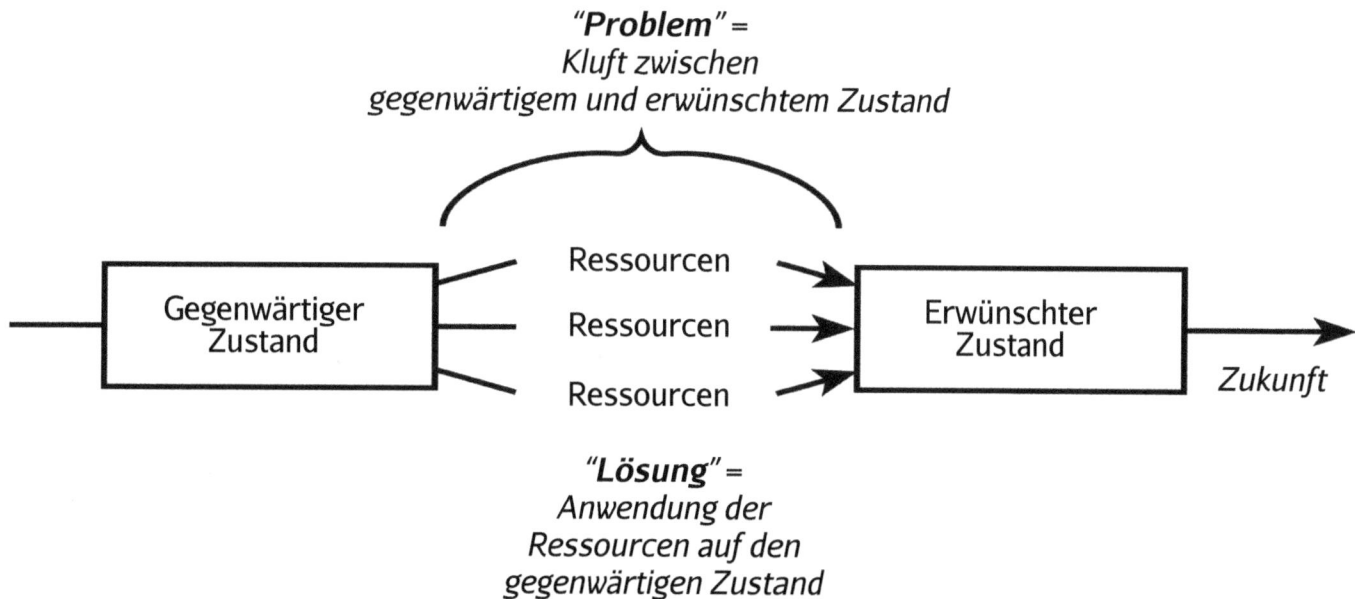

"Problem" =
Kluft zwischen gegenwärtigem und erwünschtem Zustand

Gegenwärtiger Zustand

Ressourcen

Ressourcen

Ressourcen

Erwünschter Zustand

Zukunft

"Lösung" =
Anwendung der Ressourcen auf den gegenwärtigen Zustand

Ein "Problem" ist die Kluft zwischen dem gegenwärtigen und dem erwünschten Zustand.

Das S.C.O.R.E. Modell

Grundsätzlich wird ein „Problemraum" durch die Beziehung zwischen dem *Ziel (Outcome)*, der Art des *Symptoms, d*as der Zielerreichung im Wege steht, den *Ursachen (Causes)* dafür, den längerfristigen gewünschten *Effekten* nach der Zielerreichung und den R*essourcen definiert*, die helfen die Ursachen für die Symptome zu transformieren und die Zielerreichung zu unterstützen. Dies sind die Elemente des *S.C.O.R.E. Modells*:

1. **S***ymptome* – typischerweise die am ehesten erkennbaren, konkreten Aspekte des gegenwärtigen Problems oder Problemzustandes.

2. **C***auses – Ursachen* – die zugrundeliegenden Elemente, die für die Bildung und Erhaltung der Symptome verantwortlich sind. Für gewöhnlich sind sie weniger offensichtlich als die von ihnen erzeugten Symptome im „äußeren Spiel", zum Beispiel werden sie manchmal durch die Begrenzungen verursacht, die sich Menschen im „Inneren Spiel" setzen.

3. **O***utcomes– Ziel* – ein bestimmter Zustand und Verhaltensweisen, die an die Stelle der Symptome treten.

4. **R***essourcen* – die zugrundeliegenden Elemente (Aktionen, Kompetenzen, Instrumente, Überzeugungen usw.), die für die Beseitigung der Symptom-Ursachen und die Zielerreichung verantwortlich sind.

5. **E***ffekte* – die längerfristigen Folgen einer bestimmten Zielerreichung oder eines Wunschzustandes. Effekte sind der Ausdruck für die Vision und die Ambition eines Projekts oder Unternehmens.

Das S.C.O.R.E Modell bietet eine Struktur, die die Schlüsselelemente definiert, die zum Verstehen und Lösen des Problems notwendig sind.

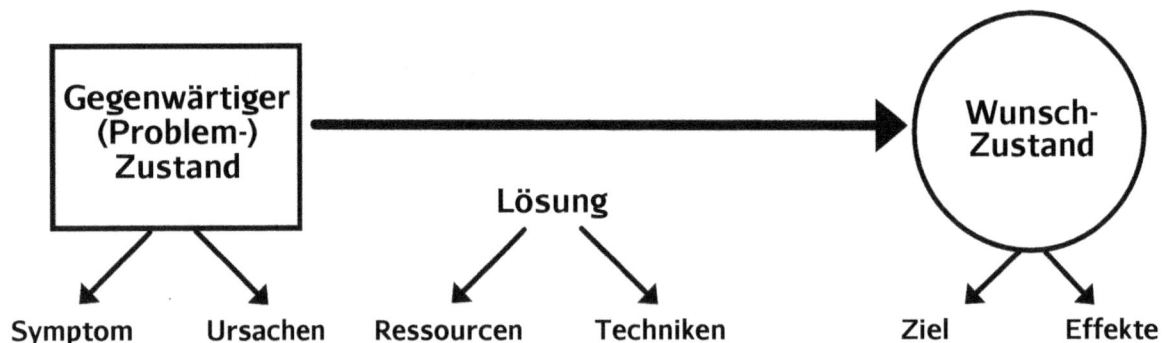

Das S.C.O.R.E. Modell definiert den "Problemraum", mit dem die Förderung des Wandels verbunden ist.

Im Allgemeinen sind die konkreten Ziele die Meilensteine, um zum längerfristigen gewünschten Effekt zu kommen, der normalerweise der eigentliche Grund oder die Motivation dafür ist, ein bestimmtes Ziel anzustreben. Außerdem sollte man daran denken, dass es oft eine Art „Spiegelbild" zwischen den Symptomen und Zielen gibt. Wenn ich zum Beispiel mehr Motivation will, muss ich Trägheit und Widerstand reduzieren. Wenn ich effizienter werden will, muss ich gleichzeitig Abfall reduzieren. Wenn ich bessere Qualität will, muss ich die Anzahl an Defekten vermindern und so weiter.

Wenn man ein bestimmtes Problem oder eine Herausforderung effektiv lösen will, muss man Ressourcen finden, die effektiv die Symptom-Ursachen bekämpfen, als auch diejenigen, die die Zielerreichung fördern und damit den letztendlich gewünschten Effekt herbeiführen. Einige Lösungen erfordern vielleicht viele verschiedene Ressourcen, die über einen Zeitraum von mehreren Monaten oder Jahren angewandt werden. Die Situation kann sich auch über die Zeit hin entwickeln. Deshalb ist die Bestimmung der Symptome, Ziele, Ursachen und potenziellen Effekte ein fortwährender Prozess, der konstantes Sharing, als den Austausch, erforderlich macht.

Zur effektiven Lösung eines bestimmten Problems ist es erforderlich, Ressourcen zu finden, die sowohl die Symptom-Ursachen wirksam bekämpfen, als auch die Zielerreichung voranbringen, damit der längerfristig gewünschte Effekt eintreten kann.

Gemäß dem S.C.O.R.E. Modell enthält eine effektive Problemlösungsfähigkeit, dass man den „Problemraum" definieren und die potenziellen Bereiche des „Lösungsraumes" ermitteln kann, indem man sich immer wieder mit folgenden Fragen auseinander setzt:

1. Was ist das *Symptom* bei diesem Problem?
2. Was ist die *Ursache* für das *Symptom* bei diesem Problem?
3. Was ist das gewünschte *Ergebnis* oder *Ziel*, das das Symptom ersetzen soll?
4. Was kann der längerfristige *Effekt* sein, nachdem das Ziel erreicht wurde (d. h. was ist die größere Vision oder Ambition)?
5. Welche *Ressource* kann die Ursachenbekämpfung unterstützen?
6. Welche *Ressource* kann die Zielerreichung unterstützen?

Multiple S.C.O.R.E.s

Komplexe, systemische Probleme zeigen sich häufig in mehr als einem Symptom; und jedes einzelne Symptom kann viele Ursachen haben. Sowohl Projekte als auch Probleme können mehrere verschiedene wünschenswerte Ergebnisse haben. Zur Informationssammlung über ein bestimmtes Problem oder den ‚Problemraum' müssen oft vielfältige Symptome, Ergebnisse usw. ermittelt oder zusammenfügt werden.

Zum Beispiel kann in größeren Organisationen das Problem unterschiedliche Symptome in verschiedenen Teilen der Organisation zeigen. Das bedeutet, dass das Symptom eines „Qualitätsproblems" sich bei einem Produktionsleiter in „Produktmängeln" zeigen kann, aber in „Kundenretouren" bei einem Marketingleiter. Das Symptom könnte dann dem Finanzmanager in Form einer Budgetkürzung aufgrund der reduzierten Rentabilität begegnen.

Zur effektiven Problemlösung müssen in Organisationen solche Symptome und ihre Zusammenhänge erkannt werden. Manchmal ist zur erfolgreichen Diagnose eines Problems, seiner Ursachen und möglichen Lösungen notwendig, auf die Beziehungen zwischen mehreren Symptomen zu achten.

In voneinander abhängigen (interdependenten) Systemen beeinflussen die S.C.O.R.E.-Elemente jeden Teil des Systems und „ergänzen" oft die anderer Mitglieder - wie eine Art „Problemraum"-Puzzle. Das heißt, das „Symptom" einer Person ist oft die „Ursache" des Problems einer anderen Person. So sind zum Beispiel „Produktmängel" ein Symptom für einen Produktionsleiter, aber die Ursache für das Problem eines Marketingleiters mit „Kundenretouren". Kundenretouren werden wiederum zur Ursache einer „niedrigeren Rentabilität", die von einem Manager in der Planungsabteilung als Symptom wahrgenommen werden.

Die gleiche Art einer sich ergänzenden (komplementären) Beziehung kann für die S.C.O.R.E.-Elemente stattfinden, die sich auf den erwünschten Zustand beziehen. Das Ergebnis eines Vertriebsleiters als „steigende Verkäufe" kann der gewünschte Effekt des Ergebnisses eines Marketingleiters mit einem „effektiven Marketingplan". In ähnlicher Weise könnten sich die längerfristige Effekte eines Ergebnisses wie „steigenden Verkäufe" für den Vertriebsleiter so etwas wie „größere Rentabilität für die Firma" sein; was das gewünschte Ergebnis des Finanzmanagers sein kann.

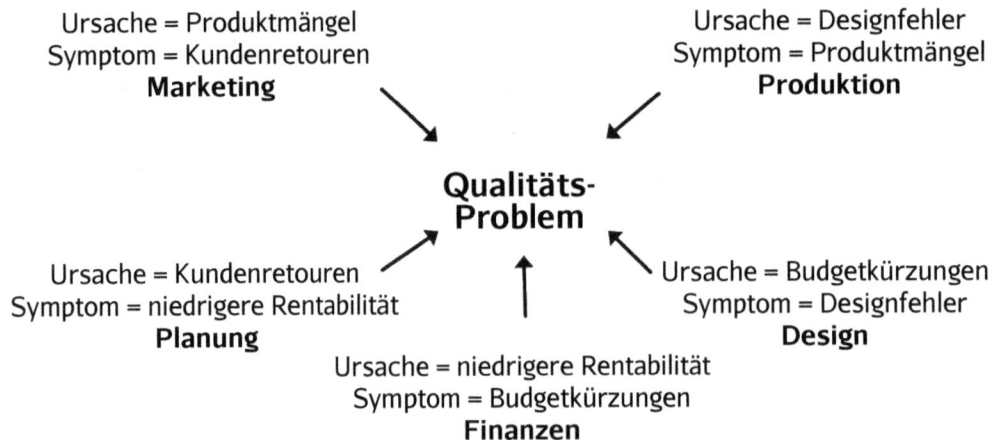

Ursache = Produktmängel
Symptom = Kundenretouren
Marketing

Ursache = Designfehler
Symptom = Produktmängel
Produktion

Qualitäts-Problem

Ursache = Kundenretouren
Symptom = niedrigere Rentabilität
Planung

Ursache = Budgetkürzungen
Symptom = Designfehler
Design

Ursache = niedrigere Rentabilität
Symptom = Budgetkürzungen
Finanzen

Die verschiedenen S.C.O.R.E.-Elemente , die eine Problemverschiebung bewirken, als Folge unterschiedlicher Perspektiven und "Unterbrechungen"

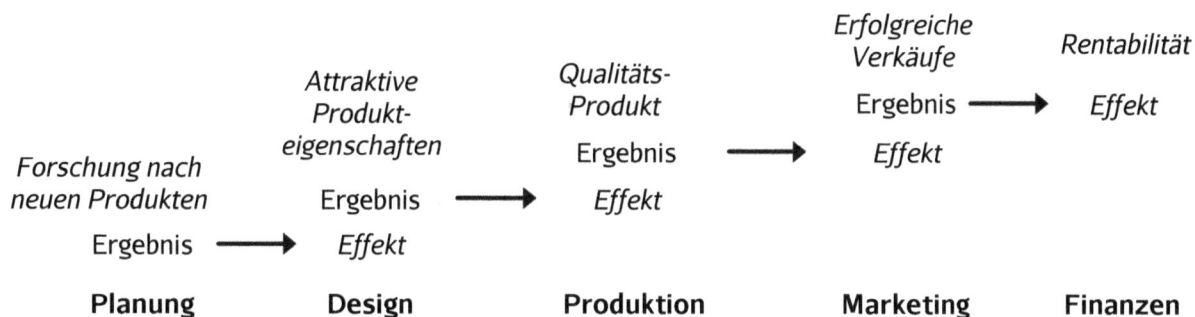

In einem Interdependenten System kann das Ergebnis eines Teils der erwünschte Effekt eines anderen sein.

In gesunden Teams und Unternehmen ergänzen sich die S.C.O.R.E.s verschiedener Mitglieder, so dass Lösungen gefunden werden können, die eine Art „positiven Domino-Effekt" bewirken, wodurch sich die Lösung auf die ganze Gruppe auswirkt.

Probleme und Konflikte treten auf, wenn die S.C.O.R.E.s der verschiedenen Teile falsch ausgerichtet sind. In dieser Situation wird das Ergebnis einer Person (oder Funktion) zur „Ursache" eines anderen Symptoms. Das Ergebnis „Stellenabbau" des Planungsmanagers könnte zum Beispiel zur Stress-

ursache für den Produktionsleiter werden, der einige seiner Arbeitskräfte entlassen muss. Konfusion tritt in einem System auf, wenn das Ergebnis einer Person dem erwünschten Effekt einer anderen Person entspricht, doch gleichzeitig die Ursache für die Symptome von jemand anders ist. Obwohl dies unter manchen Umständen unvermeidbar ist, kann es effektiver vom Team berücksichtigt werden (und manchmal ganz vermieden werden), wenn alle Mitglieder sich „außerhalb des Problemraums" begeben können und auf eine Weise nachdenken, in der sich ihre S.C.O.R.E.s überlappen.

Multi-S.C.O.R.E. Arbeitsblatt

Somit ist es in der Teamarbeit oft nützlich, die *multiplen S.C.O.R.E.s* abzufragen, um einen kompletten Überblick über und die Würdigung für die Sichtweisen aller Teammitglieder auf die Problemsituation zu bekommen. Die verschiedenen Ansichten können dann untersucht und so ausgerichtet werden, dass die allumfassendste und ökologischste Lösung erzeugt werden kann. Solche Informationen können unter Anwendung eines Instruments wie dem folgenden Multi-S.C.O.R.E. Arbeitsblatt gesammelt und bedacht werden: :

	Person A	Person B	Person C	Person D	Person E
Symptome					
Ursachen					
Ziele					
Effekte					
Ressourcen					

Während die Informationen vom Team gesammelt werden und der mögliche 'Lösungsraum' im Hinblick auf den Multi-S.C.O.R.E. betrachtet wird, ist es wichtig, zwischen „Ressourcen" und „Lösungen" zu unterscheiden. In der Situation bezüglich des Qualitätsproblems, kann der Marketingleiter zum Beispiel als Lösung sehen, das „Produkt zu verbessern, bis es keine Mängel mehr aufweist" Jedoch ist dies keine Ressource, die der Marketingleiter direkt mobilisieren kann. Es handelt sich um ein erforderliches Ergebnis aus dem Produktionsprozess. Die aktuelle Ressource die der Marketingleiter zur Lösung des Problems beisteuern kann, könnten Angaben und Vorschläge von Kunden sein, was sie brauchen oder welche Veränderungen oder Verbesserungen sie haben möchten. Ähnlich kann der Designmanager die „Lösung" in „einem größeren Forschungsbudget" sehen; wieder handelt es sich nicht um eine „Ressource", die für den Designmanager einfach verfügbar ist. Seine Ressourcen bestehen in dem technischen Know-how.

Beispiele für die Ressourcen anderer Teammitglieder finden sich in dem folgenden hypothetischen Multi-S.C.O.R.E. Arbeitsblatt.

	Marketing	Produktion	Design	Finanzen	Planung
Symptome	*Kunden-retouren*	*Defekte Produkte*	*Design Fehler*	*Budget-Kürzungen*	*niedrigere Profitabilität*
Ursachen	*Defekte Produkte*	*Design-Fehler*	*Budget-Kürzungen*	*niedrigere Profitabilität*	*Kunden-retouren*
Ziele	*Zufriedene Kunden*	*Qualitäts-produkte*	*Neue Produkt-eigenschaften*	*Rentabilität*	*Unter-nehmens-erfolg*
Effekte	*Rentabilität*	*Zufriedene Kunden*	*Qualitäts-produkte*	*Unter-nehmens-erfolg*	*Wachsende Marktanteile*
Ressourcen	*Kunden-angaben*	*Produkt-Wissen*	*Technisches Know-How*	*Vorhersage-Instrumente*	*System-Überblick und Modelle*

Hypothetisches Multi-S.C.O.R.E.-Arbeitsblatt bezogen auf einen Teamansatz bei Qualitätsproblemen

Das Team könnte das Ziel haben, das Multi-S.C.O.R.E. Arbeitsblatt dafür zu nutzen, den gesamten Problemraum aufzulisten und dann die Ressourcen zu ermitteln, die jedes Mitglied zur Gesamtlösung beitragen kann. Es handelt sich um einen weiteren nützlichen Prozess, um Innovationen zu orchestrieren.

Diese Art kollektiver Problemlösung kann hervorragend durch den Intervisions-Prozess ergänzt werden, den ich in SFM Bd. II (S. 120-127) beschrieben habe. Dieser Prozess ermutigt die Menschen dazu, visuelles und metaphorisches Denken gleichzeitig mit rationalen Analysen einzusetzen. Dies kann es erleichtern, den gesamten Problemraum zu entdecken und zu visualisieren und leichter Ressourcen und Lösungen zu entdecken.

Sie gewinnen Stärke, Mut und Selbst-vertrauen durch jede Erfahrung, in der Sie wirklich anhalten, um der Angst ins Gesicht zu schauen. Sie müssen Dinge tun, von denen Sie denken, dass Sie sie nicht tun können.

Eleanor Roosevelt

Stretching beruht auf der Fähigkeit, Spitzenleistung anzustreben, sich her-ausfordernde Ziele zu setzen, Risiken einzugehen und feste Gewohnheiten in Frage zu stellen, um größere Inno-vationskraft und kontinuierliche Ver-besserungen zu erreichen.

Stretching zur Förderung des Wandels und Erzielung von Resultaten

Offensichtlich rufen uns Krisenzeiten, Ungewissheit und Rückschläge dazu auf, uns selbst und unsere Ressourcen zu strecken. Effektives *Stretching* umfasst die Fähigkeit, feste Gewohnheiten herauszufordern und Risiken einzugehen, um größere Innovationskraft und Experimentierfreudigkeit zu unterstützen. Stretching bedeutet ebenfalls die Kapazität, sich herausfordernde Ziele zu setzen, Erfolge in Frage zu stellen und mehr zu tun – um darüber hinauszugehen. Stretching ist das Resultat der Fähigkeit, die Leistung schrittweise steigern zu können, mit fortschreitendem Erfolg nach Spitzenleistung zu streben und kontinuierliche Verbesserungen zu erreichen. Stretching wird benötigt, um den Wandel zu fördern und Resultate zu erzielen.

Effektives Stretching erfordert die Fähigkeit, strategisch zu denken — den gegenwärtigen und erwünschten Zustand ermitteln und miteinander verglei-chen zu können und die Handlungskette vom gegenwärtigen zum erwünschten Zustand festzulegen. Ebenso erfordert es den praktischen Gebrauch der Vorstel-lungskraft (Imagination) – um kontinuierlich neue Möglichkeiten anzustreben; die Grenzen des gängigen Denkens und Handelns streckend.

Die Maßnahme Stretching wird von drei Schlüsselqualitäten unterstützt: Ambition, Vision und Entschlossenheit. Entschlossenheit ist die Qualität, die am ehesten mit Stretching assoziiert wird. Sie ist mit der Kapazität verbunden, schnell und zeitnah Entscheidungen zu treffen, Risiken einzugehen und neue Lösungen auszuprobieren. Entschlossenheit wird durch Entschlossenheit und emotionale Beteiligung mit dem Willen, „mit ganzem Herzen bei der Sache zu sein" gekennzeichnet. Andere Leadership-Eigenschaften in Bezug auf Entschlos-senheit schließen Durchsetzungsstärke, Risikobereitschaft und Entscheidungs-freude ein.

Kurz, Stretching umfasst:

- Feste Gewohnheiten herausfordern
- Die Bereitschaft, sich selbst zu strecken
- Kontinuierliche Verbesserung suchen
- Innovationen anregen
- Erwartungen erhöhen

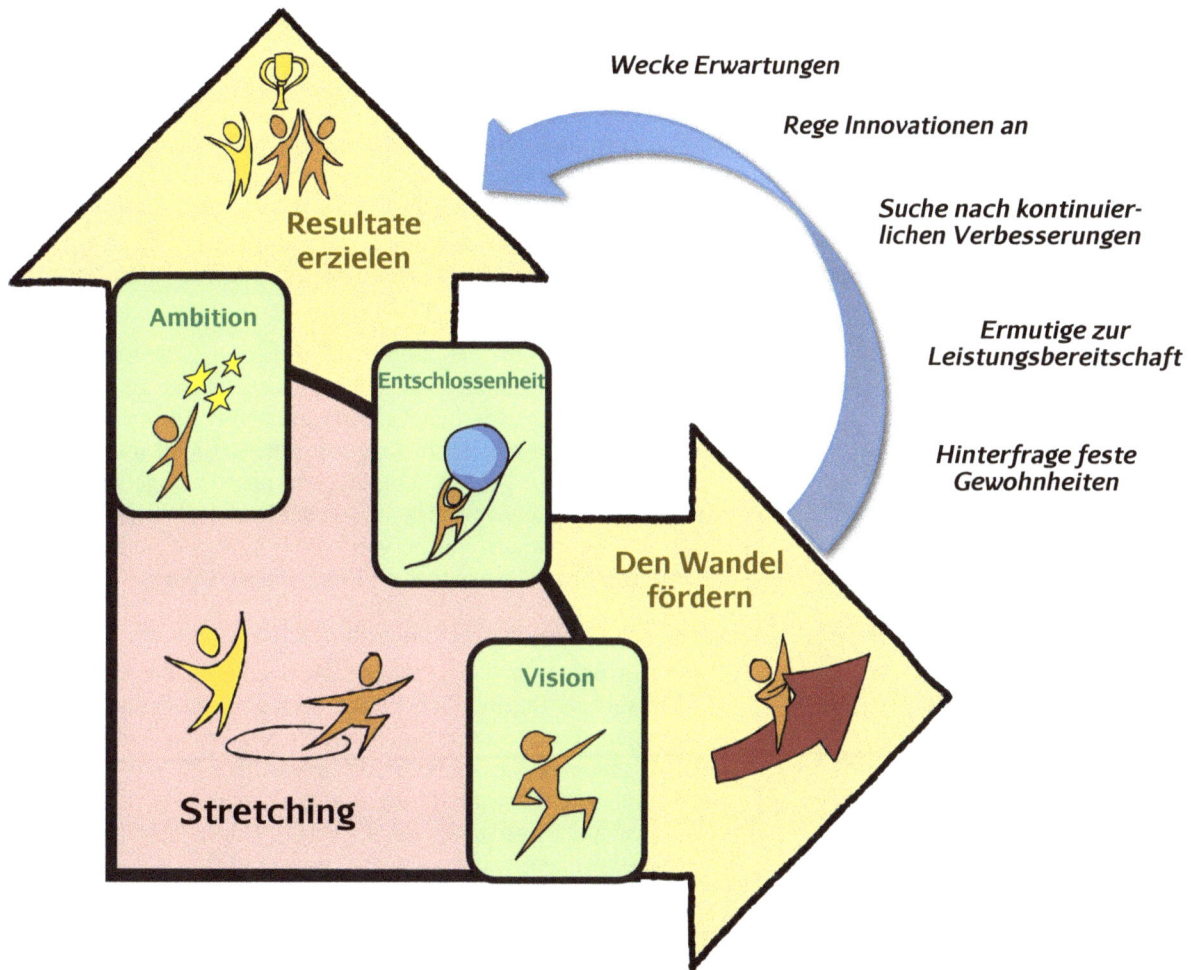

Wecke Erwartungen

Rege Innovationen an

Suche nach kontinuier-lichen Verbesserungen

Ermutige zur Leistungsbereitschaft

Hinterfrage feste Gewohnheiten

Resultate erzielen

Ambition

Entschlossenheit

Den Wandel fördern

Vision

Stretching

Stretching braucht eine Vision, Ehrgeiz (Ambition) und Entschlossenheit. Stretching ist notwendig, um den Wandel voranzutreiben und um Resultate zu erzielen.

Stretching, besonders in Zeiten der Ungewissheit und der Rückschläge, ist eine der herausforderndsten Leadership-Maßnahmen, die von uns fordert, mit unserem höheren Sinn und Zweck eng verbunden zu bleiben. Dabei kann uns eine nützliche Strategie helfen, während wir strategisch über den gesamten „Problemraum" nachdenken. Eine in meiner Coaching- und Consulting-Arbeit oft genutzte Struktur ist die der Heldenreise.

Die Heldenreise

In der Höhle, die du zu betreten fürchtest, liegt der Schatz, den du suchst.

Joseph Campbell

Die Heldenreise bietet Führungskräften und Unternehmern eine hervorragende Strategie zur Bewältigung der Herausforderungen beim Aufbau und der Leitung eines Unternehmens.

1. DEN RUF HÖREN

2. DEM RUF FOLGEN

3. DIE SCHWELLE ÜBERSCHREITEN

Der Umgang mit Rückschlägen, Krisen und Veränderungen kann mit etwas verglichen werden, das Joseph Campbell als „Heldenreise" bezeichnete (Der Held in Tausend Gestalten, 1949). Helden sind Menschen, die eine Vision und eine Berufung haben, die sie zwingt, Risiken einzugehen, sich der Ungewissheit zu stellen und zu versuchen, scheinbar überwältigende Hindernisse zu überwinden. Campbell untersuchte Geschichten historischer und mythischer Helden, die alle Altersgruppen, Kulturen, Religionen und Geschlechter umfassten; dabei nahm er eine Art Success Factor Modeling vor.

Campbell beschrieb die Gemeinsamkeiten all dieser unterschiedlichen Geschichten und Berichte durch die Schritte der „Heldenreise" – eine Abfolge von Ereignissen, die epische Mythen, Geschichten und Errungenschaften jeder Kultur zu teilen scheinen. Dieselben Schritte galten ebenso für die manchmal schwierigen Anforderungen, denen wir uns heutzutage in unserem eigenen Leben und Beruf stellen müssen. Campbells Vorstellung von der Reise eines Helden bietet Führungskräften und Unternehmern eine hervorragende Strategie zur Bewältigung der Herausforderungen beim Aufbau und der Leitung eines Unternehmens.

Laut Campbell bestehen die grundlegenden Schritte der Heldenreise aus:

1. *Hören der Berufung* (ein „Ruf zum Abenteuer"), die irgendwie unsere Identitätsebene, unseren Lebenssinn oder unsere Mission berührt. Diese Berufungen können viele Formen annehmen und stellen häufig wichtige Übergangspunkte dar. Solche Berufungen entstehen in der Regel aufgrund sich verändernder Umstände und sind typischerweise ziemlich herausfordernd (sonst wäre es keine „Heldenreise"). Normalerweise beinhalten sie eine Erweiterung oder Entwicklung der Identität.

2. *Annahme der Berufung* führt uns zu einer Konfrontation mit einer Grenze oder Schwelle in unseren bestehenden Fähigkeiten oder in unserer Landkarte von der Welt. Wir können wählen, ob wir die Berufung akzeptieren oder ob wir versuchen, sie zu ignorieren. Versuche die Berufung abzulehnen oder sie zu missachten, führen jedoch häufig zur Entstehung oder Intensivierung von Problemen oder Symptomen in unserem Leben, die Krisen auslösen, die wir nicht länger ignorieren können.

3. *Überqueren der Schwelle* treibt uns irgendwohin auf unbekanntes „Territorium" außerhalb unserer momentanen Komfortzone; ein Gebiet, das uns dazu zwingt zu wachsen und uns zu entwickeln. Es verlangt von uns, dass wir Unterstützung und Führung finden. Laut Campbell entspricht

diese Schwelle im Allgemeinen „dem Punkt ohne Wiederkehr"; haben wir sie überschritten, gibt es kein Zurück mehr zu der Art und Weise, wie die Dinge gewesen waren. Wir müssen ins Unbekannte ziehen.

4. *Finden von Beschützern*, Mentoren oder Sponsoren ist oft eine Selbstver–ständlichkeit, sobald man den Mut hat, die Schwelle zu überschreiten. (Man sagt: „Wenn der Schüler bereit ist, erscheint der Lehrer.") Wir entwickeln Schlüsselbeziehungen zu „Beschützern", die uns helfen Kompetenzen auszubilden, an uns selbst zu glauben und uns auf unsere Ziele zu konzentrieren. Obwohl eine Heldenreise eine sehr persönliche Reise ist, können wir sie nicht allein vollziehen. Wir müssen offen und bereit sein, Unterstützung anzunehmen.

4. BESCHÜTZER FINDEN

Da das Territorium jenseits der Schwelle für uns neu ist, können wir nicht unbedingt im voraus wissen, welche Art Schutz wir brauchen werden oder wer diese Beschützer sein werden. Manchmal kommen Beschützer von überraschenden Orten. So sollten wir offen und zugänglich bleiben, um bei jedem Schritt unserer Reise Führung und Unterstützung zu erhalten.

5. *Begegnung mit Herausforderungen* (oder *„Dämonen"*) ist ebenfalls eine Selbstverständlichkeit nach Überschreiten der Schwelle. Ein Dämon ist zumeist etwas, das sich uns in den Weg stellt, uns in Versuchung bringt oder uns als Helden negiert. „Dämonen" sind jedoch nicht unbedingt böse oder schlecht; sie sind einfach eine Art „Energie". Wir müssen noch lernen mit ihr zu kämpfen, sie zu akzeptieren oder umzuleiten. Häufig sind Dämonen einfach eine Widerspiegelung unserer inneren Befürchtungen und Schatten (Teile von uns, von denen wir abgespalten sind oder die wir versucht haben zu unterdrücken, zu vermeiden oder zu verleugnen). Hier sind wir mit „Negativ-Sponsoring"-Botschaften konfrontiert, die entweder von uns selbst oder von signifikanten Anderen stammen, die besagen: „Du wirst keinen Erfolg haben." „Du solltest es nicht einmal versuchen." „Du verdienst keinen Erfolg." „Du bist unfähig." „Du wirst nie gut genug sein." usw.

5. HERAUSFORDERUNGEN BEGEGNEN

6. *Entwicklung neuer Ressourcen* ist notwendig, um mit der Ungewissheit umgehen und die „Dämonen" transformieren zu können. Eine Heldenreise ist letztendlich ein Pfad des Lernens und der Selbstentwicklung. Die Ressourcen, die uns helfen, die Schwelle in ein neues Territorium zu überschreiten und den Dämon zu transformieren, sind Überzeugungen, Fähigkeiten, Verhaltenskompetenzen und Instrumente, die wir einsetzen können, um mit Komplexität, Ungewissheit und Widerstand umzugehen

6. NEUE RESSOURCEN ENTWICKELN

7. DIE AUFGABE ERFÜLLEN

8. NACH HAUSE ZURÜCKKEHREN

Dies ist der Bereich, in dem wir selbst wachsen müssen, um die notwendige Flexibilität und Kompetenz zu entwickeln, um uns auf neuem Terrain (innerlich und äußerlich) erfolgreich zurecht zu finden und die dabei entstehenden Hindernisse zu überwinden.

7. Die *Erledigung der Aufgabe*, zu der wir berufen wurden, und den *Weg* zur Erfüllung unserer Berufung zu *finden*, wird schließlich erreicht, wenn wir uns eine neue Landkarte von der Welt erschaffen, die das Wachstum infolge der Reise und der Entdeckungen im Verlauf einbezieht.

8. Die *Heimkehr* als verwandelte Person und der Wissens-Austausch mit anderen über die auf der Reise gewonnenen Erfahrungen ist der letzte Schritt. Genauso wichtig ist es, dass man als neue Persönlichkeit gesehen und anerkannt wird. Dies ist notwendig, um den Kreislauf der persönlichen Transformation abzuschließen.

Manchmal ist gerade die Heimkehr ein sehr herausfordernder Teil der Reise. Tatsächlich gibt es laut Campbell sehr häufig Hindernisse und manchmal wird die Rückkehr sogar verweigert, weil sie eine weitere Schwellüberschreitung beinhaltet. Die bemerkenswerte Reise und die stattgefunden Transformation können es schwer machen, sich wieder in das Leben und in die Schlüsselbeziehungen, wie sie einmal waren, einzugliedern. Es kann unsererseits die Befürchtung bestehen, dass wir in unserer vorherigen „weltlichen" Existenz stecken bleiben. Und es kann auf Seiten der signifikanten Anderen der Wunsch bestehen, dass wir so geblieben wären, wie wir vorher waren, so dass sie sich nicht als Reaktion auf unsere Bewegung und unser Wachstum verändern müssen. Unsere Rückkehr kann den Status Quo zerstören.

Ebenso gibt es eine natürliche Verwundbarkeit, die Übergänge jeglicher Art begleitet und schwierige Gefühle oder Schatten hervorrufen kann. Die Verbindung mit unseren Beschützern aufrecht zu erhalten und im Zentrum unseres Erfolgszirkels verwurzelt zu sein sowie die neuen, auf der Reise gewonnenen Ressourcen sind der Schlüssel zur erfolgreichen Heimkehr.

DIE HELDENREISE

8. Nach Hause zurückkehren

1. Den Ruf hören

7. Die Aufgabe erfüllen

2. Dem Ruf folgen

6. Neue Ressourcen entwickeln

3. Die Schwelle überschreiten

5. Herausforderungen begegnen

4. Beschützer finden

Anwendung der Heldenreise auf das Unternehmen

Obwohl die Heldenreise offensichtlich eine Metapher ist, erfasst sie sehr gut die Realität, mit der sich Menschen und Unternehmen konfrontiert sehen, wenn sie versuchen, den Weg in eine erfolgreiche Zukunft zu ebnen und mit den Unsicherheiten des Wandels fertig zu werden. Beispielsweise symbolisiert die Vorstellung einer „Berufung" die Vision und Mission, die Unternehmer, Teams oder Organisationen verfolgen – d.h. den höheren Sinn und Zweck.

In schwierigen Zeiten und Ungewissheit sind die Details des Reiseziels häufig unklar. Das heißt jedoch nicht, dass es keine klare Richtung gibt, in die es geht. In diesen Zeiten erscheint die Richtung eher als eine Empfindung. Tatsächlich deutet die Vorstellung einer „Berufung" auf etwas hin, das eher gehört oder gefühlt als gesehen wird. Steve Jobs wies darauf hin: „Man kann die Punkte nicht verbinden, wenn man nach vorne schaut … Man muss darauf vertrauen, dass sich die Punkte irgendwie in der Zukunft verbinden. Man musst auf etwas vertrauen – auf den Bauch, das Schicksal, das Leben, das Karma …"

Die „Schwelle" repräsentiert das neue Territorium, die unbekannten und ungewissen Elemente, mit denen sich eine Person auseinandersetzen muss, um die Vision und die Mission in die Tat umzusetzen. Damit die Transformation und das Erwachen gelingt, müssen unsere mentalen Landkarten, wer wir sind und was in der Welt möglich ist, weiter werden, wir müssen die alten Begrenzungen auf ganz neue Weise wahrnehmen. Dies erfordert, dass wir unsere alte Denkweise durchbrechen und „über den Tellerrand hinausschauen" und auf einer Ebene lernen, die der Anthropologe Gregory Bateson Lernen 4. Ordnung nennt – die Erschaffung von etwas „komplett Neuem" Ein solcher generativer Zustand „transzendiert und beinhaltet" unser vorheriges Wissen und Bewusstsein. Es ist ein Schlüsselelement der Heldenreise.

Das Symbol des „Dämons" spiegelt die Herausforderungen des Umbruchs, des Wettbewerbs, der Innenpolitik und anderer Hindernisse und Krisen wider, die sich aus Umständen ergeben, die sich unserer Kontrolle entziehen. Wie schon gesagt, werden diese äußeren Umstände und Herausforderungen zu „Dämonen", weil sie unsere eigenen inneren Ängste und Schatten katalysieren; es geht darum, die schwierigen Gefühle und Teile von uns, die wir nicht willkommen zu heißen wissen, mit Gelassenheit halten und integrieren zu können. Der Dämon wird verwandelt, indem wir ein „Gästehaus" für unsere schwierigen Gefühle bauen, um unsere eigenen inneren Schatten willkommen zu heißen und zu transformieren.

Die Ressourcen, die uns helfen, die Schwelle in ein neues Territorium zu überqueren sowie unsere Dämonen und Schatten zu transformieren, sind die Werte, Verhaltensweisen und Geschäftspraktiken, die wir in die Tat umsetzen können, um mit Komplexität, Ungewissheit und Widerstand umzugehen. Dies ist der Bereich, in dem wir selbst wachsen müssen, um Flexibilität und die notwendige Vielfalt zu entwickeln, damit wir uns in dem neuen Gebiet zurecht finden und erfolgreich Hindernisse auf dem Weg überwinden.

Die „Beschützer" sind die Sponsoren und entstandenen Beziehungen (u. a. zu unseren Teammitgliedern, Stakeholdern und Partnern), die uns unterstützen, Fähigkeiten und den Glauben an uns selbst aufzubauen und auf unsere langfristigen Ziele fokussiert zu bleiben.

DIE HELDENREISE IM UNTERNEHMEN

8. Nach Hause zurückkehren

1. Die Berufung hören

7. Die Aufgabe erfüllen

2. Der Berufung folgen

6. Neue Ressourcen entwickeln

3. Die Schwelle überschreiten

5. Herausforderungen begegnen

4. Beschützer finden

Entwerfen Sie Ihre Heldenreise

In unserem Buch *Die Heldenreise* (2013) bieten mein Co-Autor Stephen Gilligan und ich eine Reihe von Prinzipien und Übungen an, die den Weg über die verschiedenen Aspekte der Heldenreise in unserem Leben und in unseren Unternehmen zeigen. Für die Erforschung der Erfolgsfaktoren des Unternehmertums liegt der größte Wert dieses Modells liegt darin, dass Sie die entscheidenden Herausforderungen, mit denen Sie im Laufe des Projekts oder im Unternehmen konfrontiert werden, erkennen und sich darauf vorbereiten können. Betrachten Sie Ihre Leadership-Momente, die Sie in Bezug auf Ihr Projekt oder Unternehmen ermittelt haben und denken Sie über folgende Fragen nach:

1. **Die Berufung:** Welche Situation ruft mich/uns dazu auf, jemand zu werden oder mehr davon zu werden? Was muss geklärt werden oder wozu soll ich mich in Bezug auf meine/unsere Vision, Mission oder Ambition verpflichten? (Oft ist es nützlich, diese Frage in Form eines Symbols oder einer Metapher zu beantworten: z. B.: „Ich bin/wir sind dazu berufen Adler/Krieger/Zauberer zu werden usw.)

2. **Die Schwelle:** Welche Schwelle muss ich/müssen wir überschreiten oder welches Risiko muss ich/müssen wir eingehen? Welches unbekannte Territorium außerhalb meiner/unserer Komfortzone muss ich/müssen wir betreten, um die Berufung zu erfüllen?

3. **Der Dämon:** Welchem „Dämon" oder „Schatten" (welcher Herausforderung, Gefahr, Schwierigkeit usw.) muss ich/müssen wir gegenüber treten? Wovor fürchte/n ich mich/wir uns? (Welche Konsequenzen befürchte/n ich/wir, die auftauchen werden, wenn ich/wir die Schwelle überschritten habe/n? Was scheint gegen mich/uns zu sein?

4. **Die Ressourcen:** Welche Ressourcen habe/n ich/wir und welche sollte/n ich/wir weiterentwickeln, um die Herausforderung anzunehmen, über die Schwelle zu treten und die Berufung zu erfüllen?

5. **Die Beschützer:** Wer sind meine/unsere inneren und äußeren Beschützer (vergangene und aktuelle; physische und nicht-physische) für diese Ressourcen? Welche Botschaft oder welchen Rat haben sie für mich/uns?

Sobald Sie Ihre Beschützer erkannt haben, ist es interessant, sich vorzustellen, welche Botschaften oder Ratschläge sie für Sie (und Ihr Team) haben könnten, wenn Sie jetzt zugegen wären.

Genau wie bei der Methode zur *Stärkung Ihrer Überzeugung*, die zuvor in diesem Kapitel beschrieben wurde, können Sie sich selbst in die Schuhe jedes Beschützers begeben und mit deren Augen auf sich selbst und Ihre Situation schauen (zweite Position).

Welche Botschaft oder welcher Rat hat jeder Beschützer für Sie?

Wie können die Botschaften und die Unterstützung Ihrer Beschützer Ihnen helfen, mit der Situation oder der Herausforderung, der Sie begegnen, umzugehen?

Im nächsten Kapitel erkunden wir, wie Sie Empowering (Ermächtigen), Coaching (Fördern), Sharing (Austausch) und Stretching (Fordern) auf der Heldenreise mit dem Titel „*Das Unmögliche möglich machen*" einsetzen können!

Fazit: Bereiten Sie sich auf Leadership-Momente vor

Zusammenfassend sei gesagt, dass das Wieder-Aufstehen nach Rückschlägen, die Entwicklung von Resilienz und die Erweiterung der Fitness für die Zukunft angemessener Vorbereitung bedarf. Eine einfache Formel für die Vorbereitung der unvermeidlichen Leadership-Momente wird durch die folgenden Schritte beschrieben:

1. Suchen Sie sich einen Leadership -Moment aus und denken Sie über die Situation nach. Was sind die äußeren Rahmenbedingungen, der Kontext? Was ist der S.C.O.R.E.? (Symptom, Ursache, Ziel, verfügbare Ressourcen und der erwünschte Effekt.)

2. Welche Ziele haben Sie? Denken Sie dabei an die vier Organisationsziele: Den Wandel fördern, Werte verwirklichen, Menschen entwickeln und Resultate erzielen.

3. Welche Maßnahmen müssen Sie unternehmen? Empowering (Ermächtigen), Coaching (Fördern), Sharing (Austausch), Stretching (Fordern)?

4. Welche innere Eigenschaften sind zur Unterstützung dieser Aktionen am wichtigsten? Vision, Offenheit, Konsistenz, Vorbildfunktion, Motivation, Großzügigkeit, Ambition (Ehrgeiz)?

5. Auf welcher Heldenreise befinden Sie sich? Welche Schwelle müssen Sie überschreiten? Welchen Dämonen begegnen Sie? Welche Ressourcen und Beschützer haben Sie zur Unterstützung?

6. Wobei werden Sie emotionale Intelligenz brauchen? Welche schwierigen Gefühle werden Sie bei sich und anderen antreffen? Welche Ressourcen brauchen Sie, um diese anzunehmen und zu halten (Raum zu geben)?

7. Welches (innere und äußere) Feedback wird Ihnen zeigen, dass Sie vorankommen bzw. erfolgreich sind?

Zusammenfassung des Kapitels

Effektives Leadership bedeutet in der Praxis, zunächst in Ihrem Unternehmen die „Leadership-Momente" zu ermitteln. Dabei handelt es sich um symbolische oder herausfordernde Situationen, die die Wahrnehmung der Schlüsselkollaboratoren stark beeinflussen und die beste Version unseres Selbst fordern.

Der Aufbau eines erfolgreichen Unternehmens, das innovativ, resilient und fit für die Zukunft ist, erfordert die *Ermächtigung* aller Beteiligten, damit sie ihr Bestes geben. Dadurch wird die Potenzialentwicklung unterstützt, indem die Individualität der Menschen anerkannt und das Selbstwertgefühl gestärkt, die Autonomie gefördert und Anreize zum Wachstum gegeben werden. Der *Aufbau eines Gewinner-Glaubenssystems* ist eine der tiefgreifendsten und mächtigsten Methoden, womit Unternehmer und Führungskräfte sich selbst, ihre Teams und Mitarbeiter stärken können. Ein Gewinner-Glaubenssystem weckt die Erwartung einer positiven Zukunft, ein Gefühl der Leistungsfähigkeit, das Verantwortungsgefühl sowie das Selbstwert- und Zugehörigkeitsgefühl. Die *Einschätzung unseres Überzeugungsgrades* in jedem Kernbereich und das *Nutzen von Mentoren und Vorbildern zur Bildung von Zuversicht und Stärkung der Überzeugung* sind Schlüsselkompetenzen, um innerhalb eines Menschen oder einer Gruppe ein Gewinner-Glaubenssystem auszubilden.

Coaching ist eine der wichtigsten Leadership-Aktionen, um die Resilienz zu steigern und die Fitness für die Zukunft zu verbessern. Coaching (Fördern) bedeutet, die Erfahrung und die Kompetenzen der Mitarbeiter zu entwickeln, Vertrauen aufzubauen, aufmerksam zuzuhören, die Menschen bei ihren Lernprozessen anzuleiten sowie den Teamgeist zu wecken. Die Kernqualität im Leadership zum effektiven Fördern gelingt als konsistentes Vorbild. Die *Kernwerte* in unterschiedlichen Kontexten *zu verwirklichen*, ist ein Schlüssel zu Resilienz und Fitness für die Zukunft. Es ist wichtig, die Grundwerte zu klären und von den Zweckwerten zu unterscheiden, damit Aktionen priorisiert werden können und Verwirrung und Konflikte vermieden werden. *Werte in Handlung umzusetzen* bedeutet, die weiteren Ebenen der notwendigen Faktoren (Kognition, im Verhalten und im Umfeld) zu definieren, um effektiv die Werte, die wir in der Praxis umsetzen wollen, zu verankern. *Die Bildung eines ausgerichteten Zustands* lässt Unternehmer und Führungskräfte mit der besten Version ihres Selbst verbunden bleiben und als effektives Vorbild dienen, um Vertrauen und Resilienz in herausfordernden Zeiten aufzubauen.

Sharing regt die Innovationskraft an und stärkt die Resilienz durch den Austausch von Informationen, Ideen, Ressourcen und Energie. Sharing beinhaltet, offene Kommunikation und den Dialog zwischen den Menschen zu fördern. Einer der wichtigsten Kontexte für das Sharing dient der effektiven *Problemlösung*. Das *S.C.O.R.E.-Modell* bietet eine einfache, doch umfassende Vorlage, um den *Problemraum* und den *Lösungsraum* zu definieren. Dadurch können die *Symptome*, ihre *Ursachen*, die *Ziele*, die die *Symptome* ersetzen sollen, und die notwendigen *Ressourcen* ermittelt werden, um die *Symptom-Ursachen* zu transformieren und mit den *Zielen* die *erwünschten Effekte* zu erreichen. Multi-S.C.O.R.E.s entstehen in komplexen und voneinander abhängigen (interdependenten) Systemen, wo unterschiedliches Verhalten, Ressourcen und Begrenzungen der Kollaboratoren einander ergänzen oder sich vermischen. Die Bestimmung von *Multi-S.C.O.R.E.s* ist eine Anwendung der Disziplin des systemischen Denkens, das das Orchestrieren von Innovation unterstützt, indem kollektive Intelligenz und generative Kollaboration gefördert werden.

Viele Leadership-Momente brauchen ein gewisses Maß an *Stretching*, wobei eine Führungskraft und ihre Teams Erwartungen wecken, Innovationen anregen, kontinuierliche Verbesserungen suchen und feste Gewohnheiten hinterfragen müssen. *Die Heldenreise* bietet eine eindrucksvolle Strategie zum erfolgreichen *Stretching*. Sie hilft uns, die *Berufung (Call to Action)* zu bestimmen, die die Situation von uns fordert, genau wie die *Schwelle*, die wir überschreiten müssen, um ins neue Territorium zu gelangen, sowie die *Dämonen* oder *Schatten*, mit denen wir konfrontiert werden und die wir transformieren müssen, die *Ressourcen* sowie die *Beschützer*, die wir brauchen werden, um erfolgreich auf unserer Reise zu sein.

Die verschiedenen Methoden und Unterscheidungsmerkmale, die wirksames Ermächtigen, Fördern, Austauschen und Fordern (Empowering, Coaching, Sharing und Stretching) unterstützen, können effektiv integriert und zur Vorbereitung von Leadership-Momenten genutzt werden.

Sobald Sie darauf vorbereitet sind, ganz unterschiedliche Leadership-Momente zu bewältigen, sind Sie bereit, das Unmögliche zu tun!

Referenzen und Literaturhinweise

- *Professionelles Coaching mit NLP – From Coach to Awakener*, Dilts, R., Junfermann, Paderborn, 2005.

- *Identität, Glaubenssysteme und Gesundheit*, Dilts, R., Hallbom, T. & Smith, S., Junfermann, Paderborn 2001;

- *Veränderung von Glaubenssystemen mit NLP, Dilts*, R., Junfermann, Paderborn, 1993.

- Zukunftstechniken zur Leistungssteigerung und für das Management von Veränderungen: Über die Entwicklung professioneller Kompetenzen des Lernens, der Führung und der Kreativität. Angewandtes NLP, *Dilts, R.*, Bonissone, G., Junfermann, Paderborn 1999.

- *Know-How für Träumer: Strategien der Kreativität, NLP & Modeling Struktur der Innovation*, Dilts, R. B., Epstein, T. und Dilts, R. W., Junfermann, Paderborn 1994.

- *NLP II: Die neue Generation*, Dilts, R. und DeLozier, J. with Bacon Dilts, D., Junfermann, Paderborn, 2013.

- *Alpha Leadership: Tools for Leaders Who Want More From Life*, Deering, A., Dilts, R. und Russell, J., John Wiley & Sons, London, England, 2002.

- *Von der Vision zur Aktion – Visionäre Führungskunst: Die Erschaffung einer Welt, der die Menschen zugehören wollen*, Dilts, R., Junfermann, Paderborn 1998.

- *The Hero With A Thousand Faces*, Campbell, J., Fontana Press., London, UK, 1993. (dt. Ausgabe: *Der Heros in tausend Gestalten*, Suhrkamp Verlag als e-Book verfügbar)

- *Die Heldenreise: Auf dem Weg zur Selbstentdeckung*, Gilligan, S. und Dilts, R., Junfermann, Paderborn, 2009.

06
Das Ummögliche möglich machen

*Während wir in Träumen von gestern leben,
träumen wir nach wie vor von unmöglichen, zukünftigen Eroberungen.*
Charles Lindbergh

Es ist schwierig, Vorhersagen zu machen, besonders über die Zukunft.
Yogi Berra

Verwechseln Sie nicht mangelnde Vorstellungskraft mit logischer Unmöglichkeit.
Tom Gruber – Mitgründer von Siri

Das Ummögliche möglich machen

Neben der Orchestrierung von Innovationen, Verbesserung der Fitness für die Zukunft und dem Wieder-Aufstehen nach Rückschlägen fühlen sich Conscious Leader und Next Generation Entrepreneure häufig dazu berufen „das Unmögliche möglich zu machen". Wie die Unternehmerin Cindana Turkette (s. *SFM Bd. I*, S. 163-171) es so eloquent formuliert, liegt die größte Befriedigung eines Unternehmers darin, Klienten und Kunden zu helfen, „etwas zu erreichen, von dem sie nicht wussten, dass es möglich wäre", das dann aber möglich wurde, „weil man ihnen die Werkzeuge dazu lieferte". Wie Cindanas Kommentar andeutet, meint *unmöglich* für gewöhnlich, dass es den Weg zu einem bestimmten Ziel zu erreichen, zur Zeit noch nicht gibt (was nicht heißt, dass es ihn niemals geben wird). Somit ist es der Job des Unternehmers, einen Pfad zu erschaffen, der jetzt noch nicht existiert.

Im Silicon Valley gibt es den Begriff BHAG. BHAG ist das Akronym für "**B**ig **H**airy **A**udacious **G**oal." (großes, haariges, kühnes Ziel) Es impliziert, einen kühnen und waghalsigen oder „unmöglichen Traum", der eine Kombination aus beidem, Vision und Ambition, ist. BHAGs sind die Treiber an der Basis eines Unternehmens der Next Generation Entrepreneurs.

Wie der Unternehmer Don Pickens rät (s. *SFM Bd. I*, S. 137), sollten Führungskräfte und Unternehmer, um erfolgreich zu sein, unbedingt „fokussiert bleiben und verstehen, dass ihre Vision sich von denen der anderen unterscheidet, obwohl sie auf die gleiche Landkarte schauen". Er fügt hinzu, dass „per Definition ein Unternehmer eine Vision hat, die vorwärts treibt –über das hinausgeht, was den Leuten jetzt bekannt und vertraut ist". Tatsächlich empfiehlt Pickens, wenn zu viele Menschen einem sagen, dass man eine gute Idee hat, und man zu wenig Zweifler trifft, die das, was man vorschlägt, für „unmöglich" halten, dann sollte man seine Ziele für sein Unternehmen vielleicht noch einmal überdenken und seine Fantasie ausweiten, um die Ziele noch „größer", „haariger" und „kühner" zu machen.

Unmögliche Träume?

Es ist interessant zu bemerken, dass viele Technologien und andere Entwicklungen, die wir für Fundamente unserer heutigen Wirklichkeit halten, einmal für albern, nutzlos oder „unmöglich" gehalten wurden. Deshalb weist Don Pickens darauf hin, dass sie „über das hinausgehen, was den Leute derzeitig bekannt und vertraut ist". Betrachten Sie dazu folgende Paradebeispiele:

Die Unternehmerin Cindana Turkette behauptet, dass die größte Zufriedenheit für Unternehmer darin besteht, Klienten und Kunden zu helfen, etwas zu erreichen, "von dem sie nicht wussten, dass es möglich wäre".

Computer

Ich glaube, es gibt einen Weltmarkt für vielleicht fünf Computer.

Thomas Watson, Vorsitzender bei IBM, 1943.

In Zukunft werden Computer nicht mehr als 1,5 Tonnen wiegen.

Zeitschrift: Popular Mechanics 1949.

Ich bin kreuz und quer durchs Land gereist und habe mit den besten Leuten gesprochen, und ich kann Ihnen versichern, dass die Datenverarbeitung eine Modeerscheinung ist, die das Jahr nicht überdauern wird.

Der verantwortliche Herausgeber der Business-Bücher bei Prentice Hall, 1957.

Aber wofür ist das gut?

Ingenieur in der Abteilung Advanced Computing Systems, IBM, 1968, der den Mikrochip kommentierte.

Personal Computer - PCs

Es gibt keinen Grund, dass jemand einen Computer bei sich zuhause haben wollte.

Ken Olson, Präsident, Vorsitzender und Gründer von Digital Equipment,1977.

So gingen wir zu Atari und sagten: „Hey, wir haben dieses tolle Ding, sogar aus einigen eurer Teile gebaut, und was haltet ihr davon, uns zu finanzieren? Oder wir geben es euch. Wir wollen es einfach nur bauen. Zahlt uns unser Gehalt und wir kommen, um bei euch zu arbeiten." Doch sie sagten: „Nein." Also gingen wir zu Hewlett-Packard, und sie sagten: „Hey, wir brauchen euch nicht. Ihr seid ja nicht einmal mit dem College fertig."

Steve Jobs über die Versuche, Atari und HP an seinem und Steve Wozniaks PC zu interessieren, bevor sie 1976 Apple Computer in einer Garage gründeten.

Entertainment

Wer um alles in der Welt wollte Schauspieler sprechen hören?

H. M. Warner, Warner Brothers, 1927.

Ich bin nur froh, dass es Clark Gable sein wird, der auf die Nase fällt, und nicht Gary Cooper.

Gary Cooper über seine Entscheidung, nicht die Hauptrolle in „Vom Winde verweht" zu übernehmen, 1939.

Wir mögen ihren Sound nicht und Gitarrenmusik ist bald nicht mehr in Mode.

Decca Recording Co., als sie die Beatles 1962 abwiesen.

Steve Jobs und Steve Wozniak und ihre Ideen für einen persönlichen Computer (PC) wurden zuerst von etablierten Firmen wie Atari und Hewlett-Packard abgewiesen.

Das letzte Jahrhundert

Nach Öl bohren? Sie meinen, in den Boden bohren, um zu versuchen, Öl zu finden? Sie sind verrückt.
Bohrleute, die Edwin L. Drake 1859 für sein Erdöl-Bohrprojekt anheuern wollte.

Louis Pasteurs Theorie über Bakterien ist eine lächerliche Fiktion.
Pierre Pachet, Professor für Physiologie in Toulouse, 1872.

Dieses „Telefon" hat zu viele Mängel, um es ernsthaft als Kommunikationsmittel in Betracht zu ziehen. Das Gerät hat grundsätzlich keinen Nutzen für uns.
Western Union, internes Memo, 1876.

Flugmaschinen, die schwerer als die Luft sind, sind unmöglich.
Lord Kelvin, Präsident der Royal Society, 1895.

Flugzeuge sind interessante Spielzeuge, haben aber keinen militärischen Wert.
Maréchal Ferdinand Foch, Professor für Strategie, Ecole Supérieure de Guerre, 1928.

Die drahtlose Musikbox hat keinen erdenklichen kommerziellen Wert. Wer würde für eine Nachricht bezahlen, die an niemanden gesendet wird?
David Sarnoffs Partner als Reaktion auf sein Drängen, in das Radio der1920er zu investieren.

Neueste Entwicklungen

Das Konzept ist interessant und wohl formuliert, doch um eine bessere Note als ein „C" zu bekommen, muss die Idee auch durchführbar sein.
Management-Professor an der Yale University als Reaktion auf Fred Smith Abhandlung, die einen zuverlässigen Übernacht-Lieferservice vorschlägt.
(Smith gründete Federal Express Corp.)

Ein Keks-Laden ist keine gute Idee. Im übrigen besagt eine Marktrecherche, dass Amerika knackige Kekse mag, nicht diese weichen, zähen, die Sie herstellen.
Reaktion auf Debbi Fields' Idee „Mrs. Fields' Cookies" zu gründen.

Wenn ich darüber nachgedacht hätte, hätte ich das Experiment nicht durchgeführt. Die Literatur war voller Beispiele, die dagegen sprachen.
Spencer Silver über die Arbeit zum einzigartigen Klebstoff der 3M „Post-It" Notepads

Viele Produkte und Dienstleistungen, die wir für selbstverständlich halten und die heutzutage alltäglich sind, wurden einmal für unmöglich oder lächerlich gehalten.

Der Umgang mit „Kritikern" und „Neinsagern" ist eine große Herausforderung, wenn man das Unmögliche möglich machen will.

All diese Kommentare spiegeln den natürlichen Widerstand unseres rational denkenden Geistes und Egos auf Visionen und Ideen wider, die „über das hinausgehen, was uns bekannt und vertraut ist". Wissen, „was ist", ist offensichtlich ein zweischneidiges Schwert. Einerseits bietet es Klarheit, Komfort und Stabilität. Andererseits kann zu viel Selbstsicherheit und Investition in unser Wissen, „was ist", es erschweren, über das Bekannte hinauszusehen. Vielleicht ist das beste Paradebeispiel die Aussage von Charles H. Duell, dem Commissioner des U.S. Patentamtes, 1899:

„Alles was erfunden werden kann, ist schon erfunden worden."

Kompetenz und Disziplin, Unmögliches möglich zu machen

Damit das Umögliche möglich wird, braucht man in erster Linie Fantasie, um die selbst erschaffene Zukunft ständig im Gewahrsein zu halten und über unsere mentalen Landkarten und Vorannahmen nachzudenken und in Frage zu stellen. Dies ist nicht nur für unsere Geschäfte wichtig, sondern auch für andere Bereiche unseres Lebens.

Betrachten Sie das Beispiel meiner Mutter, bei der Anfang der 80er Jahre der Brustkrebs wieder auftrat. Das Rezidiv war unerwartet schnell fortgeschritten. Die Diagnose des Arztes stufte ihn in Stufe 4 ein. Es gibt keine Stufe 5. Es blieb nur der Tod. Angesichts der Tatsache, dass das erste Auftreten weniger als zwei Jahre zurücklag und der Krebs sich so dramatisch ausgebreitet hatte, meinten die Ärzte, dass es sich eindeutig um eine sehr aggressive Variante handelte. Nachdem der Krebs so schnell fortgeschritten war und sich so weit über ihren Körper ausgebreitet hatte (nicht nur die andere Brust, sondern auch ihre Blase, ihre Eierstöcke, das Knochenmark und fast jeder Knochen war betroffen), schätzten sie, dass ihr nur noch wenige Monate blieben. Und angesichts der fortgeschrittenen Krankheit behaupteten sie, dass man medizinisch nichts mehr tun könne, um das Ausbreiten zu verhindern oder zu verlangsamen. Es war ein unmöglicher Traum, nur daran zu denken, dass meine Mutter noch mehrere Jahre leben würde. Anstelle eines Geschäftes handelte es sich beim Projekt oder „Unternehmen" meiner Mutter, also bei ihrem BHAG, um ihre Gesundheit.

Ich habe über diese Situation in mehreren Büchern geschrieben (*Identität, Glaubenssysteme und Gesundheit*, 2011 und *Veränderungen von Glaubenssystemen mit NLP*, 1990). Es genügt hier zu erzählen, dass meine Mutter das Unmögliche möglich machte. Sie übernahm Verantwortung für ihr Leben, erholte sich in bemerkenswerter Weise (mit nur wenig medizinischer Unterstützung) und lebte zur großen Überraschung ihrer Ärzte 18 weitere Jahre; für die meiste Zeit frei von Symptomen. Interessanterweise wendete sie dafür viele Techniken an, mit denen wir uns in dieser Trilogie beschäftigt haben; angefangen von der Klärung ihrer Vision, Mission und Ambition für ihr Leben. (Ich habe oft über die Relevanz nachgedacht, dass für eine bemerkenswerte Erholung von einer schweren Krankheit das Wort „Remission" gebraucht wird; so wie die Rückverbindung mit der eigenen Mission häufig ein Schlüsselerfolgsfaktor für die Erholung von Gesundheitskrisen ist. Der Glaube meiner Mutter an sich selbst und die Möglichkeit einer positiven Zukunft waren weitere wichtige Erfolgsfaktoren. [Sie hat ihren eigenen Bericht von dieser Reise in ihrer Monografie: *My Pathway to Wholeness*, 1991, beschrieben.]

Patricia Dilts

Patricia Dilts wendete viele der in den Success Factor Modeling Bänden beschriebenen Techniken an – einschließlich der Klärung ihrer Vision, Mission und Ambition für ihr Leben – um „das Unmögliche möglich zu machen" während ihrer bemerkenswerten Heilung vom Brustkrebs der Stufe 4.

Natürlich machten die Ärzte ihre Arbeit in der besten Absicht, als sie ihre schlechten Prognosen äußerten; sie versuchten „keine falschen Hoffnungen" zu wecken. Sie sahen die Zukunft meiner Mutter durch die Filter ihrer eigenen damaligen Kenntnisse. Ihre Sichtweise war wichtig und wertvoll, aber weder notwendigerweise vollständig noch schlussendlich akkurat. Wenn solche Perspektiven unseren Zukunftsvisionen und Ambitionen widersprechen, kommt es häufig zu einer Form der Kritik, die Hindernisse in Form von Zweifeln und Widerständen schafft. Der Umgang mit „Kritikern" und „Neinsagern" gehört zu den größten Herausforderungen, wenn wir das Unmögliche möglich machen wollen.

Zweifellos hat uns Steve Jobs deswegen den Rat gegeben, sich weder „vom Dogma" noch von „den Konsequenzen des Denkens anderer Leute" einfangen zu lassen noch „die eigene innere Stimme vom Rauschen anderer Meinungen übertönen zu lassen". Andererseits wurde diskutiert, ob Jobs' eigene Arroganz zu seinem frühen Tod durch Bauchspeicheldrüsenkrebs geführt hatte, weil er nicht früh genug den Rat der Ärzte beachtete. Deshalb gibt es einen wichtigen Unterschied zwischen ‚sich nicht durch die Meinung anderer „einfangen" zu lassen' und sie direkt abzulehnen. Wenn man „das Unmögliche möglich machen" will, ist ein Schlüsselthema, wie die Sichtweisen und positiven Absichten unserer Kritiker integriert werden können ohne sie herabzusetzen oder sich von ihnen übermäßig begrenzen zu lassen. In diesem Kapitel nehmen wir uns der wichtigen Frage an, wie wir unsere Kritiker in Unterstützer und Ratgeber verwandeln können.

Eine Schlüsselkompetenz, um das Unmögliche möglich zu machen, ist die Integration der Ansichten und positiven Absichten der Kritiker, ohne sie herabzusetzen oder sich allzu sehr begrenzen zu lassen.

Es ist offensichtlich, wenn wir „das Unmögliche möglich machen" wollen, brauchen wir alle Kompetenzen, die wir bisher erkundet haben, also die Orchestrierung von Innovationen, Verbesserung der Fitness für die Zukunft und das Wieder-Aufstehen von Rückschlägen, aber wir brauchen noch einige andere mehr. Einige Kompetenzen, die wir bis zu diesem Punkt behandelt haben sind: 1.) eine Richtung in Form einer Vision, Mission, Ambition zu haben und diese zu äußern sowie eine Rolle, um sie aufeinander abzustimmen; 2.) einen ausgewogenen Win-Win-Ansatz für jeden Bereich des Erfolgszirkels zu verfolgen; und 3.) emotional intelligent Conscious Leadership zu entwickeln und zu praktizieren.

Im vorigen Kapitel betonten wir die Bedeutung der „Vorbildfunktion" und des „Austauschs" (Sharing) als wichtige Erfolgsfaktoren, um nach Rückschlägen wieder aufstehen zu können. Wenn Sie „das Unmögliche möglich machen" wollen, müssen Sie außerdem Wert auf „Kooperation im Team" legen und „andere inspirieren, Resultate zu erzielen". Das bedeutet, dass die Fähigkeiten einer effektiven Überzeugungskraft und „Meta-Leadership" entwickelt werden müssen.

Die Notwendigkeit für "Meta-Leadership"

Meta-Leadership ist die Fähigkeit, andere Führungskräfte zu fördern und zu führen. Der Gründer eines neuen Unternehmens muss in der Lage sein, bei anderen den Sinn für den Zweck und die Vision zu erwecken, um Teammitglieder, Stakeholder und Partner anzuziehen und auszuwählen, die die Leidenschaft für die Vision teilen und sich dafür engagieren, diese Vision zu verwirklichen.

Laut David Guo, dem ehemaligen CEO von Display Research Laboratories und erklärten „Serien-Entrepreneur", muss „ein erfolgreicher Unternehmer in der Lage sein, seine oder ihre Ideen zu kommunizieren, und Menschen und Motivationen verstehen". Diese Fähigkeiten sind wesentliche Merkmale des „Meta-Leaderhip". Meta-Leader sind diejenigen, die andere Führungskräfte führen, anstatt einfach Mitläufer zu dirigieren und zu kommandieren. Um das Unmögliche möglich zu machen, muss jeder im Team eine eigenständige Führungskraft sein.

David Guo erklärt: „Meine erste Regel ist, immer die Leute zu bekommen, die besser sind als ich selbst. Wen auch immer Sie einstellen, stellen Sie sicher, dass sie besser sind als Sie." Das kann natürlich eine ziemliche Herausforderung sein. Guo weist darauf hin, dass er oft das jüngste Mitglied seines Teams ist. Deshalb fühle er sich nicht so, als könne er ihr „Boss" oder „Kommandant" sein. „Ich respektiere mein Team", sagt er. „Sie haben in vielen Dingen viel mehr Erfahrung als ich. Deshalb habe ich sie in meinem Team. Sie wissen besser als ich, was ich brauche. Sie brauchen nicht zu mir zu kommen, um mich für irgendwas um Erlaubnis zu fragen. Meine Rolle als Oberhaupt der Firma ist, die notwendigen Betriebsmittel zu beschaffen, so dass sie bestmöglich ihren Job machen können." In diesem Sinne hat Meta-Leadership viel mit „dienender Leiterschaft" (Servant Leadership) gemeinsam. Dienende Leiter (Servant Leaders) haben die Aufgabe, das Leben anderer Menschen zu erleichtern.

Guo sagt: „Das Ziel einer Führungskraft ist, zu verstehen, was Menschen motiviert und sie darin zu bestärken, anstatt ihnen nur den Weg zu zeigen." Man könne andere Führungskräfte nicht irgendwas tun lassen. Man müsse sie dazu bringen, seine Vision zu unterschreiben, und sich fragen: „Was motiviert sie?"

Als Beispiel: Als Guo CEO von Display Research Labs war, brauchte er besonders gut ausgebildete Leute als Experten in der Phosphor-Technologie Weltweit gab es nur wenige Menschen, die die notwendige Ausbildung und Erfahrung hatten, um die Art von Displays herzustellen, die Guo sich vorstellte. Einer der Leute, die Guo haben wollte, war schon sehr erfolgreich. Er hatte bei einem vorherigen Unternehmen schon einige Millionen Dollar verdient und sich in einem Haus in den Bergen viele hundert Meilen entfernt zurückgezogen.

Laut „Serien-Entrepreneur" David Guo müssen „erfolgreiche Entrepreneure in der Lage sein, ihre Vision und Ideen zu kommunizieren, und Menschen und ihre Motivationen verstehen."

**David Guo
ehemaliger CEO
Display Research Laboratories**

David Guo gründete mehrere Hightech-Unternehmen im Silicon Valley. Als Mitgründer von MicropolisVideo/Multi-Media System Division war er Pionier auf dem Gebiet des interaktiven Fernsehens und der digitalen Videospeicherung seit es die Branche gibt. Als CEO von Display Research Laboratories beschaffte er mehr als $20 Millionen zur Unternehmensfinanzierung. DRL entwickelte neuartige Flachbildschirme, leistete Pionierarbeit bei "bedruckbaren" Dünnschicht-Halbleitern auf Kunststoff. DRLs Display-Technologie machte kostengünstige und hochauflösende Displays für den Gebrauch in Consumer- und mobiler Elektronik, Internetgeräten, Videotafeln und Heimkinos möglich.

Guo musste es versuchen und überlegte, wie er den Experten überzeugen konnte, aus dem Ruhestand zurückzukommen und für seine Firma tätig zu werden. Der Mann war nicht mehr an Geld interessiert und brauchte es auch beruflich keinem mehr zu beweisen. So musste Guo herausfinden, was die Person ausreichend interessieren würde, um wieder arbeiten zu wollen.

Letztlich war die größte Motivation für den Phosphorexperten Guos Vision für das Unternehmen und die Möglichkeit, seine eigenen Theorien und Ideen untersuchen und sie auf etwas anwenden zu können, was die Leute für unmöglich hielten. Guo hatte die Vision von einem hochauflösenden Bildschirm in Größe und Dicke eines Tischtuchs. Er konnte den Phosphor-Ingenieur überzeugen, dass DRL ihm eine großartige Möglichkeit bot, um seine Theorien in die Praxis zu bringen. Der Ingenieur schloss sich schließlich dem Team an und flog mit seinem eigenen Flugzeug mehrere Tage in der Woche zur Arbeit.

Meta-Leadership heißt „andere zu führen", indem sie sich durch das eigene Gefühl für die Vision und Mission begeistern.

Wie David Guos Beispiel zeigt, bedeutet Meta-Leadership, „andere Führungskräfte zu führen", indem sie von der eigenen Vision und Mission inspiriert werden. Es ist ein Beispiel für extreme Ermächtigung. Meta-Leadership ist wahrscheinlich die wichtigste Form der Führung, die sich für Next Generation Entrepreneure herauskristallisiert. Da Unternehmen immer weniger hierarchisch und eher „flach" organisiert sind, und die Arbeit von Menschen zunehmende Autonomie und „freie Handlungsspielräume" fordert, verändern sich die grundlegenden Beziehungen zwischen Mitarbeitern in Teams und Firmen. Anstelle der traditionellen Beziehung zwischen „Leitung und Untergebenen" werden sich Firmen und Organisationen in Zukunft eher auf die Interaktionen zwischen „Leiter und Leitenden" verlassen müssen, wobei jedes Gruppenmitglied irgendwie ein Leitender ist.

Letztendlich beruht Meta-Leadership darauf, sich die Zukunft vorzustellen, sich dafür zu engagieren, die Vision bei anderen zu erwecken und miteinander daran zu arbeiten. Somit resultiert Meta-Leadership weniger aus „Macht", sondern eher aus der Vision und dem Einfluss des authentischen Engagements. Meta-Leader sehen andere als wertvolle miteinander verbundene Teile eines größeren, gemeinsamen Systems an.

Damit das Unmögliche möglich wird, müssen Teammitglieder ermächtigt werden, schnell und flexibel handeln zu können.

Meta-Leadership heißt, mit anderen verhandeln, sie ermächtigen und inspirieren zu können, anstatt sie zu kommandieren. Um in einem dynamischen Umfeld erfolgreich zu sein, müssen Entrepreneure mit eigenständigen, proaktiven Führungskräften zusammenarbeiten, die bereit sind, Verantwortung zu übernehmen und zu handeln. Ein Entrepreneur hat nicht die Zeit, ständig andere Leute zu kontrollieren und ihnen zu sagen, was sie tun sollen. David Guo erklärt dazu: „Unsere Strategie ändert sich alle fünf Minuten. Unsere Vision und das Ziel haben sich nicht verändert, aber die Strategie ändert sich jedes mal, wenn es neue Informationen gibt." Um das Unmögliche möglich zu machen, müssen Teammitglieder ermächtigt werden, schnell und flexibel zu handeln.

Erfolgsfaktor-Fallbeispiel
Jan E. Smith - Disney Interactive Studios

*Coaching und Empowering der Mitarbeiter,
um die Vision erfassen zu können*

Als Jan Smith im Jahr 2000 als Präsidentin von Disney Interactive an die Macht kam, wusste sie, dass sie eine ziemliche Herausforderung vor sich hatte. Der Spiele-Abteilung des Entertainment-Giganten ging es nicht gut, aber das durfte bei Disney nicht passieren.

Das Disney-Imperium war seit den 1990er Jahren stetig gewachsen, die Erfolge häuften sich in den Kernbereichen. Ihre neue Strategie bestand in der Diversifizierung und Innovation, um die Demographie der Disney-Produktlinie auszuweiten und Disneys „Equity" in anderen Märkten wirksam einzusetzen, indem der Markenname auf neue Bereiche übertragen wurde. Er konnte leicht in der Bildung eingesetzt werden und die Firma arbeitete daran, ihn in der Spieleindustrie und dem Einzelhandel einzuführen..

Eigentlich kam Jan 1987 zunächst zum Walt-Disney-Konzern, um an der Entwicklung und Gründung des Disney Stores mitzuwirken. Die Idee dahinter war, den „Einzelhandel in Form von Entertainment" aufzubauen, erklärt Jan. Dazu sollte „das Dienstleistungsniveau aus den Vergnügungsparks auf die Situation im Einzelhandel übertragen werden". Dazu mussten sie die „Dinge so angehen wie noch niemand zuvor". Jan und ihr Team definierten typische Rollen des Ladenpersonals neu, zum Beispiel nannten sie Mitarbeiter „Darsteller", statt „Angestellte". Anstatt zu „verkaufen" wurde die Belegschaft ermutigt, die Erinnerung der Kunden aufzufrischen; eine Art Marketing durch Storytelling und Entertainment. Dazu musste die Belegschaft die Firmengeschichte, Wissenswertes und weitere Fakten über die Disney Produktionen kennenlernen. Um diesen Lernprozess einzuführen, musste eine ganze Disney Universität für die Läden aufgebaut werden.

Was sie machten, war etwas ganz Neues und Jan weist darauf hin: „Neues ist aufregend aber riskant." Es war „sehr hart", von Disneys Top-Management die anfängliche, interne Zustimmung für dieses Unternehmen zu bekommen. Es gab Bedenken, dass die Läden die Marke Disney beschädigen könnten. Jan und ihr Team hielten jedoch durch. Das Projekt hub ab und die Disney Stores wurden zu einem weiteren Flaggschiff für den Disney-Konzern.

Danach wurde Jan Präsidentin des Disney Verlags, wo sie bei der Einführung und dem Wachstum mehrerer neuer Buchgeschäfte behilflich war.

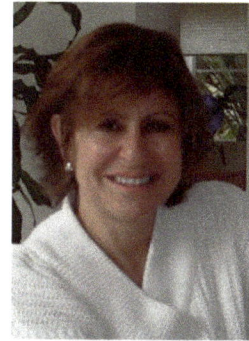

**Jan E. Smith,
ehemalige Präsidentin
der Disney Interactive Studios**

Jan Smiths Trendwende der Disney Interactive Studios ist ein gutes Beispiel, wie die Prinzipien des Next Generation Entrepreneurship und Conscious Leadership umgesetzt werden können, um Innovationen zu orchestrieren und das Unmögliche möglich zu machen.

Beginn der Reise

Danach übernahm Jan die Interactive Gaming Division. Jan hatte die Verantwortung für alle globalen Geschäftstätigkeiten von Disney Interactive, einschließlich der Produktentwicklung, dem Marketing, der Finanz- und Verwaltungsabteilung, der Rechtsabteilung (Legal Affairs) und dem Kundenservice. Es war ihre Mission, die Trendwende zu schaffen; mit dem Ziel, die Nr. 1 der Interaktiven Unterhaltungsindustrie zu werden. Jedoch drohte bereits die weltweite Rezession, viele Unternehmen zu erfassen, und Jan wusste, dass sie die Organisation komplett umstrukturieren musste, um das gleiche Ergebnis mit weniger Ressourcen zu erreichen. Das PC-Geschäft war ebenfalls rückläufig, so dass sie den Gang höher schalten musste, um Inhalte für verschiedene Plattformen, wie z. B. Spielekonsolen, zu entwickeln. Außerdem mussten zuvor ausgelagerte Kompetenzen (wie die Fertigung, der Vertrieb und das Marketing) wieder ins Haus zurückgeholt werden.

Doch seltsamerweise war Jans größtes Problem das Missverhältnis zwischen Computerspielern und der Marke Disney. Die typische Zielgruppe der Disney-Kunden waren Kinder ab 8 Jahren und Familien. Die Zielgruppe für Computerspiele waren hingegen männliche Jugendliche ab 15 Jahren. Während die Achtjährigen mit einem Spiel zufrieden waren, in dem die kleine Meerjungfrau ihnen half, zu lesen oder zu buchstabieren, waren 15-Jährige mehr daran interessiert, sie zu erschießen.

Überqueren der Schwelle

Jan erkannte, dass sie sich in zwei Bereichen strecken musste, um ihre Marktreichweite im Gaming-Bereich zu erhöhen:

1. Entwicklung von Produkten, die typische Disney-Kunden zum Computerspiel bringen würden.
2. Entwicklung von Produkten, die die ältere Altersgruppe ohne Kompromisse bei den Unternehmenswerten erreichen würden.

Jans besondere Herausforderung war, die Integrität und die Disney-Werte zu erhalten sowie das Positive daran wirksam einzusetzen, während sie mehr und mehr über das Mögliche nachdachte. Wieder musste sie etwas tun, das vor ihr noch keiner bei Disney getan hatte. Deshalb war die Marke Disney genauso sehr ein Hindernis wie eine Hilfe. Es war extrem gefährlich für die Firma, neue Produktbereiche aufzunehmen, und machte das Top-Management sehr nervös. Der Erfolg verlangte, sowohl interne als auch externe Barrieren zu durchbrechen.

Ihre Aufgabe würde nicht einfach werden. „Ich wusste, Ich würde ein Held oder eine Null (a hero or a zero) sein", sagte sie. „Falls ich keinen Erfolg gehabt hätte, wäre ich der Sündenbock gewesen."

Jan Smiths *Ambition* war, Disney Interactive zur Nr. 1 in der Unterhaltungsbranche zu machen, indem sie die Marke Disney und seine Charaktere im neuen Markt wirksam einsetzte.

Jan Smiths *Vision* bestand aus Computerspielen, die dem typischen Disney-Kunden gefallen und ältere Jugendliche erreichen würden, ohne die Werte der Firma zu verraten.

Eine Vision entsteht

Im Juli 2000 sah Jan zufällig eine Vorabproduktion einer Pilotfolge für eine neue TV-Quizshow, die in einem Fernsehsender von Disney ausgestrahlt wurde, mit dem Titel: Wer wird Millionär? „Ich sah die Show und hatte die Vision von einem interaktiven Produkt", sagt Jan. „Ich hatte die Intuition: ‚Das wird genau das Richtige sein. Wir müssen uns nur zu helfen wissen.'

Jan begegnete jedoch mit mehreren großen Herausforderungen. Zunächst gehörten Produkte dieser Art nicht zu Disney Interactives Kernkompetenzen. Sie würden eine völlig neue Computerplattform für ein Spiel entwickeln müssen, das auf einer Fernsehshow basierte. Zweitens hatten selbst beliebte Fernsehprogramme einen kurzen Lebenszyklus. Es war Juli und, um einen hohen Umsatz für ein Computerspiel zu erzielen, müsste das Spiel bis Weihnachten fertig sein.

Transformation des Widerstands

Jan stieß mit ihrer ersten Vision auf Widerstand. „Zuerst sagte der CFO ‚Nein'", erinnert sich Jan. „Die Leute fingen an zu lachen." Der übliche Entwicklungszyklus für ein Videospiel war 18 Monate, und sie hatten nur 3 Monate, um das Weihnachtsgeschäft mitzunehmen. Jeder sagte ihr: „Was Sie vorschlagen, ist unmöglich.

Doch Jan gab nicht auf. „Ich hatte die Intuition, dass es klappen könnte und fühlte mich der Herausforderung gewachsen", erklärt sie.

„Um den CFO und das obere Management zu überzeugen, erinnerte sie sie daran, dass es auf Unternehmensebene das strategische Ziel gab, alle Disney-Inhalte auf neue Märkte zu übertragen. Sie sagte den Leuten: „Da wollen wir sowieso hin. Es ist nur früher als geplant."

Die erste Aufgabe bestand darin, das „Unmögliche möglich zu machen" und das Produkt in einem Sechstel des normalen Zeitrahmens zu entwickeln. Jan nahm ihr Team für mehrere Tage beiseite, um das Projekt aus jedem Blickwinkel zu betrachten und „über den Tellerrand hinaus zu denken." Sie erklärte: „Erst muss man zeigen, dass es möglich ist und dann fragen: Warum sollte das nicht funktionieren?"

„Zuerst habe ich viel mit ihnen geredet und ihre Ansichten über das Geschäft erfahren", sagt Jan. Dann musste sie diese Ansichten zusammenfassen, um ihr eigenes „Bild von dem zu bekommen, was möglich ist".

Jan Smith hatte die *Leidenschaft* von jedem Winkel aus auf ein Problem zu schauen.

Jan beschreibt ihre Herangehensweise zur Lösungsfindung, wenn es noch keine Vorgeschichte oder Präzedenzfälle gibt so: „Aufbau eines offenen Forums, zum Austausch unterschiedlicher Meinungen ermutigen, hitzige Diskussionen zulassen, als Schiedsrichter fungieren und am Ende eine Entscheidung treffen."

Jans Technik, Widerstand umzuwandeln, half ihr etwas Beispielloses zu erreichen: „Aufbau eines offenen Forums, Austausch unterschiedlicher Meinungen, Leitung hitziger Diskussionen, Funktion als Schiedsrichter und am Ende Treffen einer Entscheidung."

Jan weist darauf hin: „Letztlich ist die Führungskraft verantwortlich, ob es gute oder schlechte Neuigkeiten gibt." Sie sagt, dass die Führungskraft „die ganze Verantwortung persönlich übernehmen muss, wenn etwas schief geht", und „das ganze Lob an das Team geben muss, wenn es klappt."

Überwindung der Beschränkungen

Als Folge dieser „bahnbrechenden" Besprechungen stellte das Team unter Anwendung der Prinzipien der offenen Innovation fest, dass sie, anstatt für das Spiel die gesamte Technologieplattform von Grund auf neu zu entwickeln, diese von einem anderen Vorreiter, der an etwas Ähnlichem arbeitete, lizenzieren und anpassen konnten. Dies würde die Entwicklungszeit erheblich verkürzen. Das Team rechnete sich aus, dass sie „rund um die Uhr" arbeiten konnten, wenn sie überlappende Schichten planten.

Jan war in der Lage, größere Beschränkungen zu überwinden, indem sie „wirklich auf die Vision fokussiert" blieb, Treffen mit wichtigen Akteuren und Stakeholdern vereinbarte und wichtige Vertriebspartnerschaften aufbaute.

Jans Schlüssel war, „wirklich auf die Vision fokussiert zu bleiben". Sie traf sich mit den wichtigen Akteuren und Stakeholdern (Gastgeber der Show, Produzenten, Produktionsvorstand usw.) und baute wichtige Vertriebspartnerschaften auf.

Jan weist mit Stolz darauf hin, dass die Leute im Laufe der Zeit dazu übergingen, anstatt von „Jans verrückter Idee" von „unserem Projekt" zu sprechen.

Das Unmögliche erreichen

Es erfolgte ein Durchbruch, wie im gegebenen Zeitrahmen ein Produkt auf den Markt gebracht werden konnte. Jan und ihr Team lieferten das Produkt nach drei Monaten aus, für das es normalerweise achtzehn Monate gebraucht hätte. Jans Intuition in Bezug auf die Quizshow machte sich bezahlt. Sie erlangte weltweite Popularität beim Fernsehpublikum, insbesondere bei Familien, und Disney Interactive landete einen Produkthit mit 3 Millionen verkaufter Kopien noch vor Weihnachten!

Auf diesen ersten Erfolg aufbauend konnte Jan die Produkte von Disney Interactive weiter auf den Spielemarkt ausweiten und die Gruppe der älteren Video-Spieler erreichen, ohne dabei Kompromisse einzugehen. Mit einer ähnlichen Strategie, ihr Team beiseite zu nehmen und „über den Tellerrand hinaus" zu denken, suchten sie nach erfolgreichen Modellen anderer Unternehmen auf dem Gaming-Markt, die die Disney-Werte nicht verletzten. Sie stellten fest, dass es einige japanische Videospiel-Entwickler gab, deren Spiele sich schon gut in den USA verkauften und die nicht gleich dem gewalttätigen „Schieß-sie-ab"-Typ entsprachen. Sie ermittelten eine Firma in Japan mit mehreren Hit-Spielen in den USA, die nicht zu beanstanden waren, und bildeten mit ihr eine strategische Allianz. Es kam ein weiteres Hit-Spiel heraus, das die Geschicke von Disney Interactive veränderte.

Jan setzte bei Disney Interactive ihre hervorragende Erfolgsbilanz fort und etablierte den Geschäftsbereich als globalen Marktführer.

Meta Leadership in Aktion

Jan fasst ihr Erfolgsrezept als „Coaching und Empowering, damit die Leute die Vision erfassen können" zusammen. Dies ist die grundlegende Gleichung für Meta-Leadership. Jan stellt es so dar: „Im Leadership geht es darum, den Ablauf des strategischen Plans zu beschleunigen und Leuten dabei zu helfen, den neuen Weg zu erkennen." Sie erklärt: „Die Organisationen, die ich erbte, hatten eine Gruppe cleverer Führungskräfte, die darin feststeckten, ihre Strategie auf eine bestimmte Art und Weise zu verfolgten." Um effektive Meta-Leader zu sein und das Unmögliche möglich zu machen, brauchen Unternehmer gute Kommunikationsfähigkeiten und „den Glauben, dass sich die Menschen der Aufgabe stellen wollen, wenn die Vision klar ist".

Jans Fall zeigt, dass effektive Führungskräfte und Unternehmer (mit ihren Worten) „kommunizieren, kommunizieren, kommunizieren" müssen, um „die Leute über die Vision zu unterrichten". Das heißt, Chefs neuer Unternehmen müssen eine „Kommunikationsstruktur etablieren und ihren Mitarbeitern helfen, das Bestimmungsziel zu erkennen. Jan erklärt, dass es zu Beginn notwendig war, dass sie „um die Welt geflogen ist, um Leute zu treffen, damit sie sie kennenlernten … Zuerst um sichtbarer und präsent zu sein; dann um den Ton anzugeben und als Beispiel zu fungieren. Danach brauchte sie nur die Leute zu führen".

Ähnlich wie Steve Jobs hatte Jan das Gefühl, sobald das Team „es" verstanden und eine gemeinsame Vision hatte, alleine weitermachen konnte. Jan hatte einen starken Glauben an ihr Team und seine Fähigkeiten. „Wenn man die richtigen Leute hat, kann man alles machen", sagt sie. Jan vertraute darauf, dass sie die richtigen Entscheidungen trafen. Wenn man ein gemeinsames Gesamtbild hat, dann „werden sie innerhalb der Grenzen der Vision arbeiten, selbst wenn sie es etwas anders machen."

Jan Smith übernahm die Rolle eines Wegbereiters, die mit Vorreitern arbeitet und Schlüsselallianzen und Partnerschaften einging.

Jan Smith motivierte ihr Team und richtete es durch Fördern und Ermächtigen, um die Vision erfassen zu können, auf ihre Mission aus.

In einem erfolgreichen Unternehmen muss die Durchführung im Einklang mit der Vision sein.

Jan rät Unternehmen, die erfolgreich sein wollen, eine „Kommunikations- und Kreativitätsinfrastruktur einzurichten". Sie sagt, es sei ebenso wichtig, „sich Zeit zu nehmen, um kreativ zu sein". Sonst „werden sich die Leute in der Durchführung verfangen". Die erfordert die Disziplin zum „regelmäßigen kreativen Dialog".

Jans Fall zeigt auch, wie wichtig es ist, verschiedene Erfolgsfaktorebenen festzulegen und in Einklang zu bringen, um die Vision in die Tat umzusetzen. Sie erklärt, dass es zum Erreichen des Erfolges die „operative Durchführung von Schlüsselelementen" braucht, „um die Vision zu erfüllen". Dazu gehört, die Vision zu kommunizieren und dann „einen Plan zu haben und jeden Schritt wirklich gut zu machen". In ihren Worten muss man „mit einem strategischen Plan beginnen, der an einen Operativen Plan gebunden ist."

Jan betont: „Entwicklung ohne Box ist nicht sehr kreativ." Die Herausforderung des Disney Stores war zum Beispiel „innerhalb in einer Box kreativ zu sein". Das heißt, die Parameter der Vision zu verstehen und dann innerhalb der Grenzen dieser Parameter etwas zu entwickeln, das nie zuvor existiert hat. Die Herausforderung bei Disney Interactive war andererseits über den Tellerrand hinauszuschauen („think outside of the box"), was innerhalb einer limitierten Sichtweise und innerhalb einer „größeren Box" der Vision möglich wäre. Die Vision ist die größere Box, die die kleinere „Box" eines strategischen Plans und darin die kleinere Box eines operativen Plans enthält – wie bei den russischen Matroschkas, die ineinander stecken.

Förderung Generativer Kollaboration

Jan rät Unternehmen, die erfolgreich sein wollen, eine „Kommunikations- und Kreativitätsinfrastruktur einzurichten". Sie sagt, es sei ebenso wichtig, „sich Zeit zu nehmen, um kreativ zu sein". Sonst „werden sich die Leute in der Durchführung verfangen". Dies erfordert die Disziplin zum „regelmäßigen kreativen Dialog".

Offensichtlich war einer von Jans Schlüssel-Erfolgsfaktoren ihre Fähigkeit, „viele Leute mit unterschiedlichen Ausbildungen in einen Raum zu stecken und sie zu fordern". Für ihre Treffen außerhalb richtete sie so etwas ein, das wir „COACH Container" nennen, und schaffte damit ein „offenes Forum" innerhalb dessen „jeder debattieren und argumentieren" konnte, aber auch genug Raum hatte, um die unterschiedlichen Sichtweisen zu halten und einen starken Fokus auf die Vision zu richten. Laut Jan muss „der Traum die Kritik überwiegen", um das Unmögliche möglich zu machen. Sie weist darauf hin, dass Walt Disney dreimal Bankrott ging, bevor der erste Disneyland-Park gebaut wurde.

Beherrschung des inneren Spiels

Jans grundlegende Ressourcen für das „Innere Spiel" waren ihre Vision, ihre Intuition und der Glaube: „Ich kann es schaffen." „Wenn man nicht an sich selbst glaubte, kann man nicht in den Ring steigen", bekräftigt sie. Ein weiterer Schlüsselaspekt ihres inneren Spiels war die Entschlossenheit, „bis zum Ziel durchzuhalten". „Wenn Sie es träumen können, dann können Sie es tun", behauptet sie. Sie ergänzte ihre Überzeugung und ihre Entschlossenheit mit ihrer „kreativen Weise, Probleme zu erfassen" und ihrer Intuition zu „vertrauen".

Aufbau eines Erfolgszirkels

Zusammenfassend wird deutlich, wie Jan systematisch einen mächtigen Erfolgszirkel aufgebaut hatte. Im Zentrum des Zirkels waren ihre Qualitäten Zielstrebigkeit und Intuition sowie Ihre Überzeugung „Ich kann es schaffen." Sie wandte ihre *Passion*, Probleme auf kreative Weise zu erfassen, auf jeden Quadranten an.

Passion

Sie begann damit, diese Leidenschaft auf die *Vision* anzuwenden, um „Disneys Qualitätsniveau auf andere Produkte zu übertragen" Dazu gehörte die Entwicklung von Videospielen, die typische Disney-Kunden zum Computerspielen führten und eine ältere Zielgruppe erreichen, ohne die Unternehmenswerte zu verraten.

Vision

Um diese Vision zu erfüllen, musste sie ihre Leidenschaft für kreative Lösungsansätze aufbringen, um eine „Kommunikations- und Kreativitätsinfrastruktur" einzurichten und dann „ihre Leute zu fördern und zu ermächtigen, die Vision erfassen zu können". Sie wollte ihr Team unterstützen, ihre Kompetenzen steigern und eine gemeinsame Ausrichtung auf die *Mission* gestalten. Darum musste Jan ein Forum für offenen, ehrlichen Dialog gründen, wo neue Lösungen gefunden und Hindernisse erkannt und transformiert werden konnten.

Mission

Unter Anwendung ihrer Leidenschaft auf die *Ambition*, die Nr. 1 der Interaktiven Unterhaltungsindustrie zu werden, musste Jan kreativ Disneys „Equity" in anderen Märkten wirksam einsetzen und ihre Entschlossenheit, „bis zur Ziellinie durchzuhalten" voll entfalten.

Ambition

Indem sie ihre *Rolle* als Vordenkerin übernahm, die mit Vorreitern zusammenarbeitete, war Jan in der Lage, ihre Leidenschaft für kreative Problemlösungen zur Förderung von „Open Innovation" zu nutzen und eine bestehende Plattform zu lizenzieren und anzupassen, um den Entwicklungszyklus der Software drastisch zu verkürzen. Sie ging eine schlagkräftige strategische Allianz mit einer japanischen Spielefirma ein und baute wichtige Vertriebspartnerschaften auf.

Rolle

Wir können Jans Erfolgszirkel in folgender Abbildung darstellen:

Jan Smith's Erfolgszirkel

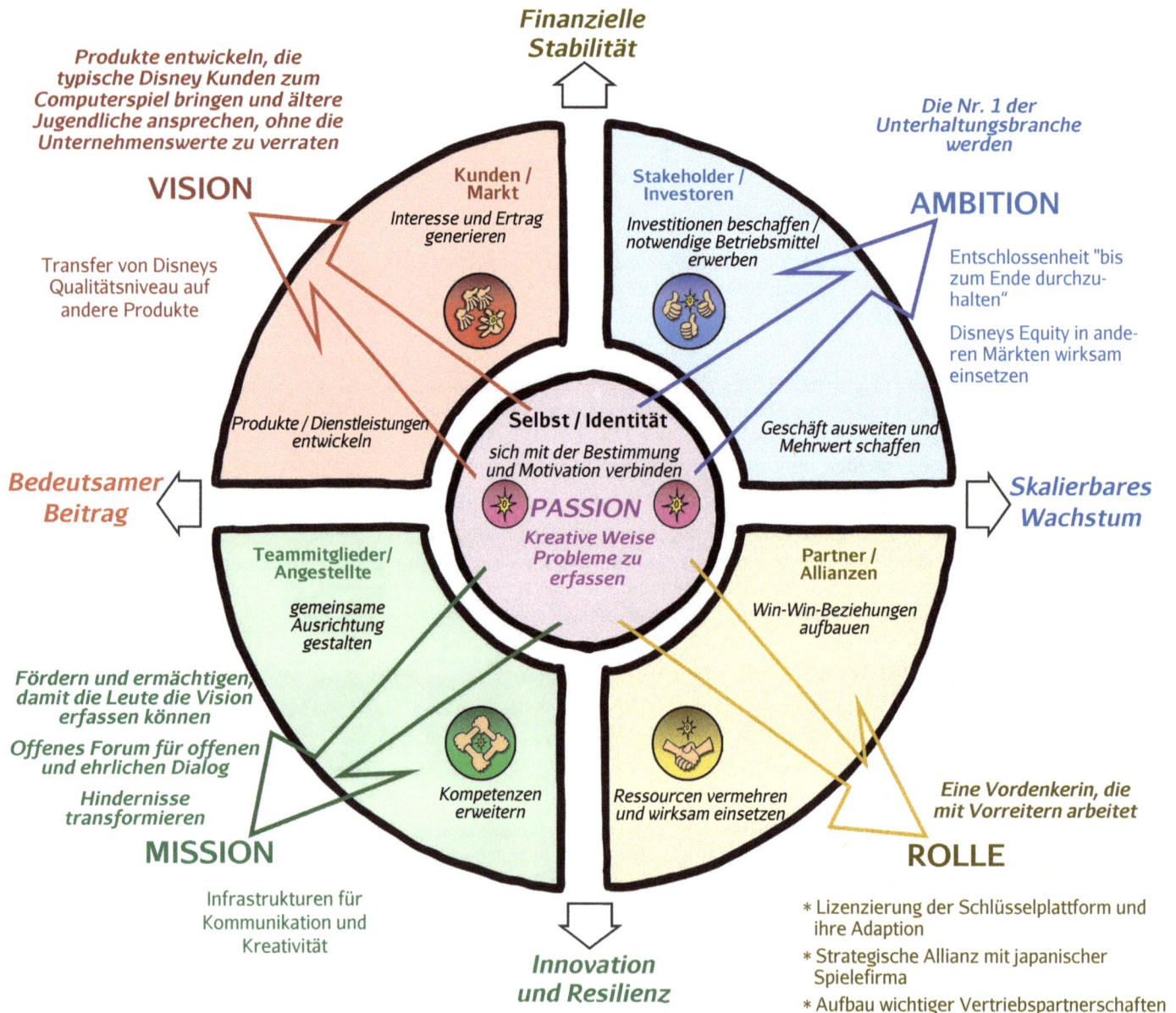

Finanzielle Stabilität

VISION

Produkte entwickeln, die typische Disney Kunden zum Computerspiel bringen und ältere Jugendliche ansprechen, ohne die Unternehmenswerte zu verraten

Transfer von Disneys Qualitätsniveau auf andere Produkte

AMBITION

Die Nr. 1 der Unterhaltungsbranche werden

Entschlossenheit "bis zum Ende durchzuhalten"

Disneys Equity in anderen Märkten wirksam einsetzen

Kunden / Markt

Interesse und Ertrag generieren

Produkte / Dienstleistungen entwickeln

Stakeholder / Investoren

Investitionen beschaffen / notwendige Betriebsmittel erwerben

Geschäft ausweiten und Mehrwert schaffen

Selbst / Identität

sich mit der Bestimmung und Motivation verbinden

PASSION

Kreative Weise Probleme zu erfassen

Bedeutsamer Beitrag

Teammitglieder / Angestellte

gemeinsame Ausrichtung gestalten

Kompetenzen erweitern

Skalierbares Wachstum

Partner / Allianzen

Win-Win-Beziehungen aufbauen

Ressourcen vermehren und wirksam einsetzen

MISSION

Fördern und ermächtigen, damit die Leute die Vision erfassen können

Offenes Forum für offenen und ehrlichen Dialog

Hindernisse transformieren

Infrastrukturen für Kommunikation und Kreativität

ROLLE

Eine Vordenkerin, die mit Vorreitern arbeitet

* Lizenzierung der Schlüsselplattform und ihre Adaption

* Strategische Allianz mit japanischer Spielefirma

* Aufbau wichtiger Vertriebspartnerschaften

Innovation und Resilienz

JAN SMITH'S ERFOLGSZIRKEL

VISION
Kunden / Markt

PRODUKTE ENTWICKELN, DIE TYPISCHE DISNEY KUNDEN ZUM COMPUTER- SPIEL BRINGEN UND ÄLTERE JUGENDLICHE ERREICHEN, OHNE DIE UNTERNEHMENSWERTE ZU VERRATEN.

TRANSFER VON DISNEYS QUALITÄTSNIVEAU AUF ANDERE PRODUKTE

AMBITION
Stakeholder / Investoren

DIE NR. 1 DER UNTERHALTUNGSBRANCHE WERDEN

ENTSCHLOSSENHEIT "BIS ZUM ENDE DURCHZUHALTEN"

DISNEYS EQUITY IN ANDEREN MÄRKTEN WIRKSAM EINSETZEN

MISSION
Teammitglieder/ Angestellte

FÖRDERN UND ERMÄCHTIGEN, DAMIT DIE LEUTE DIE VISION ERFASSEN KÖNNEN

OFFENES FORUM FÜR OFFENEN, EHRLICHEN DIALOG

HINDERNISSE TRANSFORMIEREN

INFRASTRUKTUREN FÜR KOMMUNIKATION UND KREATIVITÄT

ROLLE
Partner / Allianzen

EINE VORDENKERIN, DIE MIT VORREITERN ARBEITET

* LIZENZIERUNG EINER SCHLÜSSELPLATTFORM UND IHRE ADAPTION

* STRATEGISCHE ALLIANZEN MIT JAPANISCHER SPIELEFIRMA

* AUFBAU VON VERTRIEBS- PARTNERSCHAFTEN

Selbst / Identität – Passion

KREATIVE WEISE, PROBLEME ZU ERFASSEN

Führen mit Kopf, Herz und Bauch

Als Führungskraft gibt Jan mit ihren Maßnahmen ein klares Beispiel für unsere Basisdefinition von Conscious Leadership. Sie war in der Lagen, „ein nachhaltiges Unternehmen aufzubauen, sich selbst und ihr Team aus einem Zustand zentrierter Präsenz heraus zu führen, hatte Zugang zu vielfältigen Intelligenzen und stellte ihre höchsten Werte in den Dienst eines höheren Zwecks zugunsten aller Stakeholder." Jan zeigte Authentizität, emotionale Intelligenz, Zweckdienlichkeit und Verantwortung. Außerdem verdeutlicht sie die Schlüsselpraktiken des Conscious Leadership:

1. Formulierung und Kommunikation einer bedeutsamen und alle Stakeholder einschließenden Vision

2. Fokus auf einen höheren Zweck

3. Einfluss durch Inspiration

4. Eigennutzen und Gemeinwohl in Balance

5. Respekt und Integration vielfältiger Sichtweisen

6. Führen durch Vorbild (Den Worten Taten folgen lassen)

7. Achtsame Selbstführung und sorgfältiges Nachdenken über die als Erfahrung gewonnenen Lektionen

Jan zeigte eine bemerkenswerte Ausgewogenheit bei der Führung mit Kopf, Herz und Bauch. Offensichtlich hatte sie ein kognitives (Kopf) Verständnis für die Geschäftsangelegenheiten und die strategischen Zielen, die sie angehen musste. Dies ermöglichte ihr, einen strategischen Plan verbunden mit einem operativen Plan zu formulieren und von der Vision zur Durchführung zu kommen. Genauso hatte sie emotionale Intelligenz (Herz), als sie sich mit den Leuten verband, ihre Bedenken anerkannte und ihre Motivationen verstand. Dies ließ sie Widerstände erkennen, transformieren und dazu motivieren, „die Vision zu erfassen". Außerdem verwendete sie sehr viel Intuition (Bauch) bei der Wahl eines Projekts, das sich lohnte, ihre Glaubwürdigkeit und ihre Karriere zu riskieren. Dies ermöglichte ihr, sich vollkommen und kongruent zu engagieren, um ihre Vision in Handlung umzusetzen und „Dinge zu tun, die niemand zuvor bei Disney getan hat".

ANTONIO MEZA

Jan Smiths Erfolg bei Disney Interactive Studios zeigten eine bemerkenswerte Balance zwischen der Führung mit Kopf, Herz und Bauch.

Orchestrierung von Innovationen

Zu guter Letzt bietet uns Jan Smiths Reise, erfolgreich „das Unmögliche möglich zu machen", weitere Schlüsselschritte zur Orchestrierung von Innovationen.

1. *Empowering:* **Glaub an dich selbst, dein Team und deine Vision. Übernimm persönlich die Verantwortung, wenn etwas schief geht, und gib das Lob an das Team weiter, wenn es gut läuft. Zeige, dass es möglich ist und frage dann: "Warum sollte es nicht funktionieren?"**

Jans Fall betont die zentrale Bedeutung, die der Aufbau eines Gewinner-Glaubenssystem hat, das auf ihrem eigenen Glauben an sich selbst, an das Team und an ihre Vision beruht.

Empowering

2. *Coaching:* **Sei sichtbarer und präsent, gib den Ton an und sei ein Vorbild. Fördere und ermächtige die Leute, damit sie die Vision erfassen können, und glaube, dass "die Leute sich der Lage gewachsen zeigen, wenn die Vision klar ist".**

Offensichtlich war die Hauptherausforderung, der Jan begegnete, die Entwicklung eines neuen Videospiels, das Disneys Qualitätsniveau transferierte ohne die Werte zu verraten. Dies erforderte die Kompetenz, *Werte in Handlung umzusetzen* und einen *ausgerichteten Zustand* für sich selbst und ihr Team *zu gestalten*, um von der Vision zur Durchführung zu kommen.

Coaching

3. *Sharing:* **Unterrichte die Leute über die Vision, schaffe ein Forum für offene, ehrliche Kommunikation und sorge für regelmäßigen, kreativen Dialog.**

Jan förderte meisterhaft *kollektive Problemlösung* und generative Kollaboration. Einer ihrer Spitzenleistungsbereiche war der Einsatz *multipler S.C.O.R.E.s,* indem sie „ein offenes Forum schaffte, das zum Austausch unterschiedlicher Meinungen ermutigte, aufgeheizte Diskussionen leitete und als Schiedsrichter fungierte und am Ende Entscheidungen traf".

Sharing

4. *Stretching:* **Tue Dinge, die noch niemand zuvor gemacht hat. Stecke viele Menschen mit unterschiedlichen Ausbildungen in einen Raum und fordere sie.**

Jan wusste, dass die Trendwende des Business eine *Heldenreise* für sie und ihr Team werden würde. So sagte sie selbst: „Ich wusste, ich würde ein ‚Held oder eine Null' sein." Indem Sie die Berufung annahm, die Schwelle überschritt, Beschützer fand und „Dämonen" transformierte, war Jan in der Lage, das Unmögliche möglich zu machen und ein Produkt in drei Monaten auszuliefern, das normalerweise 18 Monate für die Entwicklung gebraucht hätte.

Stretching

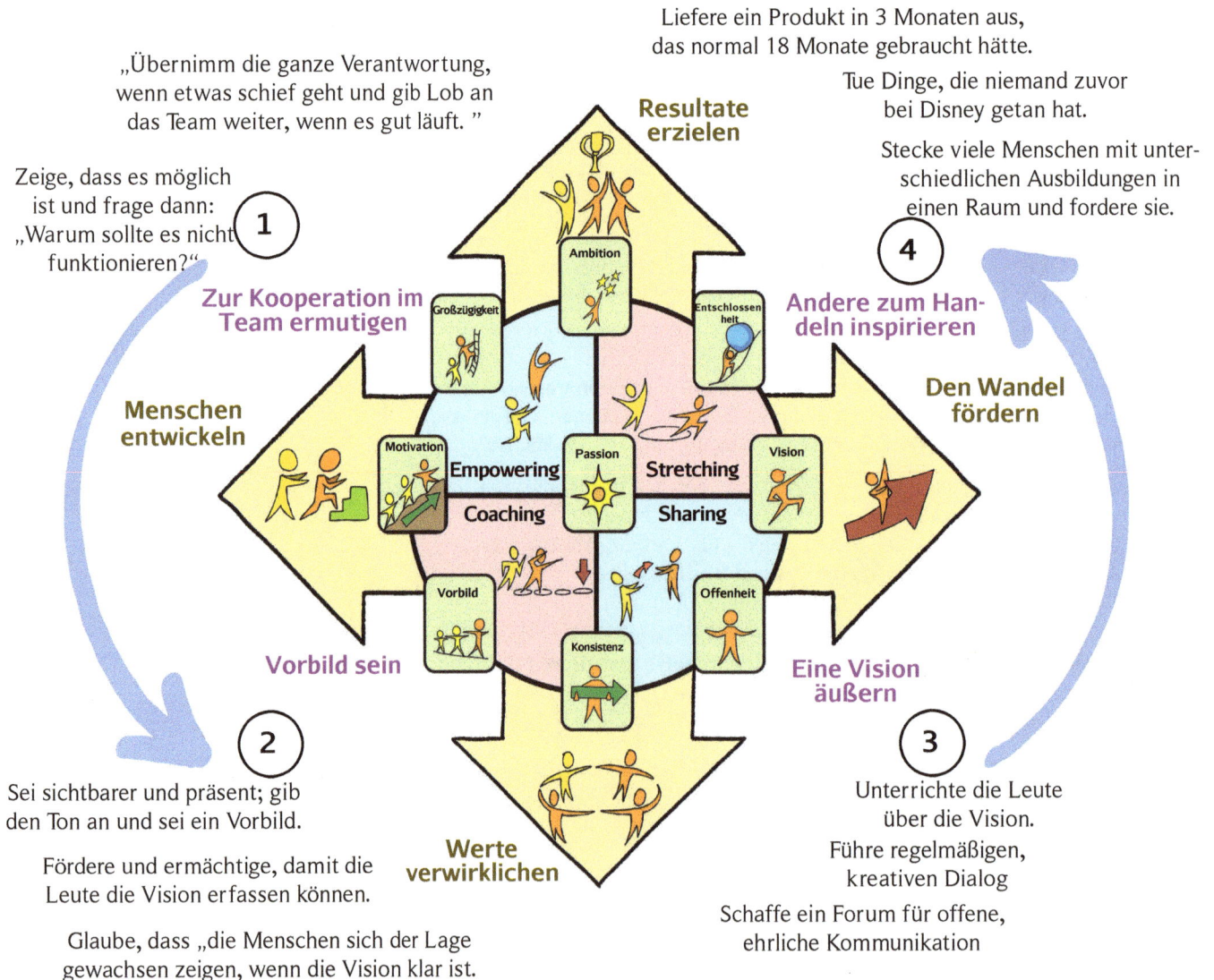

„Übernimm die ganze Verantwortung, wenn etwas schief geht und gib Lob an das Team weiter, wenn es gut läuft."

Zeige, dass es möglich ist und frage dann: „Warum sollte es nicht funktionieren?"

1

Liefere ein Produkt in 3 Monaten aus, das normal 18 Monate gebraucht hätte.

Tue Dinge, die niemand zuvor bei Disney getan hat.

Stecke viele Menschen mit unterschiedlichen Ausbildungen in einen Raum und fordere sie.

4

Resultate erzielen

Zur Kooperation im Team ermutigen

Andere zum Handeln inspirieren

Menschen entwickeln

Den Wandel fördern

Großzügigkeit · Ambition · Entschlossenheit

Motivation · Empowering · Passion · Stretching · Vision

Coaching · Sharing

Vorbild · Konsistenz · Offenheit

Vorbild sein

Eine Vision äußern

Werte verwirklichen

2

Sei sichtbarer und präsent; gib den Ton an und sei ein Vorbild.

Fördere und ermächtige, damit die Leute die Vision erfassen können.

Glaube, dass „die Menschen sich der Lage gewachsen zeigen, wenn die Vision klar ist.

3

Unterrichte die Leute über die Vision.

Führe regelmäßigen, kreativen Dialog

Schaffe ein Forum für offene, ehrliche Kommunikation

Jan Smith' Formel zur Orchestrierung von Innovationen

Im verbleibenden Kapitel werde ich Methoden vorstellen, die Ihnen helfen werden, Jan Smith' Formel zur Bildung eines Erfolgszirkels, zum Führen mit Kopf, Herz und Bauch und zur Orchestrierung von Innovationen in Ihrem eigenen Unternehmen zu implementieren.

"Imagineering" des Unmöglichen

Wie die meisten erfolgreichen Unternehmer und Führungskräfte, die ich studiert und interviewt habe, gesagt haben, ist es in einer dynamischen und sich verändernden Welt nicht möglich, die Zukunft vorherzusagen. Stattdessen muss die Zukunft geschaffen werden. Dazu müssen Sie ständig sukzessive Annäherungen machen, bis Sie einen Punkt erreichen, an dem es kein Zurück mehr gibt „Wie in der Metapher der russischen Puppen, die ich bei der Reflexion über Jan Smiths Methode von der Vision bis zur Durchführung verwendete, verlangt die Erschaffung der Zukunft zuerst die Festlegung einer größeren Box in Form einer Vision, die die kleinere „Box" eines strategischen Plans und darin die noch kleinere „Box" eines Operativen Plans enthält, der letztendlich zu einer „operativen Durchführung der Schlüsselelemente zur Erfüllung der Vision" führt.

Es passt ganz gut, dass Jan Smiths Beispiel die Walt Disney Company enthält, da ihre Methode zur Bildung erfolgreicher Unternehmen und das Unmögliche möglich zu machen vollständig der"Imagineering"-Strategie entspricht, die ich von Walt Disney modelliert habe (Strategies of Genius Band I, 1995). *Imagineering* ist der Begriff der von Walt Disney geprägt wurde (eine Kombination aus den Worten „Imagination" und „Engineering" („Ingenieurskunst"), um seine Methode zur „Schaffung der Zukunft" zu beschreiben. Zuerst formte er Träume und verwandelte sie dann in Realitäten. Dieser „Imagineering"-Prozess basiert im Wesentlichen darauf, den Traum in alle notwendigen Schritte herunterzubrechen, um ihn zu verwirklichen.

In vielen Büchern habe ich ausführlich Disneys Kreativitätsmethode beschrieben. Und nun wird sie weltweit von Managern, Coaches und Unternehmern als Schlüssel zur Ideenentwicklung und für neue Projekte von Kunden, Organisationen und neue Unternehmen eingesetzt. Trotzdem verdient sie es, auch hier in diesem Buch erwähnt zu werden, weil sie für Führungskräfte und Unternehmer einen wesentlichen Schritt zum Erfolg darstellt.

Walt Disney

Der Begriff Imagineering wurde von Walt Disney geprägt (eine Kombination aus den Worten „imagination" und „engineering"), um seine Methode zur „Erschaffung der Zukunft" zu beschreiben, wobei er Träume formte, die er anschließend verwirklichte.

Koordination von Träumer, Realisierer und Kritiker

Das Wesentliche des Imagineering-Prozess' wird am besten durch einen Kommentar von Disneys Mitarbeiter wiedergegeben , der sagte: „Eigentlich gab es drei verschiedene Walts: den Träumer, den Realisierer und den Spielverderber" (den ich in den Kritiker umbenannt habe). Und die Frage war immer: welcher zu der Besprechung kommen würde."

Wie das Beispiel von Jan Smith zeigt (genau wie die der vielen anderen in dieser Buch-Reihe beschriebenen Entrepreneure), beinhaltet die Erschaffung der Zukunft, das Wieder-Aufstehen nach Rückschlägen und das Unmögliche möglich zu machen, die Koordination aller drei grundlegenden Denkweisen des Träumers, Realisierers und Kritikers.

Der *Träumer* ist notwendig, um neue Ideen und Ziele zu bilden. Der Realisierer wird gebraucht, um die Ideen in konkrete Ausdrücke zu verwandeln. Der *Kritiker* ist als Filter oder Stimulus entscheidend, um das Ergebnis zu etwas „wahnsinnig Tollem" (mit den Worten von Steve Jobs) zu verfeinern.

Ein Träumer ohne Realisierer kann keine Ideen in greifbare Ausdrucksformen umsetzen. Ein Kritiker und ein Träumer stecken ohne Realisierer einfach in einem ewigen Konflikt fest. Ein Träumer und ein Realisierer könnten Dinge erschaffen, die jedoch ohne Kritiker nie das notwendige Spitzenniveau an Exzellenz erreichen. Der Kritiker hilft, die Produkte der Kreativität zu evaluieren und zu verfeinern. Es gibt das humorvolle Beispiel von einem Chef, der sehr stolz auf seine innovativen Denkstrategien war, dem aber Sichtweisen des Realisierers und des Kritikers fehlten. Die Mitarbeiter in der Firma pflegten zu sagen: „Er hat pro Minute eine Idee ... und manche davon sind gut."

Im Imagineering-Prozess werden drei grundlegende Denkweisen koordiniert: die des Träumers, des Realisierers und des Kritikers.

In Kürze:

- Ein Träumer ohne einen Realisierer und einen Kritiker ist eben nur das: ein Träumer.

- Ein Realisierer ohne einen Träumer und einen Kritiker ist ein Roboter.

- Ein Kritiker ohne einen Träumer und einen Realisierer ist ein Spielverderber.

- Ein Träumer und ein Realisierer ohne einen Kritiker sind eine Forschungs-& Entwicklungsabteilung – sie bauen viele Prototypen, verfehlen aber die Qualitätsstandards zum Erfolg.

- Ein Realisierer und ein Kritiker ohne einen Träumer sind eine Bürokratie.

- Ein Träumer und ein Kritiker ohne einen Realisierer sind eine Achterbahn der Manischen Depression.

Effektives Meta-Leadership und Unternehmertum braucht eine Balance oder Synthese dieser unterschiedlichen Denkweisen. Wie David Guo sagt: „Ein Unternehmer muss äußerlich ein Optimist sein, aber auch ein Pragmatiker. Der Optimist sagt: ‚Ich kann dies immer noch machen‘, aber der Pragmatiker sagt: ‚Wenn ich das nicht innerhalb einer gewissen Zeit tue, verpasse ich das Zeitfenster, also mache ich besser voran. Der Unternehmer muss ebenso dem Kritiker Beachtung schenken und Feedback willkommen heißen. Den Kritiker zu respektieren, bedeutet auch „aus Fehlern von anderen zu lernen und nicht nur von sich selbst.“

Steig Westerberg (s. *SFM Bd. I, S. 82-83*), Gründer und CEO von Stream Theory, Inc. und ein Pioneer des Cloud-basierten Spiele- und Application-Streaming, beschreibt den Balance-Akt eines Unternehmers zwischen dem Träumer, Realisierer und Kritiker folgendermaßen:

> *Der Traum kann niemals sterben. Der Traum ist buchstäblich ein Teil von mir. Er ist das, woran ich die ganze Zeit denke. Er durchdringt alles, was ich tue.*
>
> *Andererseits kommt der realistische Aspekt gleichermaßen stark zum Tragen. Man wird zu einer multiplen Persönlichkeit. Das ist komisch. Wenn man also den Realisierer genau wie den Kritiker in sich hat, sitzt man da und analysiert, was man tut – man analysiert die ganze Zeit die Richtungen, die das Unternehmen einschlägt – und dann erkennt man vielleicht schon zu Beginn der Durchführung, dass es trotzdem nicht das Richtige ist, wegen all der anderen Dinge, die am Markt passieren können, und der Kräfte, die auf das Unternehmen einwirken und mit ihm in Wechselwirkung treten. Natürlich ist das ein Teil des Traumes. Wenn man erkennt, dass die Realität den Traum beeinflussen kann, was macht man dann? Die beiden tragen das miteinander aus. Man macht eine Veränderung durch und geht so schnell wie möglich weiter.*
>
> *So spielen alle drei (Träumer, Realisierer und Kritiker) eine gleichermaßen wichtige Rolle. Wenn Sie jedoch den großen Traum verlieren und zulassen, dass die täglichen Realitäten und Probleme, mit denen Sie konfrontiert werden, Sie überwältigen oder zu stark werden, geraten Sie in Schwierigkeiten.*

Steig's Kommentare spiegeln Jan Smiths Ansatz mit dem Disney Store und Disney Interactive wider, in dem der Traum oder die Vision die größere „Box" für den strategischen Plan, den operativen Plan und die Durchführung bietet. Das macht es möglich, die Effizienz („die Dinge richtig machen") mit der Effektivität („die richtigen Dinge tun") in Einklang zu bringen. Steigs Bericht erinnert ebenso an Jans Beharren, dass es wichtig ist, „sich Zeit zu nehmen, um kreativ zu sein", so dass sich die Menschen nicht „in der Durchführung verfangen". Dies erfordert die Disziplin zum „regelmäßigen, kreativen Dialog" und dass man sich sicher ist, dass der Traum jede „Kritik" überwiegt.

Steig Westerberg
Gründer und CEO
Stream Theory

Laut dem Entrepreneur Steig Westerberg spielen der Träumer, der Realisierer und der Kritiker „eine gleichermaßen wichtige Rolle". Jedoch, „wenn Sie den großen Traum verlieren und zulassen, dass die täglichen Realitäten und Probleme, mit denen Sie konfrontiert werden, Sie überwältigen oder zu stark werden, geraten Sie in Schwierigkeiten.

Imagineering Fragen

Die meisten Menschen haben natürliche Stärken in einem Bereich: Träumen, Realisieren oder Kritisieren Die Instrumente und Methoden des Success Factor Modeling™ können angewandt werden, um Entrepreneuren und ihren Teams zu helfen, alle drei Denkweisen zu entwickeln und sicherzustellen, dass sie ausgewogen genutzt werden. Beispielsweise können die Prozesse des Träumers, Realisierers und Kritikers mit bestimmten Fragetypen verbunden werden. Damit Entrepreneure sicherstellen, dass sie und ihr Team einen weisen, ausgewogenen Ansatz bei dem bestimmten Projekt oder der Initiative verfolgen, sollten sie eindeutige Antworten auf jede der folgenden Fragen haben. Zusammengefasst sehen Sie im Folgenden die grundlegenden Fragen, mit denen Sie durch effektives „Imagineering" ein Projekt oder eine Vision zum Leben erwecken.

Denken Sie über Ihr Projekt oder Unternehmen (allein oder im Team) nach und versuchen Sie alle Fragen an den Träumer, Realisierer und Kritiker zu beantworten.

Träumer:

Welche langfristige Vision gibt es für das Projekt bzw. Unternehmen?

Was ist der Zweck des Projekts bzw. Unternehmens?

Was ist das „Große, haarige, riskante Ziel" für das Projekt bzw. Unternehmen?

Welchen potenziellen Nutzen gibt es für mögliche Kunden? Investoren/ Stakeholder? Partner? Teammitglieder?

Welche weiteren Chancen könnte das Projekt/Unternehmen in Zukunft eröffnen?

Realisierer:

Welchen Zeitrahmen gibt es für das Projekt bzw. Unternehmen?

Wer sind die wichtigen Akteure (Kunden/Investoren/Stakeholder/Partner/Team)?

Welcher konkrete nächste Schritt (operative Plan) hilft, Fortschritte zu machen?

Was ist der Beweis oder das Feedback für Ihren Fortschritt?

Welche Ressourcen sind verfügbar, um den Erfolg des Projekts bzw. Unternehmens zu unterstützen?

Das "Träumer" Mindset ist ein entscheidender Teil von Disney's Imagineering.

Das "Realisierer"-Mindset enthält die Planung der Schritte, um den Traum zu erreichen.

Kritiker:

Wer wäre positiv oder negativ durch das Projekt bzw. Unternehmen beeinflusst? – Versichern Sie sich, an alle möglichen Stakeholder in der Holarchie zu denken.

Was sind ihre Bedürfnisse oder Erwartungen?

Warum könnte jemand (Kunden, Investoren/Stakeholder, Partner, Teammitglieder) gegen das Projekt bzw. Unternehmen Einwand erheben?

Was fehlt noch von der Vision, Strategie oder dem Plan?

Unter welchen Umständen würden Sie das Projekt bzw. Unternehmen nicht weiterfolgen?

Es sollte darauf hingewiesen werden, dass man sich diese Fragen nicht nur einmalig zu Beginn des Projekts oder Unternehmens stellen sollte, sondern, wie Steig Westerberg Kommentar zuvor zeigte, man sollte immer wieder während der Gründung und des Lebenszyklus des Projekts oder Unternehmens darauf zurückkommen.

Das "Kritiker"-Mindset ist notwendig, um zu gewährleisten, dass der Plan sowohl effektiv als auch ökologisch ist.

"Storyboarding" der Schritte bis zum Traum

Der Schlüssel, um das Unmögliche möglich zu machen, ist der Übergang vom Träumer zum Realisierer. Das bedeutet, sowohl einen strategischen als auch einen operativen Plan anzufertigen, indem man eine Abfolge von Schritten definiert, also einen Pfad, der von einem gegenwärtigen zu einem erwünschten Zustand führt.

Storyboarding ist eine von Walt Disney entwickelte Methode, um genau einen solchen Pfad festzulegen. Disneys vorrangige Imagineering-Strategie und seine große Stärke als Realisierer lassen sich auf seine Fähigkeit zurückführen, seine Träume in überschaubare Stücke herunterzubrechen und diese in einer Reihenfolge anzuordnen. Disney war der Erfinder dieser Storyboarding-Methode (ein Verfahren, das nun von allen großen Filmemachern eingesetzt wird). Im Story-Raum (das „Träumer"-Zimmer) seiner Studios hatte Disney eine Wand reserviert, an die jeder eine Idee oder einen Vorschlag anbringen konnte.

Dazu kam es, als er eines Tages, nachdem er gerade die Wand hatte neu streichen lassen, hereinkam, als die Animateure ihre Bilder über die gesamte neu gestrichene Wand angeheftet hatten. Nachdem er sich von seinem ersten Schock erholt hatte, bemerkte Disney, dass er ganz leicht dem Fluss der Geschichte folgen konnte, allein durch Anschauen der Bildsequenz. Deshalb ließ er danach Korktafeln auf allen Wänden in diesem Raum anbringen und führte das „Storyboarding" als seine bevorzugte Methode zur Ideenentwicklung ein.

Ein Storyboard ist wie ein visualisiertes Inhaltsverzeichnis – es handelt sich um einen Satz unbewegter Zeichnungen, die eine Abfolge von Schlüsselereignissen darstellen, die passieren müssen, um von der gegenwärtigen Situation zu einem erwünschten Ergebnis zu kommen. Die „Storyboarding"-Methode eignet sich sehr gut zum Organisieren und Planen. Dies ist besonders wichtig, um ein neues Projekt oder Unternehmen zu starten und um das Unmögliche möglich zu machen. Eine effektive PowerPoint-Präsentation ist eine Art Storyboard.

Erstellen Sie Ihr eigenes Storyboard

Zur Erstellung Ihres eigenen Storyboards für Ihr Unternehmen, schauen Sie sich die Antworten an, die Sie auf die Realisierer-Fragen auf der vorherigen Seite gegeben haben. Wie können Sie diese Antworten in einer Reihenfolge anordnen. Im Allgemeinen empfehlen wir sieben plus/minus zwei Schritte (5-9 Schritte) gleichzeitig, weil psychologische Tests zeigen, dass dies die Anzahl an „Chunks" ist, die sich Menschen leicht im Kurzzeit-Gedächtnis merken können."

Zur Übung können Sie die folgenden Rahmen verwenden, um Bilder von den Schlüsselschritten zu zeichnen, die den notwendigen Pfad zum erwünschten Zustand oder Ihrem Traum darstellen. Schreiben Sie Titel und Kommentare in die Zeilen unterhalb der Rahmen.

Am besten füllen Sie zuerst den letzten Rahmen aus, der den Traum oder den erwünschten Zustand darstellt. Danach füllen Sie den ersten Rahmen aus, der für den gegenwärtigen oder Startzustand steht. Damit bilden Sie eine Art „Buchstützen" für Ihren Plan und tun sich leichter, die entscheidenden Schritte mit beiden Enden zu verknüpfen. Denken Sie nun im Sinne des S.C.O.R.E.-Modells, wobei das Symptom und die Ursache häufig den gegenwärtigen Zustand bilden und der Effekt dem letztlich erwünschten Zustand entspricht. Die Schritte des Storyboards ergeben sich, wenn die Ressourcen ermittelt und zur Entwicklung der Lösung angewandt werden.

Die Methode der rückwärtigen Planung bietet eine sehr gute Möglichkeit zum Eintragen der Schlüsselschritte. Versetzen Sie sich dazu in den erwünschten Zustand in der Zukunft und stellen sich so gut wie möglich vor, wie es wäre, ihn bereits jetzt erreicht zu haben. Schauen Sie aus dieser Zukunftsposition auf die wichtigsten Maßnahmen zurück, die Sie unternommen haben, um dorthin zu gelangen.

Ein Storyboard entspricht einem visualisierten Inhaltsverzeichnis, das eine Abfolge von Schlüsselereignissen darstellt, die ablaufen müssen, um von einer gegenwärtigen Situation zum erwünschten Ziel zu kommen.

Stellen Sie sich nun die folgenden Fragen:

Was waren in der Rückschau die Schlüsselschritte, die ich unternommen habe, um den erwünschten Zustand zu erreichen?

Was waren in der Rückschau die wichtigsten Entscheidungen und Wahlmöglichkeiten, die ich getroffen habe, um den erwünschten Zustand zu erreichen?

Zu diesem Zeitpunkt konzentrieren Sie sich nur auf die „Big Chunks" und auf die notwendigen Hauptschritte, um vom gegenwärtigen zum erwünschten Zustand zu kommen.

1. _____
   Gegenwart / Ausgangszustand

2. _____

3. _____

4. _____

5. _____

6. _____
   Traum / Erwünschter Zustand

Sobald Sie Ihr Storyboard fertig haben, zeigen Sie es einer anderen Person oder Gruppe und beschreiben Sie die Schritte in Ihrem Plan. Welche Fragen oder Vorschläge haben sie zur Reihenfolge und zu dem von Ihnen festgelegten Pfad?

Beispiel Storyboard: Jan Smiths Intervention bei Disney Interactive

Als Beispiel können wir ein Storyboard von Jan Smiths Intervention bei Disney Interactive in mehrere Schlüsselschritte unterteilen. Der Ausgangszustand des Unternehmens entsprach sinkenden Erträgen aufgrund eines Wertekonflikts zwischen dem Disney-Konzern und den typischen jugendlichen Video-Spielern. Der erwünschte Zustand war die Nr. 1 der Interaktiven Unterhaltungsindustrie zu werden. Um diesen Übergang zu schaffen, musste Jan zuerst eine Vision für eine neue Art Videospiel entwickeln, die den typischen Disney-Kunden zum Computerspielen bringen würde. Sobald sie die Vision hatte, war es notwendig „um die Welt zu fliegen und Leute zu treffen", um die verschiedenen Stakeholder über die Vision zu unterrichten und ihre Zustimmung zu erhalten. Als nächstes musste Jan ihr Team ermächtigen, „die Vision zu erfassen", indem sie eine „Kommunikations- und Kreativitäts-Infrastruktur" einrichtete.

Als weiterer Schlüssel sah Jan Smiths Storyboard vor, wichtige Barrieren und Hindernisse beim Umsetzen der Vision in Angriff zu nehmen; besonders solche, die sie als „unmöglich" erscheinen ließen. Dazu nahm sie ihr Team für ein mehrere Tage beiseite, um das Projekt aus jedem Blickwinkel anzuschauen und „über den Tellerrand hinaus zu denken". Dies ließ sie Lösungen finden, die die Entwicklungszeit verkürzten und den Entwicklungsprozess beschleunigten. Als Resultat schafften sie einen Hits unter den Videospielen, der einen wichtigen Schritt zur Nr. 1 in der interaktiven Unterhaltungsindustrie darstellte.

Ausgangszustand: Sinkende Erträge wegen Konflikten zwischen Disneys Werten und Interessen typischer Videospieler.

Schritt 1: Bilde eine Vision für eine neue Art von Videospiel, das typische Disney Kunden zum Computerspielen bringt.

Schritt 2: Werde sichtbarer und präsent; unterrichte Stakeholder über die Vision und hole ihre Zustimmung.

Schritt 3: Ermächtige Teammitglieder, um die Vision zu erfassen.

Schritt 4: Ermittle wichtige Barrieren und Hindernisse, um mit der Vision voranzukommen.

Schritt 5: Nimm das Team ein paar Tage beiseite, schau auf das Projekt von jedem Winkel und denke "über den Tellerrand hinaus".

Schritt 6: Finde Lösungen, um die Entwicklungszeit verkürzen und den Entwicklungsprozess beschleunigen zu können.

Erwünschter Zustand: Erstelle eine Hit-Liste für dem Weg zum führenden Unternehmen für interaktive Unterhaltung

Beispiel Storyboard von Jan Smiths Intervention bei Disney Interactive

„Chunking Down" des Storyboards

Der Umstieg zu einen operativen Plan und dessen Durchführung bedeutet, Ihr Storyboard zu „chunken", d. h. es in aufeinanderfolgende, detailliertere Schritte herunterzubrechen, um die „Box in der Box" wie in der Metapher der russischen Puppen festzulegen. Nehmen Sie sich zum Beispiel einen Moment Zeit und konzentrieren Sie sich auf die Bilder 1 und 2 im Storyboard, die Sie für Ihr Projekt definiert haben.

Überlegen Sie, welche sieben plus/minus 2 Schritte Sie benötigen, um von dem Bild im Rahmen 1 zu dem Bild im Rahmen 2 zu gelangen.

Sie können diesen „Chunking down"-Prozess für jeden kleineren Schritt vollziehen, den Sie zwischen Rahmen 1 und 2 festgelegt haben, wie in der folgenden Abbildung gezeigt

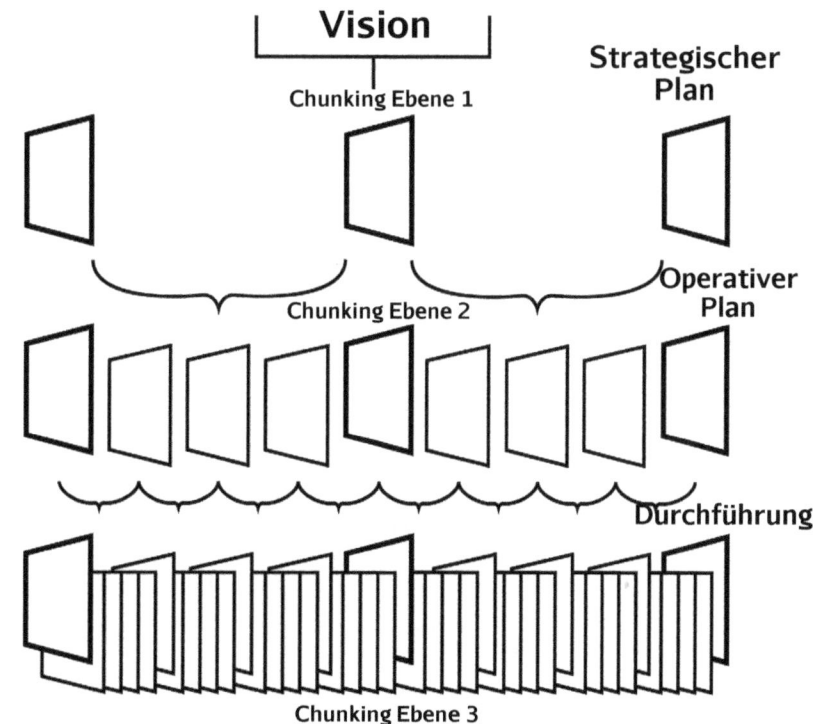

Von der Vision zur Durchführung
Unterschiedliche Chunking -Ebenen im Storyboarding-Prozess

Angenommen einer der Schlüsselschritte in Ihrem Story-board sei zum Beispiel, eine Konferenz zu einem bestimmten Thema zu organisieren. Unterpunkte könnten dann sein: 1.) den Zeitplan vervollständigen, 2.) wichtige Redner kontaktieren und 3.) die Veranstaltungsmaterialien zusammenstellen.

Um den *Zeitplan zu vervollständigen*, beinhalten die konkreteren Schritte: a) Die Ziele der Konferenz klären, b) die verschiedenen Veranstaltungen koordinieren und c) die Aktivitäten in eine Reihenfolge bringen.

Die *Kontaktaufnahme zu den wichtigen Rednern* würde bedeuten: a) die Schlüsselrollen ermitteln, b) die Präsentationen festlegen und c) die Einsatzbereitschaft der potentiellen Redner überprüfen.

Beim *Zusammenstellen der Veranstaltungsmaterialien* müssen a) die Reihenfolge der Präsentationen bestimmt werden, b) mögliche Materialien für jede Präsentation erhalten und c) die Materialien in einem Begleitheft organisiert und formatiert werden.

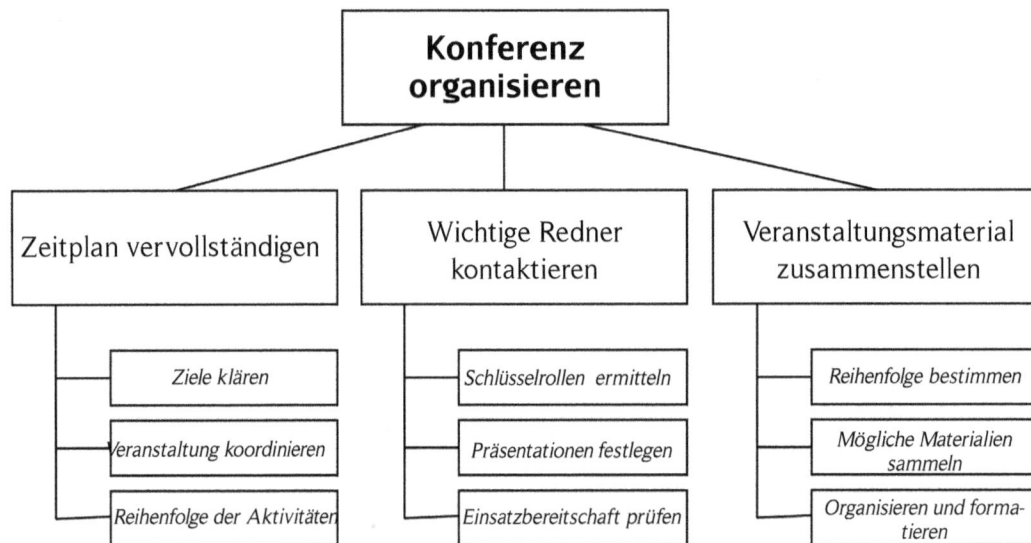

Beispiel für Chunking-Maßnahmen in Sub-Aktionen

Diese Art des Herunter-„chunkens" ist genau der Prozess, den Animateure durchlaufen, um einen animierten Film zu entwickeln; sie bewegen sich von der gesamten Geschichte zu verschiedenen Szenen, die die Story ausmachen und schließlich zu den konkreten Maßnahmen, die jede Szene zu Leben erwecken.

Es handelt sich um den gleichen Prozess, den erfolgreiche Unternehmer durchlaufen, um ihre Firmen aufzubauen. „Ein solcher Ansatz hilft, alles im Blick zu behalten und „nicht den Blick auf den Wald wegen der Bäume zu verlieren".

---

*Eine weitere wertvolle Methode mit vielen Unterscheidungsmerkmalen, die hilft, Ihre Vision für einen operativen Plan aufzubereiten, ist das in den Büchern *Business Model Generation* (2010) und *Business Model You* (2012) beschriebene Format „*Business Model Canvas*". Die neun Bausteine (siehe Anhang A) helfen Unternehmern, die „Logik" festzulegen, mit der ihr Projekt oder ihr Unternehmen seinen Lebensunterhalt verdienen und sich finanziell erhalten kann. Hierdurch können Sie ermitteln und untersuchen, welchen Wert Ihr Projekt oder Ihr Unternehmen den Kunden im Hinblick auf die Problemlösung oder die Befriedigung von Bedürfnissen bietet und damit, welche Einnahmen daraus erzielt werden können. Die erforderlichen Schlüsselkanäle, Ressourcen, Aktivitäten und Partner, um Kunden einen Mehrwert zu bieten, werden zusammen mit den Kosten untersucht, die mit dem Erwerb der notwendigen Mittel, der Durchführung von Schlüsselaktivitäten und der Zusammenarbeit mit Schlüsselpartnern verbunden sind.

Beispiel für Storyboarding: Leadership at Microsoft

Hier ein Beispiel, wie der „Chunk-Down"-Prozess im Unternehmen angewandt wird: 2007 war ich an einem großen Führungskräfte-Entwicklungs-Projekt bei Microsoft beteiligt. Das Projekt, das von dem Vice Präsidenten Vahé Torossian eingeführt wurde, schloss mehr als 30 Länderchefs von Microsoft in Zentral- und Osteuropa ein. Mein Anteil an dem Programm bestand darin, einen praktischen Leadership-Entwicklungsplan für jeden Teilnehmer zu entwerfen, der eine Reihe der folgenden Aktivitäten enthielt.

1. Die langfristige Vision für sich selbst und ihr Geschäft (ein großes, haariges, kühnes Ziel – BHAG) bilden

2. Den kritischen Pfad und die Schlüsselherausforderungen zur Erreichung der Vision festlegen

3. Schlüssel-Leadership-Momente und Gelegenheiten zur Entwicklung auf der Arbeit ermitteln

4. Sich selbst auf die Veränderung ausrichten

5. Leadership-Praktiken definieren

6. Sich zu dem Entwicklungskurs verpflichten

Die Storyboard-Methode der Dilts Strategy Group für Microsofts Leadership-Entwicklungs-Programm bietet ein gutes Beispiel, wie eine Vision in Maßnahmen herunter-„gechunkt" werden kann.

Diese Aktivitäten veranschaulichen gut, wie zahlreiche Prinzipien und Methoden, die wir bisher in diesem Buch dargestellt haben, praktisch umgesetzt werden.

Jede Aktivität führte zu einem Ergebnis (wie Zeichnungen, Fragen, Beschreibungen usw.), das zum Gesamtplan beitrug. Diese Outputs wurden aufgezeichnet und auf einem Stück FlipChart-Papier arrangiert (s. nachfolgende Abbildung). So waren die Teilnehmer in der Lage, die Ergebnisse jeder Aktivität nachzuhalten und zu integrieren. Damit hatten sie eine Aufzeichnung, die sie am Ende des Workshops mitnehmen konnten, um ihre Bemühungen in ihre tägliche Arbeit zu transferieren.

Dieses Projekt bietet eine nützliche Zusammenfassung vieler Prinzipien, die wir in diesem und den vorhergehenden Kapiteln erkundet haben. Es folgt eine kurze Beschreibung der Schlüsselaktivitäten zur Leadership-Entwicklung.

---

* Es ist interessant zu bemerken, dass diese besondere geographische Division von Microsoft in dieser Phase die profitabelste Division der gesamten Firma war.

Erkundung der langfristigen Vision und der Frage: "Welche Zukunft wollen Sie erschaffen?"

Storyboarding der notwendigen fünf bis neun Schlüsselschritte hin zur Vision.

Der Umgang mit Herausforderungen und "Leadership-Momenten" wurden mithilfe des Storyboards festgelegt.

Erschaffung einer strategischen Vision für die Zukunft

1. Die Teilnehmer wurden instruiert, über ihre langfristige Vision, Mission und Ambition nachzudenken und die Frage zu erkunden: „Welche Zukunft wollen sie erschaffen?"

2. Jeder Teilnehmer zeichnete dann ein Bild, das ihre Zukunft darstellte und schrieb einige Schlüsselelemente in kurzen Sätzen oder Phrasen auf. Dieses Bild wurde oben auf einem Flipchart-Blatt platziert.

3. *Intervision* (s. *SFM Bd. II*, S. 120-123): Jede Person beschrieb einer Gruppe aus drei bis vier anderen ihre Vision. Beim Zuhören zeichnete jeder sein eigenes Bild der Vision. Danach zeigten sich die Zuhörer ihre Bilder von der Vision des Präsentierenden und leisteten folgende Beiträge:

   a) Ein Wort oder eine kurze Phrase, die ihr Gefühl zu der Vision widerspiegelt
   b) Eine Frage an den Präsentierenden zu seiner Vision
   c) Eine Ressource (Artikel, Buch, Kontakt, Website usw.), die dem Präsentierenden helfen würde, die Vision zu erreichen.

4. Die Präsentierenden befestigten die verschiedenen Zeichnungen zu ihren Visionen oben auf der Flipchart-Seite.

Storyboard zum kritischen Pfad und zu wichtigen Herausforderungen

1. Zur Anwendung von Disneys Storyboarding-Technik erhielt jede Person einen Satz Karten, auf denen sie 5-9 (7+/-2) Schlüsselschritte des kritischen Pfades und der wichtigsten, zu überwindenden Herausforderungen beschrieben sowie die Reihenfolge, nach der sie angegangen werden mussten, um die Führungsvision zu erreichen. Die Teilnehmer brachten die Karten auf ihrer Flipchart-Seite unter den Zeichnungen ihrer Visionen an.

2. Danach suchte sich jeder einen Partner, um die Vision und das Storyboard miteinander zu überprüfen. Der Partner schrieb Fragen und Bedenken auf Post-its auf, die unter das Storyboard geheftet wurden.

Festlegung der Leadership-Momente

1. Jeder Teilnehmer erhielt ein Arbeitsblatt, mit dessen Hilfe zukünftige Situationen und Ereignisse ermittelt wurden (Leadership-Momente), bei denen sie neue Führungsansätze üben konnten.

2. Die Teilnehmer brachten die Liste auf ihrer Flipchart-Seite unterhalb des Storyboards an und tauschten sich mit einem Partner aus, wie sie ganz konkret effektiv mit der Situation umgehen könnten.

Ausrichtung auf Erfolg

1. Die Teilnehmer erhielten ein Arbeitsblatt zur Ausrichtung und wurden angeleitet, auf den unterschiedlichen Ebenen der Veränderung und der Erfahrung einzutragen, was mobilisiert werden musste, um erfolgreich ihre Leadership-Momente zu bewältigen: Umfeld, Verhalten, Fähigkeiten, Überzeugungen, Werte, Identität und Sinn. (s. *Level Alignment Prozess* beschrieben auf S. 209-211.)

2. Als die Teilnehmer fertig waren, befestigten sie das Arbeitsblatt unten auf ihrer Flipchart-Seite.

Ausrichtung der Erfolgsfaktorebenen, d. h. die Schlüsselebenen der notwendigen Erfolgsfaktoren wurden aufeinander abgestimmt, um mit Leadership-Momenten effektiv umzugehen.

Einrichtung laufender Führungspraktiken

1. Jeder Teilnehmer wurde instruiert, seine Grundwerte der Führung sowie deren Prinzipien und Fähigkeiten zu definieren, die er oder sie ständig in ihre Arbeitspraxis einbringen müssten, um die geschaffene Vision zu erreichen.

2. Die Teilnehmer wurden gebeten, eine Reihe von Praktiken zu benennen, die diese Werte, Prinzipien und Fähigkeiten in Handlung umsetzen, so dass er oder sie hin zu ihrer Vision gelangen. Jede Person sollte das Was und das Warum definieren; d. h. „die Dinge, die ich tue und die Begründung dafür" (s. *Werte in Handlung umsetzen,* diese Methode wurde im vorigen Kapitel beschrieben).

3. Die Teilnehmer hefteten ihre Maßnahmenlisten unten rechts auf ihre Flipchart-Seiten.

Die Führungspraktiken wurden definiert, um die notwendigen Fähigkeiten, Prinzipien und Werte innerhalb der Arbeitsrealität einzubringen.

Verpflichtung auf den Pfad

Zum Schluss schloss jede Person mindestens mit einer weiteren, dem „Verantwortlichkeitspartner" einen Vertrag bezüglich seiner oder ihrer Verpflichtungen zu den Führungspraktiken und den gesamten Change-Prozess, die er oder sie im Storyboard definiert hatte. Es wurden konkrete Kontaktzeiten sowie die Konsequenzen oder Eventualitäten festgelegt, falls die Verpflichtungen nicht eingehalten würden.

Ein Vertrag wurde mit dem "Verantwortlichkeitspartner" geschlossen, dass dem Plan gefolgt wird.

Strategische Vision: Schlüsselziele eines 3-Jahresplans + Persönliche Vision

Kritischer Pfad und entscheidende Herausforderungen (Storyboard)

Fragen und Kommentare von anderen Teammitglieder

Leadership
Momente

Leadership
Ausrichtung
Arbeitsblatt

Leadership
Praktiken

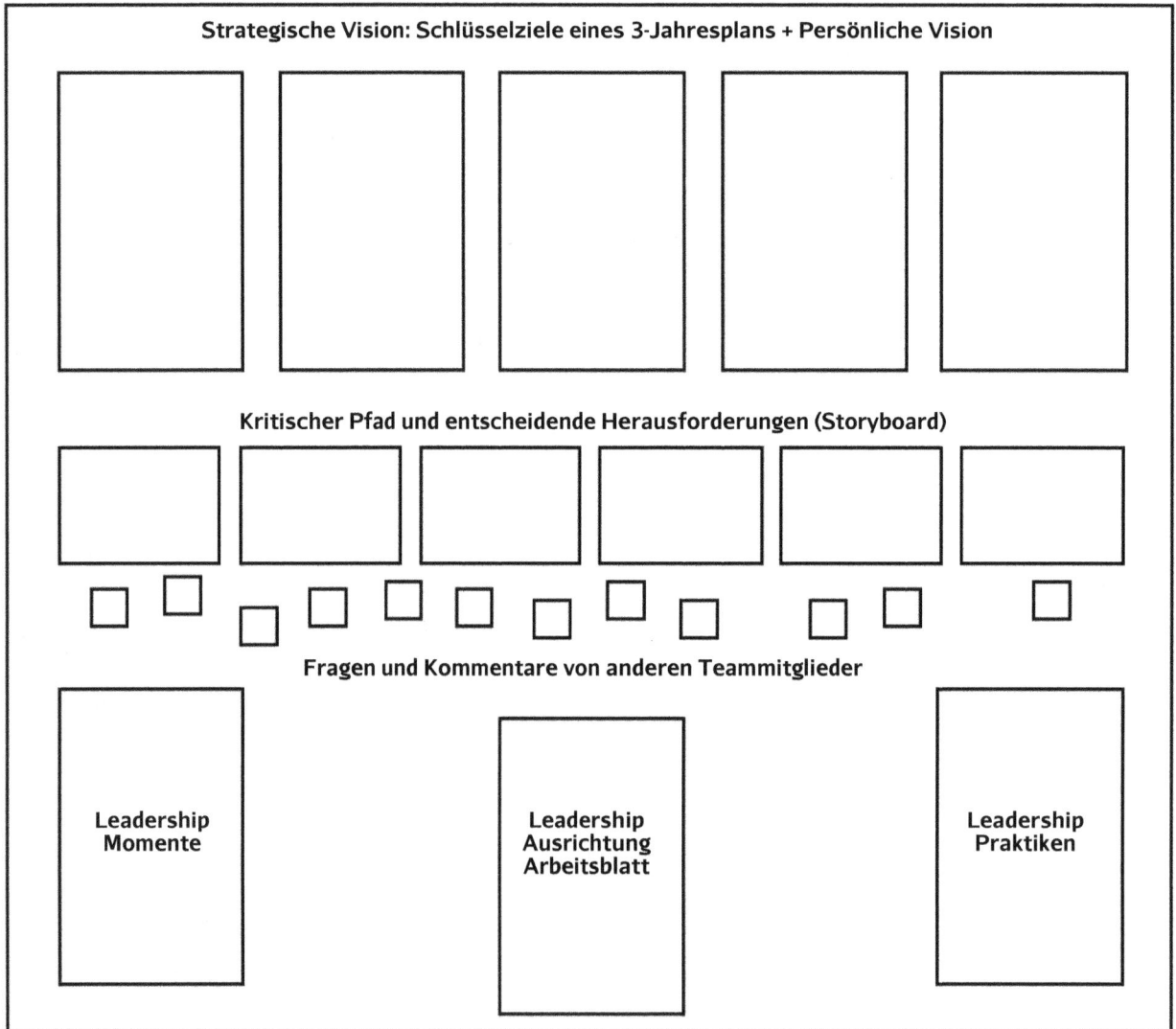

Beispiel für unterschiedliche Chunking-Ebenen in dem Microsoft-Leadership-Entwicklungs-Storyboards

Kritik und Kritiker Willkommen heißen

Die letzte, und im Allgemeinen die herausforderndste Komponente des Imagineerings ist die Einbindung des Kritikers. Elon Musk rät dazu:

> *Suchen Sie ständig Feedback. Ein gut durchdachte Kritik zu dem, was auch immer Sie tun, ist Gold wert. Und Sie sollten diese von jedem möglichen suchen … Holen Sie so viel Feedback von so vielen Menschen wie möglich ein, welche Idee Sie auch immer haben.*

Tatsächlich ist die Suche nach Feedback und die Einrichtung von ehrlichen und häufigen Feedbackprozessen eine der in Kapitel 3 ermittelten *fünf Erfolgsgewohnheiten*, die Teil eines effektiven „Meta-Mindsets" sind. Wie gesagt ist der Erhalt von ehrlichem, häufigem Feedback wichtig, um Probleme und Hindernisse zu vermeiden und um notwendige Kurskorrekturen vorzunehmen.

Andererseits, obwohl gute Kritik notwendig ist, um effektive Resultate zu erzielen und hohe Qualität sicherzustellen, werden Kritiker oft als „schwierige Menschen" betrachtet, mit denen wegen ihres anscheinend negativen Fokus und ihrer Neigung, bei den Ideen und Vorschlägen anderer Probleme zu finden, schwer umzugehen ist. Kritiker werden häufig als „Spielverderber" wahrgenommen, weil sie aus einem „Problemrahmen" oder „Versagensrahmen" heraus agieren.

Das Kritiker-Mindset ist zum effektiven „Imagineeren" qualitativ hochwertiger Pläne und Ergebnisse wichtig.

Widerstand gegen Veränderungen

Wie wir in den Fällen von Charles Matthews und Jan Smith gesehen haben, kommt Kritik häufig als negative Reaktion und Widerstand gegen Veränderungen, auf, sogar wenn die Veränderung notwendig ist. Im Allgemeinen leisten Menschen aus einem der vier folgenden Gründe Widerstand – die neuen Verhaltensweisen oder Wege, wie Dinge getan werden, sind:

Der verständnisvolle Umgang mit Widerständen gegen Veränderungen ist eine entscheidende Leadershipqualität für Führungskräfte und Unternehmer.

- *Anders*   Alles Neue ist von Natur aus unbekannt. Durch die alten Gewohnheiten herrscht eine natürliche Trägheit.

- *Schwierig*   Veränderung erfordert allgemein zusätzliche Anstrengungen und kann das Gefühl zunehmenden Leistungsdrucks auslösen.

- *Disruptiv*   Neue Wege, Dinge zu tun, können den Status Quo stören, Instabilität bringen und Verunsicherung auslösen.

- *Gefährlich*   Dinge anders zu machen, ist in vielerlei Hinsicht riskant. Es gibt keine Erfolgsgarantie oder Sicherheit, dass die Dinge besser werden als vorher.

Kritik und Widerstand gegenüber Veränderungen offenbaren oft Sichtweisen wichtiger Stakeholder, an die noch nicht gedacht wurde oder die unzureichend gewürdigt oder berücksichtigt wurden.

Obwohl einige Herausforderungen unvermeidbar sind, ist es wichtig emotionale Intelligenz anzuwenden und die Bedenken der Leute zu würdigen und wie Elon Musk rät, „ständig darüber nachzudenken, wie man die Dinge verbessern kann". Kritik offenbart oft Sichtweisen wichtiger Stakeholder, an die noch nicht gedacht wurde oder die unzureichend gewürdigt oder berücksichtigt wurden. Menschen werden sogar noch kritischer, wenn sie sich übergangen oder nicht anerkannt fühlen. Sie ziehen sich stärker auf ihre eigene Perspektive zurück, anstatt sich selbst als Teil eines größeren Holons zu erleben.

Es ist wichtig, daran zu denken, dass Kritik wie jedes andere Verhalten eine positive Absicht hat. Der Sinn des Kritikers ist, die Ergebnisse des Träumers und des Realisierers zu bewerten. Effektive Kritik analysiert den vorgeschlagenen Plan oder Weg, um herauszufinden, was schief gehen könnte und was vermieden werden sollte. Kritiker finden die fehlenden Verknüpfungen durch logisches Nachdenken über „was passieren würde, wenn" Probleme auftauchen.

Gute Kritiker nehmen oft die Perspektive der Leute ein, die nicht direkt am präsentierten Plan oder der Aktivität beteiligt, aber davon betroffen sind oder die Umsetzung des Plans oder der Aktivität (positiv oder negativ) beeinflussen. Deshalb helfen sie, die Ökologie der größeren, beteiligten Holarchie zu bewahren. Damit das grundlegende Organisationsziel, den Wandel zu fördern, effektiv und ökologisch erreicht wird, müssen Führungskräfte authentisch Kritiker und Kritik willkommen heißen.

Destruktive Kritik wird in einem "Versagensrahmen" präsentiert, wobei man sich darauf fokussiert, was falsch ist. Konstruktive Kritik wird in einem "Feedback-Rahmen" angeboten und schlägt vor, was verbessert werden könnte.

Anfertigung einer Stakeholder-Analyse

Eine Schlüsselfunktion des konstruktiven Kritikers ist festzustellen, ob an alle Stakeholder gedacht wurde und dass ihre Bedenken berücksichtigt oder wenigstens wirklich gewürdigt wurden. Tatsächlich lautet die erste Frage des Kritikers im zuvor beschriebenen Disney Imagineering-Prozess: „Wer könnte von dem Projekt oder Unternehmen positiv oder negativ betroffen sein? Eine vollständigere Definition eines Stakeholders wäre jede Einzelperson oder Gruppe, die:

- Entscheidungen beeinflusst;
- von den Effekten der Entscheidungen oder des beabsichtigten Ergebnisses positiv oder negativ beeinflusst wird;
- die Zielerreichung entweder behindern oder erleichtern könnte;
- Ressourcen oder Kenntnisse hat, die die Qualität der Ergebnisse signifikant beeinflusst.

Wie wir schon festgestellt haben, ist eine entscheidende Eigenschaft des Conscious Leadership „die Verwirklichung eigener Werte im Dienst eines höheren Sinns und Zwecks zum Nutzen *aller* Stakeholder". Dabei ist es eine Herausforderung, zu gewährleisten, dass an alle signifikanten Stakeholder gedacht wurde, die zu der Holarchie gehören, die das Projekt oder die Unternehmung umgibt.

Dann ist es wichtig zu gewährleisten, dass man ihre Bedürfnisse und Erwartungen versteht und ob es einen Grund gibt, warum sie Einwände gegen das Projekt oder das Unternehmen haben könnten. Dies lässt Sie wissen, wo Lücken oder fehlende Verknüpfungen in Ihrer übergreifenden Vision, in Ihrem Storyboard oder im strategischen Plan sein könnten. Außerdem hilft es ihnen zu bestimmen, was geklärt, verbessert, hinzugefügt oder bereichert werden muss, um den Unterstützungsgrad der Stakeholder zu steigern.

Ermittlung wichtiger Stakeholder und ihres aktuellen Unterstützungsgrades

Die folgende Übung soll Ihnen helfen, eine detaillierte Übersicht der mit Ihrem Projekt oder Unternehmen verbundenen Hauptstakeholder zu entwickeln, um ihre aktuellen Meinungen hinsichtlich der Initiative zu beleuchten und den Unterstützungsgrad festzulegen, der für einen erfolgreichen Verlauf des Projekts oder Unternehmens erforderlich ist. Danach werden wir untersuchen, wie die verschiedenen Strategien genutzt werden können, um ihre Unterstützung auf das benötigte Niveau zu steigern.

Die Stakeholder-Analyse hilft Ihnen, sicherzustellen, dass Sie alle signifikanten Stakeholder in der Holarchie berücksichtigt haben, die ihr Projekt oder Unternehmen umgibt.

Dieser Prozess setzt voraus, dass:

1. Eine „kritische Masse" entweder existieren oder gebildet werden muss, um ein bestimmtes Projekt oder Unternehmen erfolgreich durchzuführen.

2. Ein oder mehrere Stakeholder auf einen höheren Unterstützungsgrad gebracht werden können.

3. Einige Stakeholder einfach „neutral" oder nur „moderat ungünstig" dem Projekt oder Unternehmen gegenüberzustehen brauchen, damit es (trotzdem) erfolgreich verläuft.

Die Anfertigung einer Stakeholder-Analyse hilft Ihnen, eine detaillierte Übersicht über die Hauptstakeholder von Ihrem Projekt oder Unternehmen zu entwickeln, um ihre aktuellen Meinungen zu der Initiative hervorzuheben und den erforderlichen Unterstützungsgrad festzulegen, damit das Projekt oder Unternehmen erfolgreich wird.

Im ersten Schritt erkunden Sie folgende Fragen:

„Wer ist an meinem Projekt oder Unternehmen beteiligt und wer ist daran interessiert?

„Was denken sie über mein Projekt oder Unternehmen?"

„Welchen Unterstützungsgrad müssten sie in Bezug auf mein Projekt oder Unternehmen einnehmen, damit es erfolgreich verläuft?"

Unter Anwendung der Tabelle auf der gegenüberliegenden Seite gehen Sie die folgenden Schritte durch:

1. Ermitteln Sie die entscheidenden Kollaboratoren, um sie in Ihre Karte aufzunehmen und listen Sie diese in der linken Spalte der Tabelle auf. Noch einmal sei daran erinnert, dass ein Stakeholder eine Person ist, die entscheidende Ressourcen kontrolliert oder direkten oder indirekten Einfluss auf den Fortschritt oder den Erfolg des Projekts oder Unternehmens hat.

2. Denken Sie über die aktuelle Position jedes Stakeholders in Bezug auf das Projekt oder Unternehmen nach. Verwenden Sie entweder direktes Feedback, objektive Beweise oder Ihre Intuition, die beim Einnehmen der „zweiten Position" der anderen Person entstehen, malen Sie ein „X" in die Spalte, die am ehesten den aktuellen Unterstützungsgrad des Kollaborators darstellt.

3. Überlegen Sie welchen Unterstützungsgrad die verschiedenen Kollaboratoren erreichen sollten, damit Sie Ihr Projekt oder Unternehmen in Angriff nehmen können und dabei Erfolg haben. Ziehen Sie einen Pfeil von dem aktuellen Zustand der Unterstützung auf den erwünschten Zustand der Unterstützung.

Stakeholder	Unterstützungsgrad				
	Sehr ungünstig	Moderat ungünstig	Neutral	Moderat unterstützend	Sehr unterstützend

Tabelle zur Anfertigung einer Stakeholder-Analyse

Die folgende Abbildung zeigt ein Beispiel für eine Tabelle, die wichtige Stakeholder in Jan Smiths Situation bei Disney Interactive enthält. Die Pfeile zeigen den Ausgangspunkt und den Unterstützungsgrad, den sie einnehmen müssten.

Stakeholder	Unterstützungsgrad				
	Sehr ungünstig	Moderat ungünstig	Neutral	Moderat unterstützend	Sehr unterstützend
SHOW'S HOST					X
PRODUCER			X ⟶		⟶
CFO	X ⟶		⟶		
DEVELOPMENT TEAM		X ⟶		⟶	
DISNEY BOARD		X ⟶		⟶	

Beispiel einer Stakeholder-Analyse für Jan Smiths Eingreifen bei Disney Interactive

Es ist wichtig, die Gruppe der Stakeholder als ein ganzes System zu betrachten. Manchmal beeinflusst die Haltung eines Stakeholders die Position der anderen, zum Positiven wie zum Negativen. Wenn zum Beispiel ein Stakeholder seine Unterstützung erhöht, kann dies andere Stakeholder beeinflussen, förderlicher zu werden. Es könnte auch den gegenteiligen Effekt geben. Wenn sich eine Person übermäßig begeistert, könnten andere Stakeholder ablehnender werden. Zeitweise kann es sogar notwendig sein, einen Stakeholder zu überzeugen seinen Unterstützungsgrad zurückzunehmen.

Strategien zur Transformation von Kritik und Steigerung des Unterstützungsgrades von Stakeholdern

Im verbleibenden Kapitel werde ich mehrere Strategien zur Steigerung des Unterstützungsgrades von Stakeholdern vorstellen. Die tieferliegenden Strukturen all dieser Strategien umfassen zwei Schritte:

1. Menschen und ihre Motivationen verstehen.

2. Eine mentale und emotionale Brücke bilden, die sie und ihre Motivation mit der größeren Holarchie verbindet (oder wieder verbindet) – d. h., ihnen beim Übergang von der „Ich"-Perspektive zur „Wir"-Perspektive zu helfen, in der es einen gemeinsamen Sinn und Zweck gibt.

Eine wesentliche Kompetenz der emotionalen Intelligenz, die Menschen und ihre Motivationen verstehen lässt, ist das Vermögen, über den „Inhalt" der Kritik oder des Widerstands gegenüber Veränderungen hinaus auf die tiefere Intention hinter den Bedenken zu achten.

Das Prinzip der „Positiven Absicht"

Ein sehr wichtiges und äußerst nützliches Prinzip zum Umgang mit Kritik und Kritikern bezieht sich auf die Idee der „positiven Absicht". Dieses Prinzip ist besonders wertvoll, wenn man mit Widerständen und Einwänden umgehen muss. Das Prinzip besagt im Wesentlichen: *„In irgendeiner Weise hat jedes Verhalten eine positive Absicht oder wurde aus einer positiven Absicht heraus entwickelt."* Gemäß dieses Prinzips würden Widerstände oder Einwände aus einer zugrundeliegenden positiven Absicht oder einem positiven Zweck heraus entstehen. Zum Beispiel könnte der positive Zweck hinter dem Einwand: „Es lohnt sich nicht, etwas Neues auszuprobieren", sein, den Sprecher vor Übersättigung oder Versagen zu „schützen". Die positive Absicht hinter einem Widerstand wie: „Es ist nicht möglich, dass sich Dinge ändern", könnte sein, sich vor „falschen Hoffnungen" zu bewahren oder unbelohnte Anstrengungen zu vermeiden.

Das Prinzip der positiven Absicht impliziert, dass diese zugrundeliegenden Bedenken oder positiven Zwecke gewürdigt und irgendwie angesprochen werden müssen, um Widerstand und Kritik erfolgreich anzugehen. Man kann die positive Absicht hinter dem Widerstand oder der Kritik direkt ansprechen oder die Landkarte der Person von dieser Situation so erweitern, dass sie Wahlmöglichkeiten erkennt, die ihre positive Absicht anders befriedigen als durch Widerstand oder Einwände.

Zur Transformation von Kritik gehört, über den Einwand des Stakeholders hinaus auf die positive Absicht der Kritik oder des Widerstands gegenüber Veränderungen zu achten.

Tatsächlich entstehen Widerstände, geschaffen aus positiven Absichten, aus anderen einschränkenden (und häufig unerkannten) Vermutungen. Zum Beispiel könnte sich eine Person durch den „Wandel" bedroht fühlen, weil sie glaubt, sie hätte nicht die Kompetenz oder die Unterstützung, um mit den durch die Veränderung verursachten persönlichen oder sozialen Auswirkungen umzugehen. Diese Bedenken könnten angegangen werden, indem geeignetes Coaching oder geeignete Anleitung zur Entwicklung notwendiger Ressourcen angeboten werden. Eine weitere Möglichkeit wäre, der Person zu erkennen helfen, dass sie schon die notwendigen Fähigkeiten hat und unterstützt wird.

Das Prinzip der positiven Absicht leitet sich aus der tieferen Vorannahme ab, dass Menschen die beste, ihnen verfügbare Auswahl treffen, vorausgesetzt die wahrgenommenen Möglichkeiten und Fähigkeiten sind innerhalb ihres Modells der Welt zugänglich. Ziel des Conscious Leadership ist, den Menschen zu helfen, ihre Landkarte von der Situation zu vergrößern und weitere Wahlmöglichkeiten und Alternativen wahrzunehmen.

Deshalb ist es nützlich, wenn man Einwände oder Widerstände behandeln will, mit der Anerkennung der positiven Absicht zu beginnen und dann zu einem erweiterten Erlebnisraum oder Denken zu führen. Besonders wichtig ist es, die Identität der Person und ihre positive Absicht von ihrem Verhalten zu trennen. Im Umgang mit Widerständen und Zurückhaltung gibt es die effektive Strategie, zuerst die Person oder ihre positive Absicht zu würdigen und dann auf das Thema oder das Problem als separate Angelegenheit zu reagieren.

Es ist wichtig zu bemerken, dass Sie den Standpunkt einer anderen Person anerkennen können, ohne mit ihr übereinstimmen zu müssen, d. h. es ist etwas Anderes, wenn man sagt: „Ich verstehe, dass du diese Ansicht hast", als zu sagen: „Ich stimme dir zu". Dies zeigt das Beispiel von Charles Matthews bei Rolls Royce in Kapitel 4, wenn er sagt: „Ich bin mir ihrer Bedenken bewusst", oder: „Das ist eine wichtige Frage." Bei dieser Möglichkeit wird die Person oder ihre Intention anerkannt, ohne unbedingt zu implizieren, dass ihre Landkarte von der Welt die richtige ist.

Kurzum ist es gemäß dem Prinzip der positiven Absicht wichtig und nützlich, wenn Sie mit Widerständen und Einwänden umgehen, folgendes zu tun:

1. Nehmen Sie an, dass alle Verhaltensweisen (einschließlich Widerstand und einschränkenden Glaubenssätzen) eine positive Absicht haben.

2. Trennen Sie die negativen Aspekte des Verhaltens von der positiven Absicht dahinter.

3. Ermitteln Sie die positive Absicht der Person mit dem Widerstand und reagieren Sie darauf.

4. Bieten Sie der Person Wahlmöglichkeiten, um mit einem anderen Verhalten dieselbe positive Absicht zu erreichen.

Im Umgang mit Einwänden und Widerständen gibt es die effektive Strategie, zuerst die Person und ihre positive Absicht zu würdigen und danach auf das Thema oder das Problem, das die Person anspricht, als eigenständiges Thema einzugehen.

Positive Aussagen über positive Absichten

Bei vielen Kritiken besteht das Problem, dass sie nicht nur „negative" Beurteilungen enthalten, sondern auch sprachlich negativ formuliert sind – das heißt, sie werden in Form einer verbalen Negation ausgedrückt. „Stress vermeiden" und „entspannter und bequemer werden" sind zum Beispiel zwei Arten, einen ähnlichen inneren Zustand verbal zu beschreiben, auch wenn sie ganz unterschiedliche Wörter verwenden. Die erste Aussage („Stress vermeiden") beschreibt das Ungewollte. Die andere Aussage („entspannter und bequemer") beschreibt das Gewünschte.

In ähnlicher Weise werden viele Kritiken in Bezug auf das Ungewollte formuliert anstatt das zu formulieren, was gewünscht wird. Als Beispiel hierzu ist die positive Absicht (oder das Kriterium) hinter der Kritik: „Das ist Zeitverschwendung", wohl der Wunsch, „vorhandene Ressourcen sinnvoll und effizient zu nutzen". Diese Intention ist jedoch aus der „Oberflächenstruktur" der formulierten Kritik nicht leicht zu erkennen, weil sie in Bezug auf das formuliert wurde, was vermieden werden soll. Deshalb ist eine wichtige linguistische Fähigkeit, Kritikpunkte anzusprechen, wobei Problemrahmen in Ergebnisrahmen verwandelt werden. Es geht also um die Fähigkeit, positive Aussagen über positive Absichten zu erkennen und hervorzulocken.

Das kann manchmal sehr herausfordernd sein, weil Kritiker so oft von einem Problemrahmen ausgehen. Wenn Sie zum Beispiel einen Kritiker nach der positiven Absicht hinter der Kritik fragen (wie z. B.: „Dieser Vorschlag ist zu teuer."), erhalten Sie anfangs vielleicht die Antwort: „Die Intention ist, übermäßige Kosten zu vermeiden." Beachten Sie, obwohl dies eine positive Absicht ist, ist sie linguistisch negativ formuliert oder gerahmt – d. h. sie erklärt, was vermieden werden soll, anstatt den gewünschten Zustand zu beschreiben. Die positive Aussage dieser Absicht könnte lauten: „zu gewährleisten, dass es erschwinglich ist" oder „sicher zu sein, dass wir im Budget liegen".

Um die positiven Formulierungen der Intentionen oder Kriterien hervorzulocken, muss man solche Fragen stellen, wie: „Wenn (der Stress/ die Kosten/ das Versagen/ der Müll) nicht das ist, was Sie wollen, was wollen Sie dann?"oder: „Was würde es Ihnen bringen (Welchen Nutzen hätten Sie), wenn Sie das vermeiden oder los würden, was Sie nicht wollen?"

Im folgenden sind einige Beispiele für positive Umformulierungen von negativen Aussagen aufgelistet:

Negative Aussage	Positive Umformulierung
zu teuer	*erschwinglich*
Zeitverschwendung	*verfügbare Ressourcen weise verwenden*
Versagensangst	*Erfolgswunsch*
unrealistisch	*konkret und erreichbar*
zu viel Mühe	*leicht und bequem*
dumm	*weise und intelligent*

Kritik in Fragen verwandeln

Eine sehr hilfreiche Möglichkeit, auf Kritik zu reagieren, besteht darin, sie von einem Urteil in eine Frage zu verwandeln. Dies eröffnet viele weitere Möglichkeiten, die positive Absicht der Kritik anzusprechen.

Es gibt aus linguistischer Sicht ein weiteres großes Problem mit Kritik, weil sie normalerweise in Form von allgemeinen Urteilen ausgesprochen wird, wie: „Dieser Vorschlag ist zu teuer." „Diese Idee wird nie funktionieren." „Das ist kein realistischer Plan." „Dieses Projekt benötigt zu viel Anstrengung." usw. Das Problem mit solchen verbalen Generalisierungen besteht darin, dass man, so wie sie formuliert sind, nur zustimmen kann oder nicht. Wenn jemand sagt: „Diese Idee wird niemals funktionieren." oder „Das ist zu teuer." ist der einzige Weg, wie man direkt antworten kann, entweder zu sagen: „Ich vermute, Sie haben recht." oder: „Nein, es ist nicht zu teuer." Deshalb führt Kritik für gewöhnlich zu Polarisierung, Diskrepanzen und schließlich zu Konflikten, wenn man mit der Kritik nicht übereinstimmt.

Sobald die positive Absicht einer solchen Kritik erkannt wurde und mit positiven Begriffen formuliert wurde, kann jedoch die Kritik in eine Frage umgewandelt werden. Wenn die Kritik in eine Frage transformiert wurde, sind die Antwortmöglichkeiten ganz anders als bei einer Generalisierung oder Beurteilung. Sagen wir beispielsweise, anstatt zu sagen: „Das ist zu teuer," fragt der Kritiker: „Wie werden wir uns das leisten?" Wenn diese Frage gestellt wird, hat die andere Person die Möglichkeit, die Details eines Plans auszuführen, anstatt dem Kritiker wegen seiner Generalisierung zu widersprechen oder mit ihm zu streiten. Das gilt für praktisch jede Art von Kritik.

Die Kritik: „Diese Idee wird niemals funktionieren", kann in die Frage umgewandelt werden: „Wie werden Sie diese Idee tatsächlich umsetzen?" „Das ist kein realistischer Plan", kann umformuliert werden in: „Wie können Sie die Schritte ihres Plans greifbarer und konkreter machen?" Die Beschwerde: „Das erfordert zu viel Mühe", kann umformuliert werden in: „Wie können Sie es leichter und einfacher in Handlung umsetzen?" Normalerweise erfüllen solche Fragen nicht nur den gleichen Zweck wie die Kritik, sondern sie sind sogar produktiver.

Beachten Sie, dass es sich bei all diesen Fragen um „Wie"-Fragen handelt. Diese Frageart ist nützlicher als Warum-Fragen, denn diese setzen oft weitere Urteile voraus, die zu Konflikten oder Uneinigkeiten führen können. Wenn Sie fragen: „Warum ist der Vorschlag so teuer?" Oder: „Warum können Sie nicht realistischer sein?", setzen Sie immer noch einen Problemrahmen voraus. Das gleiche gilt für Fragen wie: „Was macht ihren Vorschlag so teuer?" Oder „Wer wird das bezahlen?" Im Allgemeinen sind „Wie"-Fragen am effektivsten, um sich wieder auf das Ziel zu konzentrieren und potenzielle Probleme in Feedback umzuwandeln.".

Hilfe für Kritiker, Berater zu sein

Wenn Sie ein „konstruktiver" Kritiker oder Berater sein wollen, gilt es

1.) den positiven Zweck der Kritik zu finden,

2.) sicherzustellen, dass die positive Absicht positiv formuliert (gerahmt) wird,

3.) Kritik in eine Frage – insbesondere in eine „Wie"-Frage zu verwandeln.

Sie können dies erreichen, wenn Sie die folgenden Fragen heranziehen:

1. *Welche Kritik oder welchen Einwand haben Sie?*
   z. B.: „Was Sie vorschlagen, ist zu riskant."

2. *Welcher Wert oder welche positive Absicht steckt hinter der Kritik?*
   Was versuchen Sie zu erreichen oder zu bewahren durch Ihre Kritik?
   z. B.: „Sicherheit und Stabilität".

   Angenommen, dies wäre die Intention, welche WIE-Frage sollte dann gestellt werden?; z. B. „Wie können wir sicher sein, dass das Projekt oder Unternehmen weder unsere Sicherheit noch die erreichte Stabilität bedroht?"

Letztendlich ist das Ziel des Kritikers, sicherzustellen, dass ein neues Projekt oder Unternehmen solide ist und alle positiven Vorteile oder Nebenprodukte erhält, wie Dinge üblicherweise getan werden. Wenn ein Kritiker WIE-Fragen stellt, dann verändert er sich vom „Spielverderber" oder „Killer" zum „Berater".

Es ist eine sehr nützliche Praxis, Kritik in Fragen zu verwandeln, die Sie am besten mit sich zuerst üben. Denken Sie zum Beispiel an eine Präsentation, die Sie planen oder bezüglich Ihres Projekts oder Unternehmens vor Stakeholdern oder potenziellen Stakeholdern gehalten haben und nehmen Sie dazu die „Kritiker"-Position ein. Welche Einwände oder Problem erkennen Sie an Ihrer Präsentation? Ist sie zu lang? Ist sie nicht leidenschaftlich (passioniert) genug? Macht sie Sinn? Gefällt sie den potentiellen Stakeholdern?

Wenn Sie potentielle Probleme oder Einwände erkannt haben, durchlaufen Sie die drei oben definierten Schritte allein oder mit einem Partner, um ihre Kritik in Fragen zu verwandeln.

Sobald aus der Kritik Fragen werden, können Sie sie mit in die „Träumer"- oder „Realisierer"-Position nehmen, in der Sie geeignete Antworten darauf finden.

Probieren Sie danach dieses Vorgehen gegenüber einem Stakeholders aus ihrer Tabelle aus, um dessen Unterstützung auf eine höhere Ebene zu bringen. Versetzen Sie sich in die „2. Position", die des Stakeholders und erfahren Sie intuitiv, welche Einwände oder Widerstände er oder sie haben.

Damit aus dem Kritiker ein Berater wird, ist es nützlich: 1.) den positiven Zweck der Kritik zu finden, 2.) sicherzustellen, dass die positive Absicht positiv formuliert (gerahmt) wird, und 3.) die Kritik in eine Frage zu verwandeln.

Wenn Sie einen möglichen Einwand erkannt haben, gehen Sie wieder die drei oben definierten Schritte durch, um den Einwand in eine Frage zu verwandeln. Finden Sie die positive Absicht und die WIE-Frage in Bezug auf den Einwand oder den Widerstand. Sobald aus den Einwänden Fragen werden, können Sie wieder zu den Denkmustern „Träumer" oder „Realisierer" zurückkehren, um weitere Möglichkeiten und Auswahlen zu erkunden.

Die Kunst des prinzipientreuen Überzeugens

Nachdem die Widerstände oder Kritikpunkte der wichtigsten Stakeholder anerkannt, ihre positiven Intentionen ermittelt und ihre verbalen Äußerungen in Fragen umgewandelt wurden, ist die Steigerung des Unterstützungsgrades der Stakeholder eine Frage der Überzeugungskraft. Ganz am Anfang dieses Buches haben wir festgestellt, dass eine der vier Hauptfähigkeiten aller Führungskräfte die Fähigkeit ist, *andere anzuregen, Resultate zu erzielen*. Conscious Leader tun dies in einer ethischen und emotional intelligenten Art und Weise, die im Dienst von etwas Größerem als sie selbst steht. Anstatt Bestrafungen, Druck oder Manipulation auszuüben, verstehen sich Conscious Leader auf die Kunst des prinzipientreuen Überzeugens.

Das prinzipientreue Überzeugen besteht darin, andere zu beeinflussen, auf eine Weise zu handeln, die ethisch, emotional intelligent und im Dienste eines höheren Zwecks steht.

Der Begriff Überzeugen bedeutet im Wesentlichen, die Gedanken und Handlungen anderer zu beeinflussen, indem man deren Werte, Überzeugungen und Motivationen entspricht.

Der große griechische Philosoph Aristoteles benannte drei Überzeugungsmittel:

1. Der Appell an die Vernunft (*logos*)

2. Der Appell an die Emotion (*pathos*)

3. Der Appell an den Charakter der anderen Person (*ethos*)

Einsatz von Kopf, Herz und Bauch

Aus Sicht des Success Factor Modeling richtet sich die Vernunft (oder *logos*) an die Ebene der geistigen *Fähigkeiten* – es ist ein Appell an den *Kopf*; *pathos* oder die Emotion entsteht durch die Verbindung mit der Ebene der *Überzeugungen und Werte* – ein Appell an das *Herz*; der Charakter (*ethos*) befindet sich auf der Identitätsebene – er appelliert an die Intuition und das *Bauchgefühl*.

Steve Jobs' berühmte Fähigkeit, so etwas, wie das sogenannte "Realitäts-Verzerrungs-Feld" zu erzeugen beruht auf „einer Mischung aus Charme, Charisma, Angeberei, Übertreibung, Marketing, Beschwichtigungstalent und Ausdauer". Er ist ein Beispiel für effektive Überzeugungskunst, die eine Kombination aller drei Faktoren vereint. Jan Smiths Erfolge bei The Disney Store und Disney Interactive zeigen ebenfalls die Macht des Überzeugens bei effektivem Meta-Leadership und „das Unmögliche, möglich zu machen".

Aufbauend auf Aristoteles Definitionen können wir sagen, dass *logos* (die Vernunft) der Hauptkanal ist, um eine Richtung vorzugeben. *pathos* (die Emotion) ist die Quelle der Energie. *ethos* (der Charakter und das Vorbild der Führungskraft) ist die „geheime Soße" für die notwendige Überzeugungskraft, damit Menschen wagen, dass Unmögliche zu versuchen. Aristoteles weist darauf hin:

> *Überzeugungskraft wird durch den Charakter eines Redners erreicht, wenn die Rede so gehalten wurde, dass wir den Sprecher für glaubwürdig halten. Wir vertrauen guten Menschen vollständiger und bereitwilliger als anderen: Dies gilt im Allgemeinen, egal um welche Frage es geht, und absolut, wo exakte Sicherheit unmöglich ist und es geteilte Meinungen gibt.*

Wenn man „Das Unmögliche möglich machen" will, handelt es sich offensichtlich um eine Situation, in der „exakte Sicherheit unmöglich ist und man geteilter Meinung ist." Deshalb sind die Charakteristiken des Conscious Leadership, authentisch, zweckdienlich und verantwortungsvoll zu sein sowie die Qualitäten der Konsistenz und der Vorbildfunktion so entscheidend. Mit den Worten von John Maxwell: „Menschen vertrauen erst dem Leader, bevor sie der Vision vertrauen."

Ausrichtung der Motivationen im Dienst des höheren Sinn und Zwecks

Das vorrangige Ziel des prinzipientreuen Überzeugens ist die Motivationen aufeinander auszurichten und auf eine Vision oder den höheren Sinn und Zweck zu fokussieren. David Guos Erfolg, ein Phosphorspezialisten aus dem Ruhestand zu holen, der wie am Anfang des Kapitels beschrieben seiner Firma beitrat, ist ein großartiges Beispiel für diese Überzeugungskunst.

Effektives Überzeugen bedeutet, die Vernunft (den Kopf), die Emotion (das Herz) und die Intuition (den Bauch) anzusprechen.

Prinzipientreues Überzeugen basiert auf emotionaler Intelligenz und der Fähigkeit vielfältige Perspektiven mit Gelassenheit halten zu können. Ein Schlüssel zur effektiven Überzeugungskraft als Meta-Leadership-Fähigkeit ist, einen Ego-Kampf darüber zu vermeiden, wer recht hat und wer falsch liegt. Das Wichtigste für einen Unternehmer oder eine Führungskraft ist nicht, einen Streit zu gewinnen, sondern eher den Fortschritt hin zur größeren Vision und den größeren Sinn und Zweck zu unterstützen.

Prinzipientreues Überzeugen beginnt mit dem Aufbau und/oder der Stärkung von Brücken zwischen den Motivationen und Werten Ihrer Stakeholder und Ihren eigenen Motivationen und Werten.

Motivation als ein Ausdruck der Werte und Überzeugungen

Die Motivation wird hauptsächlich von Werten und Überzeugungen gesteuert – d. h. von der Erfolgsfaktorebene, auf der es darum geht, warum wir so denken und handeln, wie wir es tun. Werte und Überzeugungen gestalten, wie ein Mensch seine Wahrnehmung der Situation „betont" und ihr „Bedeutung" gibt. Dies bestimmt wiederum, welche Strategien und Verhaltensweisen die Person auswählt und einsetzt, um die Situation zu bewältigen. Deshalb bieten unsere Überzeugungen und Werte die innere Verstärkung, bestimmte Fähigkeiten und Verhaltensweisen zu unterstützen oder zu hemmen. Deshalb beeinflussen sie, wie sehr sich Menschen anstrengen und die Qualität ihrer Leistung.

Unsere Werte und Überzeugungen bieten die innere Verstärkung, die das unterstützt oder hemmt, was wir denken und tun.

Wie im vorigen Kapitel beschrieben, beeinflussen die Werte und Überzeugungen eines Menschen, seine Art und Weise, wie er in der Welt handelt. Unsere Werte bestimmen zum Beispiel, welche Wichtigkeit oder Bedeutung wir verschiedenen Handlungen und Erfahrungen beimessen. Wer beispielsweise „Beziehungen" schätzt, wird sein Leben mehr auf gute Verbindungen und Interaktionen mit anderen Menschen ausrichten. Personen, die eher „Leistung" als „Beziehungen" schätzen, würden sich dagegen mehr auf den Abschluss von Aufgaben und Ergebnissen konzentrieren. Sie könnten ihre Beziehungen opfern, um bestimmte Ergebnisse zu erzielen.

Sie können den Unterstützungsgrad der Stakeholder steigern, wenn es Ihnen gelingt, Ihr Projekt an deren Schlüsselwerten und Motivationen auszurichten.

Die direkteste Art, den Unterstützungsgrad der Stakeholder zu erhöhen, besteht darin, Ihr Projekt oder Unternehmen irgendwie an deren wichtigsten Werten und Motivationen auszurichten.

Auffinden der Grundwerte durch „Meta-Ziele"

Im vorigen Kapitel brachte ich die Unterscheidung zwischen „Grundwerten" und „Zweckwerten" ins Spiel. Prinzipientreues Überzeugen bedeutet Entdecken, Respektieren und das Bilden von Brücken zwischen signifikanten Grundwerten, die Sie und Ihre Stakeholder teilen. Häufig ist dafür zuerst die Klärung der Werte und ihrer Priorität erforderlich. Eine effektive Methode dazu ist das Hervorlocken der „Meta-Ziele".

Ein *Meta-Ziel* ist das „Ergebnis eines Ziels oder Ergebnisses". Jedes konkrete Ziel oder jede Aufgabe kann im Rahmen eines Ergebnisses höherer Ordnung angesehen werden; d. h. In einem Organisationsprinzip oder „Meta-Ziel". Ein „Meta-Ziel" organisiert das Verhalten des Systems in Bezug auf allgemeine, langfristige Ziele wie „Bewahren und Überleben", „Wachstum und Evolution", „Schutz", „Verbesserung", „Anpassung" usw. des Systems, des Individuums oder der Organisation. Meta-Ziele sind die Quelle dessen, was zuvor als „positive Absichten" bezeichnet wurde. Das „Ergebnis eines Ergebnisses". Sie entsprechen oft den erwünschten Auswirkungen (Effekten) bestimmter Ergebnisse oder Ziele. Für die Ökologie muss jedes bestimmte Ziel oder jede Strategie zu den Basis-Meta-Zielen beitragen, sowohl zu den persönlichen als auch zu denen der Holarchie.

Deshalb ist es sehr wichtig zur Beibehaltung der Integrität und der Ökologie des Systems, das Meta-Ziel eines bestimmten Verhaltens, einer Aufgabe oder eines Projekts zu ermitteln und zu prüfen, ob das Verhalten oder die Aufgabe wirklich das Metaziel auf höherer Ebene unterstützt oder ob nicht. Das Erkennen der Meta-Ziele ist ebenso wichtig für effektives und prinzipientreues Überzeugen. Die Menschen werden oft über konkrete Zielvorgaben oder Zielsetzungen streiten, sie finden aber zu einem Konsens bei Meta-Zielen auf höherer Ebene. Das Meta-Ziel von scheinbar widersprüchlichen Zielen wie „Expansion" und „Gesundschrumpfen" kann zum Beispiel dasselbe sein: „Anpassung und Überleben in einer sich verändernden Welt".

Um zum Beispiel den Widerstand zu verwandeln und den Disney CFO sowie das obere Management zu überzeugen, damit sie ihr mehr Unterstützung für ihr Projekt bei Disney Interactive gaben, erinnerte Jan Smith sie daran, dass es ein strategisches Ziel auf Unternehmensebene (d. h. ein „Meta-Ziel") gab, alle Inhalte von Disney auf andere Märkte auszuweiten. Sie erklärte ihnen: „Dahin wollen wir sowieso. Es ist nur früher als geplant."

Ein Meta-Ziel ist das „Ergebnis eines Ergebnisses" – d. h. der längerfristige erwünschte Effekt beim Erreichen eines unmittelbareren Ziels. Es ist oft ein Ausdruck für die Grundwerte.

Die Menschen werden selten über bestimmte Zielvorgaben und Zielsetzungen übereinstimmen, aber Konsens über Meta-Ziele auf höherer Ebene finden.

Für gewöhnlich sind unterschiedliche mentale Landkarten und Annahmen über die Situation der Grund, warum Menschen unterschiedliche Meinungen zu konkreten Strategien oder Wegen haben, die zu gegenseitig akzeptierten Meta-Zielen führen. Indem man ein gemeinsames Meta-Ziel findet, kann man leichter feststellen, wo die mentalen Landkarten und Annahmen voneinander abweichen, und darüber zu sprechen.

Wenn Sie Meta-Ziele finden, haben Sie mehr Wahlmöglichkeiten sowohl für den Entscheidungsprozess als auch in der Verhandlung. Denn dasselbe Meta-Ziel kann häufig auf verschiedenen Wegen erreicht werden. Weil das Mata-Ziel das tieferliegende, wichtigere Ziel ist, eröffnet die Definition des Meta-Ziels bestimmter Verhaltensweisen oder Positionen einen größeren Handlungsspielraum mit mehr Optionen, die dasselbe Meta-Ziel verfolgen, jedoch auf unterschiedliche Weise. So können Sie neue Wege und Strategien erkunden, die genauso effektiv für die Zielerreichung sind, aber andere Probleme und Herausforderungen vermeiden.

Lassen Sie uns zum Beispiel annehmen, jemand möchte als Ergebnis „in der Lotterie gewinnen". Die Chancen, ein solches Ergebnis zu erzielen, mögen klein sein und die Person könnte enttäuscht werden. Das „Meta-Ziel" dieses Ergebnisses kann jedoch durch die Frage entdeckt werden: „Was wollen Sie mit dem Lottogewinn erreichen?" Die Antwort darauf könnte sein: „Dann habe ich viel Geld und muss mir keine Sorgen mehr machen, wie ich meine Rechnungen bezahlen kann." Wenn man dann fragt: „ Und was wollen Sie damit erreichen, wenn Sie viel Geld haben und sich keine Sorgen mehr über die Bezahlung Ihrer Rechnung machen müssen?" Bekommt man vielleicht die Antwort: „Dann würde mein Leben leichter und stressfreier sein." Also ist das tieferliegende Meta-Ziel des Lottogewinns „ein leichteres, stressfreieres Leben". Der Lottogewinn ist nur ein Mittel, um dieses Meta-Ziel zu erreichen. Es gibt viele weitere Strategien und Ergebnisse (wie Stressmanagement-Techniken, solide Investitionen, effektive Finanzplanung und den Umgang mit Geld zu lernen usw.), über die dasselbe Meta-Ziel erreicht werden kann; und die vielleicht einfacher erreichbar sind. Diese zu kennen und zu verfolgen, muss nicht bedeuten, dass man sein anfängliches Ziel („Lottogewinn") aufgibt, aber man hat mehr Optionen und das macht es wahrscheinlicher, dass das Meta-Ziel schließlich erreicht wird.

"Meta-Ziel"
„Anpassung und Überleben in einer sich verändernden Welt"

Ziel 1
„Expansion"

Ziel 2
„Stellenabbau"

Konfliktträchtige Ziele können ein gemeinsames Meta-Ziel teilen.

Die Frage nach dem Meta-Ziel

Meta-Ziele werden durch die Frage hervorgelockt: „Was wird Ihnen das Ergebnis bringen?" Die Antwort auf diese Frage wird das vorausgeahnte Ergebnis des Ergebnisses sein. Wird diese Frage mehrere Male gestellt, führt das normalerweise zu Meta-Zielen auf immer höheren Ebenen. Nehmen wir zum Beispiel an, jemand hat das Ziel, „jemand anderen zu bestrafen". Das Meta-Ziel der „Bestrafung" wäre, „ihm eine Lektion zu erteilen". Das Meta-Ziel von „ihm eine Lektion zu erteilen" wäre, „sein Verhalten zu ändern". Das Meta-Ziel der „Verhaltensänderung" wäre, „sich sicherer zu fühlen". Das Meta-Ziel von „sich sicherer fühlen" wäre, „die Freiheit ich selbst zu sein"; und so weiter.

Erkunden Sie ihre eigenen Meta-Ziele mittels der folgenden Übung:

1. Denken Sie an ein bestimmtes Ziel oder Ergebnis, das Sie gern erreichen möchten. (Nennen wir es Ergebnis „A")

2. Fragen Sie sich selbst: „Wenn ich A erreiche, was wird mir dann möglich. Was kann ich dadurch erreichen." (Nennen wir das Ergebnis von Ergebnis A – oder das „Meta-Ziel" von A – Ergebnis „B".)

3. Nun fragen Sie sich: „Wenn ich B erreiche, was wird mir dadurch möglich?" (Nennen wir das Meta-Ziel von B Ergebnis „C".)

4. Stellen Sie sich diese Frage noch mehrere Male mit jedem „Meta-Ziel" aus der vorhergehenden Antwort als neues Ergebnis. Wohin führt Sie das? Welches neue Verständnis haben Sie über ihre eigenen Werte und Kriterien?

Wenn Sie die Lücken unten ausfüllen, können Sie einige Ihrer eigenen Meta-Ziele entdecken.

Was wollen Sie?
Ich will _____

Was wird Ihnen das bringen?
Wenn ich das bekomme, dann werde ich _____

Was wird Ihnen das bringen?
Wenn ich das bekomme, dann werde ich _____

Was wird Ihnen das bringen?
Wenn ich das bekomme, dann werde ich _____

David Guo wandte diese Strategie an, um herauszufinden, wie er den Phosphor-Experten überzeugen konnte, aus der Pensionierung zurückzukommen und für Guos Firma zu arbeiten. Der Mann war weder an mehr Geld interessiert, noch musste er sich beruflich beweisen, so musste Guo etwas finden, dass interessant genug war, damit diese Person zur Arbeit zurückkommen wollte. Er war in der Lage, das „Meta-Ziel" des Phosphor-Experten zu entdecken, der seine eigenen Theorien und Ideen erforschen und versuchen wollte, sie auf das anzuwenden, wovon die Leute dachten, dass es nicht möglich sei. Guo konnte dadurch den Phosphor-Experten überzeugen, dass seine Vision von einem hochauflösenden Bildschirm in der Größe und Dicke eines Staubtuches eine großartige Gelegenheit wäre, seine Theorien in die Praxis zu bringen.

Verbales Reframing, um Werte in Einklang zu bringen

Ein weiterer Weg, um Resonanz und Einklang der wichtigsten Werte und Motivationen zu erreichen, ist das sogenannte „verbale Reframing". *Verbales Reframing* bedeutet, mit einem Wort oder einer Phrase eine bestimmte Idee oder Konzept auszudrücken und ein anderes Wort oder eine Phrase für diese Idee oder das Konzept zu finden, die entweder ein positiveres oder negativeres Licht auf dieses Konzept wirft. Wie der Philosoph Bertrand Russell humorvoll sagt: „Ich bin stark; du bist hartnäckig; und er ist ein eigensinniger Dickschädel." In Anlehnung an Russels Formel, können wir einige andere Beispiele bilden, wie zum Beispiel:

Ich bin zu Recht empört;   du bist verärgert;   er macht viel Lärm um nichts.

Ich habe es überlegt;   du hast deine Meinung geändert;
                                                            er hat sein Wort gebrochen.

Ich habe einen astreinen Fehler gemacht;   du hast die Tatsachen verdreht;
                                                            er ist ein verdammter Lügner.

Ich bin teilnahmsvoll;   du bist weich;   er ist ein „Schwächling".

Jeder Aussage liegt ein bestimmtes Konzept oder eine Erfahrung zugrunde. Diese werden aus mehreren unterschiedlichen Perspektiven durch „Re-framing" (Umdeuten) mit verschiedenen Worten eingeordnet. Betrachten Sie zum Beispiel das Wort: „Geld." „Erfolg", „Mittel", „Verantwortung", „Korruption", „Grüne Energie" usw. sind alles Worte oder Phrasen, die unterschiedliche Rahmen („Frames") um den Begriff „Geld" setzen und damit ganz unterschiedliche, aber mögliche Perspektiven hervorbringen. Versuchen Sie einige eigene Ein-Wort-Reframings für die folgenden Wertebezeichnungen zu formulieren:

Verbales Reframing bedeutet, ein Wort oder einen Satzteil, der eine bestimmte Idee oder Vorstellung ausdrückt, zu nehmen und ein anderes Wort oder einen anderen Satzteil für diese Idee oder das Konzept zu finden, deren Bedeutung überlappt, aber eher eine positivere oder negativere Färbung auf das Konzept wirft.

- *verantwortlich (z.B. zuverlässig, starr)*
- *global (z.B. ausdehnend, schwerfällig)*
- *spielerisch (z.B. flexibel, unaufrichtig)*
- *stabil (z.B. bequem, langweilig)*
- *genügsam (z.B. weise, geizig)*
- *freundlich (z.B. nett, naiv)*
- *durchsetzungsfähig (z.B. selbstsicher, gemein)*
- *respektvoll (z.B. fürsorglich, kompromittierend)*

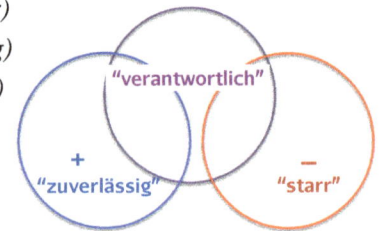

Verbale Umdeutungen (Reframes) können zur Unterstützung genutzt werden, um eine Brücke zwischen zwei scheinbar unvereinbaren Werten und Motivationen zu bilden.

Diese Arten des verbalen Reframing können als Hilfe genutzt werden, um eine Brücke zwischen anscheinend unvereinbaren Werten oder Motivationen zu bilden. Der Unternehmer, zum Beispiel, wünscht sich vielleicht „Wachstum", während der Investor „Sicherheit" sucht. Jedoch glaubt der Investor vielleicht, dass die notwendigen Schritte, um Wachstum zu erzeugen, sein Sicherheitsgefühl gefährden. Diese Arten von scheinbar grundsätzlicher Unvereinbarkeit können Konflikte und Wider- stand heraufbeschwören, wenn ihnen nicht angemessen entgegnet wird.

Verbale Reframings zum Aufbau von Wertebrücken

Ein Weg, mit diesen scheinbaren Wertekonflikten umzugehen, ist, verbale Reframings zu nutzen, um eine „Brücke" zu bilden, die die unterschiedlichen Werte verbindet. Zum Beispiel hat ein Unternehmer vielleicht den Grundwert „Beitrag", während ein potenzieller Investor den Grundwert „Kontrolle" haben könnte. Die beiden anfänglichen Werte scheinen im Konflikt zu stehen. „Beitrag" kann jedoch leicht in „Bedürfnisse befriedigen" umgedeutet (reframed) werden, „Kontrolle" kann in „aufs Geschäft aufpassen" umgedeutet werden. In vielerlei Hinsicht sind „Bedürfnisse befriedigen" und „aufs Geschäft aufpassen" sehr ähnlich. So hat das einfache verbale Reframing die Lücke zwischen den scheinbar unvereinbaren Werten geschlossen.

Als weiteres Beispiel sagen wir, ein Stakeholder hätte den Grundwert „Qualität"; aber der Unternehmer ist scharf auf „Kreativität". Wieder scheinen beide Werte im Gegensatz zueinander zu stehen (bei „Qualität" geht es um „Einhalten von Standards", aber „Kreativität" bedeutet „Dinge zu ändern"). Jedoch kann „Qualität" verbal zu „kontinuierlicher Verbesserung" umgedeutet werden und „Kreativität" zu „Erzeugung besserer Alternativen" Erneut kann das simple Reframing helfen, die Lücke zu schließen und eine Brücke zwischen den scheinbar ganz verschiedenen Werten zu bilden.

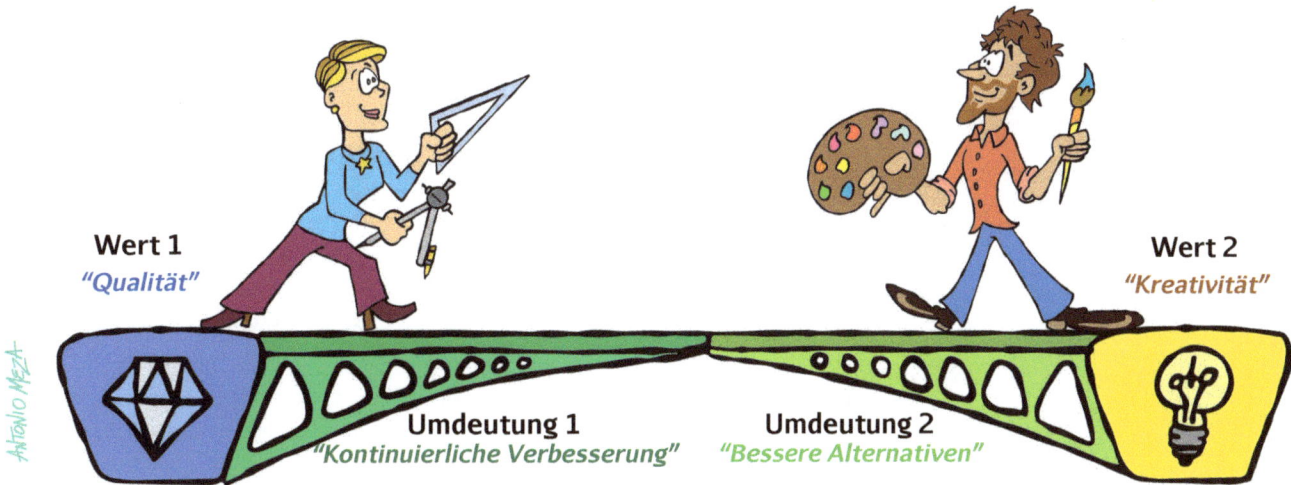

Wert 1
"Qualität"

Wert 2
"Kreativität"

Umdeutung 1
"Kontinuierliche Verbesserung"

Umdeutung 2
"Bessere Alternativen"

Eine Wertebrücke schließt die Lücke zwischen scheinbar unvereinbaren Motivationen

Die Bedeutung der vielfältigen Wahrnehmungspositionen zum prinzipientreuen Überzeugen

In *SFM Band II* (S. 164-167) stellte ich die Kompetenz zur Integration vielfältiger „Wahrnehmungspositionen" vor. Die *Wahrnehmungspositionen* beziehen sich auf die grundlegenden Sichtweisen, die Sie in Bezug auf eine Beziehung zwischen Ihnen und einer anderen Person oder einer Gruppe von Personen in irgendeiner Situation einnehmen können.

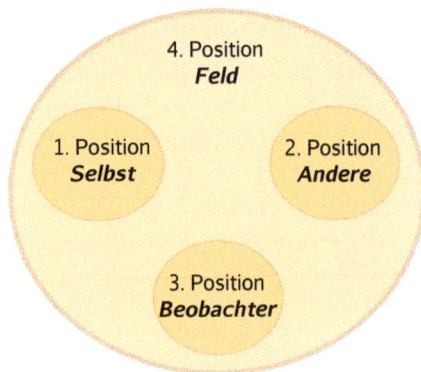

Es gibt vier grundlegende Wahrnehmungs-positionen von deren Warte aus wir einen Leadership-Moment wahrnehmen können.

- **1. Position:** Verbunden mit Ihrer eigenen Sichtweise, Ihren Überzeugungen, Werten und Vorannahmen; die äußere Welt mit Ihren eigenen Augen betrachtend – die „ICH"-Position oder Position des *Selbst*.

- **2. Position:** Verbunden mit der Sichtweise der anderen Person, mit ihren Überzeugungen Werten und Vorannahmen; die äußere Welt mit den Augen des/der anderen betrachtend – die „DU"-Position oder *Andere*.

- **3. Position:** Verbunden mit einer außenstehenden Sichtweise auf die Beziehung zwischen sich selbst und der anderen Person als Zeuge der Interaktion – die „SIE"-Position oder *Beobachter*-Position.

- **4. Position:** Verbunden mit der Perspektive des größeren Systems (der Holarchie) – die „WIR"-Position oder *Feld*-Position.

Zur Bildung von effektiven und ethischen Wertebrücken ist es wichtig, all diese Perspektiven bezüglich des Leadership-Moments, auf den Sie reagieren wollen, einzunehmen. In der *Ersten Position* können Sie sich über Ihre eigenen Werte und Meta-Ziele klar werden. Die *Zweite Position* unterstützt Sie dabei, Ihre Stakeholder und deren Motivationen zu verstehen. Dies ist eine Grundlage für emotionale Intelligenz. Die *dritte Position* ermöglicht Ihnen, genau über die Beziehung zu dem Stakeholder nachzudenken und Resonanzbereiche zu finden. Die *vierte Position* ist notwendig, um ein Gefühl dafür zu bekommen, wie die Interaktion mit dem/n Stakeholder/n dem höheren Sinn und Zweck des größeren Systems dient.

Die vierte Position ist eine sehr wichtige Perspektive für Conscious Leadership und Meta-Leadership, weil sie die Identifikation mit dem größeren System ermöglicht und man erlebt, was es heißt, Teil eines Kollektivs zu sein, was sprachlich durch das „WIR" (erste Person Plural) ausgedrückt wird. Viele Leader in meiner Studie bezogen sich oft auf die „Position der Firma" oder des „Systems", um eine wichtige Entscheidung zu treffen. Die vierte Position ist wichtig zur Bildung des „Teamgeist". Dies ist letztendlich das Ziel des prinzipientreuen Überzeugens. So sagt Jan Smith, sie wusste, dass sie erfolgreich war, als die Leute mit der Zeit nicht mehr von „Jans verrückter Idee" sondern von „unserem Projekt" redeten.

Einsatz des Körperverstands beim prinzipientreuen Überzeugen

Ebenso nützlich und wichtig ist der Einsatz Ihres Körperverstandes und emotionaler Intelligenz bei Wertebrücken und prinzipientreuem Überzeugen. Am besten bilden Sie dazu zuerst die Brücke zwischen sich selbst und Ihrem Stakeholder körperlich (somatisch). Unter Anwendung der Prinzipien aus Kapitel 2 können Sie physisch zwei Positionen wie bei einer Rollenspiel-Übung auslegen.

1. Beginnen Sie in Ihrer eigenen ersten Position, finden Sie den Wert der Ihnen und für Ihr Unternehmen wichtig ist – z. B. „Wachsen". Machen Sie eine physische Geste oder eine Bewegung, die diesen Wert darstellt. Treten Sie danach an einer anderen Stelle in die zweite Position des Stakeholders ein, dessen Unterstützung Sie gern steigern möchten. Versetzen Sie sich in seine Lage und ermitteln Sie den wichtigsten Wert für diese Person – „Sicherheit" zum Beispiel. Machen Sie wieder eine physischen Geste oder Bewegung, die den Wert darstellt. Für gewöhnlich werden Sie feststellen, dass diese Gesten sich stark voneinander unterscheiden, wie die nebenstehende Zeichnungen vorschlagen.

2. Zur Bildung einer somatischen Brücke kehren Sie an Ihre erste Position zurück und machen Sie eine mit Ihrem Wert verbundene Geste oder eine Bewegung. Dann gehen Sie buchstäblich einen Schritt auf die Position des Stakeholders zu. Passen Sie Ihre Haltung oder Bewegung so an, das sie der Geste oder Bewegung des Stakeholders etwas ähnlicher wird. Überlegen Sie, welchen inneren Zustand oder Wert die Körperhaltung darstellt. Wie die nebenstehende Zeichnung zeigt, könnte es etwas sein wie: „Offen für Möglichkeiten".

3. Wiederholen Sie den gleichen Ablauf mit der Position des Stakeholders. An der Stelle des Stakeholders machen Sie eine mit seinem Wert verbundene Geste oder Bewegung. Dann gehen Sie einen Schritt auf Ihre eigene Position zu. Passen Sie Ihre Körperhaltung oder Bewegung so an, dass sie Ihrer Geste ähnlicher wird. Überlegen Sie, welchen inneren Zustand oder Wert die Körperhaltung darstellt. Vielleicht ist es etwas wie „vorsichtig".

4. Im letzten Schritt vervollständigen Sie die somatische Brücke, indem Sie die Geste oder Bewegung finden, die zwischen die beiden neu geschaffenen Gesten passt, wie in nebenstehender Zeichnung gezeigt. Welcher innere Zustand oder Wert wird durch die Körperhaltung ausgedrückt? Vielleicht ist es so etwas wie: „geerdet". Nun haben Sie eine somatische Brücke gebildet, die eine hervorragende Quelle für Ihre Intuition und die Grundlage für sehr fruchtbare Gespräche mit Ihrem Stakeholder sein kann.

"Sicherheit"
Stakeholder

"Wachsen"
Selbst

"Sicherheit"
Stakeholder

"offen für Möglichkeiten" "Wachsen"
Selbst

"Sicherheit" "vorsichtig"
Stakeholder

"offen für Möglichkeiten" ""Wachsen"
Selbst

"Sicherheit" "vorsichtig" "geerdet"
Stakeholder

""offen für Möglichkeiten" Wachsen
Selbst

Brücke zwischen den Werten

Die folgende Übung bringt die drei Kompetenzen der Wahrnehmungspositionen mit Körperintelligenz und verbalem Reframing zusammen, um Ihnen dabei zu helfen, eine starke potentielle Wertebrücke zu bilden.

1. Wählen Sie einen Stakeholder aus Ihrer Tabelle aus, dessen Unterstützungsgrad sie erhöhen möchten. Richten Sie zwei verschiedene Orte für sich selbst und den Stakeholder ein.

2. Beginnen Sie mit Ihrer eigenen Perspektive (1. Position) und überlegen Sie, welche Werte und Motivationen Ihnen hinsichtlich ihres Projekts oder Unternehmens wichtig sind. Wofür wollen Sie Unterstützung? Wählen Sie das Wichtigste und drücken es durch eine Geste oder Bewegung aus. Schreiben Sie das Wort oder die Phrase, die am besten Ihren Wert oder Ihre Motivation beschreibt, in das freie Feld über **Wert 1** wie auf der nächsten Seite gezeigt (z. B. *Innovation*).

3. Versetzten Sie sich nun vollkommen in die Lage Ihres Stakeholders (2. Position). Sobald Sie seine Perspektive eingenommen haben, achten Sie darauf, was Ihnen als Stakeholder jetzt wichtig ist. Welche Werte oder Motivationen haben bei der Entscheidung Vorrang? Was scheint am ehesten in Konflikt mit dem Wert oder der Motivation zu stehen, die Sie über **Wert 1** aufgeschrieben haben? Drücken Sie den Wert des Stakeholders als Geste oder Bewegung aus. Schreiben Sie das Wort oder die Phrase, die am besten seinen Wert oder seine Motivation beschreibt, in das freie Feld über **Wert 2** (z. B. *Prestige*).

4. Betrachten Sie die Beziehung zwischen sich selbst und der anderen Person, als ob Sie ein Beobachter wären, der die Interaktion der beiden Menschen anschaut (3. Position). Wo gibt es Resonanz bei ihren Sichtweisen oder Werten? Wo verbinden sich beide?

5. Nehmen Sie die Perspektive des Feldes dazwischen ein (4. Position) und betrachten Sie die beiden Personen als ein Team im Dienst eines höheren Zwecks (ein „wir"). Treten Sie physisch zwischen die beiden Positionen und fragen Sie sich: „Was wollen wir beide? Welches Meta-Ziel haben wir gemeinsam?" Drücken Sie dies als Geste oder Bewegung aus und schreiben Sie das Wort oder die Phrase in das Feld über *Meta-Ziel* in der Vorlage unten (z. B. etwas besonderes tun).

   • Welches Wort oder welche Phrase könnten Sie nutzen, um Ihren Wert oder ihre Motivation so umzudeuten („reframen"), dass es sich der anderen Person und Ihrem gemeinsamen Meta-Ziel annähert? Schreiben Sie das Wort oder die Phrase in das Feld über **Umdeutung 1** in der Vorlage unten (z. B. *Errungenschaft*).

   • Welches Wort oder welche Phrase könnten sie nutzen, um den Wert oder die Motivation der anderen Person zu „reframen", so dass es sich Ihrem und dem gemeinsamen Meta-Ziel annähert? Schreiben Sie das Wort oder die Phrase in das Feld über **Umdeutung 2** in der Vorlage unten (z. B. *Anerkennung*).

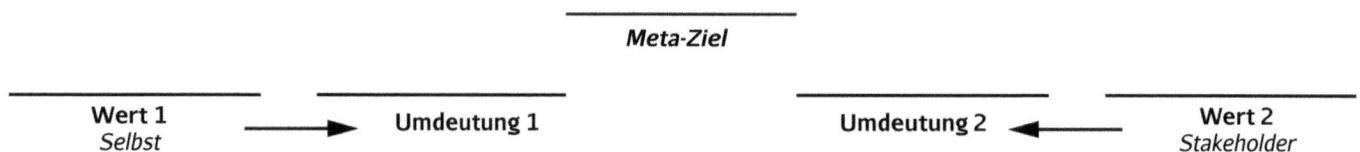

_____
Meta-Ziel

Wert 1	**Umdeutung 1**	
Selbst	→	

Umdeutung 2 ←	**Wert 2**
	Stakeholder

Meta-Ergebnis

Innovation	Erfüllung		Anerkennung	Prestige
Wert 1	**Umdeutung 1**		**Umdeutung 2**	**Wert 2**
Selbst				*Stakeholder*

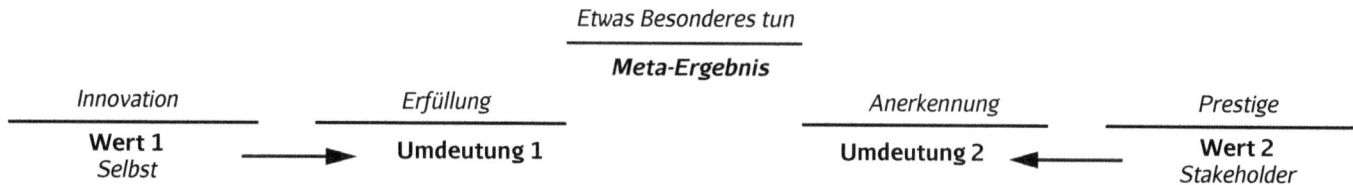

Beispiel für eine Wertebrücke

6. Kehren Sie zurück in die Perspektive Ihres Stakeholders. Wie erleben Sie die gebildete Brücke durch dieses somatische und verbale Reframing? Wie beeinflusst es Ihre Sichtweise auf das Projekt oder Unternehmen? Welche Auswirkungen hat es auf Ihren Unterstützungsgrad?

Fahren Sie damit fort, unterschiedliche Körperhaltungen und verbale „Reframes" auszuprobieren. Bewegen Sie sich dabei durch die verschiedenen Wahrnehmungspositionen, bis sie die somatischen Gesten und verbalen Reframes finden, die die anscheinend unvereinbaren Werte näher zusammenbringen, so dass sie irgendwie harmonischer werden oder sich ergänzen.

Das Beispiel von Disney und dem Banker

Es gibt eine beeindruckende Anekdote über Walt Disney, die veranschaulicht, wie diese Methode angewandt werden kann. Angeblich ging Disney in der Zeit, als er Schneewittchen produzierte, das Geld aus und er stand kurz vor dem Bankrott. Er wusste, dass er zum Bankdirektor – seinem „Investor" – gehen und nach einem weiteren Kredit fragen musste. Da man sich inmitten der Großen Depression der 1930er Jahre befand und niemand jemals zuvor einen Zeichentrick-Film in Spielfilmlänge produziert hatte, war es sehr wahrscheinlich, dass der Banker großen Widerstand hatte, noch mehr Geld bei einem so hohen Maß an Ungewissheit zu verleihen.

Bevor er zum Bankdirektor ging, spielte er mit seinem Bruder Roy (dem Finanzchef der Firma) ein Rollenspiel. Der eine versetzte sich in die Lage des Bankers. Der andere würde dann versuchen, den ersten in der Rolle des Banker zu überzeugen, der Firma mehr Geld zu leihen. Der Bruder in der zweiten Position, in der Rolle des Bankers, sollte Bedenken aufbringen und Fragen aus der Banker-Perspektive stellen. Nach einer Weile tauschten sie die Positionen – der eine, der versucht hatte, den Kredit zu bekommen, wurde nun zum Banker und umgekehrt – dann setzten sie den Dialog fort.

Durch die mehrmaligen Wiederholungen fanden sie Möglichkeiten eine Brücke zwischen ihrer Vision und den Motivationen des Bankers zu bilden. Das Resultat ist Geschichte. Sie bekamen den Kredit, beendeten den Film und Schneewittchen wurde ein riesiger Erfolg.

Überzeugungsbarrieren und Überzeugungsbrücken

Beim effektiven und prinzipientreuen Überzeugen geht es nicht nur um die Resonanz zwischen den Werten, sondern auch um die Berücksichtigung der Überzeugungen. Häufig halten sich Stakeholder mit ihrer Unterstützung aufgrund einschränkender Überzeugungen zurück, die sie bezüglich eines bestimmten Projekts, Unternehmens oder einer Vision haben. Neben der Bildung von Wertebrücken müssen Conscious Leader und Unternehmer auch Überzeugungsbrücken entwickeln.

Im vorigen Kapitel erkundeten wir den Begriff des „Gewinner-Glaubenssystems", das charakterisiert wird durch:

Überzeugungsbarrieren sind einschränkende Überzeugungen oder Vermutungen, die unsere Motivation und den Fortschritt zum erfolgreichen Abschluss unserer Projekte oder Unternehmen beeinträchtigen oder untergraben.

- die Erwartung einer positiven Zukunft
- das Gefühl von Leistungsfähigkeit und Verantwortlichkeit
- das Selbstwertgefühl und das Zugehörigkeitsgefühl

Überzeugungsbarrieren beeinträchtigen den Fortschritt hin zur Vision

Einschränkende Überzeugungen oder „Überzeugungsbarrieren" bewirken das Gegenteil dieser Erfahrungen: d. h. Zukunftsängste, Zweifel und Misstrauen und Selbstvorwürfe. Überzeugungsbarrieren sind einschränkende Überzeugungen oder Vermutungen, die unsere Motivation und den Fortschritt zum erfolgreichen Abschluss unserer Projekte oder Unternehmen beeinträchtigen oder untergraben. Das Beispiel der „Vier-Minuten-Meile" aus dem vorigen Kapitel veranschaulicht sehr gut eine Überzeugungsbarriere. Sie bildet ein künstliches Limit dessen, was für möglich gehalten wird.

Überzeugungsbrücken transformieren oder umgehen einschränkende Überzeugungen oder Überzeugungsbarrieren, indem sie Menschen wieder mit der größeren Perspektive verbinden oder sie auf den höheren Zweck des Projekts oder Unternehmens fokussieren.

Im Wesentlichen behaupten oder implizieren einschränkende Überzeugungen, dass Ihre Vision, Mission und / oder Ambition 1.) nicht wünschenswert ist oder sich nicht lohnt 2.) nicht möglich oder 3.) nicht angemessen ist, 4.) dass Sie nicht in der Lage sind, sie zu erreichen oder 5.) dass Sie dafür nicht verantwortlich sind, es nicht verdient haben oder keine Erlaubnis dazu haben.

Überzeugungsbrücken verbinden Menschen mit dem höheren Zweck des Projekts oder Unternehmens

Zur Motivation von Stakeholdern und wichtigen Mitarbeitern und um „das Unmögliche, möglich zu machen", brauchen effektive Unternehmer und Führungskräfte das Geschick, „Überzeugungsbrücken" zu entwickeln, die einschränkende Überzeugungen oder Überzeugungsbarrieren umgehen oder transformieren. Die effektivsten Überzeugungsbrücken sind solche, die dies erfüllen und Menschen wieder mit der größeren Perspektive verbinden oder sie auf den höheren Sinn und Zweck des Projekts oder Unternehmens fokussieren.

Als Beispiel dient hierzu, wie Jan Smiths den CFO und das obere Management des Disney Konzerns daran erinnerte, dass „es ein strategisches Ziel gäbe, ALLE Inhalte von Disney auszuweiten" und dass ihre Ideen für The Disney Store und Disney Interactive das waren, „was wir sowieso wollen … nur früher als geplant". Hiermit schaffte sie eine Überzeugungsbrücke um deren Bedenken und Widerstände herum. Die Überzeugungs-

barriere kam in Form der Bedenken auf, dass ihr Projekt nicht relevant für das Geschäft sei (angesichts der beispiellosen Art des Disney Stores und der schlechten Finanzgeschichte von Disney Interactive) und sich deshalb das Risiko nicht lohnen würde. Jan schaffte eine Brücke, indem sie ihr Projekt mit einem wichtigen strategischen Ziel der größeren Organisation verband (seinem Meta-Ziel auf der Identitätsebene). Sie zeigte damit deutlich, dass ihr Projekt relevant war, und dazu noch es wert war, weil es die Erfüllung des höheren Zwecks beschleunigte.

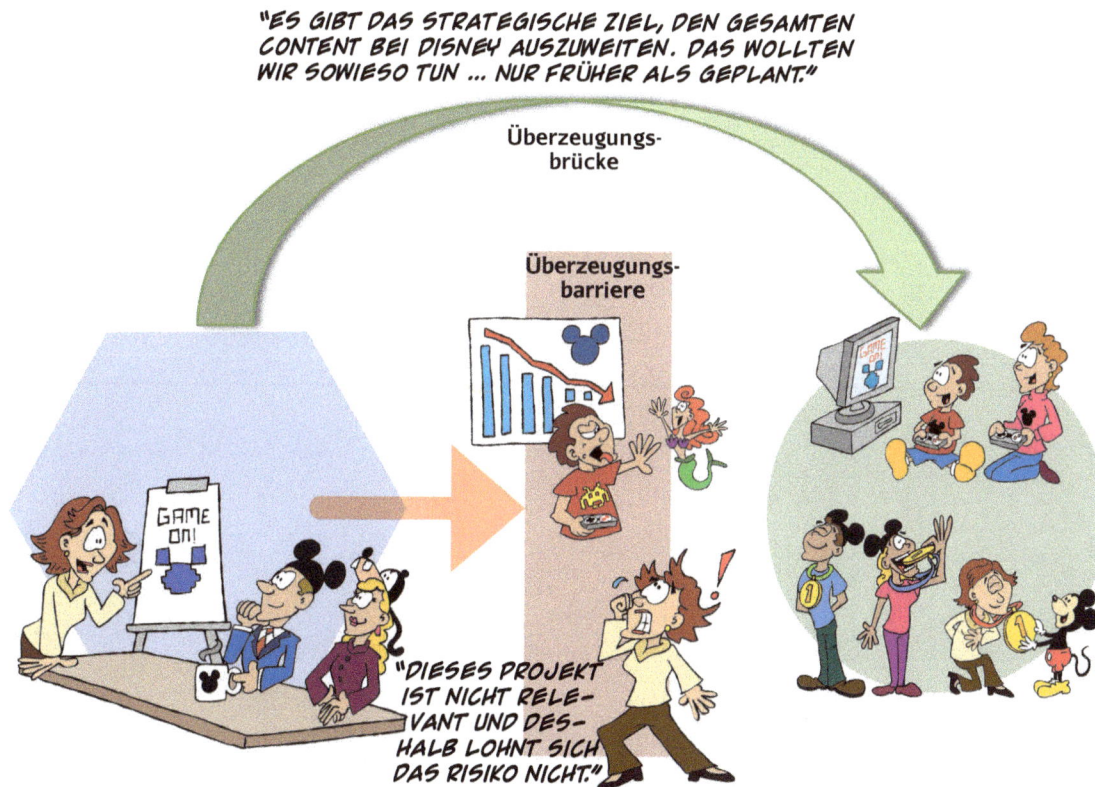

"ES GIBT DAS STRATEGISCHE ZIEL, DEN GESAMTEN CONTENT BEI DISNEY AUSZUWEITEN. DAS WOLLTEN WIR SOWIESO TUN ... NUR FRÜHER ALS GEPLANT."

Überzeugungs- brücke

Überzeugungs- barriere

"DIESES PROJEKT IST NICHT RELE- VANT UND DES- HALB LOHNT SICH DAS RISIKO NICHT."

Jan Smith bildete eine Überzeugungsbrücke, indem sie ihr Projekt mit dem wichtigen strategischen Ziel der größeren Organisation verband und hinzufügte, dass sich das Risiko lohnen würde, weil es die Zielerreichung des höheren Zwecks sogar beschleunigen würde.

Bildung von Überzeugungsbrücken für eigene Überzeugungsbarrieren

Fangen Sie am besten bei sich selbst an, um die Bildung von Überzeugungsbrücken zu üben. Wenn Sie nicht an Ihr Projekt oder Unternehmen glauben, wird es schwierig sein, jemand anderen davon zu überzeugen. Nehmen Sie sich etwas Zeit und erkunden Sie, wie Sie mithilfe von Überzeugungsbrücken um Ihre eigenen Überzeugungsbarrieren herumkommen. Dazu dient das folgende Format, das wir in Coachings mit Conscious Leadern und Unternehmern einsetzen:

1. Denken Sie an eine herausfordernde Situation, in der es für Sie schwierig ist, motiviert, klar und zuversichtlich bezüglich Ihres Projekts oder Unternehmens zu bleiben. Schaffen Sie einen physischen Raum für diese Situation und versetzen Sie sich hinein. Ähnlich wie in der Übung *Schwierige Gefühle halten* aus Kapitel 2 richten Sie Ihre Aufmerksamkeit darauf, wie Sie die Situation jetzt erleben; sehen, was Sie sehen, hören, was Sie hören und fühlen, was Sie fühlen. Nehmen Sie die Qualität Ihres Inneren Spiels als Reaktion auf das äußere Spiel wahr, mit dem Sie konfrontiert sind.

2. Treten Sie aus dieser Situation hinaus an einen neuen Ort. Denken Sie an die Situation und fragen Sie sich selbst: „Welche Glaubenssätze hindern mich daran, mir ganz selbstverständlich in diesem Kontext im Klaren und zuversichtlich zu sein? Welche „Überzeugungsbarrieren" blockieren mich, dass ich weder Klarheit noch Zuversicht in der Situation erlebe?" Sie können die Liste der Glaubenssätze nutzen, die wir im vorigen Kapitel erkundet haben, um nach den Überzeugungsbarrieren zu suchen: z. B.: Gibt es eine Überzeugung, dass es sich nicht lohnt oder es nicht wert ist? Nicht möglich? Nicht angemessen? Dass Sie dazu nicht fähig sind? Oder nicht dafür verantwortlich? Dass Sie es nicht verdient haben? Oder dass Sie dafür keine Erlaubnis haben?

Vielleicht sind Sie der Meinung: „Meine Vision und Ambition sind so groß, ich bin zu klein/unerfahren/unvorbereitet, um sie zu verwirklichen." Dies würde im Wesentlichen auf die Überzeugung hinauslaufen: „Ich bin dazu nicht fähig oder nicht gut genug."

Übezeugungs-Barrieren treten häufig auf, wenn wir herausfordernden Situationen begegnen.

3. Sobald Sie die Überzeugungsbarrieren herausgefunden haben, zentrieren Sie sich im COACH State, verbinden Sie sich mit Ihrer Vision und nutzen Sie die Anker oder Trigger aus der Übung *Verbindung mit der größeren „Holarchie"* aus Kapitel 1. Aus dem Zustand der Klarheit und Zuversicht fragen Sie sich: „Welche Überzeugungen bräuchte ich, um mich ganz selbstverständlich in dieser Situation klar und zuversichtlich zu fühlen? Welche „Überzeugungsbrücken" sind möglich, die mich mehr Klarheit und Zuversicht in diesen Kontext bringen lassen, sogar angesichts der Überzeugungsbarriere?" Welche Überzeugungen helfen mir mit meinem höheren Zweck verbunden zu bleiben? Anstatt dies kognitiv zu überlegen, lassen Sie es durch Ihren COACH State kommen. Es könnte zum Beispiel etwas sein wie: *„Meine Vision ist unvermeidlich und mein höherer Zweck ist es wert dafür einzustehen. Wie weit ich auch komme, es lohnt sich."*

Wenden Sie das *Überzeugungs-Assessment* und die Schritte zum *Gebrauch von Mentoren und Vorbildern zum Aufbau von Selbstvertrauen und zur Stärkung des Glaubens* aus dem vorigen Kapitel an, um zu gewährleisten, dass sich die Überzeugungsbrücke im Einklang mit Ihrem Kopf, Herzen und Bauch befindet.

4. Bleiben Sie zentriert und präsent und behalten Sie die mit der Überzeugungsbrücke verbundenen Glaubenssätze in Ihrem Kopf, Herzen und Bauch. Treten Sie zurück in die herausfordernde Situation ein, während Sie Ihre Aufmerksamkeit auf diese Überzeugungen richten. Nehmen Sie wahr, wie sich Ihr Erleben dieser Situation verändert.

Die "Überzeugungsbrücke" kann Ihnen helfen, um eine "Überzeugungsbarriere" herumzukommen, die Sie davon abhält, sich in herausfordernden Situationen im Klaren und zuversichtlich zu sein.

Der "Als-ob"-Rahmen zur Bildung von Überzeugungsbrücken

Der „Als-ob"-Rahmen ist ein weiteres gutes Instrument zur Bildung von Überzeugungsbrücken. Der Ablauf des *„Als-ob"-Rahmens* beginnt damit, dass die Einzelperson oder die Gruppe so tut, als ob der erwünschte Zustand schon erreicht worden sei. Der „Als-ob"-Rahmen eignet sich hervorragend, um Menschen zu helfen, ihre Wahrnehmung von der Welt und ihrer zukünftigen erwünschten Zustände zu entdecken und zu erweitern. Außerdem ist es eine nützliche Möglichkeit, Menschen zu helfen, Widerstände und Begrenzungen innerhalb ihrer gegenwärtigen Landkarte der Welt zu überwinden Jan Smith behauptete dazu: „Sie müssen zeigen, dass es möglich ist und dann fragen Sie: ,Warum sollte es nicht funktionieren?'"

Wenn zum Beispiel jemand sagt: „Wir können X nicht tun" oder „es ist unmöglich, X zu tun" könnte der „Als-ob"-Rahmen lauten: „Was würde geschehen, wenn wir X tun können?" oder „Angenommen, wir könnten X tun. Wie würde das sein?" oder „Wenn wir (schon) in der Lage wären, X zu tun, was würden wir dann tun?" Wenn zum Beispiel ein Firmenchef nicht in der Lage wäre, seinen erwünschten Zustand bei einem bestimmten Projekt zu beschreiben, würde ein SFM Coach oder Berater sagen: „Stellen Sie sich vor, wir befinden uns fünf Jahre später. Was hat sich rückblickend verändert? Was haben Sie vollbracht? Welche Ressourcen und Überzeugungen haben Sie das tun lassen?"

„So tun als ob" ermöglicht uns, die aktuell wahrgenommenen Einschränkungen der Realität fallen zu lassen und unsere Fantasie besser zu nutzen. Es nutzt unsere angeborene Vorstellungs- und Einbildungskraft. Es erlaubt uns, die Grenzen unserer persönlichen Geschichte, unseres Glaubenssystems und des „Ego" fallen zu lassen. „So tun als ob" war eine von Steve Jobs bevorzugten Methoden, um das sogenannte „Realitätsverzerrungsfeld" zu entwickeln.

Um unsere Visionen und Ambitionen zu erreichen, müssen wir zuerst *so tun, als ob* sie möglich sind. Wir malen sie uns vor unserem inneren Auge aus und geben ihnen alle Eigenschaften, die wir uns wünschen. Dann beginnen wir sie zum Leben zu erwecken, indem wir so tun, als ob wir die Gefühle erleben und verhalten uns so, dass es zu unseren Träumen und Zielen passt.

Die Bildung einer Überzeugungsbrücke wird erleichtert, wenn "man so tut, als ob" etwas möglich sei und aus der Zukunftsperspektive zurückschaut.

„Als-ob"-Übung zur Bildung von Überzeugungsbrücken

Der „Als-ob"-Rahmen ist eins der wichtigsten Instrumente für Conscious Leader und Next Generation Entrepreneurs. Die folgende Übung zeigt Ihnen, wie Sie mithilfe des „Als-ob"-Rahmens Menschen helfen können, Überzeugungsbrücken zu entwickeln.

1. Ermitteln Sie mit Ihrem Team, Stakeholder oder Partner ein Thema, bei dem Sie Zweifel haben. Äußern Sie Ihren einschränkenden Glaubenssatz laut – z. B. „Es ist für uns nicht möglich…", „Wir können nicht…" „Wir verdienen es nicht, …" usw.

2. Erkunden Sie als Gruppe den „Als-ob"-Rahmen. Fragen Sie „Was würde passieren, wenn (es möglich wäre / wir fähig dazu wären / wir es verdient hätten)? Wie würde das sein?"

   Stellen Sie sich vor, Sie hätten die Themen in Bezug auf Ihre Überzeugung, (es sei nicht möglich / man sei nicht fähig / man verdiene es nicht) schon bewältigt. Wie genau würden Sie anders denken und handeln?

3. Falls weitere Einwände oder Störungen aufkommen, fragen Sie weiter:

   „Tun Sie so, ‚als ob' wir schon die Störungen oder Einwände beseitigt hätten. In wie weit würden wir anders reagieren?" Erkunden Sie die folgenden Fragen:

   Gehen Sie in die Zukunft und schauen Sie nun zurück …

   • *Was ist geschehen oder was veränderte sich als Resultat Ihrer Aktionen?*

   • *Woran erkennen Sie/andere es?*

   • *Worauf sind Sie sehr stolz oder worüber freuen Sie sich am meisten?*

   • *Welches neue Bewusstsein haben Sie?*

   • *Welchen Rat haben Sie an Ihr früheres oder gegenwärtiges Selbst?*

   • *Wie haben Sie die Überzeugungsbarriere transformiert? Welche weitere Überzeugung half Ihnen über die Überzeugungsbarriere?*

So zu tun „als ob" hilft dabei, Überzeugungsbrücken zu entwickeln, indem wir in unserer aktuellen Wahrnehmung die Einschränkungen der Realität fallen lassen und unsere Fantasie vollkommener nutzen.

Das Beispiel von Barney Pell

Der erfolgreiche Unternehmer Barney Pell (s. Profil in SFM Bd. I, S. 102-115) liefert ein sehr gutes Beispiel, wie er diese Methode auf sich selbst anwandte, als er darüber nachdachte, seine eigene mit natürlicher Sprache gesteuerte Suchmaschine auf den Markt zu bringen. Barney fertigte eine Skizze seiner Überzeugungsbarriere an, in dem er „alle Gründe auflistete, es nicht zu tun". Ein Hauptgrund war seine Angst, dass eine größere Firma in einer besseren Position als er war, um die Idee umzusetzen. So dachte er sich: „Ich will mich der Angst stellen."

Barney berichtet: „Ich begann darüber nachzudenken: ‚Was wäre, wenn sie es täten? Dann würde das meine Idee bestätigen‘, dachte ich, ‚und ich hätte die Giganten bewegt.‘ Die Welt würde zu einem besseren Ort werden und das ist das Wichtigste für mich.“ In der Tat dachte er sich: Wenn „es nicht du bist, dann ist es noch besser“. „Es geht um die Macht der Idee, eine bessere Welt zu schaffen.“ Außerdem gab es andere große Firmen, die um die Suchmaschinentechnologie konkurrierten und er dachte: „Bei einem heftigen Kampf werden andere das, was ich habe, dringend brauchen.“

Letztlich schloss Barney, dass es „ein grenzenloses Dafür gab und fast keine Nachteile“. „Im schlimmsten Fall“, folgerte er, „hätten wir ein fantastisches Team und tolle Technik zusammengestellt, die wahrscheinlich für weit mehr gekauft würde, als was hineingesteckt wurde.“

Interessanterweise war es genau das, was geschah. Barney verkaufte schließlich seine Firma Powerset an Microsoft für mehr als $100 Millionen nach weniger als drei Jahren seit der Gründung. Barney wurde zum Multi-Millionär. Teile der Technologie und das Rahmenwerk wurden in der Bing Suchmaschine integriert, die von Microsoft und Yahoo genutzt wurden und dann auch von Google übernommen wurde. Powersets Entwicklungen veränderten signifikant das User-Erlebnis in vielen wichtigen Bereichen und hatte weitreichenden Einfluss auf die Branche der Informationssuche. Zum Beispiel wurde Powersets Technologie zur Grundlage von Apples Siri, dem stimmgeführten System, das zuerst im iPhone und iPad genutzt wurde.

Der Unternehmer Barney Pell wandte den „Als ob“-Rahmen an, um seine größte Überzeugungsbarriere vor der Gründung seiner Firma Powerset zu transformieren. Er verkaufte nach weniger als drei Jahren seine Firma für mehr als $ 100 Millionen an Microsoft.

Weitere Ressourcen für prinzipientreues Überzeugen

Die Ermittlung von Meta-Zielen, das verbale Reframing, die Brücke zwischen den Werten und Überzeugungsbrücken sind nur einige Möglichkeiten des prinzipientreuen Überzeugens. Eine weitere Gruppe stellen die sogenannten Sleight-of-Mouth-Muster dar (s. Anhang B).

Sleight-of-Mouth-Muster (s. Dilts, 1999) sind eine Form verbaler Überzeugungskraft, die Führungskräfte und Unternehmer zur Bildung von Überzeugungsbrücken nutzen können, die einschränkende Überzeugungen (eigene oder die wichtiger Mitarbeiter oder Stakeholder) angehen, bewältigen oder transformieren. Sleight-of-Mouth-Muster können als eine Kategorie „verbaler Reframings“ charakterisiert werden, die Überzeugungen beeinflussen – sowie die mentalen Landkarten, aus denen die Überzeugungen entstehen – indem neue Perspektiven und ein größeres Bewusstsein für die mentalen Landkarten und Annahmen geschaffen werden. *Sleight-of-Mouth-Fragen* können Unternehmern, Führungskräften und ihren Mitarbeitern helfen, „offene, ehrliche Dialoge über die Bedenken“ zu führen und „immer wieder Möglichkeiten zu finden, Hindernisse zu überwinden oder zu transformieren“.

Zusammenfassung des Kapitels

Erfolgreiche Unternehmer oder Führungskräfte brauchen häufig die Fähigkeit, das Unmögliche möglich zu machen. Visionen und Träume führen uns zu Vorstellungen über zukünftige Szenarien, die noch nie zuvor existiert haben und von denen wir noch nicht wissen, wie wir sie mit unseren derzeitigen Werkzeugen und Wissen erreichen sollen. Diese neuen Möglichkeiten werden oft als „unmöglich", „unrealistisch" oder „irrelevant" bezeichnet, weil sie „über das hinausgehen, womit die Menschen derzeitig vertraut sind oder sich wohl wohlfühlen".

Wenn unser bewusster kognitiver Verstand und unser Ego in die Zukunft blicken, können sie meistens nur durch die Filter dessen, was sie schon kennen, neues projizieren. Extrapolieren wir jedoch von dem aus, was wir kennen, bekommen wir nur eine begrenzte Sicht auf zukünftige Möglichkeiten. Deshalb hat Albert Einstein erklärt: „Fantasie ist wichtiger als Wissen." Das Unmögliche, möglich zu machen, erfordert eine starke Verbundenheit mit dem kreativen Unbewussten und dem „Feld".

Die Geschichte ist voller Beispiele, wie sich Menschen wegen der Begrenzungen ihrer eigenen kognitiven Filter ungenau und unvollständig die Zukunft vorstellten. Sie ist genauso gefüllt mit Fällen, die für unmöglich, unrealistisch oder irrelevant gehalten wurden, und die sich als möglich, erreichbar und wertvoll herausstellten.

Das Unmögliche möglich zu machen, bedeutet „eine Zukunft erschaffen", „den Kuchen größer machen" und „von Rückschlägen wieder aufstehen" zu können, doch es braucht noch etwas mehr. Dazu gehören die Kompetenzen Meta-Leadership, Chunking-down einer Vision für die Durchführung und effektives Überzeugen.

Meta-Leadership ist das Vermögen, etwas zu erschaffen und andere Führungskräfte zu führen. Dies erfordert nach den Worten des erfolgreichen Unternehmers David Guo die Fähigkeit, seine Visionen und Ideen kommunizieren zu können und „Menschen und ihre Motivationen zu verstehen", um sie dabei zu unterstützen, Verantwortung zu übernehmen und selbst Führungskraft zu werden.

Das *Erfolgsfaktor-Fallbeispiel von Jan Smith* zeigt, wie die Kompetenzen des Conscious Leadership und Meta-Leadership Hand in Hand gehen, um das Unmögliche möglich zu machen. Jan Smiths Erfolg mit The Disney Store und Disney Interactive veranschaulichen die Macht des „Coaching und Empowering (Fördern und Ermächtigen) der Mitarbeiter, um die Vision erfassen zu können" und das Vermögen der Mitarbeiter „sich der Lage gewachsen zu fühlen, wenn die Vision klar ist", wenn die Führungskraft engagiert und kongruent ist.

Walt Disneys *Imagineering-Prozess* entspricht einem ausgewogenen Zyklus zwischen den Denkweisen des *Träumers*, *Realisierers* und *Kritikers*. Es ist eine hervorragende Methode, um den Weg von der Vision bis zur Durchführung zu planen. Die Imagineering-Fragen lenken Einzelpersonen und Teams, die Schlüsselthemen jeder Phase im Prozess zu betrachten und die *Effizienz* („die Dinge richtig tun") mit der *Effektivität* („die richtigen Dinge tun") in Einklang zu bringen.

Das *„Storyboarding"* der Schritte bis zum Traum ermöglicht Führungskräften, Unternehmern und ihren Teams, die Resultate des Imagineering festzuhalten und die Vision in einen kritischen Pfad und letztlich in einen operativen Plan herunterzubrechen. Das Beispiel des *Storyboarding Leadership bei Microsoft* veranschaulicht, wie die vielen anderen Formate, die wir in diesem Buch besprochen haben, in den „Storyboarding"- und „Chunking-down"-Prozess einbezogen werden können.

Kritiker und Kritik willkommen heißen, ist eine weitere wichtige Kompetenz, um das Unmögliche, möglich zu machen. Obwohl gute Kritik notwendig ist, um effektive Resultate zu erzielen und hohe Qualität sicherzustellen, werden Kritiker oft im Umgang miteinander „für schwierige Menschen" gehalten, wegen ihres negativen Fokus und ihrer Neigung, Probleme bei den Ideen und Vorschlägen anderer zu finden. Sehr oft entsteht Kritik aus dem *Widerstand, sich zu verändern*. Kritik offenbart oft Sichtweisen von wichtigen Stakeholdern, denen noch nicht Rechnung getragen wurde oder die nicht ausreichend gewürdigt und in Betracht gezogen wurden.

Es ist wichtig zu bedenken, dass Kritik letztlich positiv gemeint ist. Gute Kritiker nehmen oft die Perspektive von Personen ein, die nicht direkt in den Plan oder die Aktivität involviert sind, die aber davon betroffen sein können (entweder positiv oder negativ). Das heißt, sie helfen, die Ökologie der beteiligten größeren Holarchie sicherzustellen.

Die *Stakeholder-Analyse* bietet eine detaillierte Übersicht über die Hauptstakeholder, die von dem bestimmten Projekt oder Unternehmen betroffen sind. Sie hebt deren momentanen Meinungen dazu hervor und legt den Unterstützungsgrad fest, der von den verschiedenen Stakeholdern gebraucht wird, damit die Initiative erfolgreich wird. Mithilfe dieser Information kann ermittelt werden, welche Stakeholder auf einen höheren Unterstützungsgrad gebracht werden müssen.

Einwände und Kritiken der wichtigsten Stakeholder können angegangen werden, indem die *positiven Absichten* hinter diesen Kritiken und Einwänden ermittelt und verstanden werden und darauf reagiert wird. Dies wird erreicht, indem die Aufmerksamkeit auf diese Intentionen gelenkt wird, um *positive Aussagen über diese positiven Absichten* auf Basis dieser Kritiken zu erhalten und die *Kritiken in „Wie"-Fragen zu verwandeln*. Wenn die positiven Absichten auf diese Art ermittelt und gewürdigt werden, können aus Kritikern Berater werden.

Die Energie, um an einmal gebildeten Strategien und Plänen festzuhalten und sie durchzuführen, ist eng mit der Motivation der Beteiligten verbunden. Motivation ist notwendig, um eine kooperative Bereitschaft zu erreichen, den operativen Plan effektiv umzusetzen und um Resultate zu erzielen. Die Motivation wird hauptsächlich durch *Werte und Überzeugungen* bestimmt. Sie liefert die innere Verstärkung, die den Einsatz von Fähigkeiten und Verhaltensweisen unterstützt oder hemmt.

Prinzipientreues Überzeugen ist eine Schlüsselkompetenz für Unternehmer und Führungskräfte, die Sprache so gebraucht, dass die Werte und Motivationen der Leute auf die Vision ausgerichtet und fokussiert werden. Die Ermittlung der Meta-Ziele ist eine hervorragende Möglichkeit den höheren Sinn und Zweck hinter den Motivationen und Zielen der Leute hervorzulocken und den Fokus auf die Grundwerte zu richten.

Sobald die Grundwerte bestätigt und geklärt worden sind, können Prozesse wie *verbales Reframing*, Einfühlen in verschiedene *Wahrnehmungspositionen* und die *Körperintelligenz* angewandt werden, um eine *Wertebrücke* zwischen den Motivationen der Stakeholder und denjenigen der Führungskraft oder des Unternehmers und deren Projekt oder Unternehmen zu bilden.

Einwände, Widerstände und Kritiken sind also häufig das Resultat von *Überzeugungsbarrieren* – einschränkenden Überzeugungen oder Vermutungen, die unsere Motivation und den Fortschritt zum erfolgreichen Abschluss unserer Projekte oder Unternehmen beeinträchtigen oder untergraben. Eine weitere Form effektiver Überzeugungskraft ist die Bildung von *Überzeugungsbrücken*, die einschränkende Überzeugungen und *Überzeugungsbarrieren* umgehen oder transformieren, indem sie die Menschen wieder mit der größeren Perspektive verbinden, die den Fokus auf den höheren Zweck legt. Die Übung *Überzeugungsbarrieren und Überzeugungsbrücken* bietet Führungskräften und Unternehmern eine Möglichkeit, sich über die eigenen Überzeugungsbarrieren bewusst zu werden und potenzielle Überzeugungsbrücken zu finden, die ihnen helfen, mehr Klarheit und Zuversicht zu erleben und verbunden mit ihrer eigenen höheren Bestimmung zu bleiben.

Referenzen und Literaturhinweise

- *Zukunftstechniken*, Dilts, R., Bonissone, G., Junfermann Verlag, Paderborn 1999.
- *Strategies of Genius Vol. I*, Dilts, R., Meta Publications, Capitola, CA,1994.
- *Business Model Generation*, Osterwalder, A. & Pigneur, Y., Campus Verlag, 2011.
- *Business Model You*, Clark, T., Osterwalder, A. , Campus Verlag, 2012
- *Lean Startup: Schnell, risikolos und erfolgreich Unternehmen gründen*, Ries, E., Redline Verlag, 2014.
- *NLP II – Die Neue Generation*, Junfermann Verlag, Paderborn 2013.
- *Die Magie der Sprache – Sleight of Mouth, Angewandtes NLP*, Junfermann, Paderborn, 2001

Fazit

Ich beginne unter der Annahme, dass Leadership mehr Anführer hervorbringt und nicht mehr Mitläufer.

Ralph Nader

Es gibt keine Veränderung, solange wir auf eine andere Person oder auf eine andere Zeit warten. Wir sind diejenigen, auf die wir gewartet haben. Wir sind die Veränderung, nach der wir suchen.

Barack Obama

Fazit

Wir leben in einer herausfordernden und sich ständig verändernden Welt. So wie sich die Änderungsrate beschleunigt, bringt sie zunehmende Instabilität, Ungewissheit und Risiken mit sich. Der Aufbau eines erfolgreichen und nachhaltigen Unternehmens unter solchen Bedingungen erfordert ein hohes Maß an Conscious Leadership, Innovationskraft und Resilienz. Robuste und belastbare Einzelpersonen, Teams und Unternehmen sind „fit für die Zukunft"; d. h. sie sind in der Lage, auf den unvermeidlichen Wellen des Wandels zu reiten und sich auf dem dabei entstehenden Pfad der Gefahren und Chancen zurechtzufinden.

Dieses Buch bietet Ihnen Ressourcen, mit deren Hilfe Sie größeres Können und Geschick in Conscious Leadership entwickeln und ein nachhaltiges Unternehmen aufbauen können, indem Sie sich selbst und ihr Team aus dem Zustand der zentrierten Präsenz mit Zugang zu vielfältigen Intelligenzen führen, wobei Sie Ihre höchsten Werte in den Dienst eines größeren Zwecks zum Nutzen aller Stakeholder stellen.

Mit diesem Buch wollen wir Ihnen vor allem Prinzipien, Modelle, Übungen und weitere Ressourcen an die Hand geben, durch die Sie größeres Können und Geschick in *Conscious Leadership* – in Führung mit Bewusstheit – entwickeln und ein nachhaltiges Unternehmen aufbauen können, indem Sie sich selbst und Ihr Team aus einem Zustand der zentrierten Präsenz mit Zugang zu vielfältigen Intelligenzen führen, wobei Sie Ihre höchsten Werte in den Dienst eines größeren Sinn und Zwecks zum Nutzen aller Stakeholder stellen. Hoffentlich können Sie sich mit Unterstützung dieser Ressourcen immer authentischer, emotional intelligenter, zweckdienlicher und verantwortlicher zeigen und Teams und Unternehmen aufbauen, die mit mehr Freude produktiver, ökologischer und nachhaltiger arbeiten.

Ein Rückblick auf die Schlüsselthemen

In *Kapitel 1* stellte ich die Behauptung auf, dass wirkliche Conscious Leader sich selbst als beitragende Mitglieder einer größeren „Holarchie" wahrnehmen, die sich von den Zellen und Organen im eigenen Körper bis zu ihren Familien, Berufen, Gemeinden, Gesellschaften und dem größeren Umfeld ausweiten. Die Hauptmaß des „Bewusstseins" eines Conscious Leader zeigt sich daran, wie viel der größeren „Holarchie" er oder sie in Ihrem Bewusstsein halten kann, während er oder sie für die Zukunft plant, eine Entscheidung trifft oder Maßnahmen ergreift. Die Übungen „Finden Sie Ihre Verbindung mit der größeren Holarchie", „Ausgleich von Ego und Seele" und „Entwicklung von Weisheit" sind einige Möglichkeiten, die Ihr Vermögen zum bewussten Leben, Führen und Entscheiden verbessern.

Kapitel 2 untersuchte einige notwendige, persönliche Leadership-Kompetenzen, um nach Rückschlägen wieder aufzustehen. Ich betonte die Bedeutung emotionaler Intelligenz für Conscious Leadership und Resilienz. Außerdem präsentierte ich wichtige Methoden und Übungen, um die fünf grundlegenden Komponenten emotionaler Intelligenz – Selbst-Bewusstsein, Selbst-Regulation, Selbst-Motivation, Empathie und soziale Kompetenz, zu verbessern. Dazu gehören Kompetenzen, um mit „negativen" Emotionen umzugehen, die Koordination von Kopf, Herz und Bauch, die Beherrschung des Inneres Spiels und die Unterscheidung von COACH und CRASH-Zuständen. Einige dieser Kompetenzen sind „Entwicklung von Ressourcen-Ankern", „Regeln Sie Ihre Energie", „Finden Sie Ihren Spitzenleistungsbereich", „Halten Sie schwierige Gefühle von sich und Gruppen" und „Transformieren Sie CRASH-Zustände".

Emotional intelligente und Conscious Leader müssen verstehen, dass sie zur Förderung des Wandels egal in welche Richtung auf jeden Fall die gegensätzlichen und ergänzenden Qualitäten willkommen heißen müssen. Das heißt, wenn Sie mehr Freude in die Welt bringen wollen, müssen Sie eine gute Beziehung zur Traurigkeit pflegen. Wenn Sie die Absicht haben, mehr Harmonie in die Welt zu bringen, werden Sie ein sehr gutes Verständnis für Dissonanzen und Konflikte haben und eine gute Beziehung damit pflegen müssen.

In *Kapitel 3* konzentrierten wir uns auf die Entwicklung einer erfolgreichen Denkweise, dem *Success Mindset*, um einen *Erfolgszirkel* für Ihr Unternehmen zu bilden. Ich nannte drei Schlüsselbereiche dieser Denkweise: das *Meta-Mindset* (Klarheit über das Gesamtbild), das *Makro-Mindset* (Erfolgsgewohnheiten), und das *Mikro-Mindset* (fortlaufende Prioritäten). Durch die Einschätzung Ihrer natürlichen Stärken in jedem Bereich und die Ermittlung Ihres *Meta-Ziels* oder des aktuellen Fokus für Ihr Unternehmen können Sie eine *Mindset-Map* und einen *Mindset-Kompass* erstellen, die Ihnen beim *Herausfinden Ihrer wichtigsten Entwicklungsbereiche* helfen.

Kapitel 4 und 5 behandelten das *SFM Leadership-Modell*. Das Modell definiert die vier wesentlichen *Organisationsziele*, die vier grundlegenden *Leadership-Maßnahmen* und die neun *Schlüsselqualitäten*, die effektive Führungskräfte überall auf der Welt gemeinsam haben. Bei der *Orchestrierung von Innovationen* durch Anwendung der Leadership-Maßnahmen beginnen Conscious Leader zuerst mit *Empowering*, gefolgt von *Coaching* vor *Sharing* und zuletzt *Stretching* von sich selbst und Teammitgliedern.

Käme das Stretching ohne Unterstützung der anderen Leadership-Maßnahmen zuerst, würde es einfach nur Stress und Überforderung erzeugen.

Durch *Empowering, Ermächtigen*, wird die Potenzialentfaltung der Menschen gefördert, indem Individualität anerkannt, das Selbstwertgefühl gestärkt, zur Autonomie ermutigt und die Motivation zum Wachstum angeregt wird. Der *Aufbau eines Gewinner-Glaubenssystem* ist eine der tiefgründigsten und mächtigsten Möglichkeiten, wie Unternehmer und Führungskräfte dies erreichen können. Die *Einschätzung des Überzeugungsgrades* und der *Gebrauch von Mentoren und Vorbildern*, um *Vertrauen aufzubauen* und *Glaubenssätze zu stärken*, sind Schlüsselfähigkeiten, um ein Gewinner-Glaubenssystem bei sich oder Gruppen aufzubauen.

Coaching, Fördern, bedeutet Erfahrungen und Kompetenzen der Mitarbeiter zu entwickeln, Vertrauen aufzubauen, mit Aufmerksamkeit zuzuhören, Menschen in ihren Lernprozessen und bei der Entwicklung des Teamgeistes anzuleiten. Eine Schlüsselkompetenz des Coaching ist, andere bei der Klärung und Verwirklichung der Grundwerte zu unterstützen, besonders durch sein eigenes Beispiel als Vorbild. Der *Aufbau eines ausgerichteten Zustandes* ist ein hervorragendes Instrument, um mit der besten Version seiner Selbst verbunden zu bleiben und beim Coaching ein effektives Vorbild für andere zu sein.

Sharing regt die Innovationskraft an und stärkt die Resilienz durch den *Austausch* von Informationen, Ideen und Energie. Sharing bedeutet das Vermögen, offene Kommunikation und den Dialog zwischen den Menschen zu fördern. Besonders ist wichtig ist Sharing, wenn es um die effektive *Problemlösung* geht. Das *S.C.O.R.E. Modell* bietet eine einfache, jedoch umfassende Vorlage, um den Problemraum und den Lösungsraum festzulegen, weil es hilft, *Symptome*, ihre *Ursachen*, die *Ziele*, die die Symptome ersetzen sollen und die notwendigen *Ressourcen* zur Transformation der Ursachen und zur Zielerreichung zu ermitteln, was dann zu den erwünschten *Effekten* führt.

In der Phase des *Stretching, Fordern,* müssen die Führungskraft und ihr Team Erwartungen wecken, die Innovationskraft anregen, nach kontinuierlicher Verbesserungen streben und feste Gewohnheiten hinterfragen. Die *Heldenreise* bietet eine sehr gute Strategie für erfolgreiches Stretching. Sie hilft uns, den von der Situation geforderten *Ruf zur Handlung (Call to Action)*, die zu überquerende *Schwelle* in das neue Territorium, die *„Dämonen"* oder *„Schatten"*, mit denen wir konfrontiert werden, und die wir transformieren sollen, sowie die benötigen *Ressourcen* und *Beschützer* auf unserer Reise zu definieren.

Das Thema von *Kapitel 6* hieß: *Das Unmögliche möglich machen.* Dies wird notwendig, wenn unsere Vision uns inspiriert, zu versuchen, etwas noch nie Dagewesenes zu erschaffen oder zu erreichen, von dem wir noch nicht wissen, wie wir es mit unseren aktuellen Werkzeugen und Wissen vollbringen können. Diese neuen Ideen und Ziele werden oft als „unmöglich", „unrealistisch" oder „irrelevant" bezeichnet, weil sie „über das hinausgehen, womit Menschen aktuell vertraut und zufrieden sind". Zusätzlich zu den weiteren Führungskompetenzen, die in diesem Buch präsentiert wurden, erfordert „das Unmögliche, möglich zu machen" die Kompetenz des *Meta-Leadership* – die Kapazität andere zur Führungskraft zu machen und sie zu führen.

Alle Formen der Führung basieren auf dem Vermögen, die notwendige Anleitung und Motivation (Richtung und Energie) sich selbst und anderen Teammitgliedern zu geben. *Meta-Leadership* erfordert die Fähigkeit, seine Vision und Ideen kommunizieren zu können und „Menschen und ihre Motivationen zu verstehen", um sie bei der Verantwortungsübernahme zu unterstützen und selbst zur Führungskraft zu werden. Kompetenzen wie die, durch Walt Disneys *Imagineering* und *Storyboarding* von der Vision zur Durchführung zu kommen, sind wichtig für Meta-Leader, um Teammitglieder zu ermächtigen, selbst bessere Führungskräfte zu werden.

Kritiker und Kritik willkommen heißen, ist eine weitere wichtige Kompetenz, um das Unmögliche möglich zu machen. Die Einwände und Kritiken der wichtigen Stakeholder können angegangen werden, indem die positiven Absichten dahinter ermittelt, verstanden und beantwortet werden und danach die *Kritiken in Fragen umgewandelt* werden. *Prinzipientreues Überzeugen* ist eine weitere Schlüsselkompetenz, um das Unmögliche möglich zu machen, die *verbales Reframing* und andere Sprachmuster einschließt, um *Wertebrücken* und *Überzeugungsbrücken* zu bilden, die die Werte und Motivationen der Menschen auf die größere Vision oder die Bestimmung ausrichten und wieder darauf fokussieren.

Führungs-"Kultur" gegenüber Führer-"Kult"

Offensichtlich besteht das Hauptziel des bewussten Meta-Leadership darin, weitere Führungskräfte auszubilden anstatt einfach nur gehorsame Mitläufer. Dies ist nicht nur wichtig, um effektive Leistung zu erzielen. Es ist letztlich wesentlich, um das Überleben des Unternehmens zu sichern. Wenn ein Unternehmen seine Richtung und Motivation verliert und nach dem Weggang des Gründers oder der aktuellen Führungskräfte auseinanderfällt, ist der nachfolgende Ruin ein Beweis, dass diese Führungskräfte versagt haben, die Bedingungen zu nähren, unter denen Leadership aufblühen kann.

Robuste und nachhaltige Unternehmen oder Organisationen werden auf einer ermächtigten Führungskultur aufgebaut im Gegenteil zu einem Kult um einen bestimmten Anführer. Ein *Kult* ist eine rudimentäre, unvollständige, von Natur aus vergängliche soziale Struktur, die verblasst, wenn die Persönlichkeit weggeht, die sie geschaffen hat. Bei einem Kult basiert der Erfolg der Gruppe oder Organisation hauptsächlich auf dem Ego und der Persönlichkeit des Anführers. Der Anführer ist die wichtigste Quelle für die Vision, die Mission, die Werte und Motivation der Organisation. Deshalb existiert die Organisation beinah vollständig aufgrund der Ideen, Energie und des Charismas des Anführers und ist deswegen erfolgreich.

Kulte gründen sich häufig, weil grundlegende Ungleichheit unter den Menschen wahrgenommen wird. Sie basieren auf einer Hierarchie, in der Menschen an der Spitze von Natur aus „besser als" jene auf den anderen Ebenen sind. Als Folge werden Menschen als entbehrliche Rädchen angesehen, die leicht durch andere ersetzt werden können.

Eine Kultur ist viel langlebiger und robuster als ein Kult, weil ihr Überleben und ihr Wachstum nicht von der Präsenz und der Persönlichkeit eines einzelnen Individuums abhängt. „Kulturen" sind im Allgemeinen etwas, das aus den Mitgliedern einer Organisation oder eines sozialen Systems heraus entsteht und von allen getragen wird. Das Merriam Websters Wörterbuch definiert die *Kultur* als „integriertes Muster des menschlichen Wissens, der Überzeugungen und Verhaltens-

weisen, die von der Lernkapazität der Menschen abhängt und wie sie dieses Wissen an nachfolgende Generationen weitergeben wird". Deshalb ist ein wichtiger Aspekt einer Kultur, wie gut sie Wissen und Kompetenzen an andere Mitglieder der Kultur weitergeben kann.

Da eine Kultur von anderen mitgetragen wird, kann sie auch noch lange nach dem Weggang ihres Schöpfers einflussreich bleiben. Und obwohl eine Kultur sicherlich aus den Wechselbeziehungen zwischen den Menschen innerhalb der Organisation oder des sozialen Systems entsteht, wird sie letztlich durch die Beziehung des Systems zu einer größeren Holarchie bestimmt.

Sowohl in Start-up Unternehmen als auch in bestehenden Organisationen ist es wichtig zwischen *Führungskultur* und *Führer-Kult* zu unterscheiden. In dem Kult um einen Anführer gibt es normalerweise ein mächtiges Individuum, das die Entscheidungen trifft und die Richtung der Firma bestimmt. Als Folge werden die Maßnahmen und Pläne von einer einzigen charismatischen Figur kontrolliert. Die Pläne und Handlungen der Menschen innerhalb der Organisation werden hauptsächlich durch ihre Furcht vor oder ihre Liebe für den Anführer motiviert. (Beispielsweise ist eine Diktatur im Allgemeinen ein auf Furcht beruhender Führungskult.)

In derartigen Situationen gibt es nur Platz für wenige Menschen als Anführer und der Erfolg wird dem Anführer oder einigen Schlüsselpersonen an der Spitze zugesprochen. Es gibt weder Pläne noch laufende Anstrengungen, zukünftige Anführer zu entwickeln. Tatsächlich werden Menschen, die versuchen proaktiv zu sein und die Führung zu übernehmen, unterdrückt und bestraft.

Dies hat zur Folge, dass die Menschen warten, bis sie vom Anführer oder einer ihm nahestehenden Person die Erlaubnis zum Handeln erhalten haben, und man erwartet, dass sie Befehle und Anweisungen befolgen, ohne diese zu hinterfragen. Kulte sind eher durch eine Menge Rhetorik gekennzeichnet. Die Anführer hören nicht zu, und die Menschen haben Angst, offen zu sagen, was sie denken.

Eigenschaften einer Führungskultur

Andererseits muss in einer Führungskultur jeder wichtige Führungsmaßnahmen und Qualitäten zu einem gewissen Maß selbst entwickeln und ergreifen. Obwohl es immer noch Einzelne in Schlüsselpositionen gibt, die die Verantwortung tragen, kulturelle Werte repräsentieren und als Führungsvorbilder dienen, werden viele andere in der Organisation ermächtigt, Entscheidungen zu treffen, und dazu ermutigt, ihre eigenen Visionen entlang der größeren Vision zu entwickeln, die die Organisation lenkt.

In einer Führungskultur beruht der Erfolg der Organisation auf vereinten Kräften und Anstrengungen vieler Menschen, die auf eine gemeinsame Vision ausgerichtet sind. Die Maßnahmen und Pläne der Organisation werden von dem Wunsch und den Bemühungen der Menschen auf allen Organisationsebenen bestimmt und der Erfolg wird vielen Mitwirkenden zugesprochen.

Die Menschen werden im wesentlichen als gleichberechtigt in unterschiedlichen Rollen angesehen. Die Rollen basieren auf der Entwicklung individueller Fähigkeiten und spiegeln nicht den inliegenden Wert einer Person wieder. Daher werden Menschen auf allen Ebenen innerhalb der Gruppe oder Organisation anerkannt und als wertvolle, unentbehrliche Mitwirkende angesehen.

In einer Führungskultur werden viele Menschen ermutigt zu führen und ihre Ideen und Visions zu äußern. Es gibt echte Unterhaltungen – Führungskräfte hören , was Menschen sagen. Menschen auf allen Ebenen werden ermutigt und unterstützt offen und ehrlich zu sagen, was sie denken.

Es gibt authentische und nachhaltige Bemühungen, zukünftige Führungskräfte zu schulen und zu entwickeln. Menschen auf allen Ebenen werden ermutigt, proaktiv zu sein und die Führung zu übernehmen. Demzufolge wird die Organisation in Abwesenheit des Führers reibungslos und effektiv weiterlaufen.

Somit ist eine Führungskultur eine „Gewinner"-Kultur, die:

- Einzelne anerkennt, ihr Wachstum und ihren Erfolg unterstützt. Jeder einzelne trägt zum Erfolg des größeren Systems bei.

- die Beteiligung aller Mitglieder fördert
- kontinuierliche Verbesserungen sucht – handelt, um „ihrer Zeit voraus zu sein".
- ein offenes Umfeld pflegt, in dem sich jeder einbringen kann (z. B. Feedback)
- eine ist, von der Menschen profitieren und an der sie mitwirken können – d. h. „eine Welt ist, der Menschen zugehören wollen.
- ein Ganzes erzeugt, das größer ist als die Summe seiner Teile

Wir können diese Eigenschaften bei den Beispielen der verschiedenen Führungspersönlichkeiten und Unternehmen in Aktion sehen, die ich in diesem Buch porträtiert habe: Elon Musk (SpaceX, Tesla, Solar- City), Dr. Lim Suet Wun (Tan Tock Seng Hospital, Singapore), John Yokoyama (Pike Place Fish Market), Charles Matthews (Rolls Royce Motors), William McKnight (3M), David Guo (Display Research Laboratories), Jan E. Smith (The Disney Store, Disney Interactive) und Vahé Torossian (Microsoft).

Kurz, wenn der Erfolg einer Führungskraft auf der Macht ihrer Persönlichkeit beruht, ist ihr Job nur zur Hälfte erledigt. Wie der amerikanische Journalist Walter Lippmann sagte: „Der finale Test für eine Führungskraft ist, wenn sie bei anderen Männern [und Frauen] die Überzeugung und den Willen hinterlässt, weitermachen zu wollen." Effektive Führungskräfte entwickeln andere Führungskräfte als ihre Nachfolger – und entwickeln weitreichende Leadership-Kompetenz in ihren Organisationen.

Da effektive Führung in der gesamten Bevölkerung verteilt wird, erhalten sich Führungskulturen selbst. Führungskulte fallen häufig auseinander oder zerfallen in Machtkämpfe und Konflikte, wenn der Anführer nicht mehr anwesend sein kann

Wenn Sie prüfen wollen, ob Ihre Organisation eher einer Führungskultur oder einem Kult entspricht, gehen Sie die folgende Checkliste durch. Zählen Sie die Anzahl der Häkchen, die Sie in der Spalte „Kult" haben. Wenn Sie mehr als sechs Elemente in der „Kult"-Spalte finden, ist Ihre Organisation in ernsthafter Gefahr, ein Führungskult zu sein oder zu werden.

"Führungs-Kultur" oder "Führer-Kult"?

Kultur

__ Viele Menschen werden ermutigt zu führen und ihre Ideen und Visionen zu äußern.

__ Die Organisation wird auch in Abwesenheit des Leitenden reibungsfrei und effektiv weiterlaufen.

__ Der Leitende ist ein Spiegelbild und ein Beispiel für die Vision, Mission und die Werte, die von den Menschen auf allen Ebenen der Organisation geteilt werden.

__ Werte, Ziele und Handlungen werden von den Menschen auf allen Ebenen der Organisation bestimmt und geteilt.

__ Der Erfolg der Organisation beruht hauptsächlich auf der Energie und den Anstrengungen vieler Menschen, die auf eine gemeinsame Vision ausgerichtet sind.

__ Der Erfolg wird vielen Beteiligten zugute gehalten.

__ Menschen werden ermutigt selbstständig zu denken und eigenverantwortlich zu handeln, basierend auf dem, was für die Organisation erfolg versprechend ist.

__ Die Organisationsziele und Werte spiegeln die der Leute auf allen Ebenen innerhalb der Organisation wider.

__ Die Menschen handeln so, wie sie denken und glauben, was das Beste für den Organisationserfolg ist.

Kult

__ Es gibt nur für wenige Menschen Platz als Anführer.

__ Die Organisation wird viele Problem erleben (wie Machtkämpfe und Konflikte)und könnte zusammenfallen, wenn der Anführer sie verlassen würde.

__ Der Anführer ist die Quelle für die Vision, Mission und die Werte der Organisation.

__ Werte, Ziele und Handlungen werden von wenigen Leuten an der Spitze bestimmt und durchgesetzt.

__ Der Erfolg der Organisation beruht hauptsächlich auf der Persönlichkeit des Anführers.

__ Der Erfolg wird nur dem Anführer oder wenigen Einzelnen an der Spitze zugute gehalten.

__ Menschen warten auf die Erlaubnis des Anführers oder von jemanden, der ihm nahesteht, um zu handeln.

__ Die Organisationsziele und Werte sind hauptsächlich ein Spiegelbild der Interessen und Ideen des Anführers.

__ Von den Menschen wird erwartet, dass sie Anordnungen und Richtlinien des Leaders widerspruchslos befolgen.

	Kultur		Kult

Kultur · Kult

Kultur	Kult
__ Menschen auf allen Ebenen werden ermutigt und unterstützt, offen und ehrlich über das zu sprechen, was sie denken.	__ Die Menschen haben Angst, offen über das zu sprechen, was sie denken.
__ Es gibt echte Gespräche – die Leitenden hören auf das, was die Leute sagen.	__ Es gibt viel Rhetorik – die Anführer hören nicht zu.
__ Die Maßnahmen und Pläne der Organisation werden durch die Wünsche und Bemühungen der Menschen auf allen Ebenen der Organisation bestimmt.	__ Die Maßnahmen und Pläne der Organisation werden von einer einzigen charismatischen Figur kontrolliert.
__ Der Hauptzweck für die Handlungen der Leute innerhalb der Organisation ergibt sich aus Zielen und Diensten, die über den Leitenden und die Organisation selbst hinausgehen.	__ Der Hauptzweck für die Handlungen der Leute innerhalb der Organisation ergibt sich aus dem, was der Anführer sagt.
__ Die Pläne und Handlungen der Menschen innerhalb der Organisation werden hauptsächlich durch ihre Ausrichtung auf gemeinsame Werte und die geteilte Vision motiviert.	__ Die Pläne und Handlungen der Menschen innerhalb der Organisation werden hauptsächlich durch ihre Furcht vor oder ihre Liebe für den Anführer motiviert.
__ Die Organisation ist hauptsächlich wegen der Vision und der Ermächtigung der Menschen auf allen Organisationsebenen erfolgreich.	__ Die Organisation ist hauptsächlich erfolgreich wegen der Vision und der Energie des Anführers.
__ Es gibt echte, nachhaltige Bemühungen, zukünftige Leader auszubilden und zu entwickeln.	__ Es gibt keine Pläne oder fortlaufende Bemühungen, zukünftige Anführer zu entwickeln.
__ Menschen auf allen Ebenen werden ermutigt, proaktiv zu sein und die Führung zu übernehmen.	__ Menschen, die versuchen proaktiv sein und die Führung übernehmen, werden unterdrückt und bestraft.

Abschließende Überlegungen

Es scheint ganz deutlich zu werden, dass heutzutage weltweit ein zunehmender Bedarf an authentischer, bewusster Führung besteht; wir brauchen das *Conscious Leadership*, nicht nur in der Unternehmensführung, sondern auch, wenn wir uns selbst, unsere Familien, unsere Klienten, unsere Teams oder unsere Gesellschaft führen. Dieses Buch verfolgte das Ziel, Ihnen Prinzipien, Strategien und Übungen anzubieten, damit Sie eine bewusstere, effektivere Führungskraft für sich selbst und andere werden und ein resilientes, zukunftsfähiges Unternehmen bilden können.

Wie ich im Vorwort dieses Bandes geschrieben habe, müssen wir selbst wachsen und uns persönlich weiterentwickeln, um mehr in unserer Umwelt zu erreichen. Das bedeutet, wir müssen unsere emotionale Intelligenz genauso wie unser intellektuelles Verständnis und Wissen steigern. Indem Sie Ihre Denkweise optimieren und sich mehr mit der Intelligenz Ihres Körpers verbinden, werden Sie feinsinniger, innovativer und fitter für die Zukunft.

Eine wichtige Schlussfolgerung des Success Factor Modeling ist, dass Sie selbst dafür Sorge tragen müssen zu wachsen und sich persönlich weiterzuentwickeln, wenn Sie mehr in ihrem Umfeld erreichen wollen.

Nun, am Ende dieses Buches, wird es Zeit, die Kompetenzen und Ressourcen, die Sie beim Lesen erlernt haben, in der Praxis umzusetzen. Es wird Zeit für Sie, die notwendigen Schritte zu unternehmen, sich selbst und andere zu ermächtigen, Innovationen zu orchestrieren, nach Rückschlägen wieder aufzustehen und Ihre Projekte und Unternehmen von der Vision in die Umsetzung zu bringen. Ich wünsche Ihnen viel Erfolg auf Ihrer Reise, Ihre Träume zu leben und eine bessere Welt durch Ihre Projekte und Unternehmen zu schaffen.

Lassen Sie uns die Zukunft gemeinsam gestalten!

Nachwort

Ich hoffe, Ihnen hat diese Erkundung des Success Factor Modeling™ und das SFM Leadership-Modell™ gefallen. Wenn Sie daran interessiert sind, die Grundlagen und Techniken des Success Factor Modeling zu vertiefen, gibt es weitere Ressourcen und Instrumente, um die besonderen Merkmale, Strategien und Fertigkeiten, die auf diesen Seiten beschrieben wurden, weiterzuentwickeln und anzuwenden.

Dilts Strategy Group

Die *Dilts Strategy Group* ist eine engagierte Organisation in Training, Beratung und Coaching unter Anwendung des Success Factor Modeling, einschließlich des Next Generation Entrepreneurship (Unternehmertum der Zukunft), Kollektiver Intelligenz, Leadership und Innovation. Die Dilts Strategy Group fördert Forschungsprojekte, die die Entwicklung neuer Modelle und die Ermittlung sich herauskristallisierender Erfolgsfaktoren in unserer dynamischen, sozialen und ökonomischen Welt vorantreiben. Die Dilts Strategy Group bietet Trainings und Zertifizierungsprogramme in Success Factor Modeling weltweit an*.

Für mehr Informationen kontaktieren Sie bitte:

Dilts Strategy Group
P.O. Box 67448
Scotts Valley CA 95067
USA
Telefon: +1 (831) 438-8314
E-Mail: info@diltsstrategygroup.com
Homepage: www.diltsstrategygroup.com

Neben den Trainingsprogrammen durch die Dilts Strategy Group biete ich aufgrund weitreichender internationaler Reisetätigkeit Seminare und Workshops zu vielfältigen Themen zur persönlichen und beruflichen Entwicklung an.

Mehr Information über geplante Programme finden Sie auf meiner Website: www.robertdilts.com oder schreiben Sie mir bitte an: rdilts@nlpu.com.

* Für deutschsprachige Seminare und Workshops informieren Sie sich bitte auf der Website unseres Partners *Deutsches Institut für Success Factor Modeling*: https://www.successfactormodeling.de

Journey to Genius

Ebenso habe ich viele weitere Bücher geschrieben und Tonaufnahmen entwickelt, die auf den Prinzipien und besonderen Merkmalen des Success Factor Modeling und NLP basieren. Zum Beispiel habe ich mehrere Produkte produziert, die auf meinem Modeling der Strategien von Genies beruhen, z. B. Tonaufnahmen, in denen die kreativen Prozesse der Genies wie Mozart, Walt Disney und Leonardo Da Vinci vorgestellt werden.

Für weitere Informationen über diese und weitere Produkte und Quellenangaben kontaktieren Sie bitte:

Journey to Genius
P.O. Box 67448
Scotts Valley, CA 95067-7448
Telefon: +1 (831) 438-8314
E-Mail: info@journeytogenius.com
Homepage: http://www.journeytogenius.com

NLP University

Ich bin Mitbegründer, Direktor und Trainer an der NLP University, eine Organisation, die Trainings in höchster Qualität zu grundlegenden und fortgeschrittenen NLP-Kompetenzen anbietet und die Entwicklung neuer Modelle und Anwendungen von NLP in den Bereichen Gesundheit, Beruf, Kreativität und Lernen vorantreibt. Jeden Sommer hält die NLP University auf dem Campus der University of California in Santa Cruz, Programme mit Übernachtungsmöglichkeit vor Ort, und bietet dabei ausführliche Kurse in NLP an, inklusive Programme für Unternehmensberatung und Coaching.

Für weitere Informationen kontaktieren Sie bitte:

NLP University
Teresa Epstein, Coordinator
P. O. Box 705
Seaview, Washington 98644
Phone: (831) 336-3457
teresanlp@aol.com
Homepage: http://www.nlpu.com

Success Factor Modeling™ Illustrationen und Produkte

Antonio Meza und ich haben diese Buchreihe mit der Absicht gestaltet, Ihnen etwas Besonderes zu bieten, das Spaß macht und reich bebildert ist. Durch die Seiten in diesem Buch und den folgenden Bänden werden Sie viele Illustrationen und Charaktere finden, an die Sie sich leicht erinnern können und die Ihnen helfen, eine tiefere Verbindung mit dem Inhalt des Buches zu bekommen.

Wir haben einen speziellen Online-Shop eingerichtet, wo Sie eine Vielzahl an Produkten wie Poster, T-Shirts, Becher usw. finden können, die Sie unterstützen können, mit dem wesentlichen Konzept des Next Generation Entrepreneurship in Verbindung zu bleiben.

Für weitere Informationen und weitere Produkte und Ressourcen, besuchen Sie:

Success Factor Modeling Website

Homepage: http://www.successfactormodeling.com

Success Factor Modeling Product Store

Homepage: http://society6.com/successfactormodeling

Antonio Meza illustriert Bücher, Artikel, Präsentationen und arbeitet ebenfalls als graphischer Facilitator auf Konferenzen und Seminaren. Er ist als Unternehmensberater, Trainer und Coach Mitglied der Dilts Strategy Group.

Interessieren Sie sich für Antonios Arbeit als Illustrator? So können Sie ihn kontaktieren:

Antoons

E-Mail: hola@antoons.net

Homepage: http://www.antoons.net

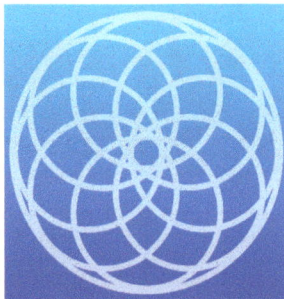

Mindset Maps International

Mindset Maps International, gegründet von Robert Dilts und Miklos (Midkey) Feher, wendet Unterscheidungen und Entdeckungen des Success Factor Modeling™ mit Hilfe der SFM Success Mindset Map™ an, die drei Hauptbereiche des erfolgreichen Mindsets zeigt:

1. *Meta-Mindset* – Klarheit über das Gesamtbild
2. *Makro-Mindset* – Gewohnheiten des Erfolgs
3. *MIkro-Mindset* – Langfristige Prioritäten

Mindset Maps International hat den „SFM Mindet Compass" entwickelt. Dabei handelt es sich um eine App, die diese drei Mindset-Bereiche integriert. Der SFM Mindset Kompass hilft Ihnen Ihre besonderen Begabungen und Neigungen zu ermitteln und zu erkennen, welche Sie vorrangig stärken sollten, um Ihr Projekt oder Unternehmen auf die nächste Ebene zu bringen:

Homepage: http://www.mindsetmaps.com.

Conscious Leaders Mastermind

Conscious Leaders Mastermind ist ein exklusives Programm für beschleunigtes Wachstum für erfolgreiche Unternehmer/Entrepreneure und Geschäftsinhaber. Conscious Leaders integriert die sieben Kernstrategien, die die weltweit erfolgreichsten Menschen in ihrer Führungspraxis bewusst verwenden. Dies bietet Teilnehmern einen klaren Plan für nachhaltigen Erfolg, beschleunigtes Wachstum und positiven Einfluss (s. Kap. 1, S.66-71). Die derzeitigen Mitglieder schließen einflussreiche Führungspersönlichkeiten aus verschiedenen Bereichen ein, die das Leben von hunderten Millionen Menschen positiv beeinflusst haben.

Conscious Leaders Mastermind wurde vom Autor Robert Dilts, Mitchell Steyko (Wachstumsexperte aus dem Silicon Valley, der mehr als 150 Unternehmern geholfen hat, ihre Träume zu verwirklichen, in dem er ein Gesamtkapital von über fünf Milliarden US Dollar aufbrachte) und Dr. Olga Steyko (russische Ärztin und Expertin für Geistheilung (Belief Medicine), die sich auf die Arbeit mit hochqualifizierten Führungskräften spezialisiert hat). Das Conscious Leaders Mastermind Programm ist ausschließlich durch genehmigten Antrag und Bewerbungsgespräch oder durch die Empfehlung eines Mitglieds verfügbar.

Wenn Sie bereit sind, Ihr Unternehmen und Ihre Begabungen auf eine ganz neue Wirkungs- und Einflussebene zu bringen, können Sie mehr erfahren und sich um die Mitgliedschaft bewerben bei:

E-Mail: mitchell@consciousleadersmm.com

Homepage: http://www.consciousleadersmm.com

Logical Levels Inventory

Logical Levels Inventory (*lli*) ist ein innovatives Online Leadership Profiling Instrument, das auf den viefältigen Ebenen der Erfolgsfaktoren basiert, die wir in diesem Buch erforscht haben. *lli* identifiziert die Schlüsseleigenschaften, die Führungspersönlichkeiten haben müssen, um Chancen zu nutzen und in Zeiten von Unsicherheit und Krisen erfolgreich zu bleiben. *lli* wurde als direktes Ergebnis des ersten Zertifikats-Programms zum Success Factor Modeling entwickelt. Es führt Sie durch einen Selbsteinschätzungs-Prozess, der Ihnen hilft, die Antriebskräfte hinter Ihren Aktionen aufzudecken und Einsichten bietet, was Sie ändern können, um eine erfolgreichere Führungspersönlichkeit auf ihrem Gebiet zu werden.

E-Mail: info@lld.uk.com

Homepage: http://www.logicallevels.co.uk

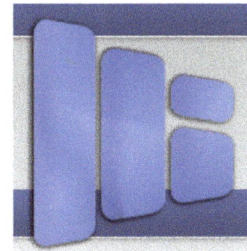

Anhang A: Business Model Generation Canvas

Der *Business Model Canvas* bietet ein nützliches Set an Unterscheidungsmerkmalen, um Ihre Vision für Ihr Unternehmen in einen operativen Plan herunterzubrechen. In den Büchern *Business Model Generation* (2010) und *Business Model You*, definieren die Autoren Alexander Osterwalder und Yves Pigneur ein „Geschäftsmodell" als die Logik, mit der sich ein Unternehmen finanziell erhält. Einfach gesagt, ist es *die Logik, mit der ein Unternehmen seinen Lebensunterhalt verdient.*

Hierbei stützt man sich auf die sogenannten *„Die neun Bausteine"*, wie Organisationen ihren Kunden einen Mehrwert bieten. Im Folgenden finden Sie eine kurze Zusammenfassung der neun Bausteine und der zu berücksichtigenden Fragen, um jeden dieser Bausteine in Bezug auf Ihr Projekt oder Unternehmen zu ermitteln und zu klären.

1. **Kunden**…, denen eine Organisation dient

   Für wen schaffen Sie einen Wert?

   Wer sind Ihre wichtigsten Kunden?

2. **Wertversprechen**…
   durch Lösen von Kundenproblemen oder Befriedigen von Kundenbedürfnissen.

   Welchen Wert liefern Sie Ihrem Kunden?

   Welche Probleme Ihrer Kunden helfen Sie zu lösen?

   Welche Produkt- und Dienstleistungsangebote bieten Sie jedem Kundensegment an?

   Welche Kundenbedürfnisse befriedigen Sie?

3. **Vertriebskanäle**…
   Organisationen kommunizieren und liefern auf unterschiedliche Weise Werte…

   Über welche Kanäle wollen Ihre Kundensegmente erreicht werden?

   Wie erreichen Sie sie jetzt?

   Wie sind Ihre Kanäle integriert?

   Welche funktionieren am besten?

   Welche sind am kostengünstigsten?

   Wie integrieren Sie sie in Kundenroutinen?

4. **Kundenbeziehungen**…etablieren und erhalten

   Welche Art Beziehungspflege erwartet jedes Kundensegment von Ihnen?

   Welche haben Sie bereits etabliert?

Wie lassen sie sich in Ihr restliches Geschäftsmodell integrieren?

Wie kostenintensiv (teuer) sind sie?

5. **Einnahmequellen**…
Geld kommt herein, wenn Kunden für den gebotenen Wert bezahlen.

Wofür sind Kunden wirklich bereit zu zahlen?

Für was zahlen sie derzeit?

Wie zahlen sie derzeit?

Wie würden sie gerne bezahlen?

Wie viel trägt jeder Umsatz zu den Gesamteinnahmen bei?

6. **Schlüsselressourcen**…notwendige Assets, um die zuvor beschriebenen Elemente zu entwickeln oder zu liefern
Welche Schlüsselressourcen benötigen Ihre Werteversprechen?

Ihre Vertriebskanäle? Kundenbeziehungen? Umsatzströme?

7. **Schlüsselaktivitäten**…Die eigentlichen Aufgaben und Maßnahmen zur Erstellung und Auslieferung der zuvor beschriebenen Elemente.

Welche Schlüsselaktivitäten benötigen Ihre Werteversprechen?

Ihre Vertriebskanäle? Kundenbeziehungen? Umsatzströme?

8. **Schlüsselpartner**…Manche Aktivitäten werden ausgelagert, und manche Ressourcen werden außerhalb der Organisation erworben.

Wer sind Ihre wichtigsten Partner?

Wer sind Ihre wichtigsten Lieferanten?

Welche Schlüsselressourcen erwerben Sie von Partnern?

Welche Schlüsselaktivitäten führen die Partner durch?

9. **Kosten**…, angefallenen für den Erwerb von Schlüsselressourcen, die Durchführung von Schlüsselaktivitäten und die Zusammenarbeit mit wichtigen Partnern

Was sind die wichtigsten Kosten Ihres Geschäftsmodells?

Welche Schlüsselressourcen sind am teuersten?

Welche Schlüsselaktivitäten sind am teuersten?

Die Autoren dieser Methode zur Generierung eines Geschäftsmodells raten Unternehmern, die Antworten auf diese Fragen in Form eines „Canvas" zu erfassen. Im Gegensatz zu einem Storyboard, das einen kritischen Pfad darstellt, ähnelt der *Business Model Generation-Canvas* eher einem Gemälde, das eine Art strategischen Überblick für Ihr Projekt oder Ihr Unternehmen bietet. Die empfohlene Struktur für die Arbeitsfläche ist unten dargestellt:

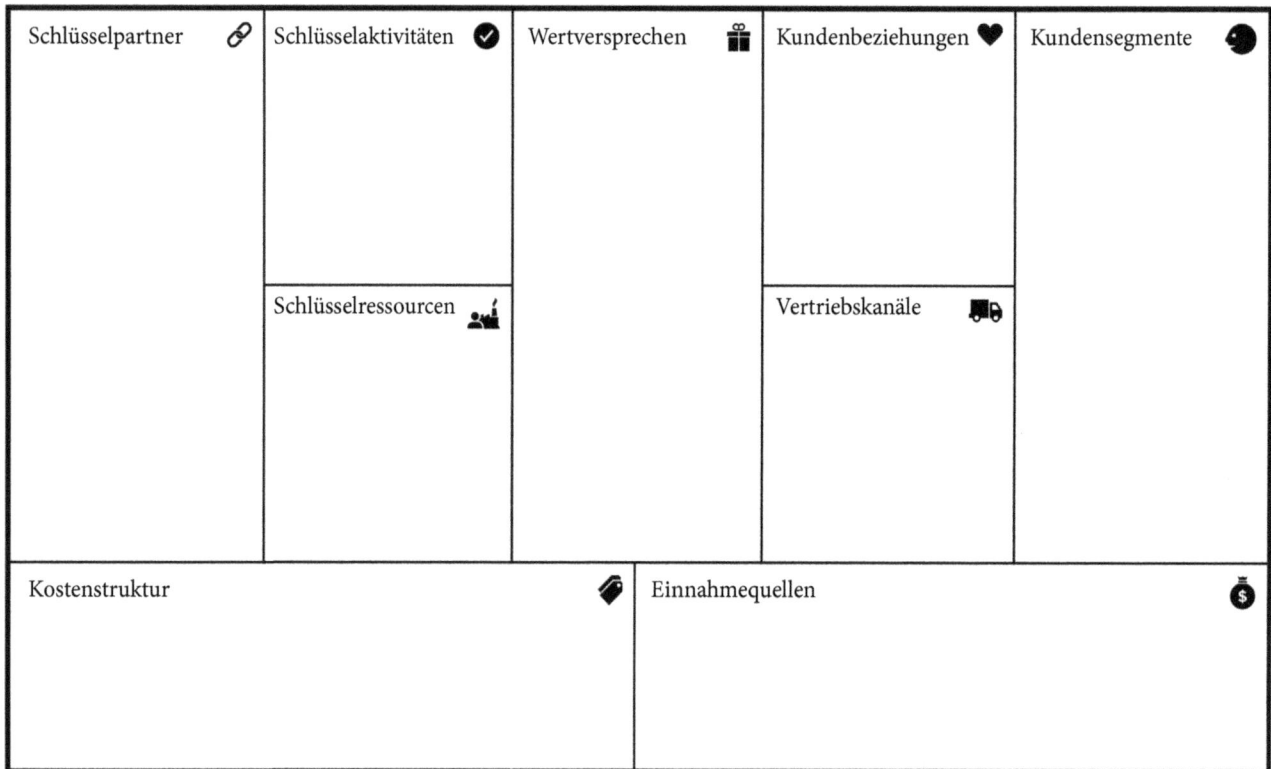

Schlüsselpartner 🔗	Schlüsselaktivitäten ✓	Wertversprechen 🎁	Kundenbeziehungen ♥	Kundensegmente 🥧
	Schlüsselressourcen		Vertriebskanäle 🚚	
Kostenstruktur 🏷		Einnahmequellen 💰		

Der *Business Model Generation Canvas* ist eine sehr nützliche Ergänzung zum dem SFM Erfolgszirkel und Ihren aufeinander folgenden Storyboardebenen. Er ist als kostenfreier Download verfügbar: BusinessModelGeneration.com/canvas.

Die neun Bausteine des *Business Model Canvas* sind im Vergleich zum Erfolgszirkel hauptsächlich auf die Definition von Aktivitäten und Ressourcen im Hinblick auf Kunden und Partner konzentriert (im Gegensatz zu Teammitgliedern und Stakeholdern)

Anhang B:
Sleight of Mouth – Verbale Reframings oder Umdeutungen, Überzeugungsarbeit und dialogorientierte Glaubenssatzänderung

Effektive und prinzipielle Überzeugungsarbeit hängt von der Fähigkeit ab, Überzeugungsbrücken zu bilden, die Überzeugungsbarrieren neu gestalten und ein erfolgreiches Glaubenssystem aufbauen. Mein Buch *Sleight of Mouth: The Magie der Sprache (1999)* beschreibt die Anwendung einer bestimmten Reihe von Sprachmustern, die die Kunst des effektiven Überzeugens unterstützen. Mit Sleight-of-Mouth-Mustern können Menschen dazu gebracht werden, ihre Erfahrungen auf neue Art und Weise zu „betonen" und verschiedene Perspektiven einzunehmen, um Überzeugungen zu begründen, neu zu definieren oder zu transformieren.

Im Allgemeinen können Sleight-of-Mouth-Muster als „verbale-Reframe"-Kategorien charakterisiert werden, die Überzeugungen und mentale Landkarten beeinflussen, aus denen diese Überzeugungen gebildet wurden. Der Begriff „Sleight of Mouth" wird vpn dem Konzept des „Sleight of Hand"– „Taschenspielertrick" abgeleitet. Das Wort „sleight" entstammt einem altnordischen Wort und bedeutet „schlau", „listig", „kunstvoll" oder „geschickt". Es ist die Art von Magie, die Kartenzauberer nutzen gemäß der Erfahrung: „Jetzt siehst du es, jetzt siehst du es nicht." Hat zum Beispiel eine Person ein Pik-Ass oben auf dem Stapel platziert, wird die Karte, wenn der Magier seine oder ihre Hände darüber schwingt, zu einer Herz-Dame. Die verbalen Sleight-of-Mouth-Muster haben eine ähnliche „magische" Qualität, weil sie oft dramatische Veränderungen in der Wahrnehmung und den Vorannahmen hervorrufen, auf denen bestimmte Auffassungen beruhen.

Sleight of Mouth Muster sind „verbale Reframe"-Kategorien, die oft zu dramatischen Veränderungen der Auffassung oder Vorannnahmen über bestimmte Wahrnehmungen führen.

Es gibt viele Möglichkeiten zur Anwendung von Sleight-of-Mouth-Muster, um Überzeugungsbrücken zu bilden, die das Unmögliche erst möglich machen. Aus Sicht des Meta-Leadership ist es jedoch besser, Mitarbeiter dazu anzuregen, eigene Überzeugungsbrücken zu entdecken oder zu konstruieren. Das heißt, anstatt Menschen Antworten zu liefern, ist es viel eindringlicher, ihnen Fragen zu stellen. Fragen sind ein mächtiges Mittel, um neue Realitäten zu erzeugen, die das Unmögliche möglich machen. Gregory Bateson bemerkte, dass viele aktuelle Probleme entstanden sind, weil wir uns unserer Antworten zu sicher waren oder zögerten, Fragen zu stellen. Um das Unmögliche möglich zu machen, müssen wir bei unseren Antworten zögerlicher werden und mutiger bei den Fragen. Jan Smith sagte dazu: „Sie müssen zeigen, dass es möglich ist und dann fragen: ‚Warum würde es nicht funktionieren?'"

Deshalb überwindet oder transformiert man Überzeugungsbarrieren am besten, indem man Fragen aus verschiedenen Sleight-of-Mouth-Kategorien stellt. Dies bringt Menschen dazu, unterschiedliche Perspektiven und Wahrnehmungspositionen einzunehmen. Beachten Sie dabei auch Jan Smiths Kommentar, dass „der Traum die Kritik überwiegen muss". Deshalb besteht der Schlüssel zu effektiver Überzeugung darin, den Fokus der Aufmerksamkeit ständig auf die größere Vision oder den größeren Traum zu richten.

Sleight-of-Mouth-Fragen

Die folgende Übung bezieht sich auf Probleme ihres Projekts oder Unternehmens und wird am besten mit anderen Personen aus Ihrem Team durchgeführt. Sie enthält Erkundungsfragen zur Konstruktion potenzieller Überzeugungsbrücken, die Überzeugungsbarrieren umgehen oder transformieren. Es ist wichtig, einen starken COACH Container (s. S. 77) zu bilden, bevor diese Fragen erforscht werden. Damit wird vermieden, sich in Verteidigungen des Egos oder Konflikten zu verfangen.

Benennen Sie eine einschränkende Überzeugung oder „Überzeugungsbarriere" bezüglich Ihres Projekts oder Unternehmens, die von Ihnen selbst, einem Stakeholder oder einem Mitarbeiter stammt und die sie gern verändern oder transformieren wollen.

Beispiel Überzeugungsbarriere

*"**Es ist nicht möglich,** das Ziel zu erreichen, weil wir nicht genügend Zeit oder Ressourcen haben."*

Überzeugungsbarriere: *Es ist nicht möglich* _____

weil _____ .

Beispiel: „Es ist nicht möglich, das Ziel zu erreichen, weil wir nicht genügend Zeit oder Ressourcen haben."

Untersuchen Sie mit Hilfe anderer Gruppenmitglieder die folgenden Muster, um mögliche, neue Perspektiven zu finden oder zu eröffnen. Nehmen Sie dazu den COACH-State ein und erkunden Sie Ihre Antworten auf folgende Fragen:

Intention— Beispiel-Antworten

Positiv Absicht = „Wecke keine falschen Erwartungen" und „Verschwende nicht unsere wenigen, vorhandenen Ressourcen."

Wie können wir so fortfahren, dass wir realistisch sind und unsere Zeit sowie die verfügbaren Ressourcen sorgsam und weise nutzen, so dass wir bestmöglich unseren Fortschritt hin zur Vision kontinuierlich fortsetzen können?"

1. **Intention**: Fokussieren Sie die Aufmerksamkeit auf den Zweck oder die positive Absicht, die der Überzeugungsbarriere zugrunde liegt.

   Fragen: *Welcher Sinn / welche positive Absicht liegt diesem Einwand zugrunde?*

   _____

   Wie können Sie die positive Absicht würdigen und auf diese eingehen, so dass sie den Fortschritt hin zur Vision nicht aufhält?

   _____

Umdefinieren – Beispiel-Antworten:

Schlüsselworte / Phrasen = „unmöglich", „Ziel erreichen", „Zeit", „Ressourcen"

2. **Umdefinieren:**: Ersetzen oder verändern Sie einige Worte aus der Aussage der Überzeugungsbarriere durch andere, die etwas ähnliches bedeuten, aber offenere Schlussfolgerungen erlauben.

   Fragen: *Welche Schlüsselworte (Phrasen) enthält die einschränkende Überzeugung?*

   _____

Welche anderen Worte (oder Phrase) mit ähnlicher Bedeutung könnten die Schlüsselworte ersetzen, aber eine offenere Deutung zulassen und blockieren nicht den Fortschritt hin zur Vision?

Anstatt „es ist unmöglich" zu sagen, könnten wir sagen: „es ist schwieriger" oder „wir wissen noch nicht, wie es geht."

Anstatt zu sagen: Es ist nicht möglich „das Ziel zu erreichen", könnten wir sagen: Es ist nicht möglich „den nächsten Schritt so zu gehen, wie wir es normalerweise machen."

Anstelle von „Ressourcen" könnten wir sagen: „die normalen Ressourcen"

3. **Konsequenzen**: Richten Sie die Aufmerksamkeit auf den positiven Effekt der Überzeugungsbarriere oder der durch die Überzeugungsbarriere definierten Beziehung.

Frage: *Welcher positive Effekt der Überzeugungsbarriere oder der durch die Überzeugungsbarriere definierten Beziehung könnte tatsächlich den Fortschritt hin zur Vision unterstützen?*

Konsequenz – Beispiel-Antworten

Wenn es wirklich nicht möglich ist, das Ziel zu erreichen, dann gibt uns das die Möglichkeit, uns darauf zu konzentrieren, unser Bestes zu geben und alles Mögliche aus der Erfahrung zu lernen..

4. **Chunk Down:** Brechen Sie die Elemente der Überzeugungsbarriere Stücke („Chunks") herunter, die klein genug sind, um die durch die Überzeugungsbarriere definierte Beziehung untereinander aufzuheben.

Frage: *Welche kleineren Elemente oder Chunks werden durch die einschränkende Überzeugung impliziert, haben jedoch eine reichhaltigere oder positivere Beziehung zueinander als die in der Überzeugung postulierte und unterstützen tatsächlich den Fortschritt hin zur Vision?*

Chunk Down – Beispiel-Antworten

Vielleicht ist es am besten, wenn wir uns darauf zu fokussieren beginnen, wie viel wir von dem Ziel mit der uns zur Verfügung stehenden Zeit und den uns zur Verfügung stehenden Ressourcen erreichen können. Wie viel Zeit und wie viel Ressourcen haben wir zur Verfügung? Können wir die Hälfte des Zieles erreichen? Zwei Drittel? Drei Viertel?

Gegenbeispiel – Beispiel-Antworten

Es gibt viele Beispiele von Projekten und Unternehmen, die erfolgreich waren, obwohl sie nur wenige Mittel und begrenzte Zeit hatten, Apple und Hewlett-Packard zum Beispiel. Beide begannen in Garagen. Es gibt außerdem viele Beispiele von Projekten und Unternehmen, die mehr als genügend Zeit und Ressourcen hatten, die weder etwas erreicht haben, noch erfolgreich waren. Zeit und Ressourcen machen nicht immer den Unterschied aus, der den Unterschied macht.

5. **Gegenbeispiel:** Finden Sie ein Beispiel, das die durch die Überzeugungsbarriere definierte Regel durchbricht.

Frage: *Welches Beispiel oder welche Erfahrung stellt eine Ausnahme zur Regel dar, die durch die einschränkende Überzeugung definiert wurde, und unterstützt den Fortschritt hin zur Vision?*

Beispiel Überzeugungsbarriere

*"**Es ist nicht möglich,** das Ziel zu erreichen, weil wir nicht genügend Zeit oder Ressourcen haben."*

Ein anderes Ergebnis – Beispiel-Antworten:

Vielleicht ist die Zielerreichung weniger das Ergebnis, auf das wir uns konzentrieren sollten, als auf das, was in vorgegebener Zeit und mit den vorhandenen Ressourcen möglich ist.

Analogie – Beispiel-Antworten:

Schauen Sie sich die Bibelgeschichte über die „Brotlaibe und die Fische" an, wo wenige Brote und ein paar Fischen letztendlich 5000 Menschen sättigten (und 12 Körbe übrigblieben). Es ist eine interessante Metapher darüber, wie manchmal limitierte Ressourcen viel weiter reichen, als wir annehmen, und dass es Ressourcen innerhalb größerer Systeme gibt, die wir eventuell nicht berücksichtigt haben. Es illustriert das „Wunder" von generativer Kollaboration und Synergie unter den Ressourcen z.B. 1 + 1 = 3

Die "Vier-Minuten-Meile" ist eine weitere interessante Analogie über das, was Menschen lange Zeit für unmöglich hielten.

Kriterienhierarchie – Beispiel-Antworten:

Die Zielerreichung ist nicht unbedingt genauso wichtig wie unsere Verpflichtung, unser Bestes zu tun, um unsere Werte zu verwirklichen und uns hin zur Vision zu bewegen. Wie Steve Jobs sagte, ist es das Wichtigste, jeden Abend zu Bett zu gehen und zu sagen: „Wir haben etwas Wunderbares getan!"

6. **Ein anderes Ergebnis:** Wechseln Sie zu einem anderen Ergebnis oder Thema, das für das Erreichen der Vision relevanter ist.

   Frage: *Welches andere Ergebnis oder Thema könnte relevanter sein, als jenes, das im Glaubenssatz ausgedrückt oder impliziert wird, und den Fortschritt hin zur Vision unterstützten?*

   _____

7. **Analogie:** Finden Sie eine Situation oder einen Kontext analog zu dem durch die Überzeugungsbarriere definierten, aber mit einer unterschiedlichen Auswirkung.

   Frage: *Welche andere Situation ist analog zu der durch den Glaubenssatz definierten Situation (eine Metapher für den Glaubenssatz), erlaubt aber eine unterschiedliche, den Fortschritt hin zur Vision unterstützende Schlussfolgerung?*

   _____

8. **Kriterienhierarchie:** Beurteilen Sie die Überzeugungsbarriere aufgrund eines Kriteriums (oder Wertes) neu, das wichtiger ist als alle, die in der Überzeugung angesprochen werden.

   Frage: *Welches Kriterium / Welcher Wert ist potenziell wichtiger ist als jene, die durch den einschränkenden Glaubenssatz adressiert werden, und wurde bisher nicht beachtet, obwohl es/er den Fortschritt hin zur Vision unterstützen kann?*

   _____

9. **Veränderung der Rahmengröße**: Beurteilen Sie die Auswirkung einer Überzeugungsbarriere neu im Rahmen eines längeren (oder kürzeren) Zeitraums, einer größeren Anzahl von Menschen oder aus individueller Sicht) oder aus einer umfassenderen oder eingeschränkteren Perspektive.

Frage: *Welcher längere oder kürzere Zeitrahmen, welche höhere oder niedrigere Anzahl Menschen oder welche weitere oder engere Perspektive verändern einschränkenden Glaubenssatz so, das er sich zu etwas Positiverem verändern würde und den Fortschritt hin zur Vision unterstützt?*

---

10. **Meta-Rahmen**: Denken Sie über die Überzeugungsbarriere als eine Art „Glauben" nach, so dass Sie sich über die Vermutungen, Vorannahmen und andere „Glaubenssätze" dahinter bewusst werden.

Frage: *Welcher Glaubenssatz über die einschränkende Überzeugung, könnte die Wahrnehmung darüber verändern oder bereichern, so dass dieser den Fortschritt hin zur Vision unterstützt?*

Wiederholen Sie zur Übung die gleichen Fragen mit einer anderen Überzeugungsbarriere, wie z.B.: „Es ist unmöglich das zu tun, was ich will, weil es vorher noch nie jemand getan hat."

Beispiel Überzeugungsbarriere

"Es ist nicht möglich, das Ziel zu erreichen, weil wir nicht genügend Zeit oder Ressourcen haben."

Veränderung der Rahmengröße – Beispiel-Antworten:

Eines Tages wird es jemand vollbringen. Wenn nicht wir, wer dann? Wenn nicht jetzt, wann dann? Wahrscheinlich werden es die Menschen als erste erreichen, die ungeachtet aller Einschränkungen glauben, dass sie es tun können.

Meta-Rahmen – Beispiel-Antworten

Vielleicht erscheint es nur unmöglich, weil wir nicht alle Ebenen der Erfolgsfaktoren, die an der Zielerreichung beteiligt sind, in Betracht gezogen haben. Es könnte uns der Glaube daran, dass „etwas nicht möglich ist", mehr einschränken, als die Realität.

Referenzen:

Sleight of Mouth: Die Magie der Sprache, Dilts, R., Junfermann, Paderborn, 2000.

Fotos

Success Factor Modeling Band III – Next Generation Leadership wurde mit folgenden Fonts erstellt:

- Aurulent Sans - by Stephen G. Hartke
- Roman Serif - by Mandred Klein
- COMIC GEEK - WWW.BLAMBOT.COM
- COMIC BOOK - WWW.PIXELSAGAS.COM
- BADABOOM BB - WWW.BLAMBOT.COM

Bibliographie

- *Success Factor Modeling, Volume I – Next Generation Entrepreneurs: Live Your Dream and Create a Better World through Your Business*, Dilts, R., Dilts Strategy Group, Santa Cruz, CA, 2015
  Dt. Ausgabe: *Success Factor Modeling Band 1 – Next Generation Entrepreneurs: Lebe Deinen Traum und schaffe eine bessere Welt durch Dein Unternehmen*, CastleMount Media, Erlangen, 2016; 2. Korrigierte Auflage, 2017

- *Success Factor Modeling, Volume II – Generative Collaboration: Releasing the Creative Power of Collective Intelligence*, Dilts, R., Dilts Strategy Group, Santa Cruz, CA, 2016
  Dt. Ausgabe: *Success Factor Modeling Band 2 – Next Generation Collaboration: Befreie die kreative Kraft Kollektiver Intelligenz*, CastleMount Media, Erlangen, 2017

- *Alpha Leadership: Tools for Leaders Who Want More From Life*, Deering, A., Dilts, R. and Russell, J., John Wiley & Sons, London, England, 2002.

- *Visionary Leadership Skills*, Dilts, R., Meta Publications, Capitola, CA, 1996.
  Dt. Ausgabe: *Von der Vision zur Aktion*, Junfermann Verlag, Paderborn 1998.

- *Modeling with NLP*, Dilts, R., Meta Publications, Capitola, CA, 1998.
  Dt. Ausgabe: *Modeling mit NLP*, Junfermann Verlag, Paderborn 1999.

- *From Coach to Awakener*, Dilts, R., Meta Publications, Capitola, CA, 2003.
  Dt. Ausgabe: *Professionelles Coaching mit NLP*, Junfermann Verlag, Paderborn 2005

- *Tools for Dreamers*, Dilts, R. B., Epstein, T. and Dilts, R. W., Meta Publications, Capitola, CA, 1991.
  Dt. Ausgabe: *Know-how für Träumer*, Junfermann Verlag, Paderborn 1994.

- *Strategies of Genius Vols I, II & III*, Dilts, R., Meta Publications, Capitola, CA, 1994-1995.

- *Encyclopedia of Systemic Neuro-Linguistic Programming and NLP New Coding*, Dilts, R. and DeLozier, J., NLP University Press, Santa Cruz, CA, 2000.

- *Effective Presentation Skills*, Dilts, R., Meta Publications, Capitola, CA, 1994.
  Dt. Ausgabe: *Kommunikation in Gruppen & Teams*, Junfermann Verlag, Paderborn 1997.

- *Skills for the Future*, Dilts, R., Meta Publications, Capitola, CA, 1993.
  Dt. Ausgabe: *Zukunftstechniken*, Dilts, R., Bonissone, G., Junfermann Verlag, Paderborn 1999.

- *NLP II: The Next Generation*, Dilts, R. and DeLozier, J. with Bacon Dilts, D., Meta Publications, Capitola, CA, 2010.
  Dt. Ausgabe: *NLP II – Die Neue Generation*, Junfermann Verlag, Paderborn 2013.

- *The Hero's Journey: A Voyage of Self-Discovery*, Gilligan, S. and Dilts, R., Crowne House Publishers, London, UK, 2009.
  Dt. Ausgabe: *Die Heldenreise: Auf dem Weg zur Selbstentdeckung*, Junfermann Verlag, Paderborn 2013.

- *Innovations in NLP*, Hall, M. and Charvet, S., Editors; Crown House Publishers, London, 2011.

- Sleight of Mouth: The Magic of Conversational Belief Change, Dilts, R., Meta Publications, Capitola, CA, 1999
  Dt. Ausgabe: *Die Magie der Sprache – Sleight of Mouth, Angewandtes NLP*, Junfermann, Paderborn, 2001

Photo by: Susanne Kischnick

Robert Dilts – Autor

Email: rdilts@nlpu.com
Homepage: www.robertdilts.com

Robert B. Dilts – Autor

Robert Dilts erlangte seine internationale Reputation als führender Coach und Trainer für Verhaltenskompetenz sowie als Unternehmensberater schon in den 1970er Jahren. Als ein Hauptentwickler und Experte für Neuro-Linguistisches-Programmieren (NLP) hat Robert Dilts weltweit bei verschiedenen Organisationen und für Einzelpersonen Coachings, Beratungen und Trainings durchgeführt (Anm. d. Ü: und wurde dafür 2015 von managerseminare mit dem Life Achievement Award ausgezeichnet).

Zusammen mit seinem Bruder John hat Robert den Weg für die Prinzipien und Methoden des Success Factor Modeling™ bereitet und zahlreiche Bücher und Artikel darüber geschrieben, wie sie angewandt werden können, um Leadership (Führungskompetenz), Kreativität, Kommunikation und Teamentwicklung zu bereichern. Sein Buch „*Von der Vision zur Aktion*" entstand aus Roberts eingehenden Studien über Führungspersönlichkeiten aus der Geschichte wie auch aus Unternehmen, um die notwendigen Instrumente und Kompetenzen darzustellen, um „eine Welt zu schaffen, der Menschen zugehören wollen." In „*Alpha Leadership: Instrumente für Geschäftsführer, die mehr vom Leben haben wollen*" (in Zusammenarbeit mit Ann Deering und Julian Russell) werden die aktuellsten Praktiken effektiver Führungskompetenz (Leadership) erfasst und ausgetauscht, wobei Ansätze angeboten werden, die zur Reduktion von Stress und Zunahme der Zufriedenheit dienen. „*Professionelles Coaching mit NLP*" bietet Coaches eine „Road Map" und eine Reihe von Instrumenten, um ihren Klienten zu helfen, ihre Ziele auf verschiedenen Ebenen des Lernens und der Veränderung zu erreichen. In „*Die Heldenreise: Eine Reise zur Selbstentdeckung*" (mit Stephan Gilligan) geht es darum, wie Sie sich mit Ihrer tiefsten Berufung verbinden, einschränkende Glaubenssätze und Gewohnheiten transformieren und Ihr Selbstbild verbessern können.

Unter den ehemaligen Firmenkunden und Sponsoren befinden sich Apple Computer, Microsoft, Hewlett-Packard, IBM, Lucasfilms Ltd. und die staatliche Eisenbahn in Italien. Er hat zahlreiche Vorträge über Coaching, Leadership, Innovation, Kollektive Intelligenz, Lernprozesse in Organisationen und Change Management gehalten. Er gab Präsentationen und Keynote-Vorträge für die International Coaching Federation (ICF), HEC Paris, die Vereinten Nationen, die Weltgesundheitsorganisation, Harvard University und die Internationale Universität in Monaco. 1997 und 1998 beriet Robert Weight Watcher's International bei dem Verhaltens-orientierten Teilprogramm des Konzepts „*Tool for Living*".

Robert war mehr als 15 Jahre außerordentlicher Professor an der ISVOR Fiat School of Management und wirkte mit an der Entwicklung der Programme zu Leadership, Innovation, Werten und Systemischen Denken. Von 2001 – 2004 war er als leitender Wissenschaftler und Aufsichtsratsvorsitzender für ISVOR DILTS Leadership Systems tätig, einem Joint-Venture mit ISVOR Fiat (der ehemaligen firmeneigenen Universität der Fiat Gruppe), das ein ausgedehntes Spektrum an innovativen Leadership-Entwicklungs-Programmen bei global tätigen Großunternehmen einführte.

Als Mitgründer der Dilts Strategy Group ist Robert ebenso Gründer und CEO der Behavioral Engineering, einer Firma, die Computersoftware- und Hardware-Applikationen zur Verhaltensänderung entwickelte. Robert hat einen Abschluss in Behavorial Technology von der Universität zu Kalifornien in Santa Cruz.

Antonio Meza – Illustrator

Antonio Meza hat schon immer Cartoons gezeichnet, jedoch begann er erst kürzlich als professioneller Cartoonist zu arbeiten.

Antonio wurde in Pachuca, Mexiko geboren und ist Master-Practitioner und Trainer für Neuro-Linguistisches-Programmieren (NLP). Er hat einen Abschluss in Kommunikationswissenschaften an der Fundacíon Universidad de las Américas Puebla, einen Master-Abschluss in Film-Studien von der Université de Paris 3 – Sorbonne Nouvelle, ein Diplom in Cinema Scriptwriting von der General Society of Writers in Mexico (SOGEM) und ein Diplom in Documentary Films von der France's École Nationale des Métiers de l'Image et du Son (LaFémis).

Vor kurzem wurde er von Robert Dilts und Stephan Gilligan am Institut Repère in Paris in Generativem Coaching und von der Dilts Strategy Group in Success Factor Modeling an der NLP University zertifiziert.

Antonios berufliche Karriere umfasst die Arbeit in Marktforschung, Werbung, Branding, Corporate Image, Filmproduktion und Drehbucherstellung. Seine Arbeit als professioneller Fotograf wurde in Mexiko, Belgien und Frankreich ausgestellt.

Bevor er nach Frankreich kam, wo er als Berater, Coach und Trainer mit der Spezialisierung kreatives Denken und kollektive Intelligenz tätig ist, war er an Start-ups in Mexiko beteiligt, die animierte Cartoons herstellten. Seine Dienstleistungen sind unter der Marke Akrobatas erhältlich.

Seine Kunden aus NGOs und Stiftungen schließen die European AIDS Treatment Group (EATG), OXFAM, die European HIV/AIDS Funders Group, die Open Society Foundations (OSF) und die European Public Health Alliance (EPHA) ein. Er hat für Business Schools, wie die EXCP-Europe und international Organisationen wie z. B. IABC (International Association of Business Communicators) Trainings und Workshops durchgeführt.

Antonio ist als Mitglied der Toastmasters International ein erfahrener öffentlicher Redner. 2015 wurde er als bester Sprecher im Internationalen Sprecher-Wettbewerb des District 59, der Süd-West-Europa umfasst, ausgezeichnet. Damit erreichte er das Halbfinale auf Internationaler Ebene.

Seine Cartoons und Illustrationen wurden durch die Université Panteon-Assa (Paris 2) veröffentlicht. Er ist als Illustrator Co-Autor von drei Büchern; zwei mit Jean-Eric Branaa: „English Law Made Simple" und „American Government Made Simple", die von Ellipses in Paris veröffentlicht wurden, und „Les Vrais Secrets de la Communication" mit Beatric Arnaud.

Er nutzt seine Kunstfertigkeit als Cartoonist und Trainer, um in Seminaren, Konferenzen und Brainstorming-Sitzungen als graphischer Facilitator mitzuarbeiten. Außerdem produziert er Erklär-Videos, um komplexe Informationen auf humorvolle Weise darzustellen.

Antonio hat alle drei Bände der *Success Factor Modeling* Reihe mit Robert Dilts illustriert.

Antonio Meza – Illustrator

Foto: Susanne Kischnick

Email: hola@antoons.net
Homepage: www.antoons.net

Deutsches Institut für Success Factor Modeling

Deutsches Institut für Success Factor Modeling

Weiterbildung, Coaching und Beratung für Unternehmer, Führungskräfte, Selbstständige und Freiberufler

Tel: 0160/4458002
Email: mail@successfactormodeling.de
Home: www.successfactormodeling.de

Das Deutsche Institut für Success Factor Modeling ist ein Geschäftsfeld der Marketing- und Unternehmerberatung Dr. **R**einschmidt & Partner. Es wurde als Ergebnis der SFM-Ausbildung zum Next Generation Entrepreneur in Santa Cruz 2015 von Dr. Gudrun Reinschmidt gegründet. Als autorisierte Partner der Dilts Strategy Group sind wir international vernetzt und im ständigen Austausch mit unseren Kollegen aus aller Welt. So fangen wir die aktuellsten Trends im internationalen Business ein und entwickeln ständig neue Lernprogramme für Ihren Geschäftserfolg.

Ein Trend ist die Digitale Transformation, die sich auf alle Aspekte des menschlichen Miteinanders auswirkt. Im besonderen Maße ist das Unternehmertum der Zukunft von zunehmender Komplexität, stärkerer Vernetzung und schnellen Veränderungen geprägt. Die Zukunftsfähigkeit Ihres Unternehmens hängt von seiner Innovationskraft ab, die wiederum stark vom Engagement und der Kollaborationsfähigkeit Ihrer Mitarbeiter abhängt. Laut Gallup Engagement Index 2016 bringen sich in Deutschland jedoch nur 15% der Menschen bei der Arbeit voll ein. Diese Zahlen sind seit 15 Jahren nahezu unverändert. Eine Gallup Studie von 2017 zeigt, dass Mitarbeiter mit emotionaler Bindung an ihr Unternehmen 70% weniger Arbeitsunfälle haben und zu 21% höherer Rentabilität beitragen! Conscious Leadership und das SFM Leadership-Modell unterstützen Unternehmer und Führungskräfte, ihre Mitarbeiter stärker an dem Unternehmenserfolg zu beteiligen.

Unsere Vision ist eine gesundheitsfördernde Arbeitswelt, in der alle Menschen mit Freude zur Produktivität beitragen und sich selbst verwirklichen können, weil der nachhaltige Unternehmenserfolg einen Beitrag zu einer besseren Welt leistet.

Unsere Mission ist, Unternehmer, Gründer und Führungskräfte bei der Entwicklung und Durchführung ihrer nachhaltigen Geschäfts- oder Projektidee in komplexen Märkten durch Beratung, Training und Coaching zu unterstützen. Entfalten Sie sich zur resilienten, kollaborativen Unternehmerpersönlichkeit, die dem Kundennutzen verpflichtet ist, ihre Mitarbeiter für die Aufgabe begeistert, Stakeholder und Investoren überzeugt und Win-Win-Win-Partnerschaften bildet, um nicht nur einander, sondern auch der Umwelt einen Gewinn zu verschaffen.

Es ist unsere Ambition, die zentrale Anlaufstelle für innovationsbereite mittelständische Unternehmer, Start-ups, Entrepreneure und Intrapreneure in den DACH-Ländern zu sein, die vom „Silicon Valley Mindset" lernen und die Digitale Transformation in ihren Unternehmen proaktiv gestalten wollen. Dazu suchen wir Kollaborationspartner.

Success Factor Modeling ist mehr eine Bewegung als eine Methode. Wir wollen zu mehr Bewusstheit, Verantwortungsgefühl und Selbstwirksamkeit beitragen, denn unsere Welt braucht einen tiefgreifenden Wandel.

Nutzen Sie unsere Leistungen für Ihren langfristigen Geschäftserfolg:

- Zertifikatskurse der Dilts Strategy Group in deutscher Sprache
  - Ausbildung zum Next Generation Entrepreneur
  - Conscious Leadership – Führen mit Bewusstheit und Resilienz
- Webinare und Workshops zur Personal- und Organisationsentwicklung
  - Erfolgreiche Positionierung mit dem SFM Erfolgszirkel
  - Aufbau einer innovationsfördernden Vertrauenskultur
  - Generative Kollaboration für selbstorganisierende Teams
  - Mitarbeiterbindung durch transformatives Führen
- Facilitation und Moderation von Innovationsworkshops und Mastermind-Gruppen
- Einzel- und Team-Coachings innovationsfördernde Unternehmenskulturen

Langfristig erfolgreiche Unternehmen messen sich nicht nur am finanziellen Ertrag, sondern an der Mitarbeiterzufriedenheit, der Kundentreue und ihrem Engagement und Beitrag für die Erde, auf der sie leben. Fragen Sie nach individuell zugeschnittenen Lösungen.

Dr. Gudrun Reinschmidt
Executive Coach, Facilitator, Autorin

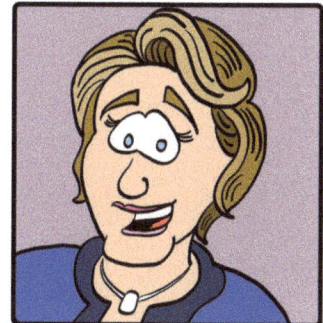

Erfolgsfaktor-Fallstudien in den DACH-Ländern

Durch Interviews erforschen wir, wie sich die Erfolgsfaktoren im deutschsprachigen Raum zu denen in Amerika und speziell im Silicon Valley unterscheiden. Die *Interview-Partner erkennen ihre eigenen Erfolgsfaktoren und Signaturstärken*, die zumeist unbewusst sind, weil sie als völlig *normal* wahrgenommen werden. Mit der Kommunikation dieser Erfolgsfaktoren lassen sich vermehrt Kunden und Partner zur Kollaboration überzeugen, Unternehmensnachfolger können besser eingeführt werden. Haben Sie Interesse an einem Interview? Dann sprechen Sie uns an.

Dr. Gudrun Reinschmidt – Übersetzerin

Die promovierte Naturwissenschaftlerin ist seit 25 Jahren als Innovationsmanagerin in Weiterbildung, Marketing und Vertrieb für die Healthcare- und Life Science-Branche engagiert. Ihr Erfahrungsschatz umfasst die Arbeit in und mit international besetzten Teams an den Schnittstellen von Vertrieb – Marketing – Produktmanagement – Klinischer Forschung – Training und der Geschäftsführung. Als Start-up-Beraterin, Executive Coach und Blended Learning Consultant unterstützt sie seit 2003 Unternehmer, Intrapreneure, Healthcare-Unternehmen und die High-Tech-Branche.

Die autorisierte Trainerin und Facilitatorin der Dilts Strategy Group setzt die in diesem Buch beschriebenen Modelle und Übungen seit 2004 regelmäßig in Workshops, Seminaren und Coachings ein. Ihr Schwerpunkt liegt auf der interdisziplinären Verständigung zur Etablierung einer innovationsfördernden Vertrauenskultur in Unternehmen.

„Meine Mission ist, Success Factor Modeling zur Unterstützung der Zukunftsfähigkeit von Unternehmen im deutschsprachigen Raum bekannt zu machen und weiterzugeben."

Email: gr@dr-reinschmidt.de
Homepage: www.dr-reinschmidt.de

Über Castle Mount Media

"Improving Leadership and Communication in Healthcare and Education"

Der Verlag Castle Mount Media GmbH & Co. KG aus Erlangen hat sich auf Print- und Online-Medien spezialisiert, die sich der Verbesserung der Schlüsselkompetenzen in Führung und Kommunikation besonders in den Bereichen Gesundheit und Bildung widmen. Unsere Mission ist, unsere Leser und die Teilnehmer unserer Seminare zu inspirieren und zu befähigen, ihre Erfolge durch Werte-orientierte, achtsame Führung und generative Kollaborationen zu erreichen.

Robert B. Dilts Lebenswerk

Das zweite Buch der Success Factor Modeling Trilogie

Next Generation Collaboration

Befreie die kreative Kraft kollektiver Intelligenz

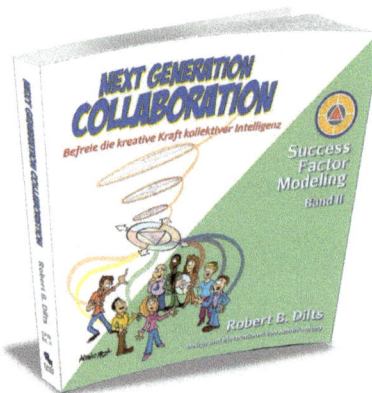

Success Factor Modeling™ dient zur Ermittlung gemeinsamer Schlüsseleigenschaften und Fähigkeiten erfolgreicher Unternehmer, Teams und Organisationen. Mithilfe dieser Methode wird untersucht, welche konkreten Kompetenzen und Abläufe von anderen genutzt werden können, um ihren Einfluss und ihre Erfolgschancen deutlich zu steigern.

Next Generation Collaboration präsentiert Modelle, Instrumente, Übungen, Illustrationen und Fallbeispiele von erfolgreichen Unternehmern, Teams und Organisationen, die veranschaulichen, wie Sie mit Teams, Partnern, Kollegen und Gleichgesinnten die kreative Kraft kollektiver Intelligenz aktivieren und freisetzen können.

Dieses Buch wurde für Menschen geschrieben, die ihre Fähigkeit zur effektiven Zusammenarbeit mit anderen erweitern wollen und die Begeisterung, Erfüllung und Kraft der generativen Kollaboration erfahren möchten.

Verlag: CastleMount Media GmbH
ISBN: 978-3-9818472-7-7
Seitenzahl: 372

Bestellen Sie online bei:
www.castlemountmedia.de

Die Zusammenarbeit in Gruppen und Teams ist von zunehmender Bedeutung – ob am Arbeitsplatz oder im täglichen Leben. Hochleistungsteams zeichnen sich dabei durch eine Art kollektiver Intelligenz aus. *Kollektive Intelligenz* beschreibt die Fähigkeit der Menschen in Teams, Gruppen und Organisationen im Einklang und auf koordinierte Weise zu denken und zu handeln.

Die Frucht effektiver kollektiver Intelligenz ist als generative Kollaboration bekannt. Generative Kollaboration beschreibt die Zusammenarbeit von Menschen, um etwas Neues oder Überraschendes zu entwickeln oder entstehen zu lassen, das weit über das Vermögen jedes einzelnen Gruppenmitglieds allein hinausgeht. Durch die generative Kollaboration können Menschen ihr volles Potenzial ausschöpfen und Ressourcen entdecken und anwenden, die sie bis dahin nicht kannten. Sie beziehen neue Ideen und Ressourcen voneinander. Somit sind die Leistungen oder Ergebnisse der Gruppe *bedeutender*, als hätte jeder für sich gearbeitet.

Lesen Sie auch den ersten Band der
Success Factor Modeling Trilogie –
Das Lebenswerk von Robert B. Dilts:

Next Generation Entrepreneurs
Lebe Deinen Traum und schaffe eine bessere Welt durch Dein Unternehmen

Next Generation Entrepreneurs ist der erste Band der *Success Factor Modeling Serie* des renommierten Autors und Beraters *Robert Dilts* aus Kalifornien, USA.

Success Factor Modeling ™ ist eine Methode, um gemeinsame Schlüsseleigenschaften und Fähigkeiten erfolgreicher Unternehmer, Teams und Organisationen zu ermitteln. Im Anschluss werden diese angewandt, um konkrete Abläufe und Kompetenzen zu definieren, die von anderen genutzt werden können, um die eigenen Erfolgschancen und Einflussmöglichkeiten deutlich zu steigern.

Entrepreneurs oder Intrapreneurs sind Unternehmer oder Führungskräfte, die für eine vielversprechende Gelegenheit bereit sind, persönliche, berufliche und finanzielle Verantwortung und Risiken zu übernehmen. Der Unternehmergeist war schon immer die Triebkraft für soziales und ökonomische Wachstum.

In den letzten Jahren ist eine Neue Generation von Unternehmern entstanden, die an weit mehr als dem finanziellen Gewinn interessiert sind. Geprägt von Menschen wie Steve Jobs, Richard Branson und Elon Musk engagieren sich diese *Next Generation Entrepreneure*, ihre Träume zu leben und eine bessere Welt durch ihre Projekte oder Unternehmen zu schaffen. Durch Verknüpfung der persönlichen Ambition mit dem Wunsch nach Mitwirkung, Wachstum und Erfüllung bringen sie bahnbrechende und weltveränderte Innovationen hervor, die unseren Alltag und die Art, wie wir Geschäfte abwickeln, erheblich verändern.

Dieses Buch ist für Menschen, die eine ähnliche Vision haben. Für Menschen, die sich bewusst entscheiden, die Digitale Transformation zu nutzen und zu lernen, ein leidenschaftlicher, entschlossener und kreativer *„Next Generation Entrepreneur"* zu sein.

Das Buch bietet Modelle, Instrumente, Übungen, Illustrationen und Fallbeispiele von berühmten und weniger bekannten Unternehmern. So können Sie leicht nachvollziehen, wie Sie Ihren eigenen *„Erfolgszirkel"* gestalten und ein Unternehmen oder Projekt in Übereinstimmung mit Ihrer Lebensbestimmung aufbauen können.

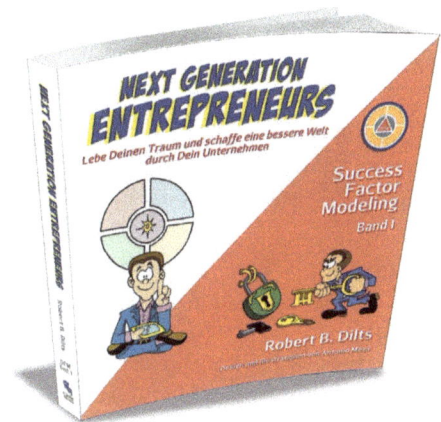

Verlag: Castle Mount Media GmbH
ISBN: 978-3-9818472-0-8
Seitenzahl: 336

Weitere Bücher von Castle Mount Media

Virtual Power Teams: How to Deliver Projects Faster, Reduce Costs, and Develop Your Organization for the Future!

von Peter Ivanov

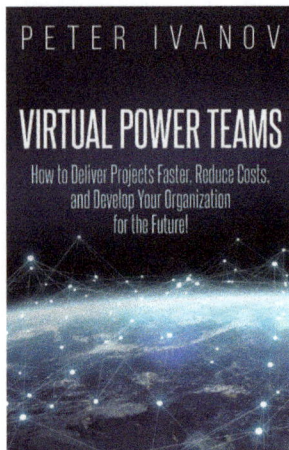

AMAZON International Bestseller

Globalisierung und Digitalisierung bringen es mit sich: Arbeit findet heute immer dezentraler statt. Expertenteams bilden sich, um ein Projekt erfolgreich zum Abschluss zu bringen, und trennen sich dann wieder, bis sie sich in anderer Konstellation neuen Inhalten widmen. Bei dieser häufig auch internationalen und damit kulturübergreifenden Form der Zusammenarbeit gilt es, im wortwörtlichen Sinne Grenzen zu überschreiten.

Dieses „grenzenlose" Arbeiten stellt besondere Herausforderungen an die Führung. Wo Teams nicht an einem Ort und von Angesicht zu Angesicht miteinander kooperieren, sind andere Techniken gefragt, um erfolgreiches Arbeiten zu ermöglichen: Eigenverantwortung statt Kontrolle, eine gut strukturierte Kommunikation und ein Verständnis für kulturelle Unterschiede sind die Hauptmerkmale einer guten Führung virtueller Teams.

In diesem spannend zu lesenden Buch packt Peter Ivanov sein Know-how und seine jahrelange Erfahrung in eine fiktive Story, anhand derer er Stück für Stück die Prinzipien für gute Führungsarbeit in virtuellen Teams erläutert.

Englischsprachige Ausgabe
© 2017 Castle Mount Media GmbH
ISBN 978-3-9818472-3-9

Deutsche Ausgabe © 2017 Gabal
ISBN 978-3-8693675-2-1

Verlag:
Castle Mount Media GmbH
ISBN: 978-3-9818472-1-5
Seitenzahl: 232

Dealing with Divas
& anderen schwierigen Persönlichkeiten:

Mit Achtsamkeit und Souveränität Beziehungen stärken und Ziele erreichen

von Laura Baxter

Der AMAZON #1 International Bestseller jetzt auch in deutscher Sprache!

Haben Sie irgendeine „Diva" in ihrem Leben?
Sie sind nicht allein!

Diven und andere schwierige Persönlichkeiten rauben uns wertvolle Zeit und Energie. Sie lassen uns uns klein und unsicher fühlen. Sie verursachen Konflikte, Frustration, Ärger und lösen manchmal sogar Angst aus.

In einer Welt, in fruchtbare Beziehungen und effektive Kommunikation den Unterschied zwischen Erfolg und absolutem Versagen ausmachen, brauchen Sie Instrumente, die Ihnen helfen, ruhig, zuversichtlich und auf anstehende Aufgaben fokussiert zu bleiben, damit Sie Ihre Ziele erfüllen können – unabhängig von jeglichen Konflikten, die vielleicht um Sie herum vor sich gehen.

Genau dabei hilft Ihnen das neue Buch von Laura Baxter *Dealing with Divas und andere schwierigen Persönlichkeiten*. Sie lernen Methoden kennen, die Sie brauchen, um gelassen, zentriert und fokussiert zu bleiben, wenn Sie mit schwierigen Menschen zu tun haben. Es bietet Ihnen genau die Instrumente, die Sie brauchen, um besser zu kommunizieren und so Ihre Ziele erfolgreich zu erreichen.
Wirkliche Lösungen für wirkliche Herausforderungen!

Dieses Buch richtet sich an:

- Projektleiter, die ihr Team zu mehr Produktivität und Erfolg führen wollen.
- Manager, die ihre Mitarbeiter motivieren und inspirieren wollen.
- Jede Person, die mit schwierigen Menschen auskommen will, selbst wenn die Diva ihr Chef ist.

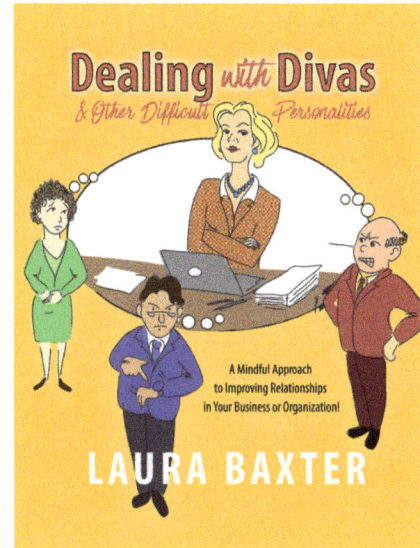

Verlag:
Castle Mount Media GmbH
ISBN: 978-3-9818472-1-5
Seitenzahl: 232

If

If you can keep your head when all about you
Are losing theirs and blaming it on you;
If you can trust yourself when all men doubt you,
But make allowance for their doubting too;

If you can wait and not be tired by waiting,
Or, being lied about, don't deal in lies,
Or, being hated, don't give way to hating,
And yet don't look too good, nor talk too wise;

If you can dream—and not make dreams your master;
If you can think—and not make thoughts your aim;
If you can meet with triumph and disaster
And treat those two impostors just the same;

If you can bear to hear the truth you've spoken
Twisted by knaves to make a trap for fools,
Or watch the things you gave your life to broken,
And stoop and build 'em up with wornout tools;

If you can make one heap of all your winnings
And risk it on one turn of pitch-and-toss,
And lose, and start again at your beginnings
And never breathe a word about your loss;

If you can force your heart and nerve and sinew
To serve your turn long after they are gone,
And so hold on when there is nothing in you
Except the Will which says to them: "Hold on";

If you can talk with crowds and keep your virtue,
Or walk with kings—nor lose the common touch;
If neither foes nor loving friends can hurt you;
If all men count with you, but none too much;

If you can fill the unforgiving minute
With sixty seconds' worth of distance run—
Yours is the Earth and everything that's in it,
And—which is more—you'll be a Man, my son!

Rudyard Kipling

Wenn

Wenn du den Kopf behältst und alle anderen
verlieren ihn und sagen: Du bist schuld!
Wenn keiner dir mehr glaubt, nur du vertraust dir
und du erträgst ihr Misstrauen in Geduld.

Und wenn du warten kannst und wirst nicht müde
und die dich hassen dennoch weiter liebst,
die dich belügen strafst du nicht mit Lüge
und dich trotz Weisheit nicht zu weise gibst.

Wenn du dich nicht verlierst in deinen Träumen
und du nicht ziellos wirst in deinem Geist
wenn du Triumph und Niederlage hinnimmst,
beide Betrüger gleich willkommen heißt.

Wenn du die Worte die du mal gesprochen
aus Narrenmäulern umgedreht vernimmst
und siehst dein Lebenswerk vor dir zerbrochen
und niederkniest, wenn du es neu beginnst.

Setzt du deinen Gewinn auf eine Karte
und bist nicht traurig, wenn du ihn verlierst
und du beginnst noch einmal ganz von vorne
und sagst kein Wort was du dabei riskierst.

Wenn du dein Herz bezwingst und alle Sinne
nur das zu tun was du von dir verlangst
auch wenn du glaubst es gibt nicht mehr da drinnen
außer dem Willen der dir sagt: Du kannst!

Wenn dich die Menge liebt und du noch du bleibst
wenn du den König und den Bettler ehrst
wenn dich nicht Feind noch Freund verletzen können
und du die Hilfe niemanden verwehrst.

Wenn du in unverzeihlicher Minute
Sechzig Sekunden lang verzeihen kannst:
Dein ist die Welt - und alles was darin ist
Und was noch mehr ist - dann bist du ein Mensch!

Deutsche Übersetzung von Anja Hauptmann

www.ingramcontent.com/pod-product-compliance
Lightning Source LLC
Chambersburg PA
CBHW052349210326
41597CB00038B/6304